KB126090

미 정부 비밀 해제 문건으로 본

미국의 실체

미 정부 비밀 해제 문건으로 본 미국의 실체

초판 1쇄 인쇄일 2006년 3월 10일
초판 1쇄 발행일 2006년 3월 17일

지은이 황성환

펴낸이 유재현
기획편집 전창림 김윤창 이혜영
마케팅 안혜련 장만
인쇄 제본 영신사
필름출력 ING
종이 한서지엄
라미네이팅 영민사

펴낸곳 소나무
등록 1987년 12월 12일 제2-403호
주소 121-830 서울시 마포구 상암동 11-9, 201호
전화 02-375-5784
팩스 02-375-5789
전자우편 sonamoopub@empal.com
책값 13,000원

ISBN 89-7139-054-9   03940

미 정부 비밀 해제 문건으로 본

미국의 실체

황성환 지음

소나무

책을 펴내면서

　나는 이 책을 미국을 음해하기 위해 쓴 것이 아니다. 그렇다고 제도권에 몸담고 있는 대다수 지식인이나 보수 우익들처럼 혈맹이니 우방이니 하며 미국을 찬양하기 위해 쓴 것은 더욱더 아니다. 또한 이 책은 내 나라를 비방하기 위해 쓴 것이 아니다. 그렇다고 남한은 선이고 북한은 악이라는 식의 체제 선전을 위해 쓴 것은 더욱더 아니다.

　단지 이 책은 일제 패망 이후 작게는 개개인의 의식과 일상을 지배해왔고, 크게는 우리 민족의 운명을 재단해온 미국의 태생과 성장 과정을 적나라하게 밝힌 것이다. 아울러 그들의 제작과 연출에 의해 태어나고 그들의 감호를 받고 자란 숭미 세력의 실체를 조명하려는 것이다.

　미국에 대한 책은 무수히 많다. 그러나 이런 책들의 대다수는 미국을 일방적으로 찬양하는 것들이고, 미국의 실체를 비판하는 책들 역시 미국의 지식인들이 그들의 시각에서 쓴 것이 대다수다. 실로 미국을 연구한 많은 한국인 전문가들이 있음에도 우리의 시각에서 미국의 실체를 사실대로 밝힌 책은 찾기 어렵다. 그 이유는 미국의 학문과 사상을 수입 판매하는 중간 상인들이 대학 등 전문 연구 기관의 주류 자리를 차지해온 현실에서, 자신들의 연구 분야가 지닌 원초적 흠결을 스스로 지적할 수 없다는 한계 때문일 것이다.

　이로 인해 <두頭·사師·부父 일체>라는 조폭 영화 제목처럼, 두목이고 스승이며 아버지와 같은 존재로 행세해온 미국의 치부를 밝히는 것은 금기시되었으며, 설령 이를 밝힌다 해도 변죽만 울리거나 선문답과 같은 우회적인 표현에 머무는 것이 고작이었다.

　나는 기회주의와 사대주의가 지배해온 한국의 제도권에서 공인받고자 하는 학자가 아니며, 언론에 이름이 오르내리는 유명인도 아니다. 더욱이 세속적인 출세와 성공을 인생의 목표로 삼아 줄서고 패거리 지으며, 숯을 검다고 말하지 않고 눈을 희다고 말하지 못하는 영악한 지식인도 아니다. 나는 젊은 시절 군사 독재에 맞서 싸우기도 했으나, 대학 졸업 후 한때는 재벌 회사에서 직장 생활도 했다. 그러나 재벌의 실체에 눈뜬 이후로는 스스로를 짓누르는 갈등과 번민으로 인해 사표를 내던지고 낙향하여 잠시 서툰 농사도 지어 보았다. 이후 긴 세월동안 40여 나라를 상대로 무역업을 하며 평범하게 살아왔다.

　풍부한 부존자원을 보유했음에도 대다수의 주민은 극빈에서 벗어나지 못하고 있는 아시아·아프리카 국가들도 가보았고, 인력 외에는 가진 것이 별로 없는 유럽의 경제 부국들도 가보았다. 자본주의 나라들의 실상도 보았고 개혁·개방 이전의 동구권 공산주의 국가들과 중국·베트남의 실상도 경험했다. 아울러 몇 푼의 달러 이외에는 내세울 것이 별로 없는 왜소한 한국의 국제적 위상도 경험했다. 또한 민주주의 사회도 보았고 독재 사회도 보았으며, 투명하고 정직한 사회도 체험했고 썩을 대로 썩은 나라들의 실상도 체험했다.

　이를 통해 내가 깨달은 것은 제국주의 특히 미국의 지배를 오래 받은 나라일수록 사회 정의와 공동체 윤리는 고사枯死하고 부정과 부패가 만연해 있으며, 부와 권력이 식민 본국의 앞잡이와 그 자손들에게 대물림되고 있다는 사실이었다.

바로 이러한 나의 체험들이 유사 이래 가장 강력한 제국으로 자리한 미국과, 그들이 제작하고 연출한 결과인 한국의 숭미 세력에 대한 책을 쓰게 된 주요 동기이다.

이 책은 미사여구로 윤색된 미국의 태생 배경과 독립 전쟁으로 미화된 백인들의 반란, 그리고 흑인 노예 해방 전쟁으로 선전되어온 남북 전쟁의 실체를 다루었다. 아울러 현대 민주주의의 대부 격으로 알려진 아브라함 링컨의 독재와 폭력성도 다루었다. 또한 음모와 공작을 통해 지역 전쟁을 세계 대전으로 비화시키며 제국의 길로 들어선 미국의 발자취를 살펴보았다. 공개 전쟁과 비밀 전쟁을 통해 전 지구촌에서 자행한 무자비한 폭력과 잔혹한 민간인 학살 사건들도 조명했다.

그리고 셔먼호 사건부터 오늘날까지의 한미 관계를 간략히 살폈으며, 일제 패망과 동시에 한반도 이남을 점령한 미국이 탄생시킨 한국의 태생적 흠결도 서술했다. 일제 패망 직후 민족 반역자들로 국군과 경찰 등 권력 기관을 구성한 미국의 의도와 이들이 자행한 민간인 학살의 실태를 짚어보았다. 종전 반세기가 지난 지금까지도 논란이 되고 있는 6.25 전쟁의 발발 배경도 분석했으며, 남북통일에 대해서도 나름의 견해를 밝혔다.

끝으로 신자유주의와 세계화로 포장된 미 제국의 음모와 그 폐해를 살폈으며 이를 통해 우리가 지향할 방향도 모색해 보았다.

이러한 나의 주장에 객관성을 담보하기 위하여 정보 자유법(The Freedom of Information Act)에 의해 비밀이 해제된 방대한 분량의 미국 정부 공식 문건을 읽고, 그 가운데 본문 내용과 관련된 주요 자료들을 인용했다. 또한 관련 해외 문헌과 미국 등 서방 유명 언론사에서 보도한 기사들도 참조했다.

물론 미국에 대한 비판을 친북으로 몰고, 남한 체제의 태생적 흠결을 지적하는 것을 이북 체제에 대한 찬양으로 몰며, 국제 사회의 조폭 두목인 미국에 빌붙어 사는 것을 감사히 여겨온 보수 우익들의 천민적 시각에서 보면 이 책은 반역과 불충이 될 수도 있을 것이다.

　그러나 거듭 태어나지 않고서는 천국에 갈수 없고 악업을 소멸하지 않고서는 윤회의 굴레에서 벗어날 수 없다는 성자들의 가르침처럼, 원초적인 흠결을 안고 태어난 한국의 과거사를 덮어둔 채 민족 윤리와 사회 정의 그리고 남북통일을 외쳐보았자 이는 마치 모래 위에 성을 쌓는 헛수고나 다를 바 없는 것이다. 수천 년 동안 우리의 선조들이 살아 왔고 또한 우리의 후대들이 살아갈 이 땅을 더 이상 영악하고 천박한 소인배들이 판치는 난장판으로 내버려 둘 수는 없다고 생각하기에 감히 이 책을 세상에 내놓는다.

　모쪼록 이 한 권의 책이 미국의 정체성과 한국 사회의 실체를 바로 알고, 이를 통해 사회 정의와 민족 윤리를 정립하려고 애쓰는 독자들에게 작은 도움이라도 되기를 충심으로 바란다.

　열정 하나로 쓴 필자의 거친 원고를 다듬어 책으로 펴내주신 소나무 출판사의 여러 식구들에게 마음속 깊이 감사드린다.

글쓴이 황성환

제3장 왜 중남미에서 더러운 전쟁을 벌였나?

제7장 미국은 우리에게 어떤 존재인가?

제1장

미국의 탄생은 신의 축복이었나?

1. 미합중국의 성립 배경

오늘날 미합중국은 세계 최고의 부국이자 강국이다. 미국의 국토 면적은 자치령이라는 이름의 식민지를 제외하고도 약 963만 제곱킬로미터에 달한다. 이는 25개국으로 구성된 유럽 연합의 2.5배, 남북한을 합한 한반도 전체의 44배에 해당하는 크기로, 인구 13억의 중국 대륙보다도 넓은 것이다. 아울러 석유 같은 천연자원의 매장량 역시 세계 최대다. 인구는 2억 9천 6백만 명으로 세계 3위이며, 그 구성비는 백인이 77퍼센트, 흑인 13퍼센트, 그리고 아시아계를 포함한 소수 민족들이 나머지 4퍼센트이다.

2004년 현재 GDP는 세계에서 제일 많은 11조 7천 5백억 달러로, 이는 인구가 미국의 1.5배에 달하는 유럽 연합 전체 GDP에 육박하는 규모다. 군비 지출 역시 3천 7백억 달러(2003년도 기준)로 세계 1위다. 이는 미국과 비슷한 약 2백만 명의 현역 군인을 유지하고 있는 남북한 전체 군비 지출의 17배에 해당한다.[1] 또한 지난 10년의 무기 수출 규모는 세계 무기 수출의 절반 이상을 차지한다.

그렇다면 건국한 지 불과 230년에 불과한 미국이 어떻게 세계 최고의 강국이 되었을까? 그들의 주장대로 근면 성실한 청교도 윤리 덕분인가, 아니면 지폐에까지 신을 찬양하는 문구를 인쇄한 그들에게 맘몬Mammon의 축복이 내렸기 때문인가? 그 해답은 미국의 태생과 성장 배경에 있다.

수준 높은 고대 문명을 지닌 '신대륙'

미국의 역사는 1492년 10월, 황금을 약탈하기 위해 아메리카 대륙 중남부에 위치한 바하마 군도에 상륙한 크리스토퍼 콜럼버스에서 시작한다.

---

[1] CIA, *World Fact Book*, 2005.

그리고 아메리카America라는 지명은 이탈리아인 아메리고 베스푸치의 라틴어 이름 'Americus Vespucius'에서 유래한다. 그가 콜럼버스 휘하의 호에다 선장과 함께 브라질 연안을 따라 아마존 강 하구까지 항해한 후 자국 정부에 '신대륙' 발견을 보고하자, 보고자의 이름을 따서 그곳을 아메리카라고 부른 것이다.

이 땅을 신대륙이라 부르게 된 것은 백인 탐험가들에게 현지 원주민은 인간이 아니라 미개한 짐승과 같은 존재였기 때문이다. 또 원주민을 인디언이라고 부르게 된 것은 그곳을 인도의 일부로 여긴 무지 때문이었다.

그러나 그곳은 결코 '신대륙'이 아니었다. 그곳 원주민들은 마지막 빙하기인 약 1만 2천 년 전에 얼음으로 덮인 베링 해를 건너 시베리아 반도에서 이주해 왔다는 것이 학계의 통설이다. 한편 원주민들 자신은, 그들의 선조들이 시베리아에서 건너온 것이 아니라 태초부터 그곳에 살았다고 주장한다. 특히 그들은 19세기 말부터 학계의 관심을 불러일으킨 전설상의 아틀란티스Atlantis와 무Mu, 그리고 레무리아Lemuria 등을 거론하면서, 이를 계승한 것이 바로 마야Maya 문명 등이라고 말한다.

실제로 백인들이 침략하기 3천 년 전 지금의 유카탄 반도에는 마야 문명이 있었다. 또 멕시코를 중심으로 약 2천 5백 년 전에 번성한 사포텍Zapotec 문명도 있었다. 이밖에도 10~12세기경 멕시코 중부 지역에서 번성한 톨텍Toltec 문명, 12세기경 볼리비아의 티티카카 호수Lago Titicaca(세계에서 가장 높은 해발 3,821미터에 위치) 주변에서 출현하여 스페인 정복 당시까지 존속한 잉카Inca 문명, 14세기부터 스페인에게 정복될 때까지 안데스 산맥 주변인 페루와 볼리비아 인근에서 번성한 아이마라Aymara 문명, 같은 시기 멕시코의 텍스코코 호수를 중심으로 번성한 아스텍Aztec 문명 등이 이어져오고 있었다.

특히 도시의 문명화 수준은 백인 정복자들에게 큰 충격을 주었을 정도였다. 잘 형성된 도시 기반 시설과 농수로 시설은 당시 백인 사회의 수준을 능가했으며, 경제적으로는 화폐 제도가, 정치적으로는 주민 대표를 직접 선출하는 민주 제도가 정착되어 있었다. 더군다나 여성에게도 투표권이 주어졌다는 점은 당시 유럽에서 상상조차 할 수 없는 일이었다. 또한 도시를 벗어난 각 지역에는 수백, 수천 명 단위로 구성된 부족들이 각기 독립적인 사회 체제를 갖추고 서로 협력하며 평화롭게 공존하고 있었다.

원주민들의 의식 세계 역시 약탈과 살육이 몸에 밴 백인들과는 비교조차 할 수 없을 정도로 순수했다. 이는 콜럼버스와 그 일행이 남긴 기록에 잘 나타나 있다.

인디언들은 보지 않고서는 믿지 못할 정도로 순수합니다. 그들은 철이나 금속으로 만든 무기를 가지고 있지 않습니다. 물건에 대한 욕심이 전혀 없으므로 남이 가지고 싶어 하면 거절하는 법이 없고, 오히려 아무리 하찮은 것이라도 기꺼이 나눠 가지려 합니다.

원주민들의 이러한 의식세계는 오랜 세월 동안 구전되어온 그들의 기도문을 통해서도 확인할 수 있다.

위대한 신이시여!
바람결을 통해 음성을 전하시고,
숨결을 통해 만물에게 생명을 주시는 신이시여!
강건과 지혜를 구하는 나의 간곡한 기도를 들으소서.
내 손으로 하여금 당신이 창조하신 만물을 받들게 하시고,
내 귀로 하여금 당신의 음성을 듣게 하소서.
당신이 우리들에게 가르치신 뜻을
깨달을 수 있는 지혜를 주시고,
내게 다가오는 세상의 일들에 대해
평안함으로 대처할 수 있도록 도와주소서.
돌과 나뭇잎에 감추어 두신 당신의 크신 뜻을 깨닫게 하시고,

순수한 마음과 행동으로 남을 돕게 하시며,
세상일에 대해 이기심을 버리고 측은한 마음을 갖게 하소서.
나를 강건하게 하시되
내 형제들을 세압할 힘을 갖게 하지 마시고,
단지 강한 적들로부터 나를 지킬 힘만 갖게 하소서.
당신이 부르실 때는 언제라도
깨끗한 손과 정직한 눈빛으로
당신을 만날 수 있도록 하소서.
서산에 해가 지듯이 내 삶이 다했을 때
한 점 부끄럼 없는 영혼으로
선하시고 아름다우신 당신을 맞을 수 있도록 하소서.

아메리카 원주민들의 사회생활과 의식 세계를 연구한 미국의 문화 인류학자 루이스 모건은, 원주민 이로쿼이족Iroquois에 관한 연구 논문을 통해 다음과 같이 말했다. "부족의 구성원들은 각기 자유인의 신분으로, 성문화된 규율은 없으나 족장이나 추장도 우월적인 지위에 있지 않았고, 자유·평등·박애가 생활 윤리였다." 이들은 짐승을 사냥할 때에도 "신이시여 제가 저 먹이를 잡지 않으면 살아갈 수 없음을 용서하소서!"라고 기도했다. 열매를 딸 때에도 "너의 몸이 나를 살찌우니 나의 땀은 너를 배부르게 하리라"고 기도했다.

미국의 시조는 해적이었다

그러나 이렇듯 수준 높은 의식을 지닌 원주민도 백인 침입자들이 보기에는 마땅히 박멸해야 할 야만적인 짐승과 다를 바 없었고, 그토록 오랜 문명을 지닌 땅도 개척을 기다리는 황무지에 지나지 않았다.
콜럼버스 일행이 상륙했을 당시 아메리카 대륙 전역에 흩어져 살던 원주민은 약 1억 명, 북미 대륙에만도 약 3천만 명이 살고 있었던 것으로 추산된다. 그러나 1900년 당시 미국에 거주하던 원주민은 채 1백만 명도 되지 못했다. 미 정부의 공식 통계에 따르면, 인디언 보호(?) 정책이 시행된 20세기 중반 이후 약간씩 증가하여 1980년에는 148만 명, 2003년 현재에는 약 280만 명의 원주민이 미국 전역에 살고 있다.[2]

원주민 말살 정책은 콜럼버스의 아메리카 대륙 침입 초기부터 공공연히 자행되었다. 이는 콜럼버스와 함께 배를 탄 선교사 라스카사스가 1552년에 발표한 「원주민 사회의 파괴에 대한 소고A Short Account Of The Destruction Of Indies」라는 글에 생생히 묘사되어 있다.

> 하루는 3천 명에 달하는 원주민을 붙잡아 와 사지를 자르고 목을 베고 여자들은 강간한 후 살해했다. 달아나는 아이는 창을 던져 죽이거나 붙잡아 사지를 잘라 죽였으며, 일부는 끓는 비누에 삶아 죽였다. 또한 개를 풀어 이들을 돼지처럼 몰아 죽였으며, 엄마 품에 안겨 있는 아기를 낚아채 그들이 끌고 온 개에게 먹이로 던져주었다.
>
> 그리고 한 칼에 사람을 두 동강 내거나 목 베는 내기를 했으며, 바위에 짓이겨 죽이기도 했다. 그들은 나지막한 교수대를 만들어 발이 땅에 닿을 듯 말 듯 하게 원주민들을 목매달고 저주받은 예수의 13번째 제자를 본떠 13명씩 죽였다.[3]

백인들이 퍼뜨린 천연두 역시 무균 지대나 다름없던 아메리카 대륙에 살아온 원주민들에게는 치명적이었다. 백인들과는 달리 미처 면역력을 갖지 못한 탓에, 때로는 마을 전체가 몰사하기도 했다.

이러한 학살 만행과 질병으로 인해 콜럼버스 일행이 상륙할 당시 약 25만 명이던 카리브 해 아이티Haiti 섬의 타이노족Taino은, 불과 50년이 지나는 동안 고작 0.2퍼센트에 불과한 5백 명 정도만이 살아남게 되었다. 당

2) *US Population Census 1980 & 2003.*

3) David E. Stannard, *American Holocaust*, Oxford University Press, 1992.
Bartolome de las Casas, *The Devastation, Of The Indies*, trans. Herma Briffault, Johns Hopkins University Press, 1992.

시의 평균적인 출산율과 백인들이 퍼뜨린 천연두로 사망한 수를 감안한
다 해도, 신대륙 개척이라는 미명 아래 자행된 백인 정복자들의 만행이
어느 정도였는가를 충분히 짐작케 하는 수치다.

원주민 말살 정책은 1492년 4월 30일 스페인 국왕의 명으로 콜럼버스
에게 전해진 대주교의 서신에도 잘 드러나 있다. 그 요지는 황금을 찾는
데 장애가 되는 사람은 살해해도 좋다는 것이었다. 타이노족에 대한 백인
정복자들의 만행은, 콜럼버스가 이곳에 상륙한 지 11년이 지난 후 스페인
정부가 폰세 데 레온Ponce de Leon 휘하의 기병대를 현지에 보내, 한 지역
에 모여 사는 타이노족 7천여 명 전원을 무차별 학살했다고 보도한, 한
미국 신문의 기사에서도 확인된다.4)

이토록 잔악한 만행을 저지른 해적 불한당들을 기리기 위해, 1892년 10
월 12일 미국 제23대 대통령 벤저민 해리슨은 콜럼버스의 아메리카 대륙
침입 400주년을 기념하여 이 날을 콜럼버스의 날로 지정했고, 이후 1968
년에 제36대 대통령 존슨은 이 날을 국경일로 선포했다.

사실 엄밀히 말하자면, 북미 대륙에 최초로 상륙한 백인은 콜럼버스 일
행보다 약 500년 앞서 캐나다 뉴펀들랜드에 정착촌을 세운 바이킹족이다.
이를 모를 리 없는 미국이 자신들의 시조로 콜럼버스를 택한 것은 악명
높은 해적의 후예라는 오명을 피하고 싶었기 때문일 것이다.

그러나 콜럼버스 역시 이탈리아 태생으로 알려져 있을 뿐 국적조차 불
분명하며, 한때 해적질과 노예 매매를 주업으로 삼았던 자이다. 황금을 찾
아 아메리카 대륙에 침입하여 악마나 다름없는 온갖 사악한 짓을 저지른
콜럼버스나 그 이전의 바이킹이나 시대만 다를 뿐 한 뿌리에서 태어난 자
들임에는 이론의 여지가 없다. 바로 이런 약탈자들이 오늘날 미국의 뿌리
이며 시조인 것이다.

---

4) *Los Angeles Times*, 1997. 8. 21.

본격적인 백인 이주

17세기 초 백인들은 아메리카 대륙으로 본격적인 이주를 시작했다. 해외 식민지 확보를 목적으로, 영국은 1607년 체사피크Chesapeake 연안에 제임스타운Jamestown을 건설했고, 프랑스는 1608년 퀘벡Québec에, 그리고 네덜란드는 지금의 뉴욕에 각각 식민지를 건설했다. 영국 정부는 초기 식민지 개척을 위해 국영 기업 형태의 회사를 세웠다. 제임스타운을 건설한 버지니아 회사, 메이플라워호 이주자를 위한 런던 회사, 그리고 이민자 수의 증가에 발맞춰 1627년에 세운 매사추세츠 회사 등이 그것이다.

영국인들의 공식적인 첫 집단 이주로 기록되는 제임스타운은, 영국 여왕 엘리자베스 1세의 지원 아래 설립된 버지니아 회사의 주선으로 이루어졌다. 1607년 5월 북미 대륙에 도착한 영국인들은, 버진 퀸의 이름을 기려 자신들이 도착한 곳을 버지니아라 이름 붙이고 마을 이름은 제임스타운이라 했다. 이주자들 가운데 절반은 기능공, 목공, 노무자, 재단사, 이발사, 외과 의사, 하급 사병이었고, 나머지는 직업이 없는 도시 빈민들로 대다수가 독신이었다. 도착 당시 102명이던 이주자 수는 점점 늘어나 1609년에 1천 명을 넘어서게 되었다.

이들이 처음으로 이주했을 때 이곳 원주민인 포우하탄족Powhatan은 이들에게 경작할 땅을 내주고 옥수수 등 음식을 제공했으며, 또한 이들의 수레가 진흙탕에 빠지면 모두 합심하여 밀어주는 등 호의를 베풀었다. 그러나 원주민을 인간으로 생각지 않은 백인들은 원주민 여자를 강간하는가 하면, 시비를 걸어 원주민들을 죽이거나, 독이든 음식으로 집단으로 독살하기도 했다. 때로는 사냥개로 원주민을 한 곳에 몬 다음, 마스티프Mastiff(영국산 맹견)를 풀어 물어뜯게 하기도 했다. 또한 카누와 고기잡이 배를 부수고 촌락과 농경지를 불살라 원주민들을 내쫓았다.

미국 초대 대통령 조지 워싱턴은 이들을 '짐승의 먹잇감'이라고 일컬으며 박멸을 주장했다. 제7대 대통령 앤드루 잭슨(미화 20불 지폐에 나오는 인물)은 1814년에 부대를 이끌면서 1천여 명의 원주민을 붙잡아 남녀노소를 불문하고 사지를 절단해 죽였으며, 일부는 배를 갈라 내장을 꺼낸 후 시신을 말려 말안장으로 사용하기도 했다. 또 코를 베어 학살 숫자를 입증하는 전공 자료로 삼도록 했다. 당시 연방 정부는 원주민 머리가죽에 상금을 지급했는데, 이 때문에 원주민 사냥은 군인뿐만 아니라 민간인들도 탐내는 수익 사업이었다.

이러한 미국 정부의 원주민 학살 사실은 1851년 캘리포니아 주지사의 공식 성명에서도 확인된다. 또한 「로키 마운틴 뉴스Rocky Mountain News」 1863년 3월 24일자에는 "모두 죽여라(Exterminate Them)"라는 제목의 머리 기사가 실려 있다. 남북 전쟁 당시 북군 사령관을 지낸 셔먼William Tecumseh Sherman 장군이 1867년에 하달한 작전 지침에는 "수족Sioux은 남녀노소를 가리지 말고 씨를 말려야 한다"는 내용이 담겨 있다. 1860년의 한 신문은 지금의 캘리포니아 지역에 거주하던 인디언 원주민 학살에 관해 이렇게 보도했다. "아무런 이유도 없이 여러 원주민 부족을 동시에 급습한 백인들은 어린이와 부녀자를 포함한 수백 명의 비무장 원주민들을 무차별 학살했다."5)

메이플라워호 언약이니 필그림 파더스Pilgrim Fathers니 하며 미국의 건국 선조로 미화되어 온 메이플라워호 탑승객 102명의 경우도 마찬가지였다. 이들이 건설한 플리머스Plymouth 식민지의 2대 총독이었던 윌리엄 브래드퍼드William Bradford의 기록에 의하면, 곧바로 되돌아간 2명을 제외한 100명 가운데 소위 청교도로 분류된 사람들은 35명이었는데, 이들은 종교적인 이유를 내세워 1607~1608년에 영국에서 네덜란드로 건너간 상당수의 하급 기능공과 노무자들 가운데 일부였다. 그리고 나머지 대다수는 시정잡배, 알코올 중독자, 전과자 등 영국 사회에서 정상적인 사회생활

---

5) *The Weekly Humboldt Times*, 1860. 3. 3.

이 어려웠던 자들이었으며, 프랑스인도 일부 섞여 있었다.

즉 영국 정부로서는 이들을 추방함으로써 영국 사회의 질서 유지와 국외 식민지 확보라는 두 마리 토끼를 잡을 수 있었기 때문에, 이들에 대한 이민을 적극적으로 권장·지원했던 것이다. 초기 이민자들 대다수가 아메리카로 건너올 최소한의 여비조차 없어 이민 주선 회사인 런던 회사로부터 여비를 차용했으며, 아메리카 도착 첫해 겨울에 이민자의 절반이 질병 등으로 사망했다는 기록만 보아도 이들의 실태를 충분히 짐작할 수 있다.

초기에 이들은 원주민들에게서 식량과 잠자리를 구걸하거나 원주민들과의 교역을 통해 현지에 정착했다. 그 후 점차 담배 등을 경작하여 영국에 수출하면서 경제적인 자립 기반을 형성해 나갔다. 이민 정책이 점차 성공을 거두자 이민 규모도 급증하게 되었는데, 초기 20여 년 동안 수만 명의 백인들이 신천지로 몰려들었다. 당시 이민자의 대다수는 도시 근교의 소작농들로, 제 땅을 가질 수 있다는 영국 정부의 선전에 따라 앞 다투어 이민길에 나섰던 것이다.

그렇게 급증한 이민자 수는 1700년에 약 25만 명에 달했고, 1760년에는 150만 명에 이르렀다. 이러한 증가 추세는, 1704년 한 해 동안 1천 8백만 파운드의 담배가 영국으로 수출되었으며, 1750년에는 버지니아와 메릴랜드 지역에서만 8천 5백만 파운드의 담배와 상당량의 맥주가 수출되었다는 기록에서도 확인할 수 있다.

한편 백인 이주민이 증가함에 따라 원주민 인디언과의 크고 작은 분쟁이 계속되었는데, 1763년 영국 왕실은 원주민과의 마찰을 줄이고 이들과 평화적으로 공존하기 위해 조지 3세의 칙령으로 애팔래치아 산맥 서쪽을 원주민 영토로 선포하고, 이곳에 거주하는 백인들은 산맥 동쪽으로 이주하라고 명령했다.

그러나 보다 많은 부를 이루고 보다 넓은 토지를 차지하기 위해 영국 왕실에 대한 반란을 추진하던 백인 이주민 지도층에게 이러한 칙령이 통할 리 없었다. 이는 영국으로부터 독립한 이후인 1790년에 약 4백만 명, 그리고 1830년에 무려 1천 3백만 명에 이른 백인 이주민 수에 반비례하여 원주민 수가 급감했다는 사실에서도 잘 나타난다. 백인들의 급속한 이주는 보다 광활한 토지 수요를 창출했고, 이는 더욱 잔혹하고 포악한 원주민 사냥을 가속하는 계기로 작용했다.

원주민 학살 만행

백인들이 자행한 수많은 원주민 학살 사건 가운데 널리 알려진 몇 가지를 소개하면 다음과 같다.

1637년 5월 영국군과 필그림 파더스는 코네티컷 미스틱 강변에 위치한 피쿼트족Pequot 마을을 한밤중에 습격하여 부녀자와 어린이를 포함한 약 1,500명을 몰살하고, 생포한 자들은 영국과 스페인, 서인도 등지에 노예로 팔았다. 이것이 피쿼트족 학살 사건인데, 당시 이를 지휘한 윌리엄 브래드퍼드는 『플리머스 식민지의 역사Of Plymouth Plantation』(1651)에서 이렇게 말했다. "그들의 몸은 불꽃 속에 타오르고, 피는 흘러 작은 내를 이루었다. 불꽃이 삼키는 그 광경은 참으로 두려운 것이었으며, 더욱이 끔찍스러운 것은 시신 타는 냄새였다. 그러나 승리는 달콤하다. 그래서 우리 모두는 우리를 위해 그리도 놀라운 일을 해주신 하느님께 감사의 기도를 드렸다."[6]

블랙 호크Black Hawk 사건은, 1832년 연방 정부의 원주민 주거 지역 축소 정책으로 인해 백인 이주민들이 위스콘신 지역에 거주하던 폭스족Fox과 수족 등 약 천 명 이상의 원주민을 학살한 사건으로, 여기서 블랙 호크란 폭스족 족장의 이름이다. 미국 역사는 이 사건을 학살이 아니라 전투로 기록하고 있다. 그러나 병력과 화력 면에서 비교할 수 없을 정도로 열

6) David E. Stannard, *American Holocaust*, Oxford University Press, 1992.

세에 처해 있던 원주민들을 일방적으로 도륙한 행위이지 결코 전투라고 볼 수 없는 사건이었다.

1854년 오리건에서 자행된 그래튼 학살Grattan Massacre은, 백인들의 이민 대열에서 탈주하여 인근 수족 부락으로 뛰어든 소 한 마리에서 발단했다. 당시 백인들이 그은 보호 구역 안에서 굶주리고 있던 수족 원주민들은 그 소를 잡아먹었다. 이 사실을 안 오리건의 라라미 기지에서 수족을 징벌하기 위해 그래튼 중위 등 28명의 군인을 수족 부락으로 보냈다. 그 제야 사태의 심각성을 안 수족은 소 한 마리 값으로 여러 필의 말을 주겠다고 제안했다. 그러나 호시탐탐 시빗거리를 찾던 백인 군인들이 원주민들의 제안을 들을 리 없었다. 소 한 마리 때문에 부족장 등 수많은 원주민이 살해당했다.

1855년 9월 미군은 백인 청년이 저지른 범죄 행위의 시비를 가리던 네브래스카 보호 구역 원주민에 대해 소위 길들이기 차원의 학살을 자행했다. 이로 인해 브룰Brule 수족 남녀노소 약 백여 명이 무참히 살해되었다. 당시 여섯 살 나이에 이 학살 사건을 지켜본 크레이지 호스Crazy Horse(나중에 백인들에 의해 붙여진 이름이다)는, 성장하여 백인들을 상대로 한 전투에서 혁혁한 전공을 세움으로써 원주민 사회의 존경받는 전사가 되었다. 그는 미군을 상대로 벌인 전투에서 추위와 굶주림으로 지친 원주민 전사들을 살리기 위해 자진 투항했으나, 결국 네브래스카 로빈슨 요새 감옥에서 한 미군 병사에 의해 살해당했다. 당시 그의 나이 33세였다. 다음은 그가 포로로 잡힌 후 남긴 유명한 연설문 가운데 일부다.

백인들은 우리에게 수많은 약속을 했습니다. 그러나 그들은 아무 약속도 지키지 않았습니다. (…) 우리는 당신들을 이곳에 초청한 적이 없습니다. 위대한 신께서 당신들에게 당신들이 살던 땅을 주었듯이, 우리의 신은 우리에게 이 넓은 땅을 삶터로 주었고 들소와 사슴과 영양 등도 주셨습니다. (…) 독수리가 깊고 푸른 하늘을 찾듯이 우리도 자유를 찾아 왔습니다. 우리는 척박한 유보지에 갇혀 사는 것보다 들판에 나가 사냥하는 것을 좋아합니다. 그러나 식량이 부족하여 들판에 나가 사냥을 하고 싶어도 미국 정부는 우리에게 사냥을 금하고 있습니다. 우리 모두는 평화를 원하고 그냥 내버려두기만을 바랍니다. 그러나 백인 병사들은 우리의 삶터를 파괴하고 오히려 우리가 그들을 학살했다고 뒤집어씌웁니다. 처음에 우리는 이곳을 벗어나려고 했으나 백인들에 의해 완벽히 포위되었으므로 그렇게 싸울 수밖에 없었습니다.

크레이지 호스

1863년 초 솔트레이크 지역에 주둔하던 패트릭 코너Patrick Conner 대령과 휘하 장병들은, 인근 곰 강Bear River 주변의 쇼쇼니Shoshoni족 부락을 습격하여 4백여 명의 원주민을 학살했다. 이후로도 크고 작은 원주민 학살은 계속되었다. 그 이유는 백인 이주민들의 안전한 통행을 위한 예방적 조처라는 것이었다. 이러한 백인들의 원주민 살육 만행은 콜로라도 샌드크리크Sand Creek 등 북미 전역에서 자행된 학살 사건의 표본이었다.

샌드크리크 학살 사건은 1864년 11월 콜로라도 지역 주둔군이 샤이언족Cheyenne과 일부 아라파호Arapaho족을 무단 학살한 사건이다. 당시 로키 산맥 주변의 금광을 찾아 몰려든 백인들을 위해 원주민을 추방하고자 의도적으로 자행한 것이었다. 학살을 지휘한 콜로라도 주둔군 사령관 존 쉬빙턴John Milton Chivington 대령은, "나는 인디언을 죽이기 위해 이곳에 왔다. 하느님이 세운 나라에서 인디언을 죽이는 것은 정당하며, 명예로운 것이다"라며 무고한 원주민 남녀노소 약 6백여 명을 무참히 도륙했다.

1880년대에 이르러 보호 구역 축소로 인한 기아와 질병으로 원주민 사망자가 속출하자, 수족 등의 원주민들은 풍요로웠던 과거의 재현을 꿈꾸며 파인리지 원주민 보호 구역에서 전통적인 주술적 종교 의식을 거행했다. 이후 이러한 종교 의식은 절망적인 상황에 처한 원주민 사회로 급속히 퍼져나갔다. 이것이 백인들에 대한 저항으로 번질 것을 우려한 미국 정부는 1890년 12월 28일 밤 연방군 제7 기병대를 사우스다코타의 운디드니Wounded knee 강가로 보내 비무장 상태로 야영하던 여자와 어린이를 포함한 수족 350여 명을 학살했다. 학살의 이유는 수족 누군가가 기병 대원 한 명을 살해했다는 것이었다. 물론 이는 날조된 것이고, 실상은 기독교 윤리에 어긋나는 주술적 무속 행위(미국은 이를 'ghost dance'로 불렀다)를 근절하고, 나아가 원주민들 사이의 정신적 유대감을 파괴하려는 것이었다.

이 밖에도 미군은 1818년 4월 전혀 적의가 없던 세미놀Seminole족 남녀노소 1백여 명을 무단 학살했다. 세미놀족이 거주하던 플로리다 지역은 스페인 식민지였는데, 스페인 식민지를 빼앗기 위해 우선 그곳 원주민부터 제거한 것이었다.

또한 1854년 백인 이주민들은 사소한 시빗거리를 만들어 캘리포니아 샤스타Shasta 산지에 분포한 크리크Creek족 수백 명을 무단 학살했다. 또 1860년 2월에는 단지 방해가 된다는 이유로, 캘리포니아 북서 연안 험볼트Humboldt에 거주하던 원주민 남녀노소 수백 명을 집단 학살했다. 1863년 1월에는 미군과 모르몬교도 이주민들이 합세하여, 아이다호 프레스턴Preston 부근의 원주민 약 3백 명을 학살한 후 그들의 곡식과 가축을 약탈했다.

지금까지 살펴본 사건들 외에도, 건국 이후 약 백 년간 계속된 미국 정부의 원주민 학살 사건은 이루 헤아릴 수 없을 정도로 많다.

미국 제7대 대통령 앤드루 잭슨은 1830년 미 의회를 통과한 인디언강제 이주법을 토대로 백인들의 개발 사업에 방해가 되거나 백인들의 주거지 주변에 사는 원주민들에 대한 본격적인 강제 이주 정책을 실시했다. 이 과정에서 수십만 명의 원주민들이 학살당하거나 기아와 추위로 사망했다.

북미 지역에서 제일 규모가 큰 체로키족은, 서부 해안 지대에 널리 퍼져 생활하다가 백인들의 강압에 의해 내륙의 보호 구역으로 이주했다. 그러나 내륙 철도 건설과 금광 개발, 그리고 백인들의 목축에 방해가 되자, 백인들은 그나마 보장한 척박한 삶터조차 빼앗은 채 또다시 불모지나 다름없는 죽음의 땅으로 이들을 내몰았다.

1832년 미국 대법원장 존 마셜John Marshall은 "미 연방법은 인디언 종족 거주지에 적용되지 않는다"라는 의견을 제시하며, 인디언 강제 이주법의 강행을 금했다. 하지만 탐욕에 눈이 먼 백인들이 이러한 대법원의 결정을 제대로 따를 리 없었다. 1838년 미국 제8대 대통령 마틴 밴 뷰런Martin Van Buren은, 이주 시한이 경과하자 원주민 강제 소개 작전을 실행하기 위해 윈필드 스콧Winfield Scott 장군을 지휘관으로 한 약 7천 명의 병력을 투입했다. 그리하여 약 2~3만 명의 체로키 인디언들이 백인들의 총구에 밀려 강제 이주 길에 올랐다. 북부 조지아와 아칸소에서 오클라호마 내륙까지 총 2천 킬로미터를 걸어가는 동안, 이들 가운데 7~8천 명이 굶주림과 질병으로 사망했다. 이 사건은 미국의 역사에도 '통곡의 행렬(Trail of Tears)'로 기록되어 있다.

나바호족의 대장정(Long Walk of the Navajo)은 남북 전쟁이 한창이던 1863~1864년 동부 애리조나와 서부 뉴멕시코 지역에 산재한 나바호족 1만여 명을 뉴멕시코 페이커스 강Pecos River 계곡으로 강제 이주시킨 사건을 말한다. 당시 약 5백 킬로미터를 맨발로 걸어가며 추위와 굶주림과 질병으로 사망한 숫자만도 1천여 명에 달했다. 더군다나 백인들이 지정한 이주지마저 1백 제곱킬로미터에 불과해 이주 후에도 아사자가 속출하는 등 생지옥과 다를 바 없었다.

이밖에도 죽음의 행진(Death March)이라 불리는 또 다른 나바호족 강제 이주 사건을 비롯하여, 수족 강제 이주 사건, 아파치족 강제 이주 사건 등 미국 역사에 기록되어 있는 강제 이주 사건만 해도 상당수에 이른다.

19세기 초반 형법 제도를 연구하기 위해 미국에 체류하던 프랑스의 젊은 판사 알렉시스 토크빌Alexis de Tocqueville은, 미군의 총부리 아래 강제 이주 길에 오른 촉토Choctaw족이 한겨울에 얼음을 깨가면서 맨발로 미시시피 강을 건너는 처참한 광경을 보고서, "사람이라면 누구라도 그 광경을 보고 가슴이 메어지지 않을 수 없을 것"이라고 기록했다.

또한 백인 정부를 상대로 법정 투쟁을 벌인 수족의 폰카Ponca 인디언 추장 마추나자Machunazha(일명 '서 있는 곰')의 다음과 같은 절규는, 미국 정부의 이른바 서부 개척이 얼마나 잔혹했던가를 말해준다.

오직 백인들에게만 자연은 황야였고, 오직 그들에게만 대지는 야생 동물과 야만인들이 떼지어 우글거리는 곳이었다, 우리에게 자연은 길들여져 있는 온순한 것이었으며 대지는 기름진 곳이었다. 그리고 우리는 위대한 신이 내려주신 충만한 축복 속에 살아왔다. 동쪽에서 털 많은 사람들이 몰려와 잔혹하고 엄청난 불의를 자행했을 때, 그것이야말로 우리에게 야생의 재앙이었다. 숲속 짐승들이 백인을 피해 달아나기 시작했을 때, 그것이 바로 서부 황야의 시작이었다.

원주민 정체성 말살 정책

원주민에 대한 인종 청소를 거의 마친 미국은 자신들이 강점한 북미 대륙의 완전한 미국화를 위해 후속 조처를 단행했다. 그 가운데 하나는 원주민들의 민속 신앙을 귀신 놀음이니 우상 숭배라 하여 엄금한 것이었다. 자신의 믿음을 따르던 원주민들을 가혹하게 살해한 사건이 바로 운디드니 학살이다.

또한 그들은 원주민 언어를 금하고 영어 사용을 강제하면서 이름까지 영어식으로 개명하도록 강요했다. 아울러 두발을 짧게 하고, 교회당에 나가 기독교를 믿도록 강압했다. 만일 연방 정부의 지침에 따르지 않을 경우에는 물품을 구매하거나 공공 서비스를 받는 것조차 허용하지 않았다.

원주민 자녀들은 멀리 떨어진 직업학교에 강제로 보내져 목공, 철공 등의 기능 교육을 받았다. 여기에는 미국적인 가치를 세뇌하는 교육도 병행되었다. 이들은 제복을 입은 채 군대식으로 생활했으며, 원주민 언어를 사용할 경우에는 엄한 체벌을 받았다. 그로 인해 정체성의 혼란을 겪은 일부 청소년들은 집단 수용소나 다름없는 기숙사를 탈출하거나 심지어는 스스로 목숨을 끊는 일까지 벌어졌다.

미국 정부는 또한 원주민들의 미풍양속인 공동체 의식을 파괴하기 위해 개인적인 이기심을 자극하고 구성원 사이의 분열을 조장하는 정책을 병행했다. 그 가운데 하나가 바로 원주민 집단을 상대로 한 종래의 유보지 배정 정책을 원주민 개개인을 상대로 하는 개인 토지 할당 정책으로 바꾼 '도스 단독 토지 보유법Dawes Severalty Act'이었다.

1887년에 제정된 이 법은 원주민들의 집단생활을 파괴하기 위한 것이었다. 원주민들이 이 법에 반발하자 그들의 기초적인 생계 활동마저 봉쇄했다. 그 후 1906년에 '버크 법Burke Act'을 통해 토지 처분권을 허가하고, 1917년에는 토지에 과도한 세금을 부과했다. 결국 원주민들이 할당받은 최소한의 토지마저 백인들의 손에 넘어가도록 만든 후 이들을 산개시켰다.[7]

---

7) Arlene B. Hirschfelder, Mary Gloyne Byler and Michael Dorris, *Guide to research on North American Indians*, American Library Association, 1983.

원주민의 저항

백인들의 무자비한 탄압과 인종 말살에 맞선 원주민들의 저항이 전혀 없었던 것은 아니다. 1622년 메이플라워호 이민자 등의 횡포를 견디다 못해 버지니아 원주민들이 집단 무장 저항을 일으킨 것을 시작으로, 원주민들의 산발적인 저항은 북미 대륙 전역에서 약 250년 동안 이어졌다.

1675년에는 매사추세츠 코네티컷강 유역에서 일명 필립 왕 전쟁King Philip's War을 벌여 이듬해까지 백인 6백여 명과 원주민 3천여 명이 사망하는 일도 있었다. 또 1754년에는 프랑스와 연합하여 영국과 싸웠고, 1763년에는 오타와 추장 폰티악의 주도 아래 영국군을 상대로 전면전을 치렀다. 미국의 반란 전쟁 기간에는 원주민들과의 평화를 제안한 영국을 도와 백인 반군(미군)을 상대로 전투를 벌이기도 했다.

1817년에 벌어진 제1차 세미놀 전쟁은 플로리다주의 세미놀족 거주 지역을 침탈하려는 백인 이주자들을 지원하기 위해 앤드루 잭슨 장군이 이끄는 미군이 원주민 부족을 공격하면서 시작했다. 불과 5개월 만에 종결된 이 전투의 결과, 대다수 원주민들이 전사했으며 그들의 옥토는 백인들의 차지가 되었다. 그 후 1821년에 벌어진 제2차 세미놀 전쟁과 1858년의 3차 세미놀 전쟁으로 세미놀족은 거의 전멸했다.

1862년에는 수족의 봉기가 일어났다. 백인 정착민과 연방 정부가 미네소타 강 주변에 거주하던 수족을 내쫓으며 약속한 보상을 일방적으로 백지화한 것이 발단이었다. 삶터를 잃고 생계마저 위협당한 원주민들은 그들의 삶터를 차지하고 있던 백인 마을을 습격했는데, 이로 인해 10여 명의 백인이 사망했다. 그러자 연방 정부는 군대를 동원하여 이를 진압한 후, 주모자 38명을 교수형에 처했다.

당시 헨리 휘플Henry Whipple 대주교까지 나서서 이들의 봉기가 백인 정착민들과 연방 정부의 잘못에서 비롯된 만큼 수십 명씩이나 극형에 처하는 것은 합당치 않다고 탄원했다. 그러나 이미 폭정의 길로 들어선 링컨 대통령은 형이 확정된 당일인 1862년 12월 26일 이들 모두를 교수대에 매달도록 명령했다.

청교도 윤리의 본질

온갖 잔혹한 수법이 동원된 이 같은 원주민 말살의 밑바탕에는 이른바 청교도 윤리와 기독교 근본주의가 자리하고 있었다. "하느님께서는 그들에게 복을 내려주시며 말씀하셨다. '자식을 낳고 번성하여 온 땅에 퍼져서 땅을 정복하여라. 바다의 고기와 공중의 새와 땅 위를 돌아다니는 모든 짐승을 부려라!'"(창세기 1:28) "나에게 청하여라. 만방을 너에게 유산으로 주리라. 땅 끝에서 땅 끝까지 너의 것이 되리라."(시편 2:8) "그러므로 권위를 거역하면 하느님께서 세워주신 것을 거스르는 자가 되고 거스르는 사람들은 심판을 받게 됩니다."(로마서 13:2) 이 같은 성서의 가르침을 맹신하는 백인 기독교도들에게, 살육과 약탈은 곧 신앙의 실천이었다.

이는 콜럼버스와 함께 원주민의 땅에 발을 디딘 라스카사스Bartolomé de Las Casas의 기록에 잘 나타난다. 즉 하느님께서 이곳 신대륙에 기독교 왕국을 만들기 위해 원주민을 도륙하는 정복자들을 인도했다는 것이다. 그리고 그 정복자들에 의해, 북미 대륙에서 살고 있던 크리크족, 수족, 샤이엔족, 아라파호족, 코만치족, 푸에블로족, 나바호족, 아파치족 등 약 3천만 명 이상의 원주민은 19세기 말에 이르러 불과 백만 명도 남지 않게 되었다.

1867년 셔먼 장군이라는 자는 "금년에 더 많은 인디언을 죽이는 것은 다음 전투에서 그만큼 죽일 숫자가 줄어든다는 것을 의미합니다. 인디언들을 볼 때마다 그들 모두를 죽여야지, 그렇지 않으면 가난뱅이의 종자들을 남겨두는 결과가 되어 우리가 피해를 볼 것입니다"라고 연설했다. 이

것이 바로 미국이 자랑해 마지않는 청교도 윤리와 개척자 정신이다.

아메리카 대륙의 원주민들은 제1차 세계 대전에서 약 10만 명이 미군의 총알받이 역할을 담당한 덕분에 1924년 합법적인 미국 시민이 되었다. 그러나 미국 정부의 인종차별 정책으로 인해 오늘날에도 대다수 원주민들은 보호 구역에 머물고 있으며, 이들 중 약 60퍼센트는 평균 이하의 열악한 환경 속에서 살고 있다.

게다가 다른 나라들에 대해 수백 년 전부터 종교의 자유를 강요해온 미국인이건만, 자국 원주민들에게는 20세기 중반기까지도 종교의 자유를 허용하지 않았다. '아메리카 인디언 종교 자유법(American Indian Religious Freedom Act)'이 제정된 것은 1979년의 일이다. 이는 '아메리카 인디언 운동(American Indian Movement)'이라는 단체가 과거 미국 정부에서 자행한 원주민 집단 학살과 정체성 말살에 대한 사과와 더불어 불합리한 인디언 관련 제도를 개선해 주도록 1969년부터 꾸준히 연방 정부에 촉구한 결과였다.

1980년대 후반부터 미국 정부는 간계와 폭력으로 아메리카 인디언들의 토지를 빼앗고 이들에 대한 인종 청소를 자행한 과오들을 일부 시인했다. 아울러 약간의 돈을 화해 추진의 징표로 삼아 마치 강원도 탄광촌에 도박장을 허가한 한국 정부처럼 원주민들이 모여 사는 고장에 도박장을 내주기도 했다. 거기에는 희귀종이 되어버린 원주민들을 관광 자원으로 활용한다는 계획도 포함되었다. 그들이 무슨 동물원 원숭이라도 되는 듯이 말이다.

2. 영국에 대한 반란 전쟁

미국의 건국이념은 자유와 평등이다. 이를 단적으로 표현한 구호가 바로 1775년 3월 "자유가 아니면 죽음을 달라(Give me liberty or give me death)"고 외친 패트릭 핸리의 연설과 "모든 인간은 신에 의해 평등하게 창조되었다"고 선언한 1776년 7월의 독립 선언문이다. 즉 모국인 영국의 정치적 속박과 과중한 세금으로부터 벗어나는 것을 대의명분으로 삼았던 것이다.

1770년 당시 북미에 정착한 이주민 수는 겨우 220만 명이었다. 과연 13 개 주에 산재한 북미 대륙 백인들에게 가해진 영국의 부당한 간섭과 과중한 세금이란 어떤 것인가? 건국 영웅으로 불리는 벤저민 프랭클린과 영국 정부에 대한 충성을 주장한 그의 아들 윌리엄 프랭클린은 부자지간에 왜 반목하게 되었는가? 반란파와 충성파로 분열된 오합지중의 상태에서, 그들은 어떻게 대영제국을 물리칠 수 있었는가? 그리고 반란 전쟁 이후부터 현재까지 자유와 평등이라는 건국이념을 실천하기 위해 그들은 어떠한 노력을 해왔는가?

'부당한 간섭'과 '과중한 세금'

17세기 초에 영국이 북미 대륙에 식민지를 개척한 주목적은, 자원을 수탈하고 자국 상품의 소비 시장을 확보하려는 것보다, 영국 사회의 두통거리인 도시 빈민과 알코올 중독자 등의 우범자들, 그리고 당시 종교적인 이단으로 매도되던 극소수의 프로테스탄트들을 국외로 추방하려는 것이었다. 이는 앞서 서술한 바와 같이, 초기 이민자들 대다수가 뱃삯조차 없는 극빈층에 독신이었으며, 그 상당수가 본국 정부의 무관심 속에서 추위와 질병 등으로 사망했다는 사실에서 잘 나타난다.

그러나 시간이 지나면서 이주민 수는 점차 증가했고, 이에 따라 자원 확보와 소비 시장 확대 등 국가적 이익이 증대하자 주변 유럽 제국들과의 이해 충돌이 잦아졌다. 1664년 영국은 뉴욕항에 대한 해상 봉쇄를 통해 네덜란드로부터 뉴욕을 빼앗았고, 1690년에는 뉴욕에 대한 지배권을 놓고 프랑스와 무력 충돌을 벌였다. 1700년대에 들어서면서부터는 식민지 쟁탈전이 한층 가열되었다. 1702년 프랑스를 상대로 한 전쟁을 시작으로 1763년에는 플로리다 지역을 두고 스페인과 전쟁을 벌이는 등, 북미 대륙에서 힘의 우위를 확고히 다진 1760년대까지, 영국은 계속해서 주변 유럽 제국들과 충돌을 일으켰다.

이렇게 주변 유럽 제국 및 원주민 인디언과의 전쟁을 통해 지배 영역이 확대되자, 이주민들에 대한 통치 질서를 바로 세워야 할 필요성이 대두되었다. 또 광활한 식민지를 운영하기 위한 재정 수요도 늘어났다. 1686년 영국의 지배하에 있는 식민지의 자치 입법권 및 사법권을 본국 정부에 귀속시킨 제임스 2세의 칙령은 그러한 필요에서 비롯된 것이었다. 그러나 이주민들은 본국 정부의 조처들을 부당한 간섭이라 여겼다. 아울러 정당하게 부과된 세금 납부조차 거부하면서 반정부 활동을 확대해 나갔다.

사실 이러한 본국 정부의 조처들은, 삶터를 빼앗긴 원주민 인디언들의 입장에서라면 모를까, 백인 이주민들의 입장에서는 당연한 것이며 결코 부당한 통제와 간섭이 아니었다. 왜냐하면 원주민들을 도륙하며 백인 정착촌을 세워준 것이 바로 본국 정부이며, 이주민들이 그곳에서 생활하도록 터전을 조성해 준 것 역시 본국 정부였기 때문이다. 또한 13개 주의 북미 식민지에 거주하던 백인들은 자체적으로 대의원을 선출하여 주요 사안을 협·의결하는 상당 수준의 자치권을 행사하고 있었다. 백인 이주민들이 결코 속박 상태에 있지 않았다는 사실은 1700년 매사추세츠 자치의회에서 통과된 가톨릭 성직자 추방 법안을 보아도 알 수 있다. 당시 영국의 국교나 다름없던 가톨릭의 성직자가 3개월 이내에 식민지를 떠나지 않을 경우 무기 또는 사형에 처한다는 내용의 이 법안은, 뒤이어 뉴욕 자치 의회에서도 의결되었다.

'과도한 세금'이라는 것 역시 납득하기 어렵다. 백인 이주민들이 경제적인 기반을 마련할 수 있었던 것은, 17세기 중반 이후 본격화된 영국 정부의 자국 식민지 보호 정책과 이주민들이 재배한 담배 등 농산물을 영국에서 수매해 준 덕분이었다. 이러한 정책은, 이주민들의 농업을 보호하기 위해 프랑스와 네덜란드 식민지인 카리브해 연안 지역에서 수입되는 당밀, 설탕, 럼주 등에 대해 고율의 관세를 부과한 1733년의 '당밀법Molasses Act'에서도 잘 나타난다.

아울러 식민지에 본국보다 많은 세금이 부과된 것도 1700년대 중반 이후의 일이다. 약 100년에 걸친 프랑스, 스페인, 네덜란드 등과의 식민지 확보 전쟁이 매듭지어진 후, 그간 소모된 전쟁 비용을 보충하고 이미 확보한 13개 북미 식민지의 운영 경비를 조달하기 위한 조치였을 뿐이다. 더구나 이는 당시 본국 국민들의 소득보다 오히려 이주민들의 소득이 높아지자, 수익자 부담 원칙에 따라 본국보다 상대적으로 높은 세금을 부과한 것이지 결코 부당하거나 과중한 것은 아니었다. 그리하여 1764년에는 식민지로 반입되는 설탕, 커피, 포도주, 견직물 등에 대한 관세를 인상하는 '설탕법Sugar Act'이 제정되고, 이듬해인 1765년에는 '인지세법Stamp Act'과 아울러 영국군의 현지 주둔 비용 조달을 위한 '숙영법Quartering Act'이 제정되었다.

그러나 설탕법으로 야기된 반역 움직임은 "대표 없이 과세 없다"는 구호를 내건 제임스 오티스James Otis 등에 의해 조직화되기 시작했다. 이어 제정된 인지세법으로 인해 더욱 노골화되었다. 특히 신문, 팸플릿, 달력, 법률 문서 등 모든 인쇄물에 부과되는 인지세법이 이주민들로부터 큰 저항을 받게 된 것은, 신문업자들과 변호사 등의 여론 주도 계층이 자신들의 이해에 따라 이 법의 폐지를 선동했기 때문이다. 또한 수납 기관이 종전의 식민지 정부 기관이 아니라 영국 정부였다는 점도 저항을 크게 부추기는 한 요인이었다.

반란을 주도한 패트릭 헨리, 존 애덤스John Adams, 제임스 오티스, 존 핸콕John Hancock 등은 이렇듯 들끓는 여론을 등에 업고서 "자유의 아들들Sons of Liberty"이라는 비밀 테러 단체를 조직했다. 대중 선동과 백색 테러를 목적으로 조직된 이 단체는 그 해 8월 매사추세츠 법원장과 그 가족을 죽이기 위해 법원장 사택에 난입하는가 하면(법원장 가족은 간신히 도주했다), 영국군을 면전에서 조롱하고 영국 정부 청사에 불을 질렀다. 이에 동참하지 않는 시민들에게 협박을 가하거나 심지어 폭력을 휘두르기도 했다. 이러한 대중 소요를 진정시키기 위해 이듬해인 1766년 3월 영국 왕 조지 3세가 인지세법 폐지를 선언했으나, 반란의 빌미를 찾던 건국 선조들에게 이러한 조치가 먹혀들 리 없었다. 그들은 다시 숙영법 폐지를 요구하면서 모국 정부에 대한 적대 행위를 계속해 나갔다.

인지세법을 폐지한 이듬해인 1767년, 영국 의회는 기초 세수 확보를 위해 종이, 유리, 페인트, 차 등에 수입관세를 부과하는 '타운센드 법Townshend Acts'을 제정했다. 그러나 이 역시 반란 주도자들의 격렬한 저항에 부딪쳤다. 그 와중에 대규모 선박을 소유한 존 핸콕은 배에 가득 싣고 온 와인을 관세 한 푼 내지 않고 밀반입하는 등 무법천지와 같은 상황을 연출하기도 했다. 이러한 무정부적 사태를 평화적으로 해결하려던 영국은 이번에도 이 법을 폐지하고 차에 대한 수입 관세만 존속시켰다.

그러자 1773년 12월, 차에 대한 수입 관세는 물론 동인도회사의 차 수입 독점권마저 거부한 '자유의 아들들'은, 인디언으로 변장한 채 보스턴 항구의 차 적재 선박들에 난입하여 342개의 차 상자를 바닷물에 내던지는 폭동을 일으켰다. 이것이 바로 자신들의 불법 행위를 은폐하기 위해 '파티'라는 이름을 갖다 붙인 '보스턴 티 파티Boston Tea Party' 사건이다. 이러한 불법 행위를 더 이상 용인할 수 없다고 판단한 영국 정부는 1774년 3월 일명 '참을 수 없는 법Intolerable Acts'이라는 '강압법Coercive Acts'을 제정했다. 바다에 버려진 찻값이 변상될 때까지 보스턴 항을 봉쇄하고 매사추세츠 주지사를 민간인에서 군인으로 교체하며, 질서 유지를 위해 군 부대를 투입하기로 결정했다.

여기서 잠깐, 보스턴 티 파티가 과연 부당한 공권력에 대한 정당한 저항 행위인지, 아니면 특정 집단의 탐욕을 챙기기 위한 불법 테러 행위인지를 미국인들의 시각에서 살펴보자.

2002년 2월 12일 미 하원 소위원회에서 FBI 대對테러 팀장 제임스 자보 James F. Jarboe는 다음과 같이 말했다. "테러리즘이란 정치적·사회적 목표를 달성하기 위해 불법적인 수단을 사용하여 개인 또는 집단에 대해 폭력을 행사하거나 재물을 손괴하는 행위이다."[8] 또한 미 국방성도 테러를 "사회적·종교적·사상적 목적을 달성하기 위해 특정 국가 또는 특정 사회를 상대로 의도적인 폭력을 행사하거나 공포심을 유발하는 행위"로 규정했다.[9] 따라서 정치적 목적을 달성하기 위해 불법적인 방법으로 개인의 재물을 손괴한 보스턴 티 파티는, 삶의 근거를 유린당한 원주민 인디언들이 저지른 것이라면 나름대로 정당성을 가질 수 있겠으나, 이주민들이 모국 정부에 반역하기 위해 자행했다는 점에서 이는 미국 정부가 공식적으로 규정한 테러 행위에 해당한다.

바로 이러한 테러 행위를 애국 행위로 받들고 테러리스트들을 건국의 아버지로 기린다는 사실은, 미국이 테러리즘을 기반으로 테러리스트들에 의해 세워진 나라이며, 현재는 테러리스트의 후예들에 의해 이끌어지고 있음을 뜻하는 것이다.

---

8) Regarding Testimony of Terrorism, US Congress, 2002. 2. 12.
9) *CNN Talk Show*, 2002. 11. 13.

반란 전쟁과 미국의 건국

미국은 자신의 선조들이 영국과 벌인 전쟁을 독립 전쟁 또는 혁명 전쟁으로 규정한다. 그러나 삶터를 빼앗기고 속박 상태에 들어간 것은 백인 이주민들이 아니라 인디언 원주민들이므로, 백인 이주민들이 일으킨 전쟁을 독립 전쟁이라고 할 수는 없다. 또 정치적인 의미에서 혁명이란 다중이 결합하여 폭력 등 비합법적이거나 비정상적인 방법으로 기존의 국체나 정체를 바꾸는 것을 의미하므로, 이를 혁명 전쟁이라 할 수도 없다. 그것은 단지 그들의 모국이 원주민 인디언들에게서 빼앗은 땅을 탈취하기 위해 벌인 무장 반란에 지나지 않는다. 만약 일제 강점기에 한반도로 이주한 일본인들이 조선 땅을 차지하기 위해 자국 정부를 상대로 전쟁을 일으켰다면, 그것을 독립 전쟁이나 혁명 전쟁이라고 할 수 있겠는가?

1775년 4월 19일 새벽, 70여 명의 반란군 무장대가 렉싱턴 광장에 주둔한 영국군 기지에 몰려가 무력시위를 벌이던 가운데 발사된 한 발의 총성으로 인해, 오랜 기간 계속되어온 본국과 식민지 사이의 긴장이 깨지면서 9년에 걸친 역사적인 전쟁이 촉발되었다. 물론 이것이 쌍방의 첫 번째 무력 충돌은 아니었으며, 전쟁 발발의 근본적인 원인도 아니었다.

앞서 서술한 대로 이주민들은 영국 왕의 칙령을 부당한 간섭이라며 거부하고, 1768년에는 존 핸콕의 대규모 밀수 행위를 조사하는 세관원을 불법 감금하는가 하면, 1770년 1월에는 뉴욕에서 '자유의 아들들'이 영국군에게 시비를 걸어 충돌을 야기했다. 이어 3월에는 보스턴에서도 유사한 사건이 발생하여 시위 군중 10여 명이 영국군의 총격으로 죽거나 다치는 사건이 있었다. 이 총격 사건 직후 영국 정부는 발포 장병을 법정에 세우는 등 이주민들을 자극하지 않기 위한 노력을 기울였다. 그러나 전쟁을 벌여서라도 북미 대륙을 빼앗으려 한 미국 선조들의 도발 책동을 막을 수는 없었다.

렉싱턴 광장의 무력 충돌을 시작으로 본격적인 전투에 돌입하자 13개 주의 대표들은, 그 해 9월 초부터 두 달에 걸쳐 공식적인 첫 의회(대륙 회의)를 개최하고 반역 전쟁 수행을 위한 각 주별 군대 동원 등을 결의했다. 그리고 이듬해인 1776년 5월에는 2차 총회를 소집하여 영국으로부터 밀수범 두목으로 지목된 존 핸콕을 임시 대통령으로 선출하고, 조지 워싱턴을 전시 사령관으로 임명했다.

워싱턴이 이끈 1만 7천여 명의 군대는 영국군에 비해 질적으로나 양적으로 비교조차 되지 않을 만큼 열세였다. 그래서 전쟁 초기에는 기습 공격으로 약간의 승리를 거두었으나, 시일이 지날수록 군사력의 열세로 패배를 거듭할 수밖에 없었다. 더구나 이주민 사회의 주류를 이루던 중산층은 거의 대다수가 이들의 반란에 동조하지 않았기 때문에 상황은 점차 비관적으로 기울었다. 심지어 장병들의 월급마저 여러 달씩 밀리게 되자, 일부 부대에서는 워싱턴 사령관을 상대로 무장 시위를 벌이는 사태까지 발생했다.

본국과의 전쟁에서 위기를 느낀 반란군은 프랑스, 스페인, 네덜란드 등에 지원을 요청했는데, 이러한 전략은 정확하게 적중했다. 1776년 5월 프랑스의 루이 16세는 1백만 달러에 상당하는 군사 원조를 보냈고, 스페인도 지원을 약속했다. 이를 계기로 자신감을 회복한 반란군은 같은 해 7월 4일(엄밀히 말하면 7월 4일이 아니라 8월 2일이다) 역사적인 미합중국의 독립을 선언했다.[10] 1778년 2월에는 프랑스와 동맹을 체결하여 영국으로부터 독립할 때까지 공동 전선을 펴기로 합의했다. 그리고 뒤이어 스페인과 프러시아도 대영 전쟁에 동참했다.[11]

그리하여 영국은 본국도 지켜야 하고 또 본국에서 5천 킬로미터나 떨어진 북미 대륙까지 병력을 파견해야 하는 이중 부담을 안게 되었다. 게다가 약 100년간 계속된 유럽 제국들과의 전쟁으로 국고는 소진되고, 국

10) *National Geographic News*, 2004. 7. 2.
11) *US National Archive & Record*.

민들 사이에는 반전 여론이 고조된 상태였다. 아울러 전쟁에서 패할 경우 반란죄로 교수형에 처해질 반란군 지휘부의 필사적인 전의와는 달리, 영국 정부 지도자들의 전의는 상대적으로 약했다. 이는 전쟁이 한창이던 1777년 10월 존 버고인John Burgoyne 장군이 지휘하던 영국군 5,700명이, 전세가 불리하다는 이유로 별 접전도 펼치지 않은 채 반란군에 투항한 사례에서 잘 나타난다. 더욱이 이들은 두 번 다시 참전하지 않겠다고 서약한 후 반란군이 제공한 배를 타고서 마치 개선 부대처럼 귀국했다.

이러한 여러 악재들로 인해 전쟁에서 패배한 영국은 1783년 2월 미국에 대한 적대 행위 포기를 공식적으로 선언했다. 뒤이어 4월에는 미국 의회가 전쟁의 종식을 선언했다. 또 그 해 9월에는 영국과 미국이 파리 평화협정을 맺음으로써 두 나라의 적대 관계는 완전히 종식되었다. 한편 그동안 반역에 반대하며 반란군에 대해 적의를 표한 백인들은, 미국 정부의 보복을 피해 상당수 인디언 원주민들과 함께 캐나다로 도주했다.

건국이념의 실체

미국은 자유와 평등이라는 인류보편의 이념을 내걸고 건국했고, 개척자 정신과 청교도 윤리를 내세워 나라를 발전시켰으며, 기회의 땅이라는 이름 아래 아메리칸 드림을 만들어냈다. 그러나 그들이 내세운 자유와 평등은 백인 앵글로색슨 개신교도들의 것이지 결코 인류의 보편적 화두는 아니다. 이는 건국 이후 원주민을 도륙한 후 그 땅을 빼앗아 영토를 확장하고, 흑인들을 납치하여 노예로 부리며 노동력을 착취한 미국의 역사가 증거하고 있다. 특히 미국의 건국이념을 정립한 초대 대통령 조지 워싱턴도 수십 명의 흑인 노예를 두었다. "모든 인간은 평등하게 태어났다"는 독립 선언문을 기초한 토마스 제퍼슨도 건국 직후인 1803년에 프랑스령 루이지애나를 차지한 후, 그곳 주민 대다수가 가톨릭계의 유색 인종이라는 이유로 한동안 루이지애나를 식민지로 두었다.

또한 1846년에는 멕시코에 대해 시비를 걸어 멕시쿠 영토이 전반을 빼앗았다. 1894년에는 개신교 선교사들을 앞세워 하와이 왕국을 전복한 후 그들의 영토로 만들었다. 1898년에는 스페인의 식민지 쿠바와 필리핀을 그들의 식민지로 만들고 아울러 사이판, 괌, 푸에르토리코도 차지했다.

이처럼 미국이 내세우는 자유, 평등, 개척자 정신, 청교도 윤리란 남의 땅을 빼앗고 이교도들을 도륙하는 무법자의 자유이지 인류 보편의 자유가 아니다. 평등 역시 앵글로색슨 개신교도들의 평등이지 인종과 종교를 초월한 인류 보편의 평등은 아닌 것이다. 이러한 사실은 "정부의 첫째 목적은 대다수로부터 소수를 보호하는 데 있다"는 제4대 대통령(1808~1812) 제임스 메디슨의 말에서 분명히 나타난다. 또한 제26대 대통령 시어도어 루스벨트는 해군 제독 시절 행한 연설에서 다음과 같이 말했다. "나는 전쟁이라면 모든 것을 환영한다. 왜냐하면 이 나라가 그것을 원하고 있기 때문이다."

"온 인류를 사랑할 수는 있어도 미국인만은 사랑할 수 없다"고 단언한 세계적인 문호 새뮤얼 존슨Samuel Johnson의 예지가 수세기를 지나면서 더욱더 그 빛을 발하는 것도 바로 이런 이유 때문일 것이다.

3. 남북 전쟁은 흑인 해방 전쟁이었나?

1861년부터 1865년까지 계속된 남북 전쟁은 약 62만 명의 사망자와 30만 명에 달하는 부상자를 낸 채 북부 연방군의 승리로 끝을 맺었다. 이 전쟁에 대해 미국의 정사正史는 흑인 노예 해방을 위한 인권 전쟁으로 기록하고 있다. 즉 짐승 같은 취급을 받고 살아온 흑인 노예들의 해방을 위해 아브라함 링컨이 노예 제도 폐지에 반대하는 남부 주정부들과 충돌하면서 일어난 전쟁이라는 것이다. 그러나 흑인 노예 해방을 주창한 연방 정부가 승리한 이후에도 흑인들이 거의 백 년이나 과거 노예 시절과 별반 다를 바 없는 취급을 받았다는 점으로 볼 때, 과연 이 전쟁이 미국 정부의 선전대로 노예 해방을 위한 것이었는지 살펴볼 필요가 있다.

그렇다면 남북 전쟁이 일어나게 된 직접적인 동기는 무엇이며, 이 전쟁과 노예 해방 선언은 어떤 관계가 있는 것인가? 이를 규명하기 위해서는 먼저 남북 전쟁 전후의 정치·경제 상황과 흑인 노예제에 대한 당시의 논란을 살펴보아야 한다.

초기 흑인 노예제의 실태

아프리카 흑인 노예는 1526년 콜럼버스 일행에 의해 오늘날의 미국 땅으로 처음 붙잡혀 온 후, 1619년 제임스타운이 건설되면서 본격적으로 유입되었다. 본래 이주민 정착촌 건설에 필요한 노동력은 원주민 인디언으로 충당할 계획이었으나, 살육과 전염병 등으로 상당수 원주민들이 사망하고 그나마 생존한 원주민들은 백인들의 강압에 집단적으로 저항함에 따라, 대신 아프리카 흑인들을 붙잡아와 노예로 사용한 것이었다.

1672년에 설립된 왕립 아프리카 회사Royal African Company에서 20여 년간 독점적으로 공급한 노예는 26만여 명에 달했다. 물론 이는 공식 통계일 뿐이며, 당시 백인 사냥꾼들이 비밀리에 붙잡아 온 노예 수도 상당했다. 이후 노예 수요가 급증하고 왕법 회사의 독점 공급 제도가 폐지되자, 아프리카 현지에서 흑인을 직접 제포·수송하여 판매까지 담당하는 대규모 노예 상인들이 합법적으로 성업했다.

지금의 가나, 나이지리아 등 주로 니세르 강 주변의 서부 아프리카 지역에서 살아오던 이들 흑인들은 손발과 목에까지 쇠사슬이 채워진 채 굴비처럼 엮여 비좁은 노예선에 실려 왔다. 그렇게 대서양을 건너는 동안 절반 정도는 질식사하거나 질병으로 사망했다. 이들은 주로 사탕수수, 목화, 담배 등을 재배하는 농사일에 동원되었고, 여성 노예들은 하녀로 일하면서 때로는 남자 주인의 성적 도구로 이용되기도 했다.

영국으로부터 분리 독립한 직후, 일부 양심적인 지식인들은 가축과 다름없이 혹사당하고 심지어 모진 매질에 숨을 거두기까지 하는 흑인들의 비참한 처지에 관심을 갖기 시작했다. 그리고 그러한 사회적 움직임과 더불어 1786년 영국 왕실은 노예 수입 금지 조치를 내렸다. 1787년에는 미국 정부도 흑인 노예 수입을 금지함으로써 약 200년간 계속된 노예 수입 제도는 공식적으로 폐지되었다.

그러나 이는 공식적인 수입만을 금지한 것이지 미국 내 노예의 매매와 사용을 제한한 것은 아니었다. 특히 영국으로부터 독립한 미국으로서는 더욱더 많은 노동력이 필요했기 때문에, 노예 소유와 매매는 계속해서 합법적으로 허용되었으며 남부 지역에서는 여전히 노예 밀수가 성행했다.

해리엇 비처 스토우Harriet Beecher Stowe가 1852년에 출간한 『톰 아저씨의 오두막』은 이러한 노예 제도의 문제점을 고발함으로써 커다란 대중적 반향을 불러일으켰다. 오하이오주 강변에 살던 흑인 노예 톰 부부가 백인 주인에 의해 각기 다른 곳으로 팔려나가는 비극을 다룬 이 소설은 출간 후 5년 동안 50만 부의 판매 부수를 기록했을 정도였다.

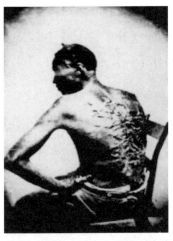

'불쌍한 피터'라고 명명된 이 사진은 남북 전쟁 중 노예 해방을 선언한 연방 정부에서 정치 선전을 위해 1863년에 공개한 것이다. 백인 주인들은 등가죽이 패이도록 흑인 노예들을 채찍질했으며, 게다가 보다 오래 고통을 주는 동시에 감염을 막기 위해 상처 부위에 매운 후추 가루와 소금을 뿌렸다.

미국의 양심으로 칭송받는 마크 트웨인Mark Twain의 『허클베리 핀의 모험』(1885) 역시 흑인 노예제를 유지해 온 백인 사회에 자성을 촉구하는 계기가 되었다. 후일 헤밍웨이로부터 미국 문학의 진수라는 극찬을 받은 이 소설은 도망친 노예인 허클베리와 그 일행의 탈출기를 통해, 편협하고 이기적이며 잔혹한 백인들과 그에 반해 관대하고 욕심 없고 순박한 흑인들의 모습을 대비시켰다.

이로 인해 백인 사회 일각에서는 이번 기회에 흑인 노예제를 완전히 종식시키고 아울러 흑인들을 모두 그들의 고향인 아프리카로 돌려보내자는 여론까지 형성되었다. 그러나 19세기 중반까지 미국의 주력 산업은 농업이었고, 수출 물량의 70~80%가 흑인 노예의 노동력에 의존하는 농산물이었으므로, 탐욕에 찌든 백인들에게 흑인 노예 제도의 폐지는 단지 이상론에 불과한 공염불이었다.

19세기 전반기의 정치·경제 상황

반역 전쟁에서 승리한 미국의 당면 과제는 계층별·지역별로 이해를 달리하는 미국 사회를 통합하여 국가의 통치 기반을 확고히 하는 것이었다.

이는 1820년 제정된 '미주리 타협안Missouri Compromise'과 1854년도의 '캔사스-네브라스카 법안Kansas-Nebraska Act' 등을 통해서 알 수 있다. 미주리주를 북위 36.30을 기준으로 남북으로 나누어 북쪽은 공업 우선 정책과 노예제를 반대하고, 남쪽은 중농 정책과 노예제를 찬성한다는 타협안이 바로 미주리 협상안의 골자이다. 캐사스-네브라스카 법안 역시 북위 40도를 기준히여 보호주의와 자유 무역을 지지하는 편으로 각기 나눈다는 것이다.

이처럼 당시 연방 정부는 지방 정부들의 강력한 권한을 축소할 만한 힘을 갖지 못한 채 지방 정부들의 이해에 따라 무원칙하고 일관성 없는 정책을 펴는 상황이었다.

미국의 반역 전쟁이 중앙 정부(영국)의 간섭과 통제를 거부한 데에서 비롯했으니, 지방 정부가 자신들의 권력을 연방 정부에 이양하려 하지 않은 것은 어찌 보면 당연한 일이었다. 이러한 상황에서 연방 정부의 권력을 강화하기 위해 고안된 정책이 바로 보호 무역주의였다.

이 정책은 영국, 프랑스, 네덜란드 등 유럽 국가들에 비해 상대적으로 낙후한 자국의 공업을 보호한다는 명분으로 제기되었다. 그러나 고율의 관세를 통해 연방 정부의 재정을 확충함으로써 지방 정부에 대한 통제력을 강화하는 것이 주된 목표였다. 또 당시 국가 전체 수출의 70~80%를 차지하며 국가 경제를 주도하는 남부 세력을 약화시키는 계기가 될 수도 있었다.

보호 무역 정책이 처음으로 시행된 1816년 이전까지만 해도 영국, 프랑스, 네덜란드에 비해 상대적으로 낮은 15퍼센트 수준에 머물렀던 관세율은, 이후 1824년과 1828년 두 차례에 걸쳐 크게 인상되었다. 사우스캐롤라이나 등 남부 주정부들은 이에 강력히 반발했다. 더욱이 미국의 보호주의 정책에 대응하여 영국이 미국산 목화 수입량을 줄이고, 아울러 농기구 등 수입 원자재 가격이 폭등했다. 농업 채산성이 악화된 탓에 남부 지역 주정부들의 저항은 더욱 거세게 일었다. 이로 인해 앤드루 잭슨 대통령은 결국 이 법을 지속할 수 없게 되었다.

그 후 한동안 소강 상태가 지속되면서 철강과 금속 부문을 제외한 평균 관세율은 18퍼센트 수준을 유지했다. 그러나 공화당 하원 의원인 저스틴 모릴Justin Morrill이 고율 관세법을 의회에 상정함으로써 다시금 남부와 북부의 심각한 대결이 일어났다. 이 법이 시행될 경우, 일부 농자재의 관세율이 80퍼센트에 달하게 되어 남부 지역 경제는 파탄 지경에 이를 수도 있었던 것이다.[12]

1828년에 '혐오법'으로 불리면서 사문화된 관세법보다 더 높은 관세를 부과하는 이 '모릴 관세법'이, 다수파인 북부 지역 출신 의원들의 지지에 힘입어 하원을 통과한 것은, 링컨이 대통령으로 당선되기 반년 전인 1860년 5월이었다. 그러나 이 법은 남부 지역 출신 상원 의원들의 집단적인 반대에 부딪쳐 즉각 처리되지 못하고, 그로 인해 대통령과 상원 의원을 뽑는 그 해 가을 선거에서 중요 쟁점으로 부각되었다.

북부 지역의 지지에 힘입어 선거에서 승리한 링컨 당선자는 1861년 2월 14일의 공개 성명을 통해 "나의 정치적 소신은 대표자를 통해 표출된 국민의 다양한 의견을 조정하는 것이다. 만약 이 법이 다음 회기로 넘어간다면 차기의 최우선 과제는 바로 관세법 개정이다"며 이 법의 통과를 상원에 종용했다. 남북 전쟁의 결정적인 계기가 된 이 법은 결국 링컨의 의도대로 그가 대통령으로 취임하기 4일 전인 1861년 2월 말일에 상원을 통과했고, 퇴임을 이틀 앞둔 3월 2일에 제임스 뷰캐넌James Buchanan 대통령에 의해 공포되었다.

모릴 관세법이 남북 전쟁의 결정적 원인이 아니라고 주장하는 일부 학자들은, 1846년부터 1860년까지 자유 무역주의가 주류를 이루었으며, 당시 이미 남부 주정부들은 연방 탈퇴 움직임을 보였다고 주장한다. 그러나 모릴 관세법의 통과가 이러한 갈등과 대립을 전쟁으로 촉발시키는 데 결정적인 역할을 했다는 점에는 아무런 이의가 없다. 아울러 보호 무역을 통한 연방 정부의 권력 강화 전략과 이에 반대한 남부 지방 정부들의 분

---

12) http/econlib.org/library/Taussig.

리 독립 움직임이 불가분의 관계를 이루고 있다는 점 또한 그렇다.[13)]

링컨은 당시까지 배출된 대통령 가운데 가장 열렬한 보호 무역주의자였으며, 짧은 의원 경력에도 불구하고 그가 공화당 대통령 후보로 지명될 수 있었던 것 역시 비로 보호 무역주의 덕분이었다. 공화당 전당 대회에 참석한 링컨은 국내 산업을 보호하기 위해 보호 무역 정책이 필수라고 강조했다. 유력한 공화당 인사이자 철강업계의 대부이며 링컨을 공화당의 대통령 후보로 만드는 데 결정적인 역할을 한 헨리 케리Henry C. Carey는 그 자리에서 만약 링컨이 대통령에 당선된 후 보호 무역을 추진하지 않으면 출범 당일 끝장날 것이라고 말했다.

링컨이 보호 무역을 강조하며 표면에 내세운 이유는, 이웃 유럽 국가들에 비해 상대적으로 낙후된 공업을 발전시키고 1857년에 발생한 금융 공황을 치유한다는 것이었다. 그러나 턱없이 높은 관세 장벽만 치는 것이 과연 자국 산업을 보호하는 방법인가에 대해서는 부정적인 견해가 지배적이다.

특히 당시까지 국가 경제를 주도한 농업을 파탄 지경에 이르게 할 수도 있는 보호 무역 정책을 강행하면서까지 공업을 발전시키겠다고 한 것은, 경제 논리가 아니라 정략적인 동기에 의한 것임을 알 수 있다. 아울러 보호 무역 정책을 통해 경제 공황에 대처한다는 것은, 관세 장벽을 높인 이후 오히려 상당 기간 동안 국가의 총생산과 고용이 감소했으며 경제 공황이 빈발했다는 사실로 미루어볼 때 별반 설득력이 없다.

따라서 고율의 관세 제도를 강행한 숨은 의도는 세수 확보를 통해 연방 정부의 권력을 강화하겠다는 정략에서 기인한 것으로밖에 달리 해석할 길이 없다. 이는 "관세 문제에 대해서는 앤드루 잭슨 대통령처럼 이를 무효화하거나 약화시키지 않겠다"고 천명한 링컨의 대통령 취임사에서도 뒷받침되고 있다.[14)]

---

13) The article in Encyclopedia Wikipedia Re. Morill Tariff.
14) Reinhard H., *Abraham Lincoln and the Tariff,* Luthin of Columbia Univ.
  American Historical Review, 1994. 7.

전략적 선택, 노예 해방 선언

링컨이 대통령에 출마하기 이전부터 대두된 노예제 폐지 논란은 북부 공업 지역 대 남부 농업 지역, 보호 무역 대 자유 무역, 노예제 폐지 대 노예제 존속이라는 대결 구도의 일부분이었다. 특히 미국 정부의 노예제 관련 정책은 링컨의 정견과 마찬가지로 부차적인 것에 지나지 않았으며 일관성도 없었다. 이는 1793년과 1850년에 제정된 '도망 노예 송환법 Fugitive Slave Law'에서도 잘 나타나는데, 그 내용은 헌법에 인정된 노예 사유 제도에 따라 설령 남부의 노예가 북부로 탈주했더라도 이를 붙잡아 돌려준다는 것이었다.

1858년 상원 의원 선거에 출마한 링컨은, 북부 지역 유세에서 "이 인종 이니 저 인종이니, 또 어떤 인종은 열등하니 열등한 위치에 두어야 한다 느니 하는 궤변은 폐기합시다"며 노예제 폐지를 주장했으나, 남부 지역에 서는 "어쨌든 백인과 흑인을 사회적으로나 정치적으로 평등하게 대우하 는 데 찬성하지 않으며 과거에도 그랬던 적은 없습니다. 나는 모든 백인 과 마찬가지로 백인종이 우월한 지위를 누리는 것에 찬성합니다"라고 말 했다. 또 대통령 선거 당시에도 그는 노예제 폐지를 강제로 실시하지는 않겠다고 밝혔으며, 이는 대통령 취임사에서 재차 확인되었다.

이로 미루어볼 때, 그가 개인적으로 흑인 노예제 폐지를 원했는지는 알 수 없으나, 굳이 백인 사회를 분열시키면서까지 흑인 노예제를 폐기하지 는 않으려 했다는 것을 확실하다. 그는 또한 남북 전쟁이 시작된 다음해 인 1862년 7월 22일 각료들과의 회의석상에서, "모든 인간은 신에 의해 평등하게 창조되었으며 이는 흑인이라고 해서 예외가 아니다. 그러나 헌 법의 수정이 없는 한 이를 강제할 법적 근거도 없다"며 노예제 폐지에 대 해 소극적인 자세를 취했다.

특히 남북 전쟁 기간 중 연방 정부에 소속된 미주리, 켄터키, 메릴랜드 등 일부 주정부들이 여전히 흑인 노예의 사유화를 법으로 허용하고 있었으며 연방 정부도 이를 인정했다는 점은, 미국의 내전이 노예제 폐시 세력과 존속 세력 사이의 전쟁이 아니라는 점을 입증하고 있다.

남북 전쟁의 발발과 종결

미국이 내전에 돌입하게 된 데는 앞서 서술한 바와 같이 여러 복잡한 요인들이 얽혀 있다. 이제 보다 쉬운 이해를 위해 내전의 발발에서 종결까지를 시간 순으로 정리해 보겠다.

남부 지역은 수십 년간 대통령을 비롯하여 상원 의석의 과반을 점유하면서 국정을 주도해 왔다. 그러나 1860년 선거에서는 보호주의 정책을 표방하고 나선 공화당의 링컨이 대통령으로 당선되고 이에 동조하는 의원들이 과반을 차지하게 되었다. 이후 연방 의회는 모릴 법안을 통과시켰고, 이는 사우스캐롤라이나를 비롯한 남부 주정부들에게 심각한 압박으로 작용했다.

1860년 12월 20일 사우스캐롤라이나주는 연방 정부 탈퇴를 선언하고, 이후 1861년 2월 1일까지 미시시피, 앨라배마, 플로리다, 조지아, 루이지애나, 텍사스 등 6개 주가 잇달아 미 연방 탈퇴를 선언했다.

1861년 2월 7일 연방을 탈퇴한 7개 주는 남부 연합Confederate States of America을 공식적으로 출범시키고 임시 헌법을 제정했다. 이어 2월 18일에는 앨라배마주 몽고메리를 임시 수도로 정하고, 과거 연방 정부에서 고위 지휘관을 역임한 웨스트포인트 출신의 제퍼슨 데이비스Jefferson Davis를 초대 대통령으로 선출했다.

데이비스는 취임사를 통해 미국 독립의 정신적 기초가 된 '권리 장전Bill Of Rights'을 상기시키면서, 영국 식민 통치 아래 그들의 선조들이 그러했듯이 남부 지방 정부들 역시 연방 정부의 부당한 간섭과 속박을 거부한다고 강조했다. 아울러 그는 "남부 농업 지대의 최우선 관심사는 평화이며, 또한 자유 무역을 통해 자국의 농산물을 값싸게 수출하고 이웃 나라들로부터 값싸고 질 좋은 제품을 수입하여 국민 생활의 편의를 증진하는 것"이라고 강조했다.

한편 이러한 주정부들의 반역 행위에 대해 당시 대통령인 뷰캐넌과 대통령 당선자인 링컨은 아무런 조처도 취하지 않은 채 방관했다.[15]

2월 27일 남부 연합 대통령은 크로퍼드를 특사로 파견하여 연방 정부와 평화 공존을 원한다는 내용의 친서를 링컨 당선자에게 전했다.[16]

3월 4일 링컨은 미국 제16대 대통령으로 취임하는 자리에서, 노예제 폐지를 강제하지는 않겠으나 보호 무역 정책은 반드시 관철시키겠다는 의지를 재천명했다. 아울러 그는 남부 주정부들의 연방 정부 탈퇴 선언이 법적으로 무효라고 전제한 후, "독립을 선언한 주정부들에 대한 무력 침공 의사는 없으나, 연방 정부의 재산을 지키기 위한 무력은 사용하겠다"면서, 남부 지역에 산재한 연방 정부의 재산을 지킨다는 명분으로 전쟁도 불사할 것임을 시사했다.

4월 12일 남부 연합은 사우스캐롤라이나 찰스턴항에 소재한 연방군 관할 섬터Sumter 세관 청사를 강제 접수했다. 북부 연방군의 입장에서 볼 때 이는 피습을 당한 것이나, 남부 연합군의 입장에서는 자국 영토에 있는 외국군 기지를 접수한 주권 행사였다. 후일 링컨은 "남부군의 섬터 기지 공격은 전쟁을 원하던 북군에게 좋은 빌미가 되었다"라고 회고했다.[17]

4월 17일 버지니아주를 시작으로 5주에 걸쳐 아칸소, 테네시, 노스캐롤라이나주가 잇달아 연방에서 탈퇴하여 남부 연합에 가담함으로써, 남부 연합은 총 11개 주가 되었다. 인구는 4백만 명의 흑인 노예를 포함하여 총 9백만 명에 달했다. 반면 북부 연방은 21개 주에 인구는 약 2천만 명이

15) Inaugural Address of CSA President.
16) Letter of President Davis to President Lincoln, Yale Law School, 1861. 2. 7.
17) Article of Confederate Pride, Thomas J. DiLorenz.

었는데, 그러나 영토는 북부 연방보다 남부 연합이 좀더 넓었다.

4월 20일 섬터 기지 사건을 명분으로 무력 대응에 착수한 링컨 행정부에 대해 중립적인 입장을 견지한 메릴랜드 주지사 등이 남북을 막론하고 군대의 주 경계 침범을 금지했다. 이에 링컨은 당시 연방 헌법과 미합중국의 통치 체제를 무시한 채 메릴랜드 주지사 등 고위 관료와 군 지휘관을 북군 기지에 불법 감금한 후 북군의 메릴랜드 진입을 강행했다.

링컨의 독재적인 행태에 대한 사회적 논란을 불러일으킨 이른바 메리먼 사건Ex parte Merryman에 대해, 연방 대법관 로저 태니Roger Taney조차도 링컨의 행위를 연방 헌법에 위배되는 불법으로 규정했다. 그러나 링컨은 이에 개의치 않고 무력을 앞세운 초법적이고 불법적인 행위를 전쟁 기간 동안 계속했다.

7월 21일 북군은 남부 연합 영역을 침공하여 처음으로 대규모 접전을 벌였으나 패배했다.

7월 25일 연방 의회는 크리텐던-존슨 결의안Crittenden-Johnson Resolution을 통해, "미국의 남북 전쟁은 연방 정부를 지키기 위한 것이지 노예제 폐지를 위한 것은 아니다"라고 재차 확인했다.

이듬해인 1862년 9월, 링컨은 남북 전쟁이 장기화될 조짐을 보이자 흑인 노예 해방을 전략적으로 이용하기 위해 당시까지 미국 헌법에 의해 명시적으로 보장되었던 흑인 노예 사유 제도를 부정하는 발언을 하며 여론을 살피기 시작했다.[18] 그리고 1863년 1월 1일, 마침내 북미 전역의 흑인 노예를 해방한다고 선언했다.

그 후 북군은 수백만 장의 전단을 남부군 지역에 살포하여 링컨의 노예 해방 선언을 남부 흑인 노예들에게 알리고, 그로 인해 남부군의 전력에서 중요한 비중을 차지한 수많은 흑인 노예들이 북부로 도망치거나 잠적함으로써 남부 연합군의 전력은 치명적인 타격을 입게 되었다. 당시 남부

---

18) *Haper's Weekly*, 1862. 9. 22.

지역의 흑인 노예들은 주로 취사, 군복 제작, 철로 및 도로 보수, 전쟁 물자 수송, 무기 제조, 전함 건조 및 수리, 부상병 치료와 병원 업무 보조 등 지원 부대의 역할을 담당하고 있었으며, 일부는 직접 전투에 참가하기도 했다.

반면 북군은 탈주 노예 등으로 20만 명의 흑인 부대를 조직함으로써 전력이 증강되었다. 그러나 흑인 부대는 백인 부대와 동등한 대우를 받지 못한 채 백인 부대의 총알받이 정도로 취급되었다. 당시 흑인 지도자인 프레더릭 더글러스Frederick Douglass는 이를 링컨에게 강력히 항의한 바 있다.

링컨의 노예 해방 전략은 자유 무역을 주장하는 남부 연합에 기울던 영국, 캐나다 등 이웃 나라들의 지지를 북부 연방 정부쪽으로 돌리는 계기로도 작용했다. 링컨 자신도 "인권 사상을 앞세운 노예 해방 선언이 이토록 많은 이득을 가져다 줄 줄은 예전에 미처 예상하지 못했다"고 회고했다.

그 해 3월 3일, 미 연방 의회는 20세부터 45세까지의 남성에 대한 징집 법안을 가결했는데, 여기에는 3백 달러를 지불할 경우 징집을 면제한다는 단서 조항이 붙어 있었다. 이에 몸값 3백 달러를 내지 못해 징집된 이들은, "가난한 자의 목숨도 부자의 목숨과 같다"며 링컨 대통령이 거부권을 행사해 주기를 기대했으나, 그는 즉각 이 법안을 공포했다. 이는 백인들에 대해서도 계층 사이의 차별을 제도화한 링컨이 흑인 노예를 위한 전쟁을 벌일 이유가 없었음을 말하는 단서이기도 하다.

1864년 5월 4일, 벤저민 웨이드Benjamin Wade 의원과 헨리 데이비스 Henry Davis 의원이 제출한 연방 정부 재편 법안이 하원을 통과한 후, 7월 2일에는 상원에서도 통과되었다. 법안의 골자는, 남북의 화합과 통일을 위해 남부 연합의 고위 관리와 대령급 이상의 지휘관을 제외한 성인 남성 유권자의 과반수가 연방 정부에 대해 충성을 맹세한다면 이들을 모두 사면하고, 연방 정부도 화해와 통합의 차원에서 재편한다는 것이었다.

그러나 링컨은 7월 8일의 성명을 통해 "남부와의 화해를 위해 어떤 종류의 확약도 할 수 없다"면서, 이 법안에 대해 거부권을 행사했다. 그러자 공화당 내부에서조차 그가 "의회를 무시하고 독재적으로 권력을 행사한다"는 비난이 거세게 일었다.19)

1865년 4월 9일, 개전 초기 북군에 대해 연승을 계속하며 명성을 날리던 로버트 리Robert E. Lee 장군이 휘하 장병들과 함께 북군의 율리시즈 그랜트Ulysses S. Grant 사령관에게 항복하고, 뒤이어 남군의 주요 지휘관들이 잇달아 항복함으로써 4년간의 내전이 종결되었다.

4월 14일 내전의 발단이 된 섬터 기지에는 다시 연방 정부의 국기가 게양되었다. 당일 밤 포드 극장에서 개최된 승전 자축 공연에 참석한 링컨은 남부 지역 출신의 유명 배우인 존 윌크스 부스John Wilkes Booth가 "폭군은 죽어야 한다"고 외치며 쏜 총에 맞아 사망했다.

무명의 초선 하원 의원 시절 링컨은 북부 지역 출신 휘그당(공화당의 전신) 정치인들 대다수가 반대한 제11대 대통령 제임스 포크James K. Polk의 멕시코 침략 전쟁을 적극 지지하면서 유명해졌다. 휘그당 정치인들의 반대 이유는, 자유 무역주의자들에게 남부 지역 영토를 확장시켜주면 앞으로 큰 내분이 일어날 수 있다는 것이었다. 그럼에도 포크의 영토 확장 전쟁에 지지를 보낸 것은 링컨의 패권주의 성향과 포크의 탐욕이 일치했기 때문이다. 이것이 바로 약 백만 명의 사상자를 내면서까지 내전을 촉발시킨 링컨의 진면목이었다.

진의 여부를 떠나 "인민의, 인민에 의한, 인민을 위한 정부"라는 불멸의 명언과 함께 흑인 노예 해방이라는 뛰어난 업적을 남겼음에도, 그가 진정한 민주주의자였는지에 대한 의문이 끊임없이 제기되는 것은 바로 이러한 그의 성향과 정책 때문이다.

---

19) *New York Tribune*, 1864. 8. 5.

내전이 끝날 무렵인 1865년 2월 1일, 13번째 수정 헌법에 의해 노예 제도는 공식적으로 폐지되었다. 이어 1868년에는 수정 헌법 제14조를 통해 흑인에게 미국 시민권이 주어졌으며, 1870년의 수정 헌법 제15조는 흑인들에게 투표권을 부여했다.

그러나 이러한 조처들에도 불구하고 조지아주를 비롯한 일부 주정부에서는 지식과 재산, 심지어 인격과 같은 주관적인 잣대로 결격 사유를 만들어 20세기 초까지도 흑인의 공민권을 제한했으며, 공공연한 폭력과 투표 방해 행위를 통해 흑인의 정상적인 공민권 행사를 막아왔다. 백인 우월주의자들이 1866년에 결성한 KKK단의 공공연한 테러는 거의 백 년이나 기승을 부렸는데, 평화롭게 살기를 꿈꾸던 흑인들의 열망은 마틴 루터 킹Martin Luther King Jr.의 유명한 연설 "나에겐 꿈이 있습니다"를 통해 대변되었다.

지금까지 살펴본 바와 같이, 그 배경에서나 발단 원인에서나 남북 전쟁은 정치 권력과 경제 권력을 놓고 벌어진 백인들 사이의 권력 쟁탈전이었지 결코 흑인 노예 해방을 위해 벌인 숭고한 전쟁은 아니었다.

제2장

세계 대전에서 미국은 정의의 편이었을까?

1. 제1차 세계 대전

미국은 200년을 겨우 넘는 짧은 역사에도 불구하고 지금껏 지구상에서 가장 많은 침략 전쟁을 일으켰으며, 또한 가장 많은 인명을 살상했다. 최근까지 세계 각지에서 일어난 각종 분쟁 및 전쟁에서 미국이 직·간접적으로 개입하지 않은 경우는 거의 없다. 그렇다고 미국 영토가 적으로부터 공격을 당했다거나, 또는 공격당할 만한 위험에 처했던 것도 아니었다. 그런 일은 단 한 차례도 없었다.

지금까지 미국이 개입한 전쟁은, 자유와 민주주의 수호를 명분으로 내세웠든 아니면 약소국 보호를 구실로 삼았든, 보복을 명분으로 내세운 것이었든 아니면 자국의 이익을 지키기 위한 것이었든, 모두가 영토 확장, 식민지 확보, 자원 수탈, 소비시장 확보, 세계 지배 등을 위한 침략 전쟁이었다. 즉 미국 스스로 전쟁을 원했던 것이다. 이는 미국이 양차 대전에 개입한 동기만 살펴보더라도 쉽게 알 수 있다.

제1차 세계 대전의 발단

제1차 세계 대전은 독일과 동맹 관계인 오스트리아의 황태자가 1914년 6월 28일 사라예보를 방문했다가 한 세르비아 민족주의자의 총격을 받고 피살됨으로써 발발했다.

이 사건은 표면적으로는 오스트리아와 세르비아의 문제였음에도 불구하고 미국을 포함하여 전 세계 국가의 절반 이상이 참전하게 된 세계 대전으로 발전했다. 독일을 중심으로 하는 오스트리아, 헝가리, 이탈리아 등의 동맹국과 영국, 프랑스, 러시아 등의 연합국 사이에 작용하고 있던 복잡한 국제 관계 때문이었다.

프로이센(독일)은 1870년부터 이듬해까지 이어진 프랑스와의 전쟁에서 승리를 거두고 프랑스 영토인 알자스로렌 지방을 차지하는 등 강력한 제국으로 부상하고 있었다. 프랑스와 영국 등은 여기에 상당한 불안감을 느끼고 있었다. 그 와중에 황태자의 피격으로 오스트리아가 세르비아를 응징하려 하자, 같은 슬라브 민족인 러시아는 세르비아 편을 든 반면 독일은 동맹국인 오스트리아 편에 섰다. 그리하여 영국·프랑스·러시아·일본 등으로 구성된 연합국과 독일·오스트리아·헝가리·오스만투르크 등으로 구성된 동맹국 사이의 전쟁으로 확대된 것이었다.

미국은 참전 명분을 조작했다

1915년 5월 1일, 뉴욕을 출발하여 리버풀로 향하던 영국 여객선 루시타니아호가 독일 유보트의 어뢰 공격을 받고 연쇄 폭발을 일으켰다. 미국인 승객 124명을 포함하여 약 1,200명이 사망하거나 실종되고 700여 명만이 구조되는 사건이 일어난 것이다. 그러자 독일을 저지하고 참전 명분을 쌓기 위해 영국을 간접적으로 지원해 오던 미국은, 이를 민간인 여객선에 대한 독일의 야만적 도발 행위로 규정했다. 미 국민의 전쟁 지지 여론을 불러일으키고, 마침내 독일에 대해 선전포고를 했다. 이로써 유럽 국가들 사이의 전쟁은 제1차 세계 대전으로 확대되었다.

그러나 다음의 몇 가지 정황으로 미루어보건대, 루시타니아호의 침몰은 독일의 야만적 도발 행위였다기보다 오히려 전쟁 개입 명분을 찾던 미국의 의도적 도발 행위였다는 편이 옳다.

첫째, 1915년 4월 22일 주미 독일 대사는 전쟁 지역 해안을 출입하는 적국(영국)과 그 동맹국 선박의 안전을 보장할 수 없다고 미국 정부에 공식적으로 통보했다. 특히 민간인 선박을 이용하여 군수 물자 지원을 계속할 경우, 이를 군용 선박으로 간주하여 격침시키겠다고 수차례 경고한 바 있다. 그럼에도 미국은 독일의 경고를 무시한 채 영국과 미국 사이를 운항하는 루시타니아호 등의 민간인 선박을 이용하여 계속해서 군수 물자를 조달했다.

둘째, 독일 해군의 어뢰 공격 위험을 충분히 알면서도 미국은 전쟁 지역을 항해하는 민간인 선박에 대해 어떠한 근접 호위도 실시하지 않았다.

셋째, 루시타니아호가 32,500톤 급의 대형 증기선이었다는 점으로 볼 때, 두 번째 어뢰 공격을 당한 지 불과 18분 만에 침몰했다는 영국과 미국의 주장은 설득력이 없다.

사실 루시타니아호가 침몰한 것은 첫 번째 어뢰 공격을 당한 직후 선체 하단에서 일어난 원인 모를 폭발 때문이었다.[20] 이에 대해 미·영 정부는 두 번째 어뢰 공격으로 보일러실에 갑자기 바닷물이 밀려들어와 보일러가 폭발한 것이라고 주장했다. 그러나 1, 2차 대전 중에 수많은 전함이 어뢰 공격으로 격침되었으나 찬물이 밀려들어와 보일러실이 폭발했다는 기록은 단 한 건도 없다. 따라서 그보다는 미국에서 영국으로 보내기 위해 배 하단부에 적재해 둔 다량의 폭발물이 독일의 어뢰 공격에 의해 폭발했다고 보는 것이 더욱 설득력을 갖는다. 즉 단순한 사고가 아니라 참전 빌미를 만들기 위해 무고한 승객을 희생시킨 미국의 음모였다고 볼 수 있는 것이다.[21]

---

20) Colin Simpson, *The Lusitania*, Little Brown & Co. 1972.
21) The Avalon project file re. The 1st world war of Yale Law School.

2. 제2차 세계 대전

대량 살육과 대량 파괴를 불러온 미국의 제2차 세계 대전 개입은, 1930 년대 시작된 심각한 경제 공황을 타개하고 세계 패권을 확고히 하며, 아울러 프랭클린 루스벨트Franklin Roosevelt의 장기 집권을 실현하기 위한 음모였다.

미국은 2차 세계 대전을 유도했나?

전쟁 개입 명분을 만들기 위한 간헐적인 적대 행위에도 불구하고 독일 은 이에 대해 아무런 공식적인 대응도 취하지 않았다. 미국은 보다 손쉬 운 상대인 독일의 동맹국 일본을 공작 대상으로 정하고, 첫 번째 조치로 석유와 철강 등을 포함한 전략 물자의 대일 수출을 금지했다. 이는 일본 으로 하여금 석유 자원 등을 확보하기 위해 네덜란드 식민지인 인도네시 아 등 태평양 지역 국가들을 무력 침공하도록 유도하려는 것이었다.[22]

일본이 이들 지역에 대한 노골적인 무력 점령 움직임을 보이자, 미국은 다시 지역 평화와 자결권 운운하며 일본의 군사 움직임에 사사건건 시비 를 걸었다.

사실 미국은 일본의 진주만 공습이 일어나기 여러 달 전부터 영국·네 덜란드·호주·페루·소련 등의 첩보 기관들을 통해 이에 관한 상세한 정보 와 더불어 일본의 암호 교신 내용도 수집·해독해 놓고 있는 상태였다. 진 주만 공습과 관련된 일본군의 일거수일투족은 물론, 디데이D-day와 에이 치아워H-hour까지도 미리 알고 있었다.

그러나 미국 정부가 취한 조치는 일본 폭격기들이 미 전함과 항공기,

---

22) Department of State Bulletin, vol. v, 1941. 12. 13.

그리고 진주만에 거주하는 군인과 그 가족들을 쉽게 공격할 수 있도록 하는 것이었다. 심지어 루스벨트 대통령은 일본이 공습하기 열흘 전, 일본과의 협상이 순조롭게 진행된다며 하와이 주둔군에 경계 태세를 풀도록 지시하기까지 했다.

그 결과 진주만 공습에서 일본군은 64명이 사망하고 29대의 비행기와 5척의 소형 잠수정이 피해를 입은 데 비해, 미군은 2,403명이 사망하고 1,178명이 부상당했다. 또 18척의 전함과 188대의 전폭기가 멸실되고 162대가 심각한 피해를 입었다.[23]

그럼에도 불구하고 역사를 해석하는 시각에 따라서는, 미국의 무력 개입이 일본과 독일의 무모한 세력 팽창을 분쇄하고 약소국들을 해방시키기 위한 의로운 조치라고 평가해 왔다. 그러나 2차 대전이 끝난 후 미국이 취한 일련의 대對약소국 정책들을 보면, 이러한 시각이 미국의 정치 선전에 불과하다는 점을 쉽게 깨달을 수 있다.

진주만 피습 음모

전후에 공개된 미 의회 등 관련 부처의 주요 문건과 언론 보도 등을 통해 진주만 피습 음모의 진행 과정을 시간 순으로 재구성해 보면 다음과 같다.

1940년 10월, 루스벨트 대통령은 태평양 지역 함대 사령관 리처드슨 제독을 해임하고 킴멜 제독으로 교체했다. 왜냐하면 리처드슨이 하와이 군도 서쪽에 있는 함대를 진주만으로 집결시키라는 루스벨트의 지시에 대해 적의 공습이나 어뢰 공격시 속수무책일 수밖에 없는 비정상적인 함대 배열이라며 강력한 이의를 제기했기 때문이다. 그러나 루스벨트의 음모를 알지 못했던 킴멜 역시 루스벨트의 지시에 항의하기는 마찬가지였다.

---

23) *The New York Times Magazine*, 1944. 10. 8.

같은 달, 해군 전략 분석관 맥 콜럼은 상부의 지시에 따라 일본의 군사 도발을 유도하기 위한 8가지 유인책을 작성하여 루스벨트에게 보고한 후 실행에 돌입했다.

　　1941년 2월, 루스벨트는 해군 총장 스타크에게 순양함 6척과 항공모함 2척을 폭파한 다음 이를 적의 소행으로 몰아 참전 명분을 날조하라고 지시했다. 그러나 스타크가 정신 나간 짓이라며 강력히 반대함에 따라 실행에 옮기지는 못했다.

　　1941년 3월, 미 해군은 만약 일본이 전쟁을 도발하면 사전 경고 없이 진주만을 공습할 것이라고 상부에 보고했다.

　　1941년 5월, 기업인을 초청한 만찬장에서 루스벨트는 자신이 "왼손이 하는 일을 오른손이 모르게 하는 요술쟁이"라며 모종의 음모가 진행 중임을 시사했다.

　　1941년 6월, 도쿄 주재 미 군무관 스미스 허턴Smith Hutton은 일본군이 진주만과 유사한 지형의 아라아케 만에서 어뢰 공습 훈련을 실시하고 있다고 본국에 보고했다.

　　1941년 7월, 미 해군은 일본이 진주만 공격과 관련한 주요 교신에 사용하는 JN-25B 암호 체계를 해독하고, 그 해독 책자를 발간하여(11일) 주요 작전 지휘관에게 배포했다. 또 멕시코 주재 미 군무관은 일본군이 진주만에 정박 중인 미군 함대를 공격하기 위해 소형 잠수정을 건조 중이라고 본국에 보고했다.

　　같은 달 독일이 소련을 침공하자, 해럴드 이커스Harold Ickes 보좌관은 대일 석유 수출을 금지하면 일본이 인도네시아 등의 동남아 산유국을 침공할 것이므로, 그 때 이를 제지하고 나서면 국제 사회의 비난을 피하면서 전쟁 개입 명분을 얻을 수 있을 것이라고 루스벨트에게 보고했다. 이에 루스벨트는 미국 내 일본 재산을 동결시키고, 대일 석유 수출을 금지시켰다.

1941년 8월, '세발자전거Tricycle'라는 암호명의 영국 고위 첩보원이 진주만 공습의 임박 사실을 미국 첩보 기관에 통보했다.

같은 달 대서양 회의에서 루스벨트를 만난 처칠은, 루스벨트가 전쟁 개입 명분을 찾기에 골몰하고 있다는 사실을 본국에 타전했다.

1941년 9월, 미국 정부는 2,413건의 일본 전문을 도청하면서 진주만 공격에 관한 정보를 파악했다. 또 한중韓中 연합 첩보 부대 요원인 재미 교포 2세 한길수는, 조선 주재 CBS 기자 에릭에게 크리스마스 이전에 일본군이 진주만을 공격할 것이라고 알려 주었으며, 다음 달에는 이를 미 상원 의원 질레트에게도 확인해 주었다. 질레트는 그 내용을 미 국무부와 육·해군 정보기관, 그리고 루스벨트 대통령에게 보고했다.

이 무렵, 호놀룰루 주재 일본 영사가 진주만 공습과 관련하여 본국 해군성에 보내는 전문을 도청한 미 해군 정보 책임자는, 일본의 공격에 대한 대비 태세를 강조하다가 보직 해임되었다.

1941년 10월, 소련 정보기관 책임자인 리하르트 조르게Richard Sorge는 일본이 진주만을 60일 이내에 공습할 것이라고 본국에 보고하고, 소련 정부는 이 사실을 미국 정부에 통보했다. 그러나 소련 정부가 전달한 32,000 단어에 달하는 조르게의 첩보 내용은 미국 정부의 문서 기록에서 삭제되었다.[24)]

같은 달, 루스벨트는 주미 일본 대사가 전달한 일본 수상의 외교 문서를 훑어본 후 대사에게 모욕을 줌으로써 일본 매파의 전쟁 도발 심리를 자극했다.

또한 루스벨트는 진주만 공습으로 발생할 미국인 사상자에 대한 응급 구호를 위해 12월 7일 이전까지 진주만 부근에 병원선을 대기시키도록 적십자사 긴급 구호 본부에 비밀 지시를 내렸다. 당시 전쟁성에서 고위 관리로 일했던 돈 스미스Don Smith는 그 사실을 딸과 손자에게 들려주면서

---

24) *The Honolulu Star-Bulletin*, 1941. 12. 13.
   US Naval Mag. 1999. 6.

"이는 윤리적으로 사악한 지시였으나, 복종할 수밖에 없었다"고 고백하여 세상을 떠들썩하게 한 바 있다.25)

그 사실은 1941년 7월부터 1942년 6월말로 마감된 미국 적십자사 예산 집행 내역에서도 확실히 드러난다. 그에 따르면, 진수만 공습이 있기 전 2개월 동안에 부상지 치료 약품과 의료 장비 구입용으로 7만 5천 달러가 긴급히 집행되었다. 아울러 부상자 간호를 위한 대대적인 간호원 모집이 있었다. 또한 미 적십자사 본부는 1941년 12월 12일자 보도 자료에서, "의료 약품과 의료 장비, 그리고 1,250개의 병상을 돌볼 의료진을 완벽히 갖추고 있으므로, 부상자에 대한 응급 구조 활동을 공습 24시간 만에 완료했다"는 내용을 확인했다.26)

같은 해 11월 5일, 반反나치주의자인 주미 독일 대사 톰슨 박사는 진주만 공습이 임박했음을 미국 첩보 기관에 알려 주었다. 그리고 11월 23일, 미국 정부는 진주만 공습이 엑스데이X-day 오전 8시(하와이 시각)에 감행된다는 일본 정부의 전문을 도청했다.

11월 25일, 루스벨트는 전쟁장관 헨리 스팀슨Henry Stimson에게 다음 주 월요일쯤 일본의 진주만 공습이 있을 것이라고 말하고, 이어 너무 큰 피해를 입지 않으면서 일본의 침략성을 부각시켜 국민들로부터 전폭적인 전쟁 지지를 얻어낼 방안을 강구하라고 지시했다. 한편 미 해군성은 일본군 선발대의 진로를 쉽게 추적하기 위해, 태평양을 항해하는 모든 미국 선박은 남측 항로를 이용할 것을 지시했다.

같은 날, 일본의 야마모토 사령관은 "미국의 잠수정과 항공기에 노출되지 않도록 비밀리에 하와이로 접근해야 하며, 정확한 공격 일시는 별도로 지시한다. (…) 12월 4일 오후에는 공격 대기 태세를 갖추라"는 내용의 전문을 태평양 함대에 보냈다.

11월 26일, 영국의 처칠 수상은 "일본 항공모함이 하와이 동쪽으로 이

---

25) *US Naval Mag.* 1999. 6.
26) *US Naval Mag.* 1999. 6.

동 중"이라는 내용의 긴급 전문을 루스벨트에게 보냈다.

같은 날, 헐 미 국무장관은 두 나라 사이의 호혜평등을 요청하는 일본 천황의 서신을 들고 온 주미 일본 대사에게 의도적으로 모욕적인 언사를 퍼부음으로써 일본의 전쟁 도발을 부추겼다. 또한 주미 일본 대사에게 보내는 최종 통첩을 통해, 인도차이나 지역뿐만 아니라 중국에서도 철수할 것을 일본에 일방적으로 요구했다.[27]

11월 27일, 스팀슨장관은 육군과 해군에 각기 다른 내용의 지시를 내렸다. 육군에는 협상이 순조롭지 않으니 경계 태세를 강화하라고 했고, 해군에는 일본과의 협상이 순조롭게 진행되고 있으므로 경계 태세를 완화해도 좋다고 했다. 특히 해군에는 여러 차례에 걸쳐 혼란스런 정보를 내려보내, 진주만으로부터 2천 마일 이상이나 멀리 떨어진 엉뚱한 곳을 경계토록 했다.

11월 29일, 헐 국무장관은 처칠 수상에게서 받은 11월 26일자 긴급 전문을 UP 통신 조 레이브Joe Leib 기자에게 보여주며, 일본의 진주만 공격이 12월 7일에 있을 것이라고 말했다. 이에 관해 「뉴욕 타임스」는 일본의 진주만 공격 다음날 보도한 "공격 미리 알았다"라는 헤드라인 기사에서, "미국 정부는 최소 1주일 전부터 일본의 진주만 공습 계획을 정확히 알고 있었다"라며, 헐 국무장관으로부터 이 정보를 전해들은 사람이 레이브 기자 외에도 여럿이라고 보도했다.[28]

같은 날, FBI는 평상 언어로 이루어진 쿠루수 주미 일본 대사와 야마모토 외상의 전화 통화 내용을 도청했다. 그 내용은 쿠루수 대사가 공격 일시를 알아야 사전에 여러 가지 주변 정리를 할 것 아니냐며 채근하자, 이에 야마모토 외상이 "12월 8일(일본 시각)"이라고 알려주는 것이었다.

11월 30일, 일본 본영은 "일본의 국가 안보를 위해 미국에 선전포고하지 않을 수 없다"는 내용의 암호문을 통해 전쟁이 임박했음을 해군 함대

---

27) *US Naval Mag.* 1999. 6.
28) *The Honolulu Star-Bulletin*, 1941. 12. 13.

에 재차 통보했다.

12월 1일, 루스벨트는 10일의 휴가 기간을 단축하고 집무실로 돌아와 군사·외교적 대응 방안에 대해 국무장관 및 전쟁장관과 협의했다. 또한 일본 외상이 주독 일본 대사에게 보낸 진문을 노청함으로써, 진주만 공격의 작전 내용과 디불어 독일이 일본으로 하어금 조기에 대미 전쟁을 일으키도록 독려하고 있다는 사실도 확인했다.29)

12월 2일, 네덜란드 동인도 사령관 푸틴Hein Ter Poorten이 미 전쟁성에 전문을 보내, "11월 초에 쿠릴 열도에서 항해 중이던 일본 함대가 하와이 방향으로 이동했다"고 알려주었고, 그 밖에 오스트레일리아와 중국 정부에서도 이 같은 내용을 통보해 왔다. 그러나 미국 정부는 이러한 정보를 하와이 지역 함대에 전달하지 않았다.

12월 4일, 미 해군 통신 담당관 랠프 브리그스Ralph Briggs는 전쟁 임박을 뜻하는 일본의 암호 전문 "동풍 뒤 비(East Winds, Rain)"를 해독하여 즉시 사령관에게 보고했다. 그러나 이 가운데 가장 중요한 내용은 고위층에 의해 지워졌다.

같은 날, 네덜란드의 푸틴 사령관은 일본의 세부적인 작전 사항을 워싱턴 주재 네덜란드 무관에게 건네면서 미국 최고위층에 전하도록 요청한다. 이 전문은 즉시 마셜 미 전시 사령부 의장에게 전달된다. 한편 자바 주둔 미군의 소프Thorpe 장군은 진주만 공습에 관한 전문 4통을 본국 사령부에 보냈으나, 본부에서는 더 이상 전문을 보내지 말도록 지시했다.

12월 5일, 항해 중인 모든 일본 선박이 본국으로 귀환했다. 같은 날, 녹스Knox 해군장관은 국무 회의에서 일본 함대의 위치와 더불어 진주만 공습이 임박했음을 전군에 알려야 한다고 대통령에게 건의했으나, 루스벨트는 이미 다 알고 있다며 함구하라고 지시했다.

12월 6일 오후 9시 반, 루스벨트는 34명의 손님이 참석한 만찬 자리에

---

29) *Washington Post*, 1941. 12. 2.

서 "내일 전쟁이 터진다"고 공개적으로 밝혔다.

12월 7일 오전 7시 55분(하와이 시각), 일본군의 공습을 알리는 경보와 함께 드디어 진주만 공습이 시작되었고, 해군장관 녹스에게서 이 사실을 보고받은 루스벨트는 "위대한 구원great relief"이라며 반겼다. 마침 루스벨트의 집무실에 있다가 이 모습을 지켜본 해리 홉킨스 기자는, "국가적인 충격이었음에도 마치 오랫동안 기다리기라도 한 것 같았다"라고 술회했다.30)

루스벨트는 같은 날 오후 3시에 개최된 국무 회의에서 "우리의 적은 일본이 아니라 히틀러인데, 일본이 우리에게 참전 기회를 주었다"라고 말했다. 또 저녁 8시 30분에는 "일본이 미국을 공격하면 독일도 대미 선전포고를 하겠다고 했으니, 우리의 기대와 목표는 분명해졌다"라며 향후 전쟁 계획을 설명했다. 노동부장관이었던 프랜시스 퍼킨스Frances Perkins는 후일 회고담을 통해 자기 자신도 음모꾼들과 한패가 된 느낌이었다며 당시의 당혹감을 나타냈다. 같은 날 밤 루스벨트와 회견을 가진 CBS 방송의 에드워드 머로Edward Murrow 역시, 국가적 재난과 다름없는 진주만 피습을 맞은 루스벨트의 태도가 상식 밖으로 태연했으며 오히려 환영하는 표정이었다고 전했다.

그 날 오후 루스벨트는 주미 영국 대사 핼리팩스Halifax 경을 불러 진주만에는 낡은 배들만 있을 뿐 새 전함들은 없었기 때문에 별 피해가 없다고 말했다. 아울러 CIA 국장 앨런 덜레스Allen Dulles도 전쟁 직후 국민들에게 미국은 11월 중순부터 일본의 진주만 공습을 알고 있었다고 말했다.

루스벨트는 1943년 11월 30일 테헤란에서 가진 스탈린과의 회담에서, "만약 일본이 미국을 공격하지 않았다면 유럽에 미군을 파견하기는 힘들었을 것이다. 일본의 침공이 없었다면 어느 미국인이 남의 나라 전쟁에 그들의 사랑하는 아들과 형제들을 보내겠느냐. 대중적인 분노를 촉발시

---

30) *The New York Times Magazine*, 1944. 10. 8.

켜야 하는데, 그렇게 하기 위해서는 수많은 인명을 희생시킬 수밖에 없었다"고 술회하며, 오히려 미국 정부의 무력 사용에 정당성을 부여해 준 일본의 공격에 감사한다는 취지의 발언을 한 것이다.

그러나 그의 친한 친구이자 동료인 처칠마저도 제2차 세계 대전에 관한 회고록 『위대한 동맹The Grand Alliance』에서, 루스벨트가 제2차 세계 대전을 일으키기 위해 일본의 진주만 공습을 유도하여 자국민 수천 명을 희생시킨 행위는 반역에 해당하는 범죄라고 규정했다.[31]

드레스덴 양민 학살

1945년 2월 13일, 미·영 연합군 폭격기들은 주로 부녀자와 어린이 등의 피난민들이 모여 살던 독일의 오랜 도시 드레스덴에 14시간 동안 7,100여 톤의 폭탄을 퍼부었다. 그리고 그것도 모자라 마치 확인 사실이나 하려는 듯 이틀간이나 추가 폭격을 가하여 최저 10만 명에서 최고 30만 명에 달하는 민간인들을 의도적으로 학살했으며, 아울러 병원과 학교를 불문하고 도시의 80퍼센트 이상을 폐허로 만들었다.[32] 이 때 사용된 폭탄은 폭발 지역 주변을 초토화시키는 네이팜탄과 다중 폭발을 일으키는 클러스터 폭탄이었다.

이곳에 군사 시설이나 군수품 제조 시설이 있던 것은 아니었다. 방공포 하나 없던 민간인 주거 지역에 대한 이 무차별 폭격은, 단지 도시를 초토화하고 주민들을 죽음의 공포로 몰아넣어 심리적 공황 상태를 유발시키기 위한 것이었다. 당시 폭격에 참가했던 미군 폭격기 조종사는, "일반적으로 공습을 하기 전에는 공격 목표물이 정해지는데, 드레스덴 폭격에는 목표물이 없었다"라고 하면서, 눈에 띄는 건물이나 사람들을 무차별 폭격

---

31) Gordon W. Prange, *The Untold Story of Pearl Harbor*, Penguin Books, 1982.
32) The US Strategic Bombing Survey Report under Secretary of War, 1945. 9. 30.

미·영 공군의 폭격으로 도시는 폐허로 변한 채 곳곳에 시신더미가 쌓여 있는 드레스덴.

하라는 것이 상부의 명령이었다고 말했다.[33]

폭격에서 구사일생으로 목숨을 건진 맥키Alexander McKee는 "불의 폭풍 속에서 생존한다는 것은 사실상 불가능에 가까운 일이었다. 네이팜탄이 작열한 현장에서 사람들은 불길뿐만 아니라 순간적인 산소 부족으로 인해 채 몇 발자국도 떼지 못하고 쓰러져 산채로 화장되었다"라고 증언했다. 또 다른 생존자인 마가레트 프라이어Margaret Freyer는 "양팔로 아기를 받쳐 들고 폭격을 피해 필사적으로 달려가던 한 여인이 눈앞에서 순식간에 시뻘건 불길 속에 휩싸였던 끔찍한 장면은 평생 잊을 수 없었다. 이제와서 들어 보니 그것이 바로 네이팜탄이었다"라며 당시의 악몽을 떠올렸다. 그리고 당시 드레스덴 동물원에서 경비 직원으로 일하던 오토 세일러 잭슨Otto Sailer Jackson은 동물원의 참상도 예외가 아니었다며, "폭탄의 파편을 맞고 울부짖는 코끼리와 하늘을 향해 네 다리를 치켜들고 누운 채 사지를 버둥거리는 물소 등"의 모습을 생생히 전했다.[34]

---

33) *The Guardian*, 2004. 2. 7, 2. 14.

폭격이 있은 지 2주 후에 이곳을 방문한 헌 스위스 민신인의 증언 역시 당시의 참상을 충분히 짐작케 한다. 그는 헤아릴 수조차 없을 정도로 수많은 시신들과 찢겨나간 팔다리, 그리고 머리와 사지가 없는 살점 덩이가 거리에 어지러이 흩어져 있어 도저히 걷기조차 힘들었다고 말했다.

폭격이 끝난 후 작전 부사령관이었던 로버트 손비Robert Saunby 장군조차 "드레스덴 폭격은 아무도 부정할 수 없는 엄청난 참극"이었다며, 이 작전이 민간인에 대한 의도적인 학살이었음을 시사했다.[35] 그리고 영국 언론 역시, 군수품을 만드는 도시도 아니고 그렇다고 군인들이 모여 있는 군사 도시도 아닌 곳에서, 무고한 피난민들을 대상으로 자행된 미·영 연합군의 이 의도적인 학살 행위를 명백한 전쟁 범죄로 규정했다.

히로시마·나가사키 원폭 투하

히로시마와 나가사키에 대한 원폭 투하는 한국인들에게 특별한 애증을 갖게 한다. 일제 40년의 식민 통치를 겪는 동안 우리 민족이 당한 피해와 고통을 생각하면, 오히려 원자 폭탄이 두 군데만 투하된 것이 야속할 정도다. 그러나 일본 제국에 대한 원한을 뛰어넘어 인류 보편의 가치인 인명의 소중함을 생각한다면, 히로시마와 나가사키에 대한 원폭 투하가 과연 전쟁을 조기에 종식시키기 위한 불가피한 수단이었는지를 의심치 않을 수 없다. 독일이 항복을 선언한 1945년 5월을 전후하여 일본과 소련, 그리고 미국 사이에 오간 여러 문건들은, 그러한 의구심을 쉽게 확인해 준다.

1945년 4월 5일, 일본 정부는 가망 없는 전쟁을 끝내기 위해 매파로 알려진 도조 히데키 수상을 해임하고, 그 자리에 비둘기파로 알려진 스즈키

---

34) *BBC News*, 2005. 2. 26.
35) *BBC News*, 2005. 2. 26.

칸타로를 앉힌 후 종전에 박차를 가한다.

그러나 트루먼 미행정부는 1945년 6월 18일 소집된 국가 안보 회의에서 일본에 대한 원폭 투하를 결정한다.

7월 11일, 일본은 무조건적인 항복 의사를 미국에 전하면서, 히로히토 천황은 퇴임시키더라도 천황제는 인정해 줄 것을 요청했다. 그러나 미국은 이를 의도적으로 무시한 채, 공중에서는 물론 육상과 해상에서도 절망적인 상태에 빠진 일본군을 상대로 살육전을 계속해 나갔다. 이에 일본은 모든 점령지에서 철수할 용의가 있으며 더 이상 전쟁을 수행할 의사가 없으니 미국을 설득하여 전쟁을 끝맺게 해달라고 소련 측에 간곡히 요청했다.36)

7월 13일, 일본 수상은 안도 정무 국장을 소련 대사에게 보내, 고노에 왕자를 특사로 하여 종전을 제안하는 일본 천황의 친서를 전하겠다고 공식 제안했다.37)

7월 18일, 소련은 종전 회담을 준비하면서 미국과 영국 정부에도 이 사실을 알리고,38) 이로써 미국은 일본이 소련을 중재자로 하여 종전을 이끌어내고 싶어 하며, 아울러 영국 및 미국과의 관계를 개선하고자 열망하고 있음을 확인했다.

이렇듯 분명한 일본의 종전 의지에도 불구하고, 미국의 트루먼 행정부는 8월 6일 히로시마에, 그리고 8월 9일에는 나가사키에 원자 폭탄을 투하하여 20만여 명을 살상하고 약 100만 명에게 방사능 피해를 입혔다.

히로시마와 나가사키는 드레스덴과 마찬가지로, 군사 기지나 군수품 생산 시설이 위치한 곳이 아니었다. 즉 이 두 도시에 대한 원폭 투하는 무고한 민간인을 상대로 자행한 미국의 무자비한 살육 광란이자 폭탄의 성능을 가늠키 위한 생체 실험일 뿐이었다.

---

36) The Avalon project file, Yale Law School.
37) National Security Archive Re. Potsdam Conference.
38) US NSA Docs. 1945. 7. 18, 7. 22, 7. 26.

원폭에 타버린
소년의 시신

당시 아이젠하워 장군은 스팀슨 전쟁장관에게, "사실상 항복한 상태나 다름없는 일본에 원자 폭탄을 투하하는 것은 전적으로 불필요한 짓이며, 아울러 가공할 무력으로 국제 사회에 충격을 주어 미국인의 생명을 지키겠다는 발상은 반드시 피해야 한다"고 말했다.39) 또 원폭 투하 직후 미국 제31대 대통령을 지낸 허버트 후버Herbert Hoover.도 "어린이와 부녀자를 가리지 않은 원폭 사용은 혐오스런 짓"이라고 개탄했다. 원폭 투하 직후 구성된 전략 평가 연구팀이 각계의 증언과 기록을 분석하여 1946년 6월에 공개한 보고서 역시 "설령 원자탄이 사용되지 않았다 해도 일본은 1945년 10월 말 이전에 무조건 항복할 수밖에 없었다"고 결론지었다.40)

그렇다면 미국은 왜 대항력이 전혀 없는 무고한 민간인들에게 필요하지도 않은 원자탄을 쏟아 부은 것인가?

당시 트루먼은 루스벨트 시절 '소통령'으로 불리던 제임스 번스James Byrnes 국무장관의 말을 인용하여, "유럽 지역에서 소련을 길들이기 위해서는 가공할 무력시위가 필요했다"고 말했다. 그러나 이는 2차 대전 직후

39) *Newsweek*, 1963. 11. 11.
40) *Army and Navy Journal*, 1945. 8. 8.

부터 유일 강대국의 자리를 확고히 하기 위한 미국의 반공 정책에 편승하려는 과장된 표현으로 보아야 한다. 루스벨트는 스탈린을 형제라고 부르면서 그에게 수백억 달러의 경제 지원과 더불어 막대한 분량의 핵무기 생산용 우라늄 원료까지 제공했는데, 사실 원폭을 투하할 당시까지만 해도 트루먼은 전임자인 루스벨트의 정책을 답습할 수밖에 없었다.

아울러 트루먼은 1945년 4월, 독일이 항복 의사를 전달하는 동시에 미국에게 먼저 베를린을 점령해 줄 것을 요청했음에도 이를 거절하고 전투를 계속함으로써 독일 항복 이후 소련이 먼저 베를린을 점령하도록 허용했다. 1945년 7월 17일부터 8월 2일까지 열린 포츠담 회담에서는 소련으로 하여금 유럽의 지도를 나누게 함으로써 동유럽 국가들을 소련의 지배하에 넘겨주기로 한 루스벨트의 대對소련 구상을 그대로 실행했고, 나아가 중국과 한반도 북쪽도 소련의 지배하에 들어가도록 했다.

따라서 일본에 대한 두 차례의 원폭 사용은, 종전을 앞당기기 위한 불가피한 조처나 소련에 대한 예비적 경고조치라기 보다, 무력시위를 통한 세계 지배 야욕과 유색 인종을 하찮게 여겨 온 미국 지배 계층의 제국주의적 야수성에서 비롯된 사건이라고 보아야 할 것이다.

1946년 뉘른베르크 전범 재판소에서 미국 측 검사로 나온 로버트 잭슨조차, "만약 전쟁 관련 조약 위반 행위를 양측 모두에게 공평하게 적용한다면, 미국도 결코 자유로울 수 없다"고 말했다. 이 말이 시사하듯, 세계대전 참전 명분을 만들어 내기 위한 루시타니아호 피습, 진주만 공습 음모, 그리고 드레스덴과 히로시마 등지에서 자행한 무차별적인 양민 학살은, 분명 전범 재판의 대상이 되는 반인류적 범죄였다.

노골적인 침공괴 은밀한 침공

미국은 양차 대전 외에도, 멕시코 영토의 절반 이상을 빼앗은 멕시코 전쟁, 캐나다 영토를 빼앗기 위한 영국과의 전쟁, 쿠바와 필리핀 식민지를 빼앗기 위한 스페인과의 전쟁, 그리고 20세기 중반 이후의 한국 전쟁 및 베트남 전쟁과 오늘날의 아프가니스탄·이라크 침략 등, 자국 병력을 앞세운 노골적인 무력 침공을 수없이 자행해 왔다.

또한 다른 한편으로는 CIA 등의 정보기관을 통해 현지인들을 이용한 '은밀한 침공'을 수행해 왔다. 즉 제3국 현지 정부군과 경찰 등을 지원하여 대미 종속 체제에 반대하는 민족주의 세력과 민중을 학살토록 하거나, 반대로 반체제 게릴라를 지원하여 민족주의 또는 사회주의 정부를 전복하기 위한 파괴·살인 공작을 자행토록 하는 것이다. 이는 특히 노골적인 침공이 야기하는 국제적인 반미·반제국주의 여론을 차단하고 자국 내 비판 여론을 회피하기 위한 수단으로 사용되고 있다.

미 국무부의 정책 기획 책임자였던 조지 캐넌이 1948년에 미국의 정책 기조로 작성한 보고서는, '일방주의'라는 고상한 단어로 표현되는 미국의 오만과 독선, 그리고 공공연한 테러 정책과 정확히 일치한다.

우리는 전 세계 부의 절반을 가지고 있지만, 인구는 단 6.3%에 불과하다. 이러한 상황에서 부러움과 시기의 대상이 되는 것은 피할 수 없는 일이다. 다가오는 시대에 우리의 진정한 소임은, 이러한 우월적 위치를 수용하는 국제 관계의 틀을 만들어 나가는 것이다. 삶의 질 향상이니 인권이니 민주화니 하는 따위의 대화는 걷어치워야 한다. 머지않은 장래에 우리가 직접적으로 힘을 행사해야 할 시기가 다가온다. 이제 이상적인 구호들을 거둬들여야만 그러한 구호들의 족쇄에서 벗어날 수 있을 것이다.

20세기 후반부터 미국이 마치 성경 구절처럼 빈번히 천명하는 '테러와의 전쟁'이란, 과연 방어 능력이 없는 국가와 민간인에게 첨단 무기를 동원한 무차별적인 폭력을 가하는 것을 뜻하는가, 아니면 국가의 주권과 민중의 생존권을 지키기 위해 폭탄 띠를 두르고 제국의 침공과 폭압에 항거하는 것을 뜻하는가? "국제 사회에서 정의와 평화를 파괴하는 범죄는 2차 대전 이후부터 본격화된 미국의 대외 정책에서 기인한다"라는 미국 전 법무장관 램지 클라크Ramsey Clark의 말대로, 미국의 탐욕적 정책 기조가 바뀌지 않는 한 인류 사회의 정의와 지구촌의 평화는 요원할 것이다.

제3장

왜 중남미에서 더러운 전쟁을 벌였나?

1. 쿠바

1492년 콜럼버스가 도착하기 전까지, 쿠바는 타이노족과 시보네족이 평화롭게 농경 생활을 영위하던 축복의 땅이었다. 그러나 이들 원주민 대다수는 백인 정복자들의 학살과 전염병으로 거의 멸종되었고, 이로 인해 노동력이 부족해진 스페인 정복자들은 16세기 초부터 아프리카에서 흑인 노예를 수입하여 담배, 사탕수수 등을 재배토록 했다. 19세기 말까지 농경 자원 착취를 위해 이곳에 유입된 흑인 노예 수는 100만 명에 이른다.

미국의 자해극自害劇 메인호 사건

쿠바가 스페인을 상대로 독립 투쟁을 벌이던 1898년 1월 25일, 미국은 자국민을 보호한다는 명분으로 미 해병 350여 명을 실은 전함 메인호를 쿠바 아바나 해안에 정박시켰다. 정박한 지 3주가 지난 1898년 2월 15일 밤, 메인호 기관실에서 원인 모를 폭발로 인해 미 해병 266명이 사망하고 50여 명이 부상당하는 사건이 발생했다.

이 배의 폭발 원인에 관해 당시 메인호 함장 식스비Sigsbee는 외부의 소행이 아니라 함선 내부의 문제에서 비롯된 것으로 상부에 보고했다. 그러나 미국 정부는 이에 전혀 아랑곳없이 이 사건을 곧장 스페인의 소행으로 단정지었다. 그리고 합동 조사를 실시하자는 스페인 정부의 공식 요청마저 일언지하에 거절한 채, 스페인에 대해 선전포고를 한 후 쿠바 독립 전쟁에 개입했다.

메인호 사건이 쿠바 등의 스페인 식민지를 빼앗기 위한 미국의 자작극이었다는 사실은, 1962년 3월 5일 쿠바 침공을 위한 몽구스Mongoose 작전을 모의하던 미 국방성 고위 관리의 발언을 통해서도 확인되었다.[41] 즉 스페인이 먼저 전쟁을 도발해 올 기미를 보이지 않자, 의도적으로 자국 장병들을 희생시켜서 전쟁 구실을 만들어냈던 것이다. 전쟁은 불과 4개월 만에 미국의 승리로 끝나고, 이로써 쿠바와 필리핀, 푸에르토리코, 그리고 괌은 미국의 차지가 되었다. 이 때 미국은 스페인에 거금 2천만 달러를 건넸는데, 이는 식민 지배권 양수를 위한 일종의 권리금이었다.

사실 쿠바와 필리핀은 미국에 열렬히 협조했다. 그들에게 미국은 곧 해방군이었기 때문이다. 그러나 결과적으로 미국은 단지 스페인이라는 종주국을 대신한 또 다른 식민 종주국에 지나지 않았다. 말하자면, 일제 강점 기간 중 미국을 도와 항일 투쟁을 벌였던 임시 정부와 한국인들이 일제 패망 직후 미국으로부터 당했던 상황과 마찬가지였다.

새 종주국이 된 미국은, 팔머와 고메즈 정권을 거쳐 바티스타 정권에 이르는 괴뢰 정부의 독재와 부패를 50여 년 동안 비호해 오면서, 설탕·철도 산업 같은 쿠바 경제의 중추를 장악했다. 아울러 내정 간섭과 군사 기지 설치를 목적으로 관타나모 해안 지역을 강제 조차하여, 조차 시한인 1999년이 이미 지난 오늘날까지도 반환하지 않은 채 해군 기지와 악명 높은 비밀 감옥으로 사용하고 있다.

쿠바 전복 공작

1959년 1월 미국의 괴뢰인 바티스타 독재 정권을 타도하고 출범한 피델 카스트로의 혁명 정부는 외세의 지배를 거부하고 자주 독립적인 주권 국가를 세우려 했다. 즉 미국에 빼앗긴 경제 주권을 되찾고 국가 기간산업을 국유화함으로써, 빈부 격차를 줄이고 소외된 민중의 삶을 향상시키고자 한 것이었다. 그렇다고 카스트로 혁명 정부가 처음부터 친소 공산주의를 지향한 것은 아니다. 이는 카스트로 정부가 출범한 두 달 만에 첫

---

41) US National Security archive Re. Justification for US Military Intervention in Cuba.

공식 방문국이 미국이었다는 사실이 이를 입증한다. 그럼에도 미국은 자칫 쿠바의 사회주의 정책이 주변국에 파급될까 우려하여 카스트로 정부를 전복시키기 위한 공작을 벌이기 시작했다.[42]

이에 따라 1959년 10월에 대대적인 쿠바 공습이 시작되었는데, 이후 1961년 4월에 있었던 피그만 침공(조종사 4명을 포함한 미군 사망자가 100여 명에 이르렀고, 포로도 1,200명에 달했다)은 미국의 노골적인 쿠바 침략에 대한 국제 사회의 비난을 크게 불러일으켰다. 그러자 미국은 이를 계기로 공개적인 무력 침략 대신 추악한 비밀공작과 테러로 전략을 바꾸었다.[43]

미 정보기관은 카스트로 암살과 쿠바 정부 전복, 그리고 경제 교란 및 민심 이반을 통해 새로운 괴뢰 정부 수립을 목적으로 몽구스 작전, 사파타Zapata 작전, 플루토Pluto 작전, 노드우드Northwood 작전 등의 비밀 작전들을 모의했다. 또 이를 실행하기 위해 바티스타 정권의 잔당들로 구성된 '포사다Posada' 테러단을 육성·지원했다. 포사다 테러단은 1976년 10월 6일 인도양 상공을 비행 중이던 쿠바 민항기를 폭파시켜 무고한 민간인 탑승객 76명 전원을 사망케 했다. 또한 미국이 니카라과·칠레·아르헨티나 등의 중남미 국가들을 상대로 벌인 '더러운 전쟁Dirty War'에서 비밀 병기 역할을 하기도 했다.[44]

한편 미국은 1962년 10월 소련이 쿠바에 중거리 미사일 기지를 설치하려 하자 일방적으로 쿠바 해상을 봉쇄했다. 또 쿠바에 머물던 소련군 기술진의 숙소를 습격하여 소련 기술자들을 살해하는 등 의도적인 전쟁 도발 행위도 서슴지 않았다. 당시 미국의 주장은, 소련이 쿠바에 설치하려는 미사일 기지가 미 본토 공격용인 반면, 이란·터키·파키스탄·일본·한반도 등 소련이나 중국 인접 지역에 이미 설치되어 있는 미국 미사일 기지는

---

42) US Dept. of State FRUS 1961~1963, Volume X Cuba, "Special National Intelligence Estimate," pp. 80~62, 1962. 1. 17.
43) *The New York Times*, 1962. 9. 12, 1997. 11. 9.
44) *The New York Times*, 1998. 2. 22, 2001. 3. 23.

방어용이라는 것이었다. 이러한 궤변은 미국의 세계 패권 야욕이 3차 대전마저 능히 감행힐 수 있음을 살 보여순다.

후일 맥나마라 전 국방장관도 한 인터뷰에서, 당시 소련의 미사일은 미국의 무력적 우위에 대한 방어 수단에 지나지 않았다고 지적했다. 소련이 미국을 선제공격하려는 의도가 전혀 없었다는 뜻이다. 어쨌든 소련이 미사일 기지를 자진 철수하는 바람에 일촉즉발의 세계 대전 위기는 다행히 해소되었지만, 미국은 냉전이 종식될 때까지 약 30년 동안이나 계속해서 카스트로 정부를 전복시키려했다.

경제 기반 붕괴 시도

미국 정부는 또한 쿠바의 주요 산업인 농업과 관광업에 타격을 가하여 경제 기반을 붕괴시키기 위해 온갖 비열한 음모와 공작을 수행했다.

전염병과 해충을 퍼뜨리는가 하면 강우를 조절하거나 빗물 속에 화학 약품을 섞음으로써, 사탕수수·담배 등의 농업과 돼지·칠면조 등의 양축 산업에 막대한 피해를 초래했다. 이로 인해 1970년대 말과 1980년대 초 쿠바의 농축산물 생산량이 급격하게 줄었다. 어떤 해에는 약 100만 마리의 사육 돼지 가운데 약 50만 마리가 전염병에 감염되어 폐사하기도 했다. 또한 사탕수수 농장에서 일하는 수십만 명의 농부들은 미국에서 살포한 화학 물질에 감염되었다.

게다가 미국은 1981년 5~10월에 뎅기열 전염병균을 쿠바에 살포함으로써 어린이 101명을 포함하여 200여 명이 사망했다. 이에 대해 쿠바 정부가 미국의 생화학 무기 사용 실태를 조사하자는 공식 문서를 유엔에 제출하자, 이를 강하게 부인하면서 유엔의 조사를 방해했다.

그러나 이러한 사실은, 살인죄로 기소된 쿠바 탈주자 테러 단체 두목 에두아르도 아로세나Eduardo Arocena가 1984년 뉴욕에서 재판을 받던 도

중, 미국의 대對쿠바 비밀 전쟁을 수행하는 과정에서 자신들이 뎅기열 전염병균을 퍼뜨렸다고 시인함으로써 결국 백일하에 드러났다. 아울러 이러한 생화학 무기가 메릴랜드 데트릭 기지와 볼티모어 주변 조병창에서 조달되었다는 사실도 밝혀졌다. 해외 언론들은 수백만 명의 인명을 앗아갈 수 있는 생화학 무기의 개발과 생산이 지금까지도 이곳에서 계속되고 있다고 주장한다. 특히 "부시 정부에서 대량 살상용 생물 무기 실험을 계획한 바 있다"는 럼스펠드Donald Rumsfeld 국방장관의 말을 감안할 때, 미국이 쿠바에 생화학 무기를 사용했다는 주장이 단지 미국에 대한 악의적인 음해만은 아님을 알 수 있다.[45]

이 밖에도 미국은 아바나 시내의 외국인 관광객 식당을 폭파하여 이탈리아 관광객들을 살상했다. 이처럼 쿠바의 관광 산업에 막대한 타격을 주는가 하면, 쿠바로 수출되는 주요 원·부자재의 공급자를 매수·협박하여 불량품을 선적케 하거나, 반대로 쿠바에서 수출되는 식품에 이물질을 섞어 쿠바의 수출 산업에 타격을 주기도 했다.[46]

1976년 5월에는 포르투갈 주재 쿠바 대사관에 테러를 가해 두 명의 쿠바 외교관을 살해했다. 그 해 7월에는 뉴욕에 있는 쿠바 유엔 대표부 건물에 폭탄 공격을 가했다. 비슷한 시기에 아르헨티나·베네수엘라·스페인 등지의 쿠바 대사관에 대해서도 폭탄 공격을 가했다.

전쟁 도발 음모

미 국가 안보국에서 최근 공개한 공식 문건에 따르면, 1962년 3월 13일 미군 지휘부는 '노드우드 비밀 작전 계획'을 수립했다. 소련제 미그기 모형의 폭격기를 만들어 미국 도시에 대대적인 폭격을 가하거나, 관타나모

---

45) *AFP*, 1999. 1. 23., *The Times*, 2001. 9. 5.
   Granma International News, 1997. 11. 25.
46) *The New York Times*, 1962. 9. 12, 1997. 11. 9, 1998. 2. 22, 2001. 3. 23.

해군 기지를 폭파한 후 이를 쿠바 정부의 소행으로 뒤집어씌워 선전포고의 구실을 만든다는 것이다. 아울러 미 첩보 정찰기를 쿠바 상공에 저공 비행시켜 격추를 유인한다는 또 다른 계획도 수립했다는 사실이 밝혀졌다.[47]

당시 이 계획은 미 합참의 승인을 얻어 국방장관 맥나마라에게 보고되었으나, 수많은 미국인 사상자가 발생할 수 있다는 이유로 케네디 대통령 등의 최고위 지도부에 의해 최종 실행 단계에서 좌절된 것으로 알려졌다. 그럼에도 불구하고 미 합참의 매파는, 1962년 2월 20일 존 그렌 중령을 태우고 발사된 미국 최초의 유인 우주 왕복선 머큐리-아틀라스Mercury-Atlas 6호를 폭파시킨 다음, 이를 쿠바의 소행으로 몰아 전쟁을 일으키는 방안도 진지하게 검토하고 있었다.[48]

이러한 내용이 공개되자 「뉴스위크」의 에번 토마스 편집 부국장은 사설을 통해, "정부 문서 가운데 가장 야만적이며 솔직한 것"이라고 평했다. AP 통신은 "왜 미국의 첩보 기관에서 이 문서의 공개에 대해 그토록 못마땅해 하는지 이해할 수 있다"고 했다. 또 「뉴욕 타임스」는 "살인적인 자해 공작을 사용하는 첩보 기관의 한 단면"이라고 논평했다.

그러나 이러한 자해 공갈단식 음모는 미국과 스페인의 전쟁의 빌미가 된 메인호 사건과 1차 대전의 빌미가 된 루시타니아호 격침 사건, 그리고 2차 대전의 빌미가 된 진주만 공습 사건 등에서 꾸준히 확인되어 온 사실이다. 최근에는 9·11 테러 사건 역시 이러한 의혹을 받고 있다.

3차 대전의 위기를 피하기 위해 쿠바에서 미사일 기지를 철수한 소련은 1962년 9월 11일 발표한 성명을 통해, "만약 미국이 쿠바를 상대로 전쟁을 도발한다면 이는 소련에 대한 선전포고로 간주될 것이며, 따라서 소련과 미국 사이의 핵전쟁은 피할 수 없을 것이다"라고 경고했다. 이것이 미국의 자해 공격을 보류시킨 한 요인이었을 것이다.

---

47) US National Security Archive Re. Cuba.
48) *ABC News*, 2001. 5. 1.

어쨌든 이후 지미 카터 대통령이 재임하던 1980년 4월에 처음으로 미국과 쿠바와의 화해 조치가 취해졌고, 1981년 12월에는 양국 사이의 긴장 해소를 위한 회담이 열리기도 했다. 그러나 미국 정부는 오늘날까지도 피델 카스트로의 쿠바 정부에 대한 적대 행위를 거두지 않고 있다.

2. 멕시코

고대 마야 문명의 발상지인 멕시코는 1521년부터 300여 년 동안 스페인의 식민 통치를 받았다. 그러다가 1810년 9월 혁명가 미구엘 이달고의 유명한 '돌로레스의 외침Grito de Dolores'을 계기로 독립 투쟁이 시작되었고, 마침내 1821년 코르도바 협정에 의해 스페인으로부터 완전한 독립을 이루었다.

영토 확장 전쟁

미국의 멕시코 침략은 영토 확장을 목적으로 한 것이었다. 미국 정부는 자신들이 양성하고 지원한 알라모 지역 반군 민병대가 1836년 멕시코 중앙 정부를 상대로 반란을 일으켰다가 몰살당하자, 이를 빌미로 그 해 9월 멕시코를 침공하여 텍사스를 빼앗았다. 처음에는 현지 주민을 보호한다는 명분하에 부속 지역으로 삼았다가 이후 자국 영토로 만든 것이다.

이후 1846년, 텍사스와 멕시코 사이의 국경을 이루던 리오그란데 강 부근에서 국경 분쟁이 일어나 10명 내외의 사상자가 발생하는 일이 있었다. 그러자 미국 대통령 포크는 멕시코 군대가 미국 영토를 침공하여 자국 병사를 살상한 것은 명백한 침략 전쟁이라며 멕시코에 대한 선전포고를 승인해 주도록 의회에 요청했다. 이에 당시 휘그당(공화당의 전신으로 북부에 기반을 둠)은 "과연 그곳이 미국 영토인가?"라고 물으면서, 이를 남부 농장 소유주들의 경작지 확장 음모라고 비난했다. 또한 멕시코 정부도 분쟁 발생 지역이 명백한 멕시코 영토이며, 따라서 침공한 쪽은 미국이지 멕시코가 아니라고 강력히 항의했다.

그러나 미국 정부와 의회는 이러한 주장들을 무시한 채 1846년 5월 멕시코에 선전포고를 했으며, 결국 전쟁에서 이긴 미국은 1848년 2월 과달루페-이달고Guadalupe-Hidalgo 조약을 통해 현재의 텍사스·콜로라도·애리조나·뉴멕시코·와이오밍·캘리포니아·네바다·유타주를 손에 넣었다. 또한 1853년에는 현재의 아리조나주와 뉴멕시코주의 일부를 빼앗으며 헐값을 지불함으로써 정상적인 거래로 위장했다.

'포크의 전쟁'이라는 당시의 비난 여론에서도 알 수 있듯이, 전쟁을 주도한 포크 대통령은 미국의 남부와 서부에서 지지를 얻고 있었기 때문에 자신의 정치적 기반을 확장하기 위해서라도 멕시코 영토를 빼앗는 전쟁이 필요했다. 이 침략 전쟁에 참가했으며 후일 미국 제18대 대통령을 지낸 율리시즈 그랜트 중위도, 강국의 탐욕을 채우기 위해 무고한 약소국을 침략하는 전쟁은 가장 추악한 짓이라고 술회한 바 있다.

더러운 전쟁

1960~1980년대 미국이 주도한 더러운 전쟁은 상당수의 멕시코 학생과 일반 시민들을 희생시켰다. 국제 인권 단체들의 보고에 따르면, 불법적인 납치·감금·고문은 부지기수요, 재판 없이 살해되거나 실종된 이들만도 천 명이 넘는다고 한다. 이들 희생자 가운데 소수 좌익 게릴라를 제외한 대다수는 풀뿌리 민주주의를 주장하는 비무장 민간인이었다. 특히 1968년 6월에 발생한 트라테롤코 학살 사건과 코퍼스 크리스티Corpus Christi 학살 사건의 피해자는 대부분 학생들이었다.

개혁을 표방하고 나선 폭스Vicente Fox가 대통령에 당선된 2000년 이후에도, 일부 경찰과 우익 단체들에 의한 민간인 납치 및 살해 사건은 아직까지 근절되지 못한 실정이다. 예를 들어, 1974년 더러운 전쟁 당시 경찰 총수였던 이시드로 갈레아나Isidro Galeana에게 민간인 학살을 명령한 혐의로 멕시코 법원에서 체포 영장이 발부되자, 그는 이내 도주하고 그의

혐의를 입증할 결정적인 증인은 피살되었다.[49] 관계 전문가들의 대다수
는 이를 미국의 간계로 이해한다.

---

[49] *Reuters*, 2003. 12. 1.

3. 칠레

칠레는 270년간 스페인의 식민 통치를 받았으며, 독립 이후에도 풍부한 천연자원을 노린 영국과 미국의 침략 및 수탈에 끊임없이 시달려 왔다. 서구 열강들의 제국주의에 대항하여 자원을 국유화하고 자립 경제를 이루려는 노력은 1886년 호세 마누엘 발마세다José Manuel Balmaceda 정부 이후 여러 차례 시도되었으나, 미국의 집요한 방해로 인해 번번이 실패하면서 정부가 전복되는 악순환을 거듭해 왔다.

아옌데 정부 전복 공작

자주 정치와 자립 경제를 열망하던 칠레 국민들의 전폭적인 지지를 받아 1970년에 집권한 살바도르 아옌데Salvador Allende 정부 역시, 4년의 임기를 채우지 못하고 1973년 9월 11일 CIA의 지원을 받은 군사 반란군에 의해 붕괴되었다.

최근 공개된 미국 정부 문서 가운데는 CIA 부국장 토머스 카라메신스Thomas Karamessines가 키신저의 명령에 따라 1970년 10월 16일 산티아고 주재 CIA 칠레 지부장 헨리 헥셔Henry Hecksher에게 보낸 전문이 있다. "아옌데 정부를 쿠데타로 전복하는 것이 우리의 확고한 목표다. 이를 진행시키기 위해 최대한의 압력을 지속하며 (…) 적절한 모든 수단을 동원할 것이다. (…) 이 계획은 철저히 보안되어야 한다."[50] 또한 쿠데타 3일 전인 1973년 9월 8일 산티아고 주재 CIA 지부에서 본부로 보낸 보고서에는 칠레 군부의 쿠데타 실행 계획이 상술되어 있다. "칠레 해군은 아옌데 정부를 전복하기 위해 발파라이소Valparaiso 항에서 거사하기로 결정했으

---

50) US National Security archive Re. Immediate Santiago.

며, 칠레 공군도 이에 가담하기로 했다. 아울러 육군 총사령관 피노체트 Augusto Pinochet도 해군의 거사에 반대하지 않는다고 했다. (…) 육군도 분명 이 거사에 가담할 것이다. 거사 일은 9월 10일, 늦어도 9월 11일이 될 것이다. 또한 거사 당일 농업 방송 아침 7시 뉴스를 통해 이 사실이 공표될 것이다."

이 계획에 따라 미 해군은 1973년 9월 10일 밤 자국 전함들을 발파라이소 항구에 정박시켜 아옌데 정부와 칠레 국민에 대해 무력시위를 벌였다. 피노체트를 비롯한 칠레 3군 사령관들이 인민 연합당의 아옌데 정부를 전복하도록 사주·비호했다.

CIA의 민간인 학살 주도

당시 미국 정부는 대통령 안보 보좌관이 이끄는 40인 위원회를 조직했는데, 이를 총괄하고 지휘하던 자는 닉슨 대통령의 안보 보좌관이던 헨리 키신저였다. 칠레 등의 중남미 국가들을 포함하여 세계 여러 국가에서 출현하는 사회주의 정부를 붕괴시키거나 아예 출현 자체를 저지하기 위한 조직이었다. 여기에는 CIA, 미 국방부 정보국(DIA), 미 국가 안보국(NSA), FBI 등의 관련 부처 간부들이 참여했다.

CIA는 칠레 현지에서 비밀 임무를 수행할 인물로 포드 자동차에서 홍보 업무를 맡고 있던 맥도널드Fedrico Willoughby Mcdonald를 임명했다. 미국의 공작대로 쿠데타가 성공한 후 그는 피노체트의 공보 비서가 되었다.

이들은 인도네시아에서 쿠데타 직후 수하르토Suharto에게 5천여 명의 살생부를 건넨 것과 마찬가지로, 칠레에서도 쿠데타 하루 전날인 1973년 9월 10일, 좌파 지도자 3천 명을 포함하여 학생, 민중 운동가, 소작농 등 총 2만여 명의 살생부를 쿠데타 세력에게 넘겨주었다.[51] 이에 따라 피노

---

51) US National Security archive.

체트 등의 군 지휘부는 쿠데타를 일으킨 후 1주일간 모든 공항과 항만을 봉쇄한 채 말 그대로 킬링필드를 재연했다.

살생부를 근거로 산티아고 국립 경기장에 붙잡혀 온 수만 명의 시민들에게는 각기 노랑·검정·적색 카드 가운데 하나가 부여되었다. 적색 카드를 받은 사람들은 곧바로 처형되고 나머지는 모진 고문을 당하다 죽거나 불구가 되었다. 그리고 죽은 이들의 시신은 인근 하천과 산지는 물론 길거리에까지 버려졌다. 그럼에도 이 사건과 관련하여 미 하원 비공개 청문회에 출석한 당시 CIA 국장 윌리엄 콜비William Colby는 "칠레의 내전을 막기 위해 자행된 대량 학살은 어찌 보면 좋은 것이기도 하다"고 대답했다. 또 1998년 키신저는 "피노체트의 쿠데타는 전체주의로부터 자국을 구한 것이며, 동시에 미국을 적으로부터 구한 것이다"라며 피노체트의 양민 학살을 옹호했다.

쿠데타에 성공한 피노체트는 아옌데 대통령을 비롯하여 쿠데타에 반대한 친 아옌데 인사인 카를로스 프라츠Carlos Prats 장군 부부 등을 살해했다. 뿐만 아니라, 미국과 유럽 등지로 망명한 반체제 인사들까지 미 정보기관의 지원을 받아 추적·살해했다. 아옌데 정부 시절 외무장관을 지낸 오를란도 레텔리에르Orlando Letelier를 1976년 9월, 미 정보기관의 묵인 아래 워싱턴에서 자동차와 함께 폭사시킨 것은 그 대표적 사례다.52)

영국의 「가디언」은 피노체트 군사 정부가 반체제 민간인들을 헬기에 실어 호수·강·바다에 던져 살해했다고 보도했다.53) 또 최근에는 사회 각계 인사들로 구성된 진상 규명 위원회의 보고서를 인용하여, 군사 독재 정부에 의해 처형된 사람 수가 35,000명에 달한다고 보도했다. 한 중립적인 사회단체는 사망 및 실종자 수가 최소한 5만 명이 넘는다고 주장했다.54)

52) US National Security archive.
53) *Guardian*, 2001. 1. 9.
54) *Guardian*, 2004. 11. 15.

한편 BBC 보도에 따르면, 칠레 의과 대학에서 전국 병원을 상대로 고문 피해 환자를 집계한 결과, 약 20만 명의 민간인들이 고문 후유증 때문에 병원 치료를 받은 것으로 나타났다.[55] 아울러 최근 피노체트 군사 정부의 만행을 조사한 한 단체가 현지 라고스 대통령에게 보고한 3권 분량의 진상 조사 자료는 민간인들에게 가해진 온갖 가증스런 고문 수법을 열거했다. 불로 지지기, 집게로 손톱 뽑기, 물 고문, 전기 고문, 소음으로 귀고막 터뜨리기, 성 폭행 등 이는 여러 개도국에서 미 제국의 하수인들이 자행한 잔혹 범죄의 공통적인 유형을 이룬다.

군부 독재가 종식된 이후인 1998년 10월, 피노체트는 신병 치료차 영국으로 건너왔다가 스페인 법원의 공식 요청에 따라 영국 경찰에 체포되었다. 이에 희생자 유족과 시민단체 등은 피노체트의 신병을 스페인에 인도할 것과 피노체트 군사 독재 정부의 민간인 대량 학살 만행에 깊숙이 관여한 당시 미 국무장관 헨리 키신저를 증인으로 출석시킬 것을 요청했다. 그러나 미국의 애완견이라 불리는 영국의 블레어 정부는 자국 법에 저촉된다는 이유를 들어 피노체트를 칠레로 돌려보냈으며, 키신저의 증인 출석 역시 미국 정부가 거절했다.[56]

당시 미 국무장관 올브라이트는, "민주주의로 이행 중인 칠레 같은 나라가 발전하기 위해서는 과거의 인권 유린자에 대한 처벌이 면제되어야 한다"면서 과거 자신들의 충견이었던 피노체트를 석방하도록 영국과 스페인 정부에 압력을 가했다. 그러나 최근 칠레 대법원이 피노체트의 면소권免訴權을 박탈하고 그를 재판에 회부하기로 결정했다고 하니, 그 결과는 두고 볼 일이다.[57]

55) *BBC*, 1999. 6. 26, 1999. 7. 1.
56) *BBC*, 2001. 5. 29.
57) *Reuter*, 2004. 8. 26.

미국의 약소국 지배 전략

비무장 민간인에 대한 학살 행위는 칠레뿐만 아니라, 1975년 10월부터 미군의 주도의 '콘도르 작전'에 포함된 아르헨티나·파라과이·우루과이·브라질 등에서도 자행되었다. 피노체트를 위시한 중남미 독재 군부 지휘관들 대다수는 조지아주 베닝 기지에 소재한 미 군사 학교School of America에서 소위 쿠데타 훈련을 받은 자들로서, 미 남부 사령부US Southern Command에 의해 조직적으로 관리되었다.

1963~1973년에 자행된 칠레 민선 정부에 대한 전복 공작과 고문, 살해 등의 비인도적인 행태를 바탕으로 미국 정부의 약소국 지배 전략을 분석해 보면 몇 가지 공통점을 발견할 수 있다.

첫째, 현지 군부에 다양한 인맥을 구축하거나 이들을 매수하여 필요한 정보를 수집하고, 필요시 이들을 통해 주요 인물을 암살하거나 정부를 전복시킨다. 미군이 합법적으로 주둔하고 있는 국가에서는 친미 군 간부의 인사에 영향력을 행사하여 그들의 앞잡이들을 양성하기도 한다.

둘째, 군 지휘관, 정치인, 언론인, 그리고 두뇌 집단 역할을 담당하는 각종 연구소 연구원이나 학자들을 미국에 유학시켜 미국적 가치에 순응하도록 세뇌 및 포섭한다. 이로써 반미 성향의 정부를 흔들고 대중들이 의식하지 못하는 가운데 친미적인 가치를 선전하도록 한다. 이는 우리의 경우도 마찬가지다. 미국의 지배 논리를 신자유주의와 세계화라는 요설과 궤변으로 포장하여 앵무새처럼 지껄여대는 보수 언론인이나 국책 연구 기관 연구원, 고위 관료, 대학 교수 등이 이에 해당되는 것으로 보인다. 실제 한국의 보수 언론인들이 미 대사관을 통해 미국 고위층에 줄을 대려 했다는 사실은 미 정부 문서를 인용한 KBS의 보도에서 확인된 바 있다.

셋째, 경제 제재나 금융 봉쇄를 통해 특정국의 경제를 마비시키거나, 이로 인해 국민들 스스로 자국 정부를 전복하도록 유도한다. 여기에는 직접적이고 적극적인 경제 파괴 행위뿐만 아니라 세계은행 등과 같은 각종 국제기구를 통한 금융 공작도 포함된다. 이 자금을 미국이 추종 세력들이 독식하도록 도와준 후, 채무 상환 불능을 빌미로 그 나라의 자원을 착취 하거나 속국으로 만든다. 때로는 자국의 투자자나 자산을 보호한다는 명 분으로 약소국을 침공하기도 한다.

4. 니카라과

1812년에 스페인에서 독립한 니카라과 역시 미 제국의 침탈로 엄청난 고통을 겪었다. 1855년 미국인 윌리엄 워커William Walker가 용병을 앞세워 니카라과 대통령을 참칭한 이래, 미국은 자국 해병대를 동원하여 12차례에 걸쳐 니카라과 내정에 간섭했다. 그 후 1912년에는 미국의 허수아비 아돌포 디아즈Adolfo Diaz가 대통령 자리에 앉으면서 미군이 치안을 담당했다. 그리하여 국가의 주권은 미국이 행사하고 국가의 부와 권력은 미국의 충견 노릇을 하는 소수 친미 세력들이 독점하게 되었다. 이에 부정부패와 민생고가 극에 달함에 따라 마침내 민중 혁명이 일어났다.

소모사 정부 비호와 혁명 정부 전복 공작

니카라과의 영웅 세자르 아우구스토 산디노César Augusto Sandino 장군은 미 해병대와 연합한 디아즈 괴뢰 정부와 내전을 벌였다. 그러나 1934년 결국 소모사Somoza 장군에 의해 살해되었다. 이후 니카라과는 소모사 장군에서 그의 장·차남에 이르는 44년(1936~1979년) 동안 암흑기에 들어섰다.

소모사 부자의 가증스런 만행과 천문학적 액수의 부정 축재에 저항한 수많은 민간인들은 살해되거나 실종되었다. 특히 정권 말기에 들어 산디니스타 민족 해방 전선의 세력이 강해지자, 소모사 군대는 어린이·부녀자 할 것 없이 무차별적인 집단 학살을 자행했다.[58] 이유는 간단했다. 산디니스타 반군이 출몰하는 주변 지역에 살고 있으니 같은 산디니스타라는 것이었다. 즉 공비 출몰 지역에 거주하는 주민도 공비와 한통속이라며 무

---

58) *Guardian*, 1996. 11. 19, 2004. 6. 9, 2005. 3. 4.

차별 학살을 자행한 과거 이승만 군대와 다를 바 없었다. 프랭클린 루스벨트는 이러한 살인마를 "개자식이지만 우리들의 개자식"이라고 불렀다. 그 '개자식'을 이어 집권한 아들 소모사도 1946년도 미 육사 졸업생이었다.

1979년, 악명을 떨치던 소모사 정권이 민중 혁명에 의해 붕괴되고 산디니스타 혁명 정부가 출범했다. 사회민주주의를 근간으로 하는 혁명 정부는 반부패 정책과 경제 개발 계획을 통해 단기간에 괄목할 성과를 거두었으며, 장기 발전 계획도 순조롭게 진행되었다. 심지어 세계은행과 미주 개발은행으로부터도 놀랄 만한 업적이라는 평가를 얻을 정도였다. 그러나 니카라과의 개혁 성공에 대해 당시 미 국무장관 조지 슐츠George Shultz는 니카라과 혁명 정부를 가리켜 암적 존재라고 불렀다. 미 상원 의원 앨란 크랜스톤Alan Cranston은 만약 산디니스타 정부를 파멸시키지 못한다면 그들이 썩은 물을 먹게 만들어야 한다면서 산디니스타 정부를 붕괴시키는 데 골몰했다.

사회주의 성공 모델이 남미 전역으로 확산될 것을 우려한 미국은, 소모사 잔당을 중심으로 한 반군을 양성·지원하면서 산디니스타 정부의 파괴와 소모사 정권의 재건을 획책했다. 카터 정부 시절에는 주변국에 대한 압박을 통해 니카라과를 국제 사회에서 고립시키는 한편, 산디니스타 정부에 대한 지원을 중단하도록 세계은행이나 미주 개발은행에게 압력을 가하기도 했다. 그리고 레이건 집권 이후에는 경제 제재와 더불어 노골적이고 잔혹한 유혈 테러를 통해 니카라과 정부를 파괴하기 시작했다.

이란-콘트라 사건

1979년 6월 소모사 독재 정권이 붕괴되자, 미국 정부는 국제 적십자 깃발을 단 수송기를 이용하여 소모사 친위대인 국가 수비대를 국외로 빼돌렸다. 그런 다음 이들을 아르헨티나 미군 기지에 머물게 하면서 살인·고문·파괴 공작 전문가로 훈련시켰다. 이들 반군(Contras)의 임무는 학교, 공공 의료 시설, 농업 기반 시설, 항만 시설 등을 파괴하여 사회주의 경제 체제를 붕괴시키고, 아울러 지식인, 교사, 종교계 인사, 공무원, 좌파 정치인, 민중 지도자 등을 납치·살해하는 것이었다.

물론 반군의 재정은 미국이 총괄적으로 지원했는데, 그 가운데 상당 부분은 반군과 CIA가 개입한 마약 밀매 대금으로 충당되었다. 이 사실은 리처드 루거Richard Lugar 미 상원 의원을 위원장으로 하는 1986년 6월의 특별 조사 위원회를 통해 알려졌다. 그리고 1988년 12월 미 상원 외교 위원회 산하 테러, 마약, 국제 작전 소위원회에 제출된 존 케리John Kerry의 조사 보고서를 통해서도 확인되었다.59) 당시 청문회에 증인으로 참석한 마약 감시국 부국장 데이비드 웨스트레이트David Westrate는 반군들의 비밀 작전에 미 첩보 기관이 관여한 마약 거래 자금이 사용되었음을 시인했다.60) 미 첩보 기관의 이러한 마약 커넥션은 과거 아프가니스탄 반군 지원 및 노리에가Manuel Antonio Noriega 정권과의 관계에서도 이미 알려진 사실이다.

미 행정부가 마약까지 밀매해 가며 반군을 지원해 왔다는 사실이 의회에서 문제가 되자, 레이건 대통령은 공개적인 지원 대신 측근인 올리버 노스Oliver North 중령 등을 통해 소모사 잔당을 은밀히 지원토록 했다. 이것이 바로 사우디 무기 거래상 아드난 카쇼기Adnan Khashoggi를 통해 이라크와 전쟁 중이던 이란에 무기를 밀매하고, 그 대금을 콘트라 반군에 지원한 1986년도의 이란-콘트라 사건이다.61) 당시 미국은 이란에 경제 봉쇄 조치를 내렸을 뿐만 아니라 이란과 전쟁 중인 이라크를 지원하고 있었

59) US Government Printing Office, 「존 케리 조사보고서」, Washington, 1989.
60) *The New York Times*, 1988. 2. 12.
   AP, 1987. 2. 25, 4. 14.
   Washington Post, 1987. 12. 7, 1994. 10. 22.
61) US Government Printing Office, 「존 케리 조사보고서」, Washington, 1989.

음에도 불구하고, 파렴치하게도 노리에가의 적극적인 주선을 통해 이란에 무기를 밀매했던 것이다.

한편 미국뿐만 아니라 이스라엘 역시 소모사 정권과 긴밀한 관계를 유지하며 다량의 무기를 반군에 공급한 것으로 알려졌다. 특히 소모사 정권의 민중 학살이 극에 달한 1978년에는 개인 화기와 더불어 산디니스타 반군 소탕을 위한 공대지 미사일까지 공급했다. 당시 소모사의 국가 수비대 군인들은 이스라엘 무기로 무장하는 것에 그치지 않고 이스라엘 특전대의 녹색 베레모까지 착용했다. 아울러 소모사 작전 사령부에는 이스라엘 폭동 진압 고문 구시 에뮤님Gush Emunim과 이스라엘 무기 공급 고문 데이비드 마커스 카츠David Marcus Katz도 파견되어 있었다.

그 후 니카라과 민중들의 봉기로 인해 소모사 일당이 해외로 도주하자, 이스라엘은 산디니스타 혁명 정부를 붕괴시키려는 미국을 도와 소모사 잔당 반군에게 무기를 공급했다.[62]

1984년 니카라과 정부가 해외 언론에 발표한 자료에 따르면, 1981년 이후 반군에 의해 극악무도한 방법으로 희생된 사람들은 정부 관리를 포함하여 1~2만 명에 달했다.[63] 그러나 혁명 정부의 주장에 따르면, 이 수치는 단기간에 한정된 것으로, 소모사 정권 치하에서부터 반군이 해체될 때까지의 희생자 수를 모두 합할 경우 총 10만 명이 넘는다고 한다.

1972년 니카라과 대지진 당시, 미국 정부는 상당 규모의 재건 위로금을 니카라과 정부에 지원했다(물론 그 돈은 고스란히 소모사 일족의 호주머니로 흘러들었다). 그러나 1988년 니카라과가 허리케인 등의 자연 재해를 겪고 있을 때는 한 푼도 보내지 않았다. 왜냐하면 산디니스타 정권은 미국의 충실한 앞잡이가 아니었기 때문이다. 로널드 레이건은 콘트라 반군을 자

---

62) http//thirdworldtraveller.com
63) *AP*, 1987. 2. 25, 4. 14.
   US National Security archive Re. Contra Gate.
   Washington Post, 2001. 10. 10, 2004. 6. 10.

유의 투사로 치켜세우며 자신들의 건국 선조들과 닮았다고 격찬했다. 물론 양자가 모두 모국을 상대로 테러 행위를 자행했다는 의미에서는 맞는 말이다.

또한 1986년에 유엔이 니카라과에 대한 무력 개입 중단과 배상을 미국에 명령하자, 이에 미국 정부는 국제기구가 스스로 권위를 실추시켰다며 맹렬히 비난하기도 했다.

2004년 11월 럼스펠드 국방장관이 니카라과를 방문한 이유는 무엇일까? 2000년 총선에 이어 2004년 총선에서도 다니엘 오르테가Daniel Ortega가 이끄는 좌파 산디니스타 정권이 들어선 데 대한 경고인가? 부시 정부의 호전적 정책을 비웃기라도 하듯 베네수엘라와 볼리비아 등지에 들어선 개혁 성향 정권들에 대해 또다시 더러운 전쟁을 벌이려는 사전 탐색은 아닌지 의문이다.64)

---

64) *Guardian*, 1996. 11. 19, 2004. 6. 9, 2005. 3. 4.

5. 파나마

파나마는 태평양과 대서양을 잇는 운하 지대에 위치한 인구 250만의 작은 국가이다. 그 지정학적 중요성으로 인해 계속해서 미국의 음모와 공작에 희생되어 왔다.

파나마 운하 점령

스페인으로부터 독립한 후 본래 콜롬비아에 속했던 파나마는, 운하를 필요로 하던 미국에 의해 1903년 콜롬비아로부터 분리 독립되었다. 그리고 1914년 운하가 개통된 이후 오늘날에 이르기까지 파나마 운하 지역은 사실상 미국의 영토로 이용되고 있다. 먼저 깃발을 꽂는 나라가 소유주가 되었던 16세기 식민지 시대도 한참이나 지난 20세기에, 미국은 마치 불량배처럼 '이곳은 내가 좀 써야겠어'라는 말 한마디로 파나마 운하를 손에 넣었던 것이다.[65]

1968년 CIA의 지원 아래 오마르 토리호스Omar Torrijos는 반미 자주를 주창한 아르눌포 아리아스Arnulfo Arias 정부를 전복했다. 그러나 미국의 기대와 달리 빈곤층을 위한 사회 개혁을 단행하는 한편, 파나마 운하의 영유권을 주장했다. 그러자 배신행위나 다름없는 토리호스의 자주 정책에 불만을 품은 미국 정부는, 1969년 12월 파나마군 장교를 앞세워 친미쿠데타 음모를 꾸몄다.

그러나 이 음모는 사전에 적발되어 실패로 돌아갔고, 이후 1977년 미국 정부는 토리호스 대통령과 파나마 운하 협정을 체결했다. 협정의 골자는

---

65) 1903년 미 대통령 시어도어 루스벨트는 군함 내슈빌호를 보내 운하 수비대 지휘관들을 살해하고 이곳을 콜롬비아로부터 강제로 분리시켜 파나마 괴뢰 정부를 세운 후, 조차 형식으로 파나마 운하를 접수했다.

1999년까지 파나마 운하를 파나마 정부에 반환한다는 것이었다. 이에 대해 개신교단을 포함하여 미국 내 보수 우익 세력은 카터 대통령의 결정을 맹비난했다.

미국 현대사에서 보기 드문 평화주의자로 알려진 카터가 재선에 실패하고, 레이건 행정부가 들어선 후인 1981년 7월말 토리호스 대통령은 의문의 비행기 폭발 사고로 사망했다. 사고 원인은 지금까지 공식적으로 밝혀진 바 없다. 그러나 당시의 서방 언론들은 그가 사망하기 두 달 전에 의문의 비행기 폭발 사고로 사망한 에콰도르의 롤도스 대통령과 같은 이유였을 것이라고 보도했다. 토리호스는 파나마 운하에 대한 레이건의 재협상 요구를 거절했을 뿐 아니라, 롤도스처럼 미국의 꼭두각시 노릇을 거부하고 자원 수탈로 나날을 힘겹게 살아가는 제 나라 민중의 편에 서려고 했기 때문이다.

노리에가의 등장과 몰락

토리호스가 사망한 이후 파나마 대통령 자리에 오른 인물은, 1960년대부터 CIA의 비호 아래 국제 마약 거래에 관여한 파나마 수비대의 정보 책임자 마누엘 노리에가 대령이었다. 그는 닉슨 행정부 시절 한때 국제 마약 조직의 큰손으로 분류되어 살생부에 오르기도 했지만, 이후 미 정보기관과 돈독한 유착 관계를 형성해 오고 있었다. 특히 부시 전 대통령이 CIA 국장으로 재직하던 시절 그에게서 정기적으로 뒷돈을 받으며 첩자 노릇을 했는데, 그가 부시에게서 받은 돈은 무려 1,100만 달러에 이른다.

사실 CIA 국장 출신인 부시가 레이건의 러닝메이트로 지명되어 부통령이 될 수 있었던 것은, 당시 마약과의 전쟁을 선포한 미국 정부에서 누구보다도 국제적인 마약 유통 경로를 잘 알고 있었기 때문이다. 이는 물론 국제 마약 조직과 연계된 노리에가의 협조에 힘입은 것이었다. 미국 정부는 노리에가의 제보 덕분에 국제 마약 조직을 적발하여, 이들이 거래하던 마약과 함께 마약 거래 자금까지 압수하는 성과를 거두었다. 따라서 부시가 내통령이 되고 그 아들 역시 대통령이 된 데는 노리에가의 숨은 공(?)이 적지 않았다고 할 수 있다.

노리에가는 이란-콘트라 사건에도 관여했다. 콘트라 반군 지원을 위한 미 정보기관의 마약 밀매에 적극 개입했을 뿐만 아니라, 65만 에이커에 달하는 국립공원 코이바Coiba 섬을 니카라과 반군의 군사 훈련 기지로 제공했다. 아울러 반군과 합세하여 산디니스타 정부를 침공하겠다고 미국에 제안하기도 했다.

이러한 노리에가의 충성(?)에도 불구하고 미 의회는 그에 대한 조사를 요구했다. 그러나 법무장관 에드윈 미스Edwin Meese는 그에 대한 마약 거래 뒷조사를 중단시켰고, 마약 감시국은 1986년 5월 마약 커넥션 정보를 제공한 그의 공로를 격찬하기까지 했다. 또 1987년 8월 미 상원이 노리에가에 대한 비난 결의안을 통과시키자, 국무부 중앙아메리카 담당 책임자 엘리엇 에이브럼스Elliott Abrams는 이에 반대 의사를 표시하면서 노리에가를 옹호했다.

노리에가 축출 논란이 본격화된 것은 오히려 시니어 부시가 집권한 1988년 이후부터였다. 이때부터 노리에가의 운명은 내리막길을 걷기 시작했다. 그렇다면 부시 정부는 왜 노리에가를 축출하기로 결심한 것일까?

1983년 미국이 주도한 더러운 전쟁과 같은 불법 부당한 군사 개입으로 혼란에 빠진 엘살바도르·과테말라·니카라과의 평화를 모색하고자 하는 움직임이 일었다. 콜롬비아·멕시코·베네수엘라·파나마 외상들이 모여 콘타도라 그룹Contadora Group을 결성했던 것이다. 또한 노리에가는 미국의 강압으로 운하에 대한 주권 행사가 쉽지 않을 것을 예견하고, 기존의 운하 대신 연간 수십억 달러의 수입을 올릴 수 있는 제2의 운하 건설을 위해 일본 기업과 협상을 벌였다.

이러한 그의 행보는 미국에 대한 항명과 불충으로 비쳐지기에 충분한 것이었다. 이는 미국이 노리에가를 제거할 결심을 굳히는 계기가 되었다. 이후 미국 정부는 파나마에 대한 원조를 중단하고 노골적인 압박을 가하기 시작했다.66)

국제 마약 조직과 관련된 노리에가의 효용 가치는 이미 소진된 상태였다. 1999년 말로 미국은 운하를 파나마 정부에 반환해야 했다. 특히 노리에가는 파나마 운하 지대에 있는 미 군사 학교의 이전 시한을 15년 연장해달라는 미국의 제안을 거절했다. 암살단을 양성하는 미 군사 학교의 자국 주둔은 치욕이라고까지 말하는 노리에가를 더 이상 그냥 둘 수 없었다. 사실 노리에가의 입장에서도, 비록 자신의 권력을 유지하기 위해 미국의 앞잡이 노릇을 해왔지만, 자국의 이익과 이웃 라틴 아메리카 국가들의 정서를 전혀 무시할 수만은 없는 형편이었다.

이러한 여러 이유로 미국은 노리에가가 자발적으로 하야하도록 압박을 가했다. 그러나 본인의 거부로 일이 여의치 않자 마침내 그를 축출하기 위한 본격적인 공작에 착수했다. 그 공작이란 외교 고립과 경제 봉쇄, 그리고 마지막 수단이 바로 직접적인 군사 작전이었다. 이를 위한 대내외적인 명분을 축적하기 위해 미국 정부와 주류 언론들은 노리에가의 마약 밀매와 자금 세탁, 선거 부정, 인권 탄압 등을 대대적으로 선전하며 그를 괴물 프랑켄슈타인으로 만들어 나갔다.

선거 부정과 인권 탄압 시비

미국과 노리에가가 밀월 관계에 있던 1984년 파나마 대선에서는, 조직적인 선거 부정에도 불구하고 노리에가의 상대측인 바를레타Nicolás Ardito Barletta가 당선되었다. 노리에가는 불법적인 독재 권력을 행사하여

---

66) The Philadelphia Inquirer, 1987. 5. 10.

당선자를 축출하고 자신의 측근인 데바예Eric Arturo Delvalle를 대통령 자리에 앉혔다. 이에 파나마 의회는 노리에가를 국가 수비대 사령관에서 해임하고 새 대통령을 선출했다. 그러나 미국 정부는 합법적인 당선자를 부인하고 노리에가의 하수인을 대통령으로 인정하면서 그의 독재 권력을 옹호했다. 미국의 주류 언론들은 이에 대해 침묵했다.

그러나 1989년 5월의 대선은 정반대였다. 이미 노리에가 제거를 결심한 미국이 1999년 말로 끝나는 파나마 운하 지역 조차권의 연장안을 들고 나온 노리에가의 정적 엔다라 후보에게 CIA를 통해 1천만 달러 이상을 지원하여 그를 당선시켰다.[67]

이에 대해 당시 미 국무장관 제임스 베이커James Baker는 "이러한 비밀 지원은 이웃나라의 선거에 영향을 미치기 위해서라도 반드시 필요한 것이다"며 제국의 오만을 노골적으로 내비쳤다. 이후 미국 정부의 노리에가 제거 작전이 본격적으로 개시되자 주류 언론들은 노리에가의 선거 부정과 부패를 대서특필했다.

미국의 제거 작전이 본격화된 이후 노리에가는 미국의 푸들에서 하루 아침에 중남미의 광견으로 낙인찍힌 것이다. 그러나 1988년 『아메리카 워치America Watch』의 인권 실태 조사 결과에서도 알 수 있듯이, 노리에가 정권의 인권 실태는 과거 토리호스 시절보다 상대적으로 양호했다. 당시 미국의 비호를 받던 도미니카의 트루히요Rafael Trujillo나 니카라과의 소모사, 과테말라의 세레소 아레발로Vinicio Cerezo Arevalo, 칠레의 피노체트, 엘살바도르의 크리스티아니Alfredo Cristiani, 아이티의 뒤발리에François Duvalier 등 미국이 지지한 중남미 독재자들에 비하면 오히려 민주적인 편이라고 할 수 있었다.

또한 필리핀의 마르코스Ferdinand Marcos, 인도네시아의 수하르토, 한국의 이승만·박정희·전두환 같은 아시아 독재자들, 그리고 1970~1980년대

---

67) *San Francisco Examiner*, 1989. 4. 23.

에 미국의 충견 역할을 수행한 이라크의 사담 후세인Saddam Hussein이나 자이르의 모부토Joseph Mobuto 같은 중동·아프리카 독재자들과 견주어 보아도, 노리에가의 인권 침해 사례나 부패 정도는 비교가 되지 않을 정도로 양호했다.

따라서 미국이 노리에가의 인권 탄압에 대해 비난한 것은, 자국에 이익이 될 때에는 독재자나 살인마도 우방 지도자로 칭송하고 비호하지만, 용도 폐기 결정 후에는 천하의 악당으로 몰아세우는 미국의 전형적인 대對 약소국 정책일 뿐이었다.

무력시위와 쿠데타 지원

부시 정부는 1989년 5월 7일 파나마 대선 당시 1,300명이던 파나마 주둔 미군 병력을 선거가 끝나고 불과 이틀 사이에 2천 명 이상 증파함으로써, 노리에가에 대해 군사적인 위협을 가했다.[68] 당시 현지 취재 보도는, 곳곳에서 기동 훈련을 벌이는 미군 장갑차와 요란한 굉음을 내는 전투 헬기 등으로 인해 파나마 시내가 일촉즉발의 긴장감에 휩싸여 있다고 전했다.

그럼에도 이것이 파나마 침공을 위한 1단계 작전이 아니냐는 기자들의 질문에, 부시 대통령은 "전혀 사실이 아니다, 억측에 지나지 않는다"며 부인했다. 그러나 이는 분명, 운하 지역 외에서 일체의 군사 행동을 금한다고 규정한 파나마 운하 사용에 관한 협정을 정면으로 위반하는 폭거였다.

같은 해 10월 초, 이러한 상황에서 미국의 사주를 받은 일부 파나마군 지휘관들이 노리에가 축출을 위한 쿠데타를 일으켰으나 불발로 끝났다. 노리에가 축출에 실패한 부시 대통령은, 1976년 포드 대통령의 명령에 의해 금지된 해외 요인에 대한 암살 공작을 재개하기로 결정했다. 당시 CIA 국장 웹스터에게 노리에가 암살의 전권을 부여함과 동시에 비밀 공작금

---

68) *The New York Times*, 1989. 5. 11, 10. 17.

으로 300만 달러를 배정했다.[69]

파나마 침공과 민간인 학살

1989년 12월 20일 새벽 1시, 미국은 스텔스 폭격기와 함께 15,000여 명의 지상군을 투입하여 파나마 국가 수비대 본부와 파나마 시내 빈민 주거 지역을 대대적으로 공격했다. 폭격을 개시한 후 여러 날 동안 미군 당국은 취재 기자는 물론 적십자 구호 단체의 접근조차 금지시켰다. 미국의 공격으로 죽임을 당한 무고한 파나마 시민들의 시신을 태우거나 파묻으며 그들의 죄악상을 축소·은폐하는 데 몰두했다.

살육광란이 끝난 며칠 후 폐허로 변한 빈민가와 파나마 수비대가 주둔하던 현장을 둘러본 외신들은 마치 작은 히로시마 같다고 전했다.[70] 그러나 대다수 미국 주류 언론들은 침공의 불법성과 수많은 파나마 양민의 희생을 외면한 채, 스텔스기의 정밀 폭격surgical strike을 들먹이거나 파나마의 새로운 민주주의 운운하며 진실을 호도했다. 한국의 여러 언론들도 이를 흉내내며 미국의 어릿광대 노릇을 했다.

1989년 12월 28일, ABC TV 뉴스는 공중 폭격과 지상군의 공격으로 최소한 천 명 이상의 민간인이 사망했다고 보도했다. 그러나 한 중립적인 인권 단체는 민간인 사망자가 최소한 3~5천 명에 이른다고 발표했다. 현지인들은 공습으로 실종되거나 미군에게 강제 연행된 후 행방불명된 주민 수와, 인근에 새로 생긴 공동묘지 수를 감안할 때 1만여 명의 민간인이 희생되었다고 주장했다. 공습 직후 미군은 일방적으로 파나마 전역에 비상계엄을 선포했다. 한편 기예르모 엔다라Guillermo Endara는 그 해 5월 파

---

69) *The New York Times*, 1989. 5. 11, 10. 17.
   AP, 1989. 11. 16.
70) *The New York Times*, 1989. 5. 11, 10. 17.
   Miami Herald, 1989. 12. 22.

나마 의회에서 차기 대통령으로 선출되었으나, 미 정보기관의 하수인이라며 선거의 원인 무효를 주장한 노리에가에 의해 취임하지 못하고 있었다. 이러한 엔다라를 미군 영내로 불러 취임 선서를 시키고 파나마 대통령으로 선포했다.

그들의 하수인을 대통령 자리에 앉힌 미군은, 바티칸 대사관으로 피신한 노리에가를 붙잡아 국제 마약 밀매 등의 혐의로 미국 법정에 세우고 종신형을 선고했다. 물론 이는 전쟁 포로 등의 인도적 처우를 규정한 제네바 협정과 정치적인 이유 등으로 외국의 주권을 침해할 수 없다고 규정한 국제 연합 헌장을 정면으로 부정하는 명백한 불법 행위이다.

미국의 파나마 침공에 대해, 미주 기구Organization of American States 회원국들은 불법 침공을 금지한 미주 기구 헌장을 위반했다며 만장일치(미국 제외)로 비난 결의안을 채택했다. 또 그 해 12월 29일 유엔 총회에서도 미국의 파나마 침공에 대한 규탄 결의안이 75대 20으로 통과되었다.71)

그러나 부시 대통령은 "지지를 보내 준 미 의회와 라틴 아메리카 국가들에게 감사한다"고 말했다(라틴 아메리카의 그 어느 국가도 미국을 지지하지 않았다). "노리에가 한 사람을 잡기 위해 미군을 보내 무고한 파나마 시민을 희생시킬 만한 이유가 있는가?"라는 기자의 질문에 대해서는 "모든 인명은 소중합니다. 그럼에도 그럴 만한 이유가 있는 것입니다"라고 뻔뻔스런 궤변을 늘어놓았다.72)

---

71) *CBS News*, 1989. 12. 29.
72) *New York Times*, 1989. 12. 21, 22.

6. 과테말라

신성 문자와 태양력, 그리고 20진법을 사용한 고대 마야족의 삶터였던 유카탄 반도 서남부의 과테말라는, 1524년부터 300여 년 동안 스페인의 식민 통치를 받아왔다. 그러다가 1821년 9월 멕시코 독립에 자극을 받아 독립을 선언하고, 1847년에 이르러 정식으로 공화국을 수립했다. 그러나 1871년 미국의 지원으로 집권한 바리오스Justo Rufino Barrios 정부의 대미 종속 정책이 미국·스페인 전쟁 이후 점점 더 심화됨에 따라, 과테말라는 사실상 미국 자본에 예속된 식민지가 되었다.

예컨대 1898년 과테말라에 진출한 미국 기업 유나이티드 프루트United Fruit는 바나나 수출을 독점하고 커피와 아카바 농업을 장악했다. 뿐만 아니라 국가 기반 시설의 대부분을 지배함으로써, 과테말라의 생사여탈권을 쥐고 흔들었다. 그로 인해 원주민 인디오들은 비옥한 토질과 풍성한 농작물에도 불구하고 허기를 면할 수 없었고, 다섯 살도 되기 전에 영양 실조와 질병으로 사망하는 어린아이들이 절반 가까이에 이르렀다.

아르벤스 정부 전복 공작

1950년에 당선된 민선 대통령 하코보 아르벤스Jacobo Arbenz는 민중의 절대적인 지지와 개혁 정당의 지원을 업고 주요 산업의 국유화와 농지 개혁에 착수했다. 여기에는 물론 유나이티드 프루트의 보유지 약 50만 에이커도 예외가 아니었다. 아울러 아르벤스는 경제 개발 5개년 계획을 수립하고 도로·항만·발전소 등의 국가 기간 시설 구축에 착수했다.

아르벤스 정부는 비록 사회주의 정책을 견지했으나, 그렇다고 소련의 사주를 받아 미국을 적대시하는 공산주의 정부는 아니었다. 당시 과테말라와 소련 사이에는 어떠한 공식적 외교 관계도 존재하지 않았다. 그러나 미국 정부는 아르벤스 정부를 좌익으로 규정하여 이를 전복하고, 개혁 정책을 지지한 민간인들을 학살했다. 왜냐하면 과테말라의 민주화란 곧 미국 정부의 폭압에 대한 저항이었고, 과테말라의 경제 발전이란 곧 미국 기업의 수탈과 착취에 대한 거부였기 때문이다.

아르벤스 정부 전복 공작은 1952년 트루먼 대통령이 '피비 포춘Pb Fortune' 이라는 비밀 작전을 승인함으로써 시작되었다. 1953년 8월 후임 아이젠하워 대통령이 작전명을 '피비 석세스Pb Success'로 변경하고 270만 달러의 특별 예산을 배정하면서 본격화되었다.[73]

우선 정부 전복에 장애가 되는 세력들을 미리 제거하기 위해 아르벤스 대통령 측근 70여 명이 살해되었다. 그런 상황에서 아르마스Carlos Castillo Armas 대령이 니카라과 독재자 소모사의 직접적인 지원 아래 아르벤스를 축출하고 권력을 잡았다. 권력을 장악한 아르마스는 국회를 해산하고 반공법을 제정하여, 아르벤스에 동조하는 양심 세력과 가난한 민중들을 공산주의자로 몰아 처형했다. 그리고 아르벤스 정부가 국유화한 유나이티드 프루트의 농장을 되돌려주고, 경제 개발 계획도 백지화했다.

그러나 아르마스는 집권한 지 반년 만에 또 다른 과테말라 우익 군부에 의해 피살되었고, 새로 권력을 잡은 군사 정부의 민간인 학살은 더욱더 무자비해졌다. 1950년부터 1980년 중반까지 약 30년간 미국의 비호 아래 자행된 과테말라 군부의 야만적인 고문과 학살은 20만 명에 달하는 무고한 양민의 목숨을 앗아갔다.[74]

1996년 유엔의 지원으로 9,200명의 증인을 상대로 실시한 진상 조사에 따르면, 피해자 가운데 좌익 혁명에 가담한 자들은 단 3%뿐이었고, 나머지 97%는 좌익과 무관한 산간 지대 마야족 원주민이었다.

---

73) National Security Archive Re. Dirty War on Guatemala.
74) *The New York Times*, 1997. 5. 20, 5. 31, 1999. 2. 26.
   Canada CBC News, 1998. 4. 19.

민간인 학살

  그동안 미국 정부는 과테말라 양민 학살 개입 사실에 대해 침묵을 지켜
왔다. 그러나 1997년 5월 과테말라에 대한 비밀 작전Snow job 문건들이 공
개됨으로써 입증되었다.[75] 아르벤스 정부의 전복과 요인 암살 등을 상술
하고 있는 이 문서와 관련 보도들을 보면 미국의 추악상을 쉽게 알 수 있
다. 미국의 앞잡이인 이디고라스 후엔테스에 의한 폭정과 부패가 지속되
자, 1962년 3월 학생 등 수 천 명의 군중이 거리로 나왔다. 대미 종속적인
경제 구조와 조직적인 부패로 인한 민생 경제 파탄, 그리고 인권 유린을
비판하며 군부 독재의 타도를 외쳤다.

  이를 진압하기 위해 미국 정부는 남미계 미군을 지휘관으로 하는 현지
군인 혼성 부대를 편성하여 과테말라 양민 학살 현장에 투입했다. 이 군
인들은 중남미 출신 충견을 훈련시키는 파나마의 포트 굴리크 소재 미 육
군 학교와 조지아주 포트 베닝 소재 미국 학교에서 게릴라 훈련, 시위 진
압, 고문, 살육 교육을 받은 자들이었다. 미군은 이를 반게릴라 훈련, 혹은
고문 예방 교육이라고 불렀다. 남미계 미군을 투입한 것은 과테말라 민중
의 대미 적대감을 피해 보려는 위장 전술임은 물론이다.

  과테말라 양민 학살 사건은, 자신의 지배하에 있는 속국들의 민주화나
민족주의 지향을 결코 용납하지 않는다는 미국의 기본 원칙을 재차 확인
시켜 주는 사례라고 할 수 있다. 당시 자행된 양민 학살 범죄는 내전이
끝난 1996년 미 의회와 국제 사면 위원회 등의 조사에 의해 세상에 널리
알려지게 되었다.

  1994년 6월에는 노르웨이 오슬로에 과테말라 국민들의 인권 실태를 조
사하기 위한 역사 규명 위원회가 설립되어, 우익 군부의 양민 학살 실태
를 조사한 바 있다. 아울러 제니퍼 허버리라는 미국 여인도, 과테말라에서

---

75) *The New York Times*, 1997. 5. 20, 5. 31, 1999. 2. 26.

미국이 주도한 더러운 전쟁을 세상에 알리는 데 크게 일조했다.[76] 그녀는 2002년에 공개된 정부 자료를 통해, 1960년대 과테말라에서 실종된 남편이 현지인을 돕다가 미 정보기관의 현지 정보원에 의해 살해되었다는 사실을 확인했다. 이에 국가를 상대로 소송을 제기했던 것이다.

미군의 지휘 아래에 있던 군부와 경찰, 그리고 우익 조직의 만행이 실제로 어떠했는가? 이는 1992년 노벨 평화상을 받은 리고베르타 멘추 툼 Rigoberta Menchu Tum의 가족 수난사에서도 잘 나타난다. 1979년 12월, 그녀의 가족을 포함하여 경작할 땅을 빼앗긴 마야족 부락 사람들이 투쟁에 나섰다. 그러자 군인들은 그녀와 동네 사람들이 지켜보는 앞에서 그녀의 남동생 등을 마을 앞 광장으로 끌고 나와 무수히 구타한 다음, 석유를 뿌려 산 채로 불에 태워 죽였다. 또 그녀의 어머니는 정부군에 의해 윤간당한 뒤 밀림에 버려졌다. 부족장이던 그녀의 아버지도 1980년 1월 정부군에 의해 생화장되었다.

아르벤스 정부가 전복된 이후, 과테말라에서는 한 해가 멀다하고 정변과 쿠데타가 끊이지 않았다. 그리하여 사회는 극도의 혼란 상태에 빠졌고, 마침내 군사 주권뿐만 아니라 국내 치안마저 미군이 직접 담당하는 지경에 이르렀다. 여기에는 과테말라 지배 계층의 근본적인 딜레마가 자리하고 있었다.

권력을 잡기 위해 미국의 충견 노릇을 하다 보면 민중의 소요와 게릴라의 저항으로 혼란이 야기된다. 반면 사회를 안정시키고 국익과 민생을 챙기다 보면 미국에 의해 권좌에서 축출될 수밖에 없었던 것이다.

---

76) *Guardian*, 2002. 3. 21.

7. 아르헨티나

중남미 국가들 가운데 브라질 다음으로 광활한 면적을 지닌 아르헨티나 역시, 오랜 세월 동안 미국에 정치적으로 종속되면서 자원을 수탈당해 왔다. 이로 인해 국가 경제는 황폐해지고 국민의 삶은 빈곤의 굴레에서 벗어나지 못하고 있다.

페론 정부 전복 공작

1946년 대통령에 당선된 후안 페론Juan Peron은 이러한 종속 구조를 개선하기 위해, 부당하고 불공정한 방법으로 자국의 자원을 착취하는 외국 자본을 추방하고 중요 산업을 국유화하는 자주·자립 정책을 펴기 시작했다. 그러나 1955년 미국 정부의 지원을 받은 우익 군부가 쿠데타를 일으킴으로써 페론은 국외로 추방되고, 개혁 정책도 중단되었다.

이후 페론은 우익 군부의 학정에 못 이긴 국민 대다수의 열망을 업고 약 20년 만에 귀국하여 재집권했으나 그 이듬해인 1974년에 사망하고, 그의 뒤를 이어 영부인 에바 페론이 남편의 정책을 받들어 대통령직을 이었다. 그러나 에바 페론 정부는 결국 1976년 3월 미국의 지원과 비호를 받은 비델라Jorge Videla 장군의 군사 쿠데타에 의해 전복되었다.

비델라는 중남미 쿠데타 양성소로 악명 높은 미 군사 학교에서 학살과 고문 등에 관한 전문 교육을 받은 군인이었다. 인권 유린과 민간인 학살의 원흉들인 파나마의 노리에가, 페루의 벨라스코 알바라도Juan Velasco Alvarado, 에콰도르의 로드리게스, 볼리비아의 수아에르 장군를 비롯하여, 중남미의 더러운 전쟁에서 앞장서서 활동한 지휘관 대부분이 이 학교 출신들이다.

1996년 미 국방성은 이 학교의 교육 과정을 공개하라는 미국 사회의 압력에 굴복하여 일부 훈련 교본을 공개했다. 예상대로 고전적인 의미의 군사 지식이나 군사 훈련보다는 민중 통제 방법과 잔혹한 고문 수법, 그리고 증거 인멸 및 조작 방법 등, 교육의 대부분이 쿠데타와 민간인 탄압에 필요한 내용들이었다.

1976년에 쿠데타로 집권한 군사 정권은 1983년에 민선 정부가 들어서기까지 8년 동안 페론주의자, 노조 지도자, 인권 운동가, 의사, 과학자를 비롯하여 최소 3만 명 이상의 민간인을 잔혹하게 고문·살해했다.[77] 최근 공개된 당시의 비밀 문건들은 이러한 만행이 미국 정부의 지원과 비호 하에 이루어진 것임을 분명하게 밝혀주고 있다.

민간인 학살 지원과 비호

1976년 6월 6일 아르헨티나 산티아고를 방문한 키신저 미 국무장관은 아르헨티나 외무장관 가체티Gazetti로부터 양민 학살에 대한 미국의 협조와 양해를 요청받자, "우리의 기본적인 입장은 당신들의 정책이 성공하기를 바라는 것"이라면서 "빨리 정상으로 돌아가기를 바란다. (…) 성공을 빈다"라고 말했다.

그리고 같은 해 10월 7일 미국을 방문한 가체티를 다시 만난 자리에서, 키신저는 "나는 친구의 일이라면 반드시 도와주어야 한다고 생각하는 사람이다. 미국인들이 미처 이해하지 못하는 것은 당신들이 내전을 치르고 있다는 점이다. 우리도 당신네 나라의 인권 문제를 알고 있다. 그러나 그 것은 중요한 문제가 아니니, 가급적 빨리 처리하는 것이 좋겠다"라고 말함으로써 아르헨티나 군부의 양민 학살에 대한 미국 정부의 지지를 재확

---

77) *BBC News*, 2002. 8. 21, 2003. 3. 25, 2003. 6. 11, 2005. 1. 14.
   AP, 2005. 1. 15.
   Miami Herald, 2003. 12. 4.

인해 주었다.[78]

민간인 학살 본부는 부에노스아이레스 인근 마요 군부대(Campo de Mayo 내에 위치한 캄피토El Campito였으며, 이곳의 책임자는 리베로스 Santiago Omar Riveros 대령이었다. 그는 후일 CIA의 지휘 아래 콘트라 반군에 합류한 것으로 확인되었다.[79]

이곳에 잡혀온 민간인들은 심하게 얻어맞거나 머리 뒤에서 총을 맞고 죽었으며, 일부는 진정제 주사를 맞은 후 비행기에서 바다로 던져졌는데, 바다에 던져질 때는 쉽게 상어 밥이 되도록 배를 가르기도 했다.[80] 또 임산부는 출산 후 살해되는 것이 보통이었으나, 일부는 아기와 함께 비행기에서 바다로 던져지기도 했다. 이 밖에도 남자의 생식기를 잘라 입에 물리는가 하면 여자의 자궁을 도려내 얼굴에 덮어씌우는 등, 그 고문과 학살 방법은 이루 표현하기 힘들 정도로 끔찍했다. 이러한 사실은 군부 학살의 진상을 조사하던 변호사 협회가 당시 이곳 경비병으로 일했던 카라발로Caraballo 하사의 증언을 통해 밝혀낸 것이다.

지난 2002년 아르헨티나 법원은 7년간 계속된 우익 군부의 민간인 학살과 관련하여, 군사 쿠데타를 주도한 비델라 장군과 마세라Emilio Massera 제독에게 고문 및 학살 등의 죄명으로 종신형을 선고했다. 이들의 지시에 따라 임산부의 배를 갈라 죽이는 등의 잔혹 행위를 자행한 갈티에리Leopoldo Galtieri 장군 등 40여 명의 군 지휘관도 체포하여 재판에 회부했다.

---

78) *Miami Herald*, 2003. 12. 4.

US National Security Archive Re. Memorandum of Conversation 1977.

79) *Guardian*, 2003. 8. 18.

80) *AP*, 2005. 1. 15.

Miami Herald, 2003. 12. 4.

8. 브라질

브라질은 세계에서 다섯 번째로 큰 영토와 풍부한 천연자원을 가진 나라다. 최근에는 이를 바탕으로 러시아·인도·중국과 더불어 가장 큰 성장 잠재력을 지닌 브릭스BRICs로 평가받고 있다. 그러나 브라질 역시 민선 정부의 의욕적인 사회 개혁과 국가 자본 축적 시도가 친미 군부 쿠데타와 군사 독재로 인해 번번이 좌절되면서, 1900년대 초반부터 1980년대 중반에 이르기까지 혼란을 거듭해 왔다.

1960년대 초, 골라트João Goulart 대통령은 미 제국에 기생하여 권력을 유지하는 것을 포기하고 중도 노선을 취했다. 안으로는 사회 개혁과 기간산업 국유화 그리고 식민 잔재 청산을 단행하고, 밖으로는 사회주의 국가들과 외교 관계를 개설하고 쿠바에 대한 미국의 제재를 반대하는 노선이었다. 그러자 이를 용납할 수 없었던 미국은 골라트 정부를 전복하기 위한 공작에 착수했다. 브라질 합참 의장인 브랑코Humberto Castello Branco 장군에게 쿠데타에 필요한 자금·무기·연료 등의 주요 전략 물자를 비밀리에 지원했다.

이러한 사실은 당시 브라질 주재 미국 대사였던 링컨 고든Lincoln Gordon이 존슨 대통령, 러스크 국무장관, 맥나마라 국방장관, 맥콘 CIA 국장 등과 주고받은 비밀 전문들(2004년 3월에 공개)을 통해 밝혀졌다. 쿠데타 실행이 임박하자 존슨 대통령은 "골라트 정부를 전복하기 위해 우리가 취할 수 있는 모든 조처를 취해야 한다"고 명령한 것으로 확인되었다.[81]

결국 골라트 대통령은 1964년 4월 미국의 지원을 받은 군부 쿠데타에 의해 축출되었다. 그 후 15년 동안 브라질은 고문과 학살을 자행한 우익 군부의 폭압적인 독재 체제 아래에서 신음해야 했다. 이들 우익 군부는

---

81) US National Security archive.

비판적인 언론인과 정치인들뿐만 아니라 군부 독재에 항거하는 학생들과 민간인, 그리고 과거 골라트 대통령의 개혁·자주 정책에 동조한 사회단체 가담자들에게도 공산주의자라는 누명을 씌워 처벌했다.

개혁과 자주 노선을 표방한 현 룰라Luiz Inacio Lula da Silva 대통령은, 1960~1980년대에 자행된 친미 군부 집단의 민간인 탄압 실상을 조사하여 공개하라고 지시했다. 이에 대해 우익 군부가 불쾌감을 표시하자, 군대의 독재적 발상을 비난하면서 국방장관을 해임하기까지 했다.82) 그러나 칠레나 아르헨티나와는 달리, 브라질에서는 아직까지 군부의 민간인 학살에 대한 조사와 처벌이 가시화되지 않고 있다.

---

82) *Reuter*, 2004. 12. 7.

9. 콜롬비아

남아메리카 대륙 북서부 끝에 위치한 콜롬비아는 서쪽으로 태평양, 북쪽으로 카리브 해에 접해 있다. 인구는 약 4,200만 명이고, 그 가운데 3분의 2 정도가 메스티소mestizo(원주민 인디언과 백인 혼혈)이다. 16세기 중반부터 스페인의 식민 통치를 받았고, 라틴 아메리카의 민족 해방 영웅 시몬 볼리바르Simón Bolívar의 주도하에 독립 투쟁을 벌인 결과, 19세기 초에 이르러 베네수엘라·에콰도르와 함께 독립했다.

그러나 민족 해방 투쟁의 과실은 과거 스페인 식민 지배 권력에 기생하며 부와 권력을 축적하는 기득권층에게 돌아갔다. 그 배후에는 이들을 비호하면서 자국의 이익을 도모하는 미국이 자리하고 있었다. 운하 지역인 파나마가 콜롬비아로부터 분리된 것도, 미국과 콜롬비아 보수 기득권 사이의 이러한 야합에서 비롯된 결과였다.

제2차 대전 이후 미국의 반공 이데올로기에 기생하며 독재 권력을 휘둘러 온 기득권층을 대변하는 보수당과, 자주적이고 민주적인 정책에 기초한 개혁적인 자유당은, 한때 충돌을 빚으면서 내전 상태에까지 이르렀으나, 내전은 곧 종식되고 이후 양측이 번갈아 집권하면서 표면적인 공조를 유지했다.

이렇듯 과거 식민 통치 시기부터 현재에 이르기까지, 외세와 결탁한 반민족적 기득권층에 대한 심판과 단죄가 이루어지지 못함으로써, 콜롬비아 역시 이웃 중남미 국가들처럼 풍부한 농산물과 지하자원에도 불구하고, 부의 대부분이 극소수 기득권층에 집중되면서 대다수 민중은 빈곤에 시달려 왔다.

국제 사면 위원회와 반전 인권 단체들은, 마약과의 전쟁이라는 미명 아래 1986~1995년에 미국의 개입과 지원 속에 자행된 콜롬비아 정부의 국가 폭력으로 실종·살해된 민간인 희생자가 7만여 명에 달한다고 발표했다. 그러면서 희생자들 대다수가 마야 거레와 무관한 인권 운동가나 개혁주의자, 교사, 종교계 인사, 그리고 노동자와 농민 지도자 등 비무장 애국시민들이었다고 밝혔다.[83]

희생자들의 면면에서 알 수 있듯이, 미국 정부가 콜롬비아를 무력 지원한 것은 부당한 사회 현실에 저항하는 민중을 탄압하고 석유 자원을 착취하기 위해서였다. 실제로 미국 정부는 마약 재배 근절을 내세워 맹독성 발암 물질인 다이옥신이 다량 함유된 화학 물질과 함께 진균까지 살포하며, 유전 지대 부근 농토를 불모지로 만들고 농민들을 내쫓았다.[84]

그러나 1988년 11월, 플로리다 로더데일Lauderdale 기지에 착륙한 콜롬비아 군수송기와 1996년 미국에 도착한 콜롬비아 대통령 전용기에 다량의 마약이 실려 있다는 것이 확인되었다. 사실상 마약계의 큰 손들은 미국 정부의 군사적 지원을 받으며 마약과의 전쟁을 수행한 콜롬비아 지배계층이었다. 그럼에도 2000년 7월, 클린턴 행정부는 마약과의 전쟁을 명분으로 이들에게 30여 대의 블랙호크 헬기를 비롯한 각종 공격용 무기를 제공했으며, 합동 군사 훈련까지 실시했다.

또한 미국은 미 군사 학교에서 실시하는 콜롬비아군 지휘관 교육 비용 등으로 2001년부터 2년에 걸쳐 14억 달러 상당의 군사 원조를 제공했으며, 최근까지 콜롬비아에 지원한 돈은 무려 30억 달러에 이른다.[85] 이는 1990년대 이전에 비해 대폭 증액된 것으로, 미국에서 군사 원조를 받는 나라 가운데 이스라엘과 이집트 다음으로 큰 규모다. 아울러 2004년 11월 24일 콜롬비아를 방문한 부시 대통령은, "2000년에 조인된 양국 협정에 따라 지금까지 30억 달러 상당의 군사 원조를 실시했고 (…) 이 협정이 끝

83) *Reuters*, 2000. 3. 20, 8. 16, 8. 19.
   Guardian, 2001. 5. 22.
   National Security archive.
84) *Guardian*, 2001. 5. 22.
85) http//sf.indymedia.org. Counter Punch, 2003. 9. 4.

나는 2005년 말 이후로는 보다 많은 군사 원조를 하겠다"는 내용의 콜롬비아 지원 계획을 밝혔다.[86]

그렇다면 미국은 왜 이토록 엄청난 물자와 돈을 이곳에 쏟아 붓는 것일까? 미국의 일곱 번째 원유 공급국인 콜롬비아에 지속적인 지배권을 행사하려면 자국의 자원을 지키려는 민중의 저항을 억압해야 하기 때문이다.

미국의 군사 지원이 증가함에 따라 국가 폭력에 의한 사망·실종자 수도 급증하고 있으며, 국제 사면 위원회를 비롯한 여러 인권 단체들은 콜롬비아를 현재 라틴 아메리카에서 인권 상황이 가장 심각한 국가로 꼽고 있다. 이러한 상황은 최근 공개된 CIA 비밀 문건에서도 확인된다.[87]

---

86) *Reuters*, 2000. 3. 20, 8. 16, 8. 19.
87) National Security archive Re. Paramilitaries Gaining Strength 1997.

10. 엘살바도르

엘살바도르 역시 1970년대부터 1990년대 초반까지 미국이 주도한 더러운 전쟁으로 엄청난 고통을 겪었다. 이 기간 동안 미국의 재정적·군사적 지원을 업은 엘살바도르 군부와 경찰에 의해 학살된 민간인(소작농 조합원, 지조 자립 협회 회원, 사회 개혁주의자 등) 수는 최소 7만 5천 명이 넘는 것으로 알려졌다.

1980년 2월 오스카 로메로 주교는 미국 대통령 카터에게 보내는 서한을 통해, 엘살바도르 군사 정부에 대한 미국의 군사 지원이 국민 탄압과 민주주의 파괴에 사용되고 있으니 즉시 중단하라고 촉구했다. 그러자 엘살바도르 군부는 그로부터 불과 몇 주일 후인 3월 7일, 로메로 주교뿐만 아니라 심지어 주교 사택에서 일하던 가정부와 가정부의 어린 딸까지 살해했다. 이 사건 이후 군부와 비밀경찰의 학살은 더욱더 잔인해졌다. 리오 숨풀Rio Sumpul 지역에서는 온두라스군과 연합한 살바도르군에 의해 600여 명의 민간인이 학살되었고, 엘 모조테 마을에서도 800여 명의 마을 주민이 군부에 의해 집단 학살당했다.[88]

지난 2002년 플로리다 주법원에서는 피해자 가족의 고소에 따라, 과거 엘살바도르에서 민간인 고문과 학살을 지시한 두 전직 장성에 대한 재판이 열렸다. 이를 계기로 과거 엘살바도르에서 자행된 극악한 고문 및 살해 수법(여자의 자궁을 도려내거나, 부모가 보는 앞에서 아이의 목을 베는 등)이 밝혀졌다.[89] 또 이러한 비인도적인 폭력이 CIA의 적극적인 개입 아래 조직적으로 자행되었다는 사실이 언론을 통해 보도되었다.[90]

---

88) *Independent*, 2004. 10. 6.
89) William Blum, *Killing Hope, US. Military and CIA Interventions Since World War II*, Common Courage Press, 2003.
90) *Guardian*, 1999. 3. 13.
   BBC News, 2002. 7. 24.

2004년 10월 TV 대담에 출연한 미국 부통령 딕 체니Dick Cheney는 미군에 의한 아프간 민간인 피해를 묻는 기자의 질문에, "20여 년 전에 엘살바도르에서 유사한 상황에 처했을 때 우리가 7만 5천여 명의 살바도르 인민을 죽인 것은 자유를 위한 것이었다. (…) 이는 아프간과 이라크에도 적용될 수 있을 것"이라고 답하면서, 미군이 엘살바도르 양민 학살에 개입했음을 시인했다.91)

---

91) *Independent TV Internet*, 2004. 10. 6.

11. 베네수엘라

카리브 연안에 위치한 베네수엘라는 상당량의 석유 자원을 보유한 산유국으로서, 미국의 석유 수입량 가운데 약 14%를 공급한다. 2차 대전 직후까지 미국의 비호를 받는 군벌 통치 하에서 석유 자원은 미국의 차지였다. 1948년에 처음으로 민선 대통령이 선출되어 자원 민족주의를 주창했으나 우익 군부 쿠데타로 인해 채 1년을 넘기지 못하고 실각했다.

미국의 군사 지원으로 권력은 페레스 히메네스Marcos Pérez Jiménez 독재 정권(1952~1958년)에게 넘어갔다. 그는 국가 치안대를 조직하여 공포 정치를 실시하는 한편, 무려 80만 헥타르의 토지에 대한 석유 채굴권을 미국 석유 회사에 넘겨주었다. 이 매국 행위에 저항한 수많은 양심적 지식인과 노조 운동가, 그리고 시민 단체 등에 대해서는 고문과 학살로 일관했다.

현재는 1998년에 이어 2002년에도 국민들의 절대적 지지로 당선된 자주 노선의 우고 차베스Hugo Chavez 대통령이 집권하고 있다. 2002년 그가 재집권하자 우익 군부가 그를 불법 감금한 후 군사 반란을 시도했다. 심지어 대자본가들조차 시장 폐쇄까지 단행하며 사회 혼란을 부추기고 정부 전복에 몰두했다.92) 그럼에도 국민들의 절대적인 지지로 군사 반란을 막아내고 사회 개혁에 속도를 내자, 2004년에는 차베스 대통령 탄핵안이 국민 투표에 부쳐졌다. 국민들의 전폭적인 성원으로 인해 부결되자 이제 미국이 직접 나서서 그에 대한 신변 위협을 가하고 있다.

지난해에 유엔 총회 개막 연설을 취소한 것도 미 첩보 기관의 암살 계획에 관한 정보를 입수했기 때문이었다. 차베스 대통령과 국방장관은 최근 한 공식 기자 회견을 통해, 미국의 직접적인 영향 아래 있는 콜롬비아

---

92) *Observer*, 2002. 4. 21.

접경 지대에 미국의 비호를 받는 무장 게릴라들의 은둔지가 조성되어 유사시 콜롬비아 내전을 유발시킬 준비를 갖추고 있다고 밝혔다.

이에 대해 물론 콜롬비아 정부와 미국 정부는 사실 무근이라며 부인하고 있다. 그러나 미 남부 사령관 제임스 힐James Hill 장군이 최근의 공개 브리핑을 통해 "현재 베네수엘라는 남미 지역에서 미국의 이익을 위협하고 있다"고 언급했다. 그리고 미국 개신교의 대표적 지도자 팻 로버트슨 Pat Robertson 목사는 2005년 8월 22일 한 TV 프로그램에 출연하여 차베스 대통령을 암살하기 위해 미 특수 부대를 파견해야 한다고 말했다. 이러한 점으로 미루어볼 때, 차베스 대통령에 대한 미국 정부의 암살 음모설이 단지 베네수엘라 정부의 정치 선전만은 아님을 알 수 있다.[93]

특히 미국이 이라크에서 소기의 침공 목표를 달성하면 그 다음 침공 목표 가운데 영순위는 베네수엘라가 될 수도 있을 것이다. 이는 두 말할 나위도 없이 중남미 국가들의 자주 노선을 용납할 수 없다는 미국의 기본 정책에서 기인하는 것이다. 아울러 다시 일기 시작한 라틴 아메리카 국가들의 자주화 움직임을 차단하고 나아가 베네수엘라의 석유 자원을 독식하려는 그들의 탐욕에서 비롯하는 것이다.

---

93) *AP*, 2002. 12. 21, 2005. 8. 24.
   USA Today, 2005. 8. 22.

12. 볼리비아

안데스 산맥 동쪽에 위치한 볼리비아는 오랫동안 스페인의 지배를 받으면서 은을 비롯한 주요 천연자원을 착취당했다. 스페인이 물러간 19세기 후반에는, 영국과 미국의 이해관계 충돌로 빚어진 칠레와의 전쟁에서 패함으로써 태평양 연안의 해안 지대를 빼앗기고 내륙 국가가 되었다.

인구 약 9백만 명의 볼리비아는 그 후에는 북동부의 고무 재배 단지를 브라질에 빼앗겼다. 또 미국 정부의 지원을 받은 파라과이와 전쟁을 치르는 가운데 5만여 명의 인명과 국토의 절반을 잃고서 척박한 산간 내륙으로 내몰렸다. 그리고 그나마 남아 있던 남동부 유전 지대도 20세기 초반부터 미국 기업인 스탠더드 오일의 차지가 되었다. 남미에서 두 번째로 많은 천연가스와 세계 굴지의 주석 생산국임에도 중남미에서 가장 빈곤한 국가로 머물러 있다.

이러한 와중에 1952년 민중 혁명이 일어났다. 대다수 국민의 지지를 얻은 혁명 세력들은, 친미 군부 정권을 몰아내고 파스 에스텐소로Victor Paz Estenssoro 대통령의 주도 아래, 과감한 토지 개혁과 주요 광산의 국유화, 그리고 농촌 지역의 균형 발전을 꾀함으로써 괄목할 만한 국가 발전을 이룩해 나갔다.

그러나 이러한 개혁 정책은 1960년대부터 중남미 전역을 휩쓴 더러운 전쟁으로 인해 좌절되었다. 파스 에스텐소로 정부는 결국 1964년 미국의 지원을 업은 친미 군부 쿠데타에 의해 무너졌다. 그리하여 볼리비아는 다른 중남미 국가들과 마찬가지로, 부당한 기득권을 지키려는 친미 주구세력과 개혁 세력의 충돌에서 빚어지는 숱한 군사 정변을 겪으며 또다시 혼란 상태에 빠져들었다.

20여 년 동안 지속된 이러한 군사 정변과 사회 불안 속에서 볼리비아의 민중들은 우익 군부에 의해 무참히 고문당하고 학살당했다. 이유는 간단했다. 미 제국과 그들에 기생하는 수구 기득권층에 저항하거나, 그러한 저항으로 희생된 자들에게 동정을 표했기 때문이다.

이후 더러운 전쟁의 광풍이 가라앉자, 볼리비아는 마침내 선거를 통해 군사 정부를 몰아내고, 군부에 의해 축출되었던 파스 에스텐소로를 다시 대통령에 복귀시켰다. 그러나 또다시 친미 우익 세력인 메사(Carlos Mesa)에게 정권이 넘어감으로서 최근까지도 정치적 소요가 계속되고 있다.

이로 인해 2005년 6월 메사 대통령이 중도 사임하고 대법원장 로드리게스를 임시 대통령으로 선임한 후, 총선을 실시하여 제2의 체 게바라로 불리는 진보 성향의 지도자 모랄레스 Evo Morales를 차기 대통령으로 선출했다. 천연가스 등 주요 산업의 국유화를 공약으로 내건 그의 반미 자주 행보가 미국과의 이해 충돌을 어떻게 극복할 것인가가 세계의 관심사이다.94)

특히 볼리비아는 행동하는 양심 체 게바라가 군사 독재 정권의 횡포 아래 신음하던 민중의 편에서 싸우기 위해 입국했다가 1967년 현지 군인들에 의해 체포되어 살해된 곳이기도 하다.

부유한 삶이 보장된 의사직과 쿠바 건국의 영웅자리 조차 마다하고, 미 제국의 탐욕에서 비롯한 압제와 불공평으로부터 인류를 해방시키기 위해 온몸을 바친 영웅이 바로 체 게바라였다. 당시 체 게바라의 죽음에 대해 프랑스 철학자 사르트르는 "우리 세기에서 가장 성숙한 인간"이라고 극찬했으며, 또한 당시 프랑스의 사회당 총재(후일 대통령이 됨) 프랑수아 미테랑도 "최근에 가장 충격적인 일이 무엇이냐?"고 묻는 기자들의 질문에 대해 "체 게바라의 죽음"이라고 대답했다.

94) *BBC News*, 2005. 12. 20.

13. 기타 중남미 국가들

아이티는 카리브 해에 위치한 인구 80만의 작은 나라로, 원주민 인디언들은 스페인 정복자들에 의해 전멸했으며, 지금은 아프리카에서 붙잡혀 온 흑인 노예의 후손들이 살고 있다. 20세기 초에 자행된 미 해병의 불법 침공과 야만적인 민중 학살 이후, 아이티는 미국의 괴뢰 뒤발리에 부자가 30여 년 지배하는 동안 독재와 부패로 인해 황폐화되었다.

카리브 해 연안에 위치한 푸에르토리코는 제주도 면적의 다섯 배가 조금 넘는 군도로 이루어져 있으며, 인구는 약 400만이다. 콜럼버스 일행이 상륙하기 전까지만 해도 이곳에서 삶터를 꾸렸던 타이노족 원주민들은 스페인 식민 지배 400년 동안 자행된 온갖 수탈과 인종 말살로 인해 거의 멸종되었다. 현재는 아프리카에서 붙잡혀 온 흑인 노예들의 후손과 혼혈 종족들이 그 자리를 대신하고 있다.

푸에르토리코는 스페인을 내쫓고 종주국의 자리를 차지한 미국으로부터 독립하기 위해 1950년 트루먼 대통령 암살을 시도하는 등 치열한 독립 운동을 벌였으나, 결국 같은 해 괌과 함께 미국의 자치령으로 선포되었다. 그리하여 이곳 주민들은 괌 주민들과 마찬가지로 선거권과 피선거권이 없는 식민지 백성으로 전락하고 말았다.

또한 인구가 10만에 불과한 작고 가난한 나라 그라나다조차도 미국의 폭력에서 자유로울 수는 없었다. 1978년 모리스 주교가 주도한 사회 개혁 혁명이 성공을 거둔 이후, 1983년 10월 레이건은 군대를 파견하여 500여 명의 주민을 살상하고 반미 성향의 정권을 전복했다.

이처럼 미국은 21세기에 들어선 오늘날까지도 유일하게 식민지를 보유하고 있다. 또 반군을 지원하여 민선 정부를 전복시키고 괴뢰 정부를 수립한 후, 그들이 자행하는 양민 학살·고문·강간·방화 등의 반인권적이고 비인도적인 만행들을 비호해 왔다. 그러한 사례들은 앞서 언급한 국가들 외에도 에콰도르·우루과이·파라과이·온두라스를 비롯하여 중남미 전 지역에서 찾아볼 수 있다.95)

1950~1980년대 사이에 미국이 중남미에서 주도한 소위 '더러운 전쟁Dirty War'은 실로 인간이기를 포기한 야수들의 광란이었다. 물론 그러한 만행은 중남미뿐만 아니라 아시아와 아프리카 지역, 심지어 그들과 피부색이 같은 그리스 등 유럽에서도 자행되었다. 그리고 그 가운데 가장 큰 피해를 본 곳 가운데 하나는, 민간인과 군인을 포함하여 500여 만 명의 동족이 희생되고 국토마저 분단된 바로 우리 한반도다.

지금까지 언급한 사건들 외에 아메리카 대륙에서 미국이 직접 침공한 몇 가지 사례를 연대별로 정리해 보자. 캐나다를 빼앗기 위해 영국과의 전쟁(1812~1815년), 쿠바·푸에르토리코·산토도밍고 침공(1819~1825년), 아르헨티나 침공(1833, 1852~1853, 1890년), 브라질 침공(1894년), 온두라스 침공(1910~1911, 1919년), 코스타리카 침공(1919년), 파라과이 침공(1958~1959년) 등이 있다.

럼스펠드 국방장관은 최근 중남미 국가들 사이에서 일고 있는 대미 종속 탈피 움직임에 쐐기를 박기 위해 국제 테러리즘 대비를 명분으로 미주 국가간 다국적군 창설을 제안했다. 그러나 역내 국가들의 반대로 뜻을 이루지 못했다. 테러리스트의 후예이자 국제 사회의 테러를 주도한 미국이 테러 대책 운운한다는 것은 그야말로 아이러니가 아닐 수 없다.

---

95) 미국의 자원 착취에 대항해 석유 자원 보호와 민생 경제 안정을 강력히 추진했던 에콰도르의 하이메 롤도스 대통령은 1981년 5월 24일 의문의 비행기 폭발 사고로 사망했다. 이 역시 두 달 뒤에 사망한 파나마의 트리호스 대통령처럼 미 정보기관의 소행이라는 것이 현지 언론들과 미국 내 양심적인 지식인들의 주장이다.

제4장
역사상 가장 추악한 전쟁
(중동 · 아프리카)

1. 아프가니스탄

황금을 약탈하기 위해 아메리카 대륙에 침입한 콜럼버스를 선조로 기리고 있는 나라가 미국이다. 미국이 중동, 아프리카 지역 국가들을 침탈하게 된 동기 역시 검은 황금Black Gold이라고 불리는 석유 자원 탈취에 있다. 이를 위해 미국은 2차 대전이 끝난 직후 영국 등 유럽 국가들로부터 이 지역에 대한 지배권을 양수했다. 1953년부터 시작한 이란의 모사데크 정부 전복을 비롯하여 2003년의 이라크 무력 점령에 이르기까지, 이들 지역에 대한 수많은 침공과 내전을 조장해왔다. 그 가운데 하나가 바로 9.11 폭파 사건을 빌미로 시작한 아프가니스탄 침공이다.

이란 고원 북동부에 위치한 아프가니스탄은 북쪽으로 소련, 동쪽으로 인도, 서쪽으로 이란, 남쪽으로 파키스탄에 접해 있는 전략적 요충지이다. 이 때문에 기원전부터 현대에 이르기까지 페르시아와 인도, 그리고 유럽 및 아랍 국가들로부터 무수한 침공을 받아왔다. 19세기에는 두 차례에 걸쳐 인도와 전쟁을 치르면서 민생이 피폐되었고, 전쟁에 패하는 바람에 영토의 일부까지 인도에 빼앗긴 채, 1905년에는 영국의 식민지가 되었다.

그 후 1919년, 아프가니스탄은 제3차 아프가니스탄 전쟁을 통해 영국으로부터 독립을 쟁취하여, 입헌 군주제를 실시하고 현대화를 추진했으나 동서 양대 진영에서 부추긴 종파·종족 분쟁으로 인해 정변이 끊이지 않았다.

미국이 유발한 아프간 내전

1973년 7월 일단의 군부 세력이 쿠데타를 일으켜 왕정을 폐지하고 공화제를 수립한 뒤로도 극도의 혼란과 내분이 거듭되었다. 아민 부통령은 다시 쿠데타를 일으켜 친소적인 타라키 대통령을 살해하고 권력을 장악한 다음, 개혁을 추진했다. 그러나 미국의 지원을 받은 무자헤딘 반군의 무장 소요로 인해 정국은 여전히 불안한 상태였다.

이에 아민 대통령은 소련에 파병을 요청했는데, 처음부터 파병을 망설이던 소련 군대가 아프간에 진주하자 미국은 무자헤딘 반군을 내세워 소련과의 전쟁을 개시했다. 당시 미국은 소련이 무력으로 아프간을 강점했다고 비난했으나, 반군의 무장 소요를 지원하고 아프간 정부로 하여금 소련군을 끌어들이도록 유도한 것은 바로 미국이었다.

카터 대통령의 안보 보좌관이었던 브레진스키Zbigniew Brezezinski는 1997년 6월 CNN에 출연하여, 당시 미국의 CIA와 영국의 MI6이 파키스탄의 첩보 기관을 통해 파키스탄과 아프간에 산재한 무자헤딘에게 자금과 무기를 공급하며 의도적으로 소련의 개입을 유도했다고 주장했다. 또한 미국이 베트남에서 고전했듯이 소련도 아프간에서 가능한 한 오랫동안 고통을 당하게 하는 것이 미국의 전략이었다면서, 미국이 부패한 아프간 군대나 체코로부터 밀수한 소련제 무기를 무자헤딘에 공급함으로써 자신들의 지원 사실을 은폐하려 했다고 고백했다.96)

결국 아민 정권은 소련의 지원을 받은 카르말 일파에 의해 축출되고, 이후 추진된 사회 개혁은 후임 나지블라 정권에서도 꾸준히 지속되었다. 그러나 미국은 아프간의 평화와 발전을 용납하지 않았다. 미국의 지원을 받은 무자헤딘은 관공서와 교육·의료 시설을 파괴하고 의사와 교사들을 살해함으로써, 사회를 극도의 혼란과 무질서로 몰아넣고 민생을 파괴했다. 그런데 당시 레이건 대통령은 이들을 자유의 투사로 극찬하면서 지원을 아끼지 않았으며, 심지어 마약 밀매까지 도와주었다.97)

---

96) *CNN News*, 1997. 6. 13, 2002. 8. 3, 2002. 8. 29.
97) *Minneapolis Star Tribune*, 2001. 9. 30.
　　Atlantic Monthly, 1996. 5.

9·11 음모론과 아프간 침공

당시 미국의 지원 아래 소련군을 패퇴시키고 나지블라 정권을 전복하기 위한 테러 및 파괴 공작을 수행했던 사람이 바로 오사마 빈 라덴이다. 이 때문에 9·11 이후 그가 미국 네오콘의 공범자라는 소문이 나돌았던 것이다. 특히 9·11 사건이 아프간 침공의 빌미가 되었다는 점을 볼 때, 과연 미국이 빈 라덴을 못 잡는 것인지 안 잡는 것인지에 대한 논란이 억측이 아님을 알 수 있다.

부시 정부는 과연 자신들의 말대로 9·11에 관한 사전 정보를 실수로 소홀히 한 것인가, 아니면 진주만 공습의 경우처럼 소위 테러와의 전쟁을 구실로 아프간 등을 침공하기 위해 의도적으로 이를 묵인한 것인가? 그도 아니면, 쿠바 침공의 명분을 얻기 위해 자국 도시까지 공습하려 했던 노드우드North Wood 작전을 비로소 실행에 옮긴 것인가?

이에 대한 답을 찾기 위해서는 9·11 사건과 관련된 정치·경제·군사적 배경을 살펴보아야 할 것이나, 여기서는 9·11 사건과 빈 라덴, 그리고 부시 정부의 관계를 해외 언론 보도를 중심으로 간략히 추려보겠다.

첫째, 무자헤딘은 미국이 키운 괴물임에 틀림없다. 파키스탄의 부토 대통령은 1980년대 말 조지 부시를 만난 자리에서, "미국이 무자헤딘을 프랑켄슈타인으로 만들고 있다"고 말했다.[98] 또 1988년에 무자헤딘의 핵심 그룹으로 설립된 알 카에다의 파키스탄 국제 신용 상업 은행BCCI 계좌를 추적한 파키스탄 정보기관ISI 등의 분석에 따르면, 알 카에다의 활동 자금은 주로 마약 거래와 무기 밀매 수익으로 충당되어 왔으며, 때로는 CIA로부터 직접 지원받았다는 것이다.[99]

둘째, 빈 라덴 집안과 부시 집안은 유착 관계를 형성해 오고 있다. 빈

---

98) *Newsweek*, 2001. 9. 24.
99) *AP*, 2003. 2. 19.
    LA Times, 2002. 1. 20.

라덴 집안은 1970년대 부시 집안이 고향 텍사스에 설립한 석유 회사 아르부스토Arbusto와 직접적인 관계를 맺어왔다. 이후 이 회사는 부시 집안의 정치적 배경과 빈 라덴 집안의 사우디 내 영향력에 힘입어 칼라일Carlyle 그룹으로 발전했다. 두 집안이 각각 절반의 지분권을 행사하는 칼라일 그룹은 석유 등의 국제적 이권에 개입하는 다국적 기업으로 이미 한국에서도 활동하고 있다. 임원 가운데에는 전 필리핀 대통령 라모스Fidel Ramos를 비롯하여 박정희 정권 시절 정·재계 실세였던 박모 씨도 포함되어 있다. 두 집안의 이러한 유착 관계는, 9·11 당일 오전 아버지 부시가 워싱턴 리츠칼튼 호텔에서 빈 라덴의 친동생 사피크 빈 라덴Shafig Bin Laden과 함께 있었다는 점, 그리고 사건 직후 전 공항이 폐쇄된 상황에서 미국 정부가 빈 라덴 동생 일행의 이륙을 특별히 주선해 주었다는 점에서도 확실히 입증된다.100)

셋째, 미 정보기관은 9·11 이전부터 빈 라덴 체포를 고의적으로 기피했다. 미국은 1998년 8월에 발생한 케냐 나이로비와 탄자니아 다레스살람 주재 미 대사관 폭탄 테러 사건의 배후 인물로 빈 라덴을 지목했다. 그러나 그를 제거한다는 명분으로 취한 행동은, 가난한 아프리카인들에게 항생제 등의 약품을 공급하는 수단의 알쉬파Al-Shifa 제약 회사를 무고하게 폭격하는 것이었다. 더구나 이는 빈 라덴의 신병을 인도하겠다는 수단 정부의 제안을 무시한 채 이루어졌다. 아프간 침공 직전 빈 라덴의 신병을 인도하겠다던 탈레반 정부의 제안을 무시한 것도 마찬가지였다. 이렇듯 빈 라덴의 신병 확보를 방기한 정황들은 여러 서방 언론을 통해서도 보도된 바 있다.101)

넷째, 미국은 9·11 테러에 관한 정보를 사전에 알고 있었다. 무바라크 이집트 대통령은 사건 발생 12일 전에 9·11 테러 음모를 미국 정부에 제

100) *Asia Times*, 2004. 4. 8.
101) *Reuters*, 2004. 6. 6.
　　New York Observer, 2004. 3. 11.

보했으며, 무타와킬Wakil Ahmad Muttawakil 전 탈레반 외무장관 역시 사건 발생 며칠 전에 이를 미국 정부에 경고했다. 또한 영국의 MI6와 이스라엘의 모사드, 파키스탄의 ISI, 그리고 이란의 사바크 등에서도 알 카에다의 테러 공격 음모를 미국 정부에 사전 경고한 것으로 알려졌다.102) 더구나 프랑스의 유력 일간지 「르 피가로」는 9·11 테러 발생 넉 달 전인 2001년 7월, 두바이 걸프 종합 병원에서 치료 중이던 빈 라덴에게 CIA 요원이 찾아와 대화를 나누고 돌아갔다고 주장했다.

다섯째, 9·11 테러 2~3일 전 무역 센터 남관 상층부에서는 이틀간이나 이례적인 내부 수리가 이루어졌다. 당시 뉴욕 소방관 루이 칵치올리Louie Cacchioli는 무역 센터 건물이 내부 폭발에 의해 순식간에 잿더미로 변한 것이라고 강력히 주장했다. 또한 뷰로Andreas Von Buelaw 전 독일 국방장관은 공개적인 TV 프로에 출연하여, 무역 센터 건물이 테러리스트들의 자살 공격조가 아니라 원격 조정에 의해 폭파되었다고 주장했다.103) 아울러 미국이 지목한 자살 공격조 19명 가운데 한 사람으로 발표된 모하메드 아타의 아버지는 자신의 아들이 모로코에 살고 있다고 주장했다. 또한 당시 사고기에 탑승한 승객과 가족 사이의 휴대 전화 통화 사실도 신뢰할 수 없다고 주장했다. 왜냐하면 당시로서는 높은 고도와 지상의 휴대 전화 통화가 기술적으로 불가능했기 때문이다. 따라서 대내외적인 전쟁 지지 여론을 조성하기 위한 미국 정부의 조작이었다는 주장이 제기되는 것이다.

여하튼 2001년 9월 11일 뉴욕의 무역 센터 빌딩이 폭파되자, 미국은 마치 알고 있었다는 듯이 빈 라덴을 주범으로 지목했다. 또 그를 체포한다는 명분으로 자신들의 지원 아래 세워진 아프가니스탄의 탈레반 정부를 전복했다. 미·영 연합군은 2001년 10월 7일부터, 마치 미국의 재고 폭탄을 모두 처리하려는 듯이, 도시와 산간 할 것 없이 지역에 따라 적게는 천 파운드에서 많게는 수만 파운드의 폭탄을 무차별적으로 투하했다. 그리

---

102) *Guardian*, 2004. 1. 24.
103) *San Francisco Indymedia*, 2004. 4. 23.

하여 군사 시설은 물론이고, 테러는커녕 스스로를 방어할 힘조차 없는 민간인 마을과 학교, 병원, 그리고 국제 적십자사 구호소까지 잿더미로 만들었다.

예컨대, 아프간 침공 직후인 10월 16일 카불 시내에 위치한 국제 적십자사 구호소를 두 차례나 폭격했으며, 와지르 아크바한Wazir Akbarhan 병원에도 폭격을 가해 입원 중인 어린이 환자를 비롯하여 수백 명의 민간인을 살상했다. 또한 미군의 치부를 비판하는 알 자지라 방송국 카불 스튜디오에도 폭격을 가했다. 아울러 잘랄라바드의 술탄 푸르 사원에도 폭탄을 투하하여 예배 중이던 신도들을 살상했다. 이는 모두 우연한 실수가 아니라 의도적으로 자행된 정밀 폭격이었다.104) 게다가 폭격이 시작되던 당일, 미국 정부는 아프간 피폭 현장을 담은 위성 사진이 유포되는 것을 막기 위해 위성 정보를 취급하는 민간 업체들로부터 배포권을 사들이는 치밀함까지 보였다.

미군은 국제 협정에 의해 사용이 금지된 클러스터 폭탄을 투하하여 연속적으로 많은 민간인들이 살상되도록 했다. 이러한 무차별 살상에 대한 기자의 질문에 익명을 요구한 한 국방성 관리는 "우리는 그들(민간인)에게 죽으라고 그런 것이다"라고 솔직히 털어놓음으로써 의도적인 폭격 사실을 확인해 주었다.105)

이를 감추기 위한 미국의 위선은 클러스터 폭탄 투하와 함께 식량과 의약품도 함께 투하한 데서도 잘 들어나고 있다. 병 주고 약주는 식의 위선적 행태에 대해 국제 의료 구호 단체인 국경없는 의사회에서는 "의사의 처방도 없이 치료제를 남용케 하는 것은 증세를 더욱 악화시키는 결과를 낳는다"며 미국의 위선을 맹비난했다.

그리고 아프가니스탄 포로에 대한 고문과 학살 역시 공공연히 자행되었다. 2001년 12월에는 금속제 컨테이너 박스 속에 갇혀 있던 탈레반 포

---

104) *Wall Street Journal*, 2001. 11. 22.
105) *Sydney Morning Herald*, 2001. 11. 3.

로 약 3천 명이 집단 학살된 것으로 언론에 보도되었다. 유럽과 쿠바의 관타나모에 있는 캠프 엑스레이X-Ray 등 비밀 구금 시설에서도 이들 포로에 대한 고문과 살상이 공공연히 자행되었다. 미 국방성도 일부 시인한 미군의 가혹 행위로 인한 포로의 사망 사실은 전쟁 포로에 관한 국제 협약을 위반한 명백한 전쟁 범죄임에는 틀림이 없다. 그러나 누가 이들 미·영 연합군의 불법 행위를 처벌할 수 있을 것인가?

미국의 아프간 침공 이후 최근까지 발생한 사망자 집계는 각 언론사마다 상당한 차이를 보인다. 「가디언」의 조나단 스틸Jonathan Steele 기자는 최저 20,000명에서 최대 49,600명에 달한다고 주장한다. 또 유엔 구호 기관에서는 난민 수만 해도 100만을 헤아리며, 당장 아사지경에 이른 주민 수는 150만 명이 넘는 것으로 추산하고 있다.

이에 대해 미국의 주류 언론들은 아프간 내전 당시 사망자 수(100만)에 비해 경미한 수준이라면서, 미국의 작전을 통해 오히려 아프간의 평화와 발전이 앞당겨졌다고 주장했다. 그러나 각 정파 및 종파 간 이해 충돌을 부추기며 아프간 내전을 지원해온 당사자가 누구인가를 짚어보면, 이러한 주장이 얼마나 궤변인가를 알 수 있다.

석유 자원 탈취 전쟁

아프가니스탄은 연간 국민 소득이 200달러도 되지 않는 극빈국이며, 오염된 식수 때문에 유아의 30퍼센트 이상이 사망할 만큼 생활환경이 열악하다. 그럼에도 미국은 이곳에서 10년간의 내전을 촉발했는가 하면, 9·11 사건과 관련되었다는 구체적인 증거도 없이 이곳을 침공했다. 도대체 왜? 그것은 아프가니스탄에 매장된 석유와 천연가스 때문이다. 무엇보다도 타지키스탄·우즈베키스탄·트루크메니스탄·아제르바이잔 등지에서 생산한 원유와 천연가스의 수송로를 확보하기 위해서이다. 부수적으로는 러시아의 목을 조일 수 있다는 군사적 이점 때문이다.

1998년 2월 12일 유노칼Unocal(딕 체니 부통령을 비롯한 부시 정부 실세들이 과거부터 관여한 회사로, 석유 등의 국제적인 이권을 다룬다) 부사장 마레스카John Maresca는 미 하원 국제 관계 위원회에 출석하여, "아프가니스탄에는 최소 236조 입방피트의 천연가스와 2천억 배럴 이상의 원유가 매장되어 있다"고 증언했다.106) 이는 이미 클린턴 정부 시절 CIA 비밀 전담반에서 파악하고 있던 내용이었다. 또 이를 위한 군사 전략도 이미 9·11 이전부터 마련되어 있었다.

미국이 9·11 테러 이전부터 아프가니스탄과 이라크를 침공하기로 결정하고 있었다는 해외 언론 보도를 통해서도 알 수 있듯이, 미·영 연합군이 이라크를 침공한 궁극적인 목표는 석유 자원 탈취와 이를 통한 돈벌이였다. 이는 이라크를 비롯한 대부분의 산유국들이 사실상 미국의 지배하에 놓인 이후 국제 유가가 폭등했다는 사실에서 다시 한 번 입증된다.

---

106) *Time*, 1998. 5. 7.

2. 이 란

고대 페르시아 제국으로 명성을 날린 이란은 그리스·터키·몽고 등의
지배를 받았으며, 19세기에는 영국과 러시아의 세력 다툼에 휘말리기도
했다. 1921년에는 카자크 병단 대장 레자 샤Reza Shah가 영국의 비호 아래
군사 반란을 일으켜 팔레비 왕조를 세움으로써 영국의 지배를 받았으며,
이후로는 영국의 지배에서 벗어나기 위해 독일과도 긴밀한 관계를 구축
했다. 이러한 사정으로 인해 2차 대전이 시작되자 영국과 독일뿐만 아니
라 소련과 미국 군대까지 개입한 석유 이권의 각축장이 되었다. 이들 열
강들로부터 이란을 지키기 위해 중립을 선언한 레자 샤는 CIA와 결탁한
그의 아들 팔레비Mohammad Palavi에 의해 제거되었다.

독재 왕정 비호와 모사데크 축출

모사데크Mohammad Mosaddeq는 레자 샤 아래서 법무장관, 재무장관, 외무
장관 등을 두루 거치며 개혁 정당과 국민들의 전폭적인 지지를 얻어 총리에
올랐다. 그는 국가 자본 형성과 국민 경제 발전을 위해 석유 산업 등 주요
기간산업을 국유화하는 조치를 단행했다. 그러자 그동안 외세의 비호를
받으며 독재 왕정을 강화한 팔레비는 모사데크를 해임하고 그 자리에 첩
보 부대 사령관 자헤디 장군을 앉혔다. 이에 개혁 정당과 국민들이 강력
히 저항하자 불과 사흘 만에 모사데크를 복직시켰다.

이러한 일련의 사태를 관망하던 영국과 미국은 이란의 석유 이권을 다
시 찾을 목적으로 모사데크 축출을 위한 음모를 구체화해 나갔다. 아이젠
하워 대통령의 지시에 따라 CIA가 수행한 아작스Ajax 작전의 핵심은, 모
사데크를 축출하고 왕권을 강화하기 위해 과거 나치 비밀 부대원이었던

자헤디 장군으로 하여금 친위 쿠데타를 일으키도록 하는 것이었다. 그리고 작전 책임자는 프랭클린 루스벨트의 조카인 커밋 루스벨트였다.[107]

CIA의 공작으로 모사데크를 제거한 팔레비는 사우디나 요르단 국왕과 마찬가지로 왕권을 유지하기 위해 대미 종속 체제를 강화했다. 모사데크가 추진한 석유 산업 국유화 등의 개혁 정책을 백지화하고 미국과 영국에 각각 40퍼센트의 석유 산업 지분을 넘겨주었다. 이어 1959년 미국과 방위 조약을 체결한 후, 팔레비 왕조의 체제 안보는 미국에 의존하게 되었다. 1979년 호메이니Ruhollah Khomeini의 민중 혁명으로 쫓겨나기까지 25년 동안 가혹한 독재와 집권층의 탐욕으로 이란의 경제는 황폐화되었다. 이는 세계 5대 산유국에 속하면서도 최빈국 신세에서 벗어나지 못한다는 사실로 단적으로 알 수 있다.

미국과 이스라엘의 지도 아래 1959년에 설립된 비밀 정보기관 사바크는 가혹한 반체제 인사 탄압과 공포 정치로 세계적인 악명을 떨쳤다. 이란의 인권 실태를 조사한 1976년도 국제 사면 위원회 보고서는 이란을 "사형 비율이 세계에서 가장 높으며, 상상을 초월하는 고문이 자행되는 국가"로 규정했다. 이는 당시 미 상원 의원이었던 허버트 험프리의 다음과 같은 언급에서도 적절히 지적된 바 있다. "이란의 군 수뇌부가 우리에게 무슨 말을 했는지 아십니까? 그는 미국의 군사 원조 덕분에 군이 튼튼하게 유지되고 있으며 시민들을 잘 제압할 수 있다고 하더군요. 이란 군대는 외적과 싸우려고 있는 것이 아니라 자기 국민과 싸우기 위해 존재하는 것입니다."

이렇듯 미·영의 충직한 앞잡이 노릇을 하면서 자국민을 상대로 학정과 부패를 자행한 팔레비 왕조는 1979년 2월 호메이니가 이끄는 민중 혁명에 의해 붕괴되었다. 이로써 이란에 대한 미국과 영국의 지배권도 상실되었다. 당시 이란 주재 미국 대사 설리번William Sullivan은 미군을 파병하여

---

107) US National Security archive Re. US Polish Regarding the Present Situation in Iran 1953.

팔레비의 권좌를 보호해야 한다고 강력히 요청했다. 에너지장관 제임스 슐레징거 역시 석유 지배권 확보를 위해서라도 이란에 대한 무력 개입이 필요하다고 역설했다. 그러나 인권을 강조한 카터 대통령은 후임이 누가 되든 사(팔레비 왕)는 권좌에서 떠나야 한다며 이란에 대한 무력 침공을 허락하지 않았다.

대신 미국은 이란의 민중 혁명 기운이 주변 이슬람 국가로 확산되는 것을 차단하기 위해 군부의 친미 쿠데타를 유도하기로 결정했다. 팔레비 왕조 붕괴 이듬해인 1980년 7월 브레진스키 국무장관을 요르단으로 파견하여 후세인 국왕과의 비밀 회담에서 이를 구체화했다. 그러나 미국의 이 쿠데타 공작은 소련 첩보 기관을 통해 호메이니 혁명 정부에 미리 알려짐으로써 실패로 끝나게 되었다.

이란-이라크 전쟁의 본질

이에 미국은 전략을 바꾸어 이라크의 사담 후세인을 적극 지원하면서 이란과의 전쟁을 부추겼는데, 그 결과가 바로 이란-이라크 전쟁이다.

전쟁의 표면적인 원인은 양국의 이해가 얽힌 샤트 알아랍Shatt al-Arab 수로의 영유권(영국이 일방적으로 이라크에 유리하게 설정해 둔 것임) 분쟁이었다. 그러나 그 밑바탕에는 호메이니 혁명 정부를 붕괴시키고 이슬람 양대 종파인 수니파와 시아파의 내분을 통해 이슬람 세력을 약화시키려는 미국의 음모가 자리하고 있었다. 아울러 이란과 이라크를 동시에 약화시켜 두 나라 모두 미 제국의 패권 질서에 순응하도록 만들겠다는 계산과 전쟁 물자를 팔려는 군산 복합체의 추악한 욕심도 중요한 요인으로 작용했다. 심지어 미국은 이라크를 지원하는 한편 이란에도 무기를 밀매했다. 1987년 3월 이란-콘트라 게이트로 세상에 알려진 미국 정부의 이 비열한 행위는 제국주의의 추악성을 새삼 확인시켜 주는 것이었다.

1980년 9월 이라크의 침공으로 시작되어 1988년 8월 유엔의 중재로 종전될 때까지, 양국의 산업 시설은 거의 초토화되었으며 대외 부채도 엄청나게 불어났다. 또 인명 손실은 양측 모두 합쳐 200~300만 명에 이르렀으며, 이라크가 사용한 생화학 무기로 인해 이란 군인 1만여 명과 살포 지역 부근에 거주하던 민간인들이 떼죽음당하기도 했다. 그리고 전쟁 기간 동안 요르단·사우디아라비아·아랍에메리트·쿠웨이트 같은 소위 친미 국가들은 미·영·불·독 등의 서방 국가들과 마찬가지로 이라크를 지원했다. 반면 시리아·리비아나 통일 이전의 남예멘 같은 반미 성향의 국가들은 이란을 지원했다. 그 결과, 미국의 의도대로 이슬람권의 분열이 가속화되었다.

미군의 민항기 격추

1988년 7월 3일, 성조기를 게양한 이라크 선박을 호위하던 미 순양함 빈센스Vincennes호는, 이란 영해인 페르시아만 상공을 비행 중이던 이란 민항기(이란 항공 655편 에어버스)를 향해 미사일 두 발을 발사하여 어린이 66명을 포함하여 탑승객 290여 명 전원을 살상했다. 이에 국제 사회의 비난 여론이 들끓자, 미국 정부는 민항기를 미그 25기로 오인했다는 황당한 변명을 늘어놓았다. 전투기와 민항기를 식별하지 못한 미 함정의 실수라는 것이었다. 설령 전투기였다 하더라도 미국이 이란에 선전포고를 하지 않고 이란 영해를 침범하여 공격을 가했다는 것은 엄연한 국제법 위반 행위이자 테러 행위였다. 하물며 최첨단의 미 함정이 웬만한 망원경으로도 식별 가능한 미그기와 민항기를 구분하지 못해 오발 사고를 일으켰다는 변명을 믿을 사람은 아무도 없을 것이다. 이어 미국 정부는 유감을 표명하며 희생자 유족과 슬픔을 함께하겠다고 말했지만, 다른 한편으로는 빈센스호 함장에게 두 개의 무공 훈장을 수여하는 양면적인 태도를 보였다.

레이건의 후임으로 대통령이 된 부시는 한 공개석상에서, "나는 절대로 사과하지 않을 것이며, 사건의 내막에 대해서는 관심도 없다"라고 말하기도 했다.[108] 이후 클린턴 정부 시절인 1993년 미 연방 대법원은 이란인 피해자 유족들이 제기한 손해 배상 청구 소송을 기각했으며, 또한 2003년 11월 국제 사법 재판소가 미 해군의 민항기 격추 사건에 대해 불법적인 범죄 행위라고 최종 판결했음에도 불구하고, 미국은 지금껏 보상은커녕 희생자 가족과 이란 정부에 대해 아무런 성의도 보이지 않고 있다.

그것도 모자라 현 부시 대통령은 이란을 이라크 다음의 공격 목표로 정해 놓고 시빗거리 조작에 골몰하고 있다. 미국이 내세우는 표면적인 이유는 이란이 핵무기를 개발하고 있다는 것이다. 그렇다면 미국의 직접적인 지원 아래 엄청난 양의 핵무기를 보유하고 있는 이스라엘은 어찌해야 하며, 또한 미국의 충직한 우방(?)인 파키스탄이나 인도는 어찌해야 하는가?

미국이 이란을 침공하려는 것은, 입바른 소리하는 이란 같은 국가에 재갈을 물리고 나아가 이란의 석유를 자신들의 통제 아래 두기 위해서일 뿐이다.

---

108) *ABC News*, 1992. 7. 1.

3. 이라크

메소포타미아 문명의 중심지였던 이라크는 7세기 중반 아라비아 반도에 출현한 이슬람교의 영향권에 들어간 이후, 11세기 중반부터 몽골 등의 지배를 받았으며, 16세기 초반부터 20세기 초반까지는 오스만투르크의 식민 통치 아래에 있었다. 또 제1차 세계 대전 직후에는 영국의 지배를 받기 시작했는데, 1922년 12월에는 쿠웨이트가 이라크로부터 분리되었다. 석유 자원은 영국·프랑스·네덜란드·미국이 각각 23.5%씩 차지하고 나머지 6%만 이라크의 몫으로 남겨졌다.

그 후 1958년 7월, 국민들의 지지에 힘입어 군주제를 타도하고 공화정을 수립한 카심Abdul Karim Kassem 장군은, 서구 제국들과 체결한 불공정한 석유 자원 협정을 무효화하고 정당한 대가를 지불하는 공정한 협정을 요구했다. 그러자 미국과 영국은 불공정한 계약을 개선하기는커녕 오히려 쿠르드족을 이용하여 카심 혁명 정부를 전복하려고 시도했다. 이러한 사실은 이듬해 4월 미 의회에서 이루어진 CIA 국장 덜레스의 진술에서도 확인된다. 그러나 쿠르드족의 무장 소요에도 불구하고 카심 정권은 국민적 지지를 바탕으로 국정을 안정적으로 운영해 나갔으며, 과거 영국이 강제 분리시킨 쿠웨이트에 대한 영유권도 주장했다.

1963년 2월 카심 대통령은 프랑스 「르 몽드」와의 회견에서, "만약 내가 쿠웨이트 영유권 주장 등에 대한 종래의 태도를 바꾸지 않는다면 재미없다는 식의 협박성 메시지를 미국 정부로부터 받았다"고 폭로했다. 그리고 불과 1주일도 지나지 않아 카심 대통령은 우익 군부 쿠데타에 의해 권좌에서 축출된 후 곧바로 처형되었다. 미·영 양국의 비호 아래 쿠데타에 성공한 군사 정부는 쿠웨이트의 주권을 인정하며 안정을 찾으려고 했으나, 이에 분개한 민중 소요와 잦은 군사 정변, 그리고 쿠르드족 문제 등으로 인해 1968년까지 정국은 혼미를 거듭했다.

미국이 지원한 아란-이라크 전쟁

1968년 미국의 지원 아래 청년 장교단의 일원으로 쿠데타를 성공시킨 사담 후세인은, 이후 혁명 평의회 부의장을 거쳐 1979년 대통령 자리에 올랐다. 집권 이듬해인 1980년부터 만 8년간 이란과 전쟁을 벌이면서 미국의 기대에 충실히 부응했다. 앞서 서술한 바와 같이, 미·영의 배후 공작에 의해 유발된 이 전쟁은 탈미 자주 노선을 주창한 이란의 호메이니 혁명 정부를 붕괴시키고 속미 위성국을 세우기 위한 것이었다. 미국 정부는 이라크에 첨단 무기와 생화학 무기 그리고 핵물질까지 공급했으며, 식량을 포함한 재정적인 지원도 병행했다. 이는 이라크에 가능한 모든 지원을 해주라고 CIA에 지시한 레이건 대통령의 메모를 통해서도 확인된 사실이다.[109]

이란-이라크 전쟁과 관련된 미국 정부와 기업의 활동을 조사한 도널드 리글 미 상원 의원에 따르면, 미국이 이라크에 수출한 전쟁 물자에는 핵탄두를 장착할 수 있는 미사일 시스템 등 첨단 무기를 비롯하여 화학 무기와 세균 무기도 포함되어 있었다. 세균 무기는 치명적인 전염성을 지닌 웨스트 나일 바이러스West Nile Virus였고, 화학 무기는 신경을 마비시켜 죽음에 이르게 하는 신경가스와 미란성糜爛性 독가스Mustard Gas 등이었다.[110] 이러한 생화학 무기로 인해 만여 명의 이란 군인들과 전장 주변의 민간인들이 죽거나 불구가 되었으며, 전쟁이 끝난 이후 최근까지 생화학 물질의 후유증으로 사망한 사람만 해도 12,000명이 넘는다는 것이 이란

---

109) National Security archive.
   AFP, 2004. 6. 9.
   Washington Post, 1986. 12. 15.
110) *AP*, 2005. 5. 25, 6. 14.

정부의 공식 발표이다.

이에 관해 전 미 국무장관 콜린 파월은 2002년 9월 폭스 뉴스에 출연하여, "당시에는 사담 후세인의 생화학 무기 사용을 방관했으나 지금은 아니다"라고 말함으로써, 당시 미국이 생화학 무기를 지원했음을 암시했다.[111] 따라서 2003년에 미국이 대량 살상 무기 제조 및 은닉 운운하며 이라크를 침공한 일은 가증스런 위선이 아닐 수 없다.

걸프전 유인

걸프전의 단초가 된 이라크의 쿠웨이트 침공은, 1922년 영국 정부가 이라크의 석유 자원을 독점하고자 이라크의 바스라 지역에서 분리 독립시킨 쿠웨이트를 되찾으려는 것이었다. 그러나 석유와 관련한 미국의 탐욕을 누구보다 잘 아는 사담 후세인이 미국의 뜻을 거스르면서까지 무모한 전쟁을 벌이려 했던 것은 아니었다. 이는 걸프전을 앞두고 일어난 일련의 사태에서 분명하게 드러난다.

쿠웨이트 점령 직전, 이라크 정부는 국경에 접한 유전 지대에서 쿠웨이트가 이라크 지역의 지하 유정으로부터 석유를 채굴하고 있다는 사실을 발견하고는 이를 강력히 비난했다. 그러나 쿠웨이트는, 이라크가 이란과의 전쟁에서 비롯한 수백억 달러의 채무를 갚기 위해 석유 생산을 줄여 유가를 올리자고 제안한 데 대해 쿠웨이트가 반대하는 바람에 양국의 불화가 발생했다고 주장했다.

이러한 현안을 논의하기 위해 양국은 1990년 7월에 회담을 개최했으나, 대화를 통한 해결 방안 도출은 실패로 돌아갔다. 이에 후세인 대통령은 같은 달 25일 이라크 주재 미국 대사 글래스피April Glaspie와 긴급 회동을 갖고 양국의 영토 분쟁에 대한 미국의 의중을 물었다. 그러자 글래스피

---

111) *Fox News*, 2002. 9. 8.

대사는 "이라크가 쿠웨이트에 진입하는 문제에 대해 미국은 별다른 관심을 갖고 있지 않다"면서, 알아서 하라는 식으로 대답했다. 그리하여 같은 해 8월 1일 사우디아라비아 지다에서 열린 이라크-쿠웨이트 회담에서도 해결 방안이 나오지 않자, 이튿날 이라크가 쿠웨이트를 침공한 것이었다.

후일 미국 정부는 글래스피 대사의 대답이 단지 교과서적인 것이었을 뿐 침공해도 좋다고 동의한 것은 아니었다고 해명했다. 그러나 자신의 영향권 안에 있는 국가에 대해서는 내정 간섭뿐만 아니라 쿠데타까지도 서슴지 않고 사주·지원한 미국이, 최우선 관심사인 석유 관련 영토 분쟁에서 교과서적인 대답을 했다는 것은 누가 들어도 납득할 수 없는 일이다. 더구나 글래스피 대사를 만날 당시 후세인은 이미 쿠웨이트 접경 지역에 약 10만에 달하는 대병력을 집결시켜 둔 상태에서, "다음 회담까지는 어떠한 무력 충돌도 없을 것이다"라고 확언했다. 즉 지다 회담이 결렬될 경우 무력 충돌을 일으킬 수 있다는 뜻을 이미 밝혔던 것이다.

아울러 이라크가 쿠웨이트 정부기관으로부터 입수한 윌리엄 웹스터 William Webster CIA 국장과 알 파드Fahd Ahmed Al-Fahd 쿠웨이트 안보장관 사이의 메모(두 사람이 1989년 11월 회동했을 때의 메모) 역시 미국의 사전 음모를 의심케 한다. "이라크의 어려운 경제 여건을 십분 활용하여 이라크에 압박을 가함으로써 양국의 국경 분쟁에서 유리한 위치를 점하는 것이 중요하다는 데에 미국과 쿠웨이트는 인식을 같이 한다. (…) CIA는 우리(쿠웨이트 측 회담자)에게 적절한 압력 수단을 제시하면서, 이를 실행에 옮기려면 양국 고위층의 폭넓은 협조와 긴밀한 조율이 필요하다고 했다." 그러나 미국은 이 메모가 이라크에 의해 조작된 것이며 두 사람의 회동도 일상적인 것이었다면서, 전쟁 유발을 위한 예비 음모였다는 이라크의 주장을 부인했다.112)

1990년 8월 2일 새벽에 이라크가 쿠웨이트 국경을 침범하자, 미국은 즉

---

112) http//en.wikipedia.com.

각 비난 성명을 발표했고, 유엔 역시 이라크에 대한 각종 제재 조치를 취하면서 철군을 요구했다. 그리고 이듬해 1월 17일 새벽, 미국은 이라크군 섬멸을 위한 '사막의 폭풍Desert Storm' 작전에 돌입했다.

미군의 이라크 공습은 그들이 선전한 정밀 폭격이 아니라 초토화 작전 그 자체였다. 도로와 교량, 공장, 그리고 전기·통신 시설을 비롯한 각종 산업 시설은 말할 것도 없고, 민간인 거주 지역과 곡물 저장 시설, 그리고 댐과 상하수도 시설까지 모조리 파괴되었다. 유사 이래 처음으로 지구촌 안방에 생중계된 바그다드 시내에 대한 폭격을 시작으로 불과 6주 동안 미군이 이라크 전역에 퍼부은 폭탄의 양은, 그 파괴력으로 따질 때 히로시마 원폭의 7배에 해당하는 것이었다. 게다가 클러스터 폭탄과 우라늄 미사일, 네이팜탄 등, 1977년 제네바 협약에 의해 사용 금지된 폭탄도 거리낌 없이 사용되었다.

또한 유엔 결의 제660호에 따라 쿠웨이트에서 바스라로 이어지는 고속도로를 통해 자국으로 철수하던 이라크 군인들에게도 무차별적인 폭격이 가해졌다. 약 100킬로미터에 달하는 고속도로는 이라크 군인과 난민들의 시신, 그리고 폭격으로 고철이 된 차량의 잔해로 산을 이룰 정도였다. 이는 휴·종전 협정을 이유로 철수하는 군대에 대해 적대 행위를 할 수 없다고 규정한 제네바 협약을 정면으로 위반한 전쟁 범죄 행위였다.

미국 정부는 이라크군 인명 피해에 대해, 1991년 6월 현재 사망 10만 명, 부상 30만여 명, 실종 및 탈영 15만 명, 포로 6만여 명이라고 공식 발표했으나, 인권 단체들은 인명 피해가 그보다 훨씬 크다고 주장했다. 특히 네덜란드에 본부를 둔 라카Laka 재단은 미국이 사용한 우라늄탄으로 인해 300~800톤에 달하는 방사능 찌꺼기가 토양과 대기와 물을 오염시켰다고 주장했다. 아울러 유엔을 비롯한 관련 기관들도 이로 인한 각종 질병으로 최소 100만 명 이상이 희생되었고 그 가운데 60만 명 이상이 다섯 살 미만의 어린이라고 분석했다.113) 그리고 여기에 폭격으로 인한 곡물 창고 파괴와 유

철수하는 이라크군을 몰살한 후 시신을 특수 차량으로 밀고 있는 미군.

엔의 경제 봉쇄 조치에서 비롯된 아사자, 그리고 상하수도 파괴로 인한 식수원 오염으로 발생한 질병 사망자까지 합하면 희생자 규모는 상상을 초월한다. 1998년에 유니세프가 보고한 바에 따르면, 이로 인한 아동 사망자 수만 해도 매년 9만여 명에 이른다고 한다.

  이라크군이 쿠웨이트에서 철수한 이후에도 미국은 대량 살상 무기 운운하며 수시로 이라크에 공습을 가했다. 2001년 2월에는 이라크의 대공방위망을 초토화하는 등, 끊임없이 파괴 공작을 자행했다. 이라크가 전면적인 무기 사찰을 허용하는 한편 이란과의 전쟁 때 미국에서 지원받은 중·장거리 미사일까지 스스로 파괴했음에도 불구하고, 미국 정부는 이것이 눈속임에 불과하다며 계속해서 핵무기와 화학 무기 등의 대량 살상 무기 은닉설을 고수했다. 그러나 미국의 영향력 아래에 있는 국제 원자력 기구의 엘바라데이Mohamed ElBaradei 사무총장조차도 이라크가 핵무기를

---

113) 후유증으로 인한 피해는 미 재향 군인회가 걸프전 참전 장병들을 상대로 한 표본 조사에서도 확인되었다. 그 결과에 따르면, 표본 조사 대상 251명 가운데 67명은 자녀들이 선천성 기형이나 악성 질병에 시달리고 있는 것으로 나타났다.

제조하기 위해 니제르로부터 우라늄을 수입했다는 미국과 영국의 주장이 근거 없다고 결론지었다. 한스 브릭스 유엔 무기 사찰 단장 역시 미국이 주장하는 대량 살상 무기가 이라크 어디에서도 발견되지 않았다면서, 이는 이라크 침공을 위해 날조된 명분에 불과하다고 결론 내렸다.

한편 유엔을 앞세운 미국의 전쟁 위협에 대해, 호주의 멜버른을 시작으로 미국의 대도시들을 비롯하여 런던·파리·로마 등 서방 대도시들에서는 100만 명 이상이 운집한 대규모 반전 시위가 이어졌다. 로마 교황은 부시에게 특사를 보내 수많은 이라크 주민을 죽음으로 몰아넣게 될 침략 전쟁 계획을 중단하라고 간청하기까지 했다. 그러나 미국은 이에 개의치 않고 유엔과 함께 이라크에 대한 봉쇄 조치를 지속하면서 후세인 정부를 계속해서 협박했다.

그렇다면 미국은 왜 오랫동안 자신의 착실한 충견 노릇을 해온 사담 후세인을 괴롭혔는가? 이란과의 전쟁 이후 중동의 맹주로 부상한 사담 후세인을 축출하고 이라크에 대한 석유 이권을 독점하려는 미국의 탐욕과, 이라크가 중동의 군사 대국으로 발전하는 것을 방치할 수 없다는 이스라엘의 이해관계가 맞아떨어진 때문이었다. 서방 언론들의 보도에 따르면, 걸프전 이후 미국은 후세인에게 갖은 협박을 가함과 동시에 해외 망명을 권유했다. 그러나 후세인이 이를 거절하고 대미 결사 항전을 주장하자, 이라크 점령을 위한 전면적인 무력 침공을 단행한 것이다.

이라크 침공의 명분

2003년 3월 20일 새벽 선전포고와 동시에 이라크를 침공하면서, 미국은 민주주의에 역행하는 후세인 정부의 인권 탄압, 핵무기와 화학 무기를 비롯한 대량 살상 무기의 제조 및 은닉, 그리고 알 카에다를 비롯한 국제 테러 조직과의 연계라는 세 가지 명분을 내세웠다. 즉 인류 보편의 가치인 민주주의와 인권을 신장하고 국제 사회의 평화를 정착하기 위해 후세인 정부를 타도하겠다는 것이었다. 그러나 미국의 침공 직전, 사담 후세인은 유엔 무기 사찰단의 검증 결과에도 불구하고 미심쩍은 부분이 있다면 무제한적인 사찰 요구까지 수용하겠다며 사실상 항복을 선언한 상태였다. 더구나 대량 살상 무기나 알 카에다와의 연계는 날조된 명분이었다.

처음부터 이러한 증거가 있지도 않다는 것을 미국이 모를 리 없었다. 대부분의 이라크 군사 시설은 미국의 기술 지원으로 건설되었으며, 탄두 미사일 등의 첨단 장비와 생화학 무기 역시 미국이 공급·감시하던 터였다. 아울러 미국은 첩보 위성이나 첩보 기관을 통해 이라크의 군사 시설을 거울처럼 들여다보고 있었다. 결국 부시와 블레어는 대량 살상 무기가 없다는 사실을 시인했다. 한편 알 카에다와의 연관성에 대해서는 "이라크 정부 고위층과 알 카에다 요인이 서로 만났다고 말했으나 연관되었다고 말한 적은 없다"며 궁색한 말장난을 늘어놓았다. 최근에는 이라크 침공 명분이 조작으로 밝혀지자 부시는 허위 정보를 보고한 자국의 정보기관에 그 책임을 전가하기도 했다.

줄곧 강변하던 침략 명분이 이처럼 허위로 판명되자, 미국과 영국은 1988년 3월 사담 후세인이 쿠르드족 거주 지역에 화학 무기를 살포하여 약 50만 명의 쿠르드족을 학살한 전력을 트집 잡아 이라크 침공의 불가피성을 역설하기도 했다. 그러나 당시 이라크의 쿠르드족 학살을 지원한 국가도 미국이었으며, 생화학 무기를 포함하여 핵무기 관련 원료와 기술을 공급한 국가도 미국이었다. 1994년도 미 상원 위원회의 한 보고서에 따르면, 생물 무기의 원료로 쓰이는 탄저균과 보투리누스균, 브루셀라균 같은 병원균들이 미 상무부의 승인 아래 미국의 한 민간 업체에서 이라크로 수출되었다. 이는 1989년 11월 말까지 지속되었다. 또한 쿠르드족 집단 학살이 국제 문제로 비화되자, 당시 미국은 사담 후세인을 감싸면서 이라크 생화학 무기 공장의 존재를 부인하기까지 했다.

미국은 6·25 전쟁 당시 철원을 비롯하여 주로 38선 이북 지역과 중국 접경 지역에서 생물 무기를 사용했다. 베트남 전쟁 때는 인도차이나 전역에 고엽제를 살포하여 수백만 명의 현지인들과 수만 명의 군인들, 그리고 그들의 후손들에게까지 치명적인 후유증을 안겨주었다. 아울러 1981년에는 남아공 백인 정부에 생화학 무기의 개발과 사용을 독려하기도 했다. 이러한 사실은 1998년 남아공의 진실과 화해 위원회에 증인으로 참석한 전 남아공 장성 우터 바손Wouter Basson 박사에 의해 밝혀졌다. 그의 증언에 따르면, 1981년 미 육군 소장 오거슨William Augerson이 그에게 생화학 무기 사용을 권장하면서 기후 등의 자연 환경에 비추어볼 때 생화학 무기야말로 흑인들을 상대로 한 가장 이상적인 무기라고 말했다는 것이다. 한편 2001년 9·11 사건 이후 미국의 테러 공포를 가중시킨 탄저균도 미 군사 기관에서 만들어진 것이며, 이의 살포 또한 미국인의 소행으로 알려졌다.

인권과 민주주의라는 이름의 위선

사담 후세인은 비록 자국민에 대해 폭압적이었지만, 미국의 입장에서 볼 때는 이란과의 전쟁을 수행함으로써 이슬람 근본주의자인 호메이니의 혁명 정부를 견제하고, 인접 이슬람 국가들의 반미 정서 확산을 차단하는 데 기여한 충견이었다. 그러나 그가 중동의 맹주로 등극하는 것은 미국의 중동 지배 정책에 배치되기 때문에 결코 좌시될 수 없는 일이었다.

물론 이라크의 민주화를 원하는 시아파 무슬림과 자치 독립을 주장하는 쿠르드족에게 자행한 후세인의 비인도적인 인권 탄압과 만행은 지탄받아 마땅하다. 그렇다고 해서 미국과 영국에게 이를 제재할 권리나 자격이 있는 것은 결코 아니다. 무력 지원과 경제 제재, 그리고 침략 전쟁을 통해 쿠르드족뿐만 아니라 수백만 명의 이라크 주민을 기아와 질병과 죽

아부 그라이브 감옥에 수감된 이라크인이 미군의 고문으로 피투성이가 된 채 신음하고 있다.

음으로 몰아넣은 미국으로서는, 이라크 국민에 대한 인도주의와 인권을 말할 자격이 없다.

　미국의 위선은 미군에 의해 조직적으로 자행된 이라크군과 아프가니스 탄군 포로에 대한 잔혹하고 야만적인 고문·살해 행위에서도 적나라하게 드러났다. 2005년 5월 국제 사면 위원회에서도 지적했듯이, 9·11 사건을 빌미로 시작한 아프간과 이라크 침공 이후 미국은 중동 지역에서 체포한 500명이 넘는 포로와 민간인들에게 테러 용의자라는 혐의를 씌워 관타나모 해군 기지를 포함하여 세계 곳곳에 설치한 비밀 수용 시설에 불법 구금한 채 고문 등의 학대 행위를 자행해 왔다.114) 이는 전쟁 포로 처우에 관해 규정한 1949년의 제네바 협약에 위배되는 명백한 범죄 행위로서, 부시와 블레어를 마땅히 국제 전범 재판소의 피고인석에 앉혀야 할 것이다.

　이렇게 볼 때, 미국이 양민 살상과 비인도적 전쟁 범죄에 대한 기소와 처벌을 목적으로 2002년 7월에 설립된 유엔 산하 국제 형사 재판소의 협

---

114) *AP*, 2005. 5. 25, 6. 14.

약 비준을 거부한 것은 당연한 일인지도 모른다. 더구나 부시 정부는 2002년 8월 미국인 종사자 보호법(일명 헤이그 침공법)을 제정하여, 유사시 미국인 종사자들을 구출하기 위해 헤이그에 특공대를 파견할 수 있는 법적 근거까지 마련해 두었다.

결국 유엔은 미국을 비롯한 열강들의 압력에 못 이겨 국제 형사 재판소 협약의 소급 적용을 금지하고, 특히 미군과 그 종사자들을 한시적으로 국제 형사 재판소 소추 대상에서 면제시켜 주었다. 그러나 기고만장한 미군의 행패를 견제해 보려는 유엔 회원국들은 이러한 초법적 특권을 쉽게 용납하지 않으려는 태세인데, 이에 미국 정부는 자국을 기소 대상국에서 제외하는 데 동의하지 않는 나라에 대해 동맹국 여부를 불문하고 경제 지원을 중단하겠다는 압력마저 행사하고 있다.115)

한편 미국 정부는 9·11 테러 직후 애국법(일명 테러 방지법)을 제정하여, 테러리스트로 의심되는 사람에 대해 영장 없이 체포 구금할 수 있도록 했다. 뿐만 아니라 묵비권이나 변호인의 조력을 받을 권리 등의 이른바 미란다 원칙마저도 원천 봉쇄했다. 당시 CNN 시사 해설가 더커 칼슨의 논평은 이러한 반인권적 입법을 옹호하는 제국의 정서를 잘 표현하고 있다. "고문은 나쁘다. 그러나 테러는 더욱 나쁘다. 테러 용의자에 대한 인권 보호는 준법의 사치다."

이 법안으로 인해 지금도 미국에 의해 자의적으로 분류된 수많은 용의자들이, 이라크 내의 미군 수용 시설과 관타나모 해군 기지를 비롯하여 미국 정부가 설치한 전 세계 곳곳의 비밀 수용 시설에 수감되어 있다. 휴먼 라이츠 퍼스트(구 인권을 위한 변호사 모임)와 국제 사면 위원회 등은, 이들의 명단은 고사하고 개별적인 생사 확인조차 비밀에 부쳐진 채 학대·살육이 자행되고 있다고 주장했다. 이에 대해 미국 정부는 변명과 침묵으로 일관해 오고 있다.116) 또한 최근에는 중동계 유럽 시민들에게까지 테러범

---

115) *Boston Globe*, 2004. 12. 5.
116) *AP*, 2005. 5. 25, 6. 14.

이라는 누명을 씌워 납치·고문을 자행하고 있다는 사실이 「슈피겔」 등의
유럽 언론을 통해 폭로되기도 했다.

4. 팔레스타인

크레타 섬을 중심으로 살아오던 필리스티아인Philistine(팔레스타인 민족의 조상)이 시나이 반도에 위치한 오늘날의 팔레스타인 지역에 정착한 시기는 대략 기원전 13세기로 추정된다. 논란의 여지는 있으나 일단 구약성서의 기록을 사실로 인정한다면, 아브라함을 조상으로 하는 이스라엘 민족이 이곳에 정착한 시기는 이보다 한두 세기 늦은 기원전 12~11세기다. 성서에 따르면, 이스라엘 민족은 기원전 1200년경 이집트에서의 노예생활(기원전 1400년대 중반의 이집트 역사에 히브리인이 등장한다)에서 벗어나 40년간의 유랑 생활 끝에 모세와 여호수아의 인도로 소위 젖과 꿀이 흐르는 가나안 땅에 정착했다.

한때 다윗 왕이 팔레스타인 민족을 제압하고 이웃 시리아와 현재의 요르단 지역을 통합하여 이스라엘 왕국을 세웠으나, 곧 이스라엘 왕국과 유다 왕국으로 나뉘었다. 결국 이스라엘은 아시리아에 의해, 유다 왕국은 바빌론에 의해 멸망했다. 이로써 팔레스타인 민족과 이스라엘 민족은 다 함께 바빌로니아·그리스·로마 제국의 지배에 들어가게 되었다. 서기 135년경 유태인들이 로마 제국에 의해 추방됨으로써 이 지역은 팔레스타인의 땅이 되었다. 팔레스타인 민족이 로마 제국을 물리치고 독립 왕국을 세운 것은 7세기였다. 12세기 제1차 십자군 전쟁으로 잠시 기독교 예루살렘 왕국이 세워지기도 했으나, 16세기 초부터 19세기 초까지 이 지역은 오스만투르크의 속주로서 이슬람권에 들게 되었다.

이토록 복잡한 역사로 인해 지금도 이곳에는 이슬람교와 유태교, 그리고 기독교의 성지가 뒤섞여 있으며, 예수의 탄생지인 베들레헴도 팔레스타인 자치 구역 안에 속하게 된 것이다.

서구의 탐욕이 낳은 팔레스타인의 비극

제1차 세계 대전 기간에 영국은 팔레스타인과 이스라엘을 전쟁에 이용하려는 속셈으로, 양측 모두에 전후 독립 국가를 세워 주겠다는 모순된 제안을 내놓았다. 그러나 1차 대전이 끝난 후 영국은 이 지역을 또다시 자신의 위임 통치 지역으로 삼았다. 2차 대전이 끝난 후에는 이곳에 이스라엘이 자신들의 국가를 세우도록 지원했다. 그리하여 1948년 5월 이스라엘이 이곳에 국가 수립을 선포함으로써 팔레스타인을 비롯한 아랍권과의 피비린내 나는 분쟁이 시작되었다.

이스라엘의 독립 선포에 즈음하여 일어난 제1차 아랍 - 이스라엘 전쟁은, 아랍권의 수적 우세에도 불구하고 미·영의 지원을 받은 이스라엘의 일방적인 승리로 끝났다. 이로써 약 100만 명의 팔레스타인 사람들은 수천 년 동안 살아온 삶터에서 추방된 채 인접국을 떠도는 유랑객 신세가 되었다. 이후 전쟁은 1956년, 1967년, 1973년, 그리고 1982년에도 이어졌다. 그러나 아랍권이 패배를 거듭하는 가운데 수세적인 이슬람권과 공격적인 기독교·유대교권의 전쟁으로, 또 석유 이권을 지배하려는 미·영 제국주의 세력과 이를 지키려는 이슬람권의 전쟁으로 발전해 갔다.

국제 사회의 비난과 압력에도 불구하고 이스라엘이 팔레스타인 자치 지구와 이웃 나라들의 영토를 점령하고 팔레스타인 난민들을 무차별 학살할 수 있었던 것은, 그 배후에 미국이 있었기 때문이다. 이스라엘은 단지 중동과 아프리카 지역의 관문이기 때문이 아니라 중동·아프리카 지역 미 주둔군의 사령부 역할을 하기 때문에 미국에게 대단히 중요하다. 이는 이스라엘이 미국으로부터 연간 40억 달러 상당의 군사 원조(이는 미국의 군사 원조를 받는 국가 가운데 가장 큰 규모다)를 제공받고 있다는 점, 그리고 NPT에도 가입하지 않은 채 세계에서 세 번째로 많은 핵무기를 보유하고 있다는 점에서도 확인된다.

그럼에도 지금껏 팔레스타인 민족의 자위적인 항쟁은 테러로 규정되어 비난을 받아 왔다. 사실 테러는 이스라엘로부터 시작된 것이지 팔레스타인으로부터 시작된 것이 아니다. 이는 그동안 이스라엘이 10만 명 이상의 민간인을 학살했으며, 이스라엘 군대의 무자비한 학살을 피해 300만 명에 달하는 팔레스타인 난민이 인접국 난민촌에서 어려운 삶을 이어나가고 있다는 사실로도 쉽게 알 수 있다.

테러의 온상 이스라엘

건국 직전인 1948년 4월, 이스라엘은 팔레스타인 민족의 무장 항쟁을 우려한 사전 경고 조처로 팔레스타인 마을을 습격하여 남녀노소를 불문하고 250여 명의 주민을 무차별 학살했다. 또한 1982년에는 레바논의 팔레스타인 난민촌을 습격하여 천여 명의 난민들을 학살했다. 2002년에는 공격용 헬기와 장갑차까지 동원하여 웨스트뱅크 북쪽 제닌의 난민촌을 습격하여 천여 명의 난민들을 학살했다. 학살 후에는 불도저를 동원하여 난민촌을 폐허로 만들었는데, 이때 미처 집에서 빠져 나오지 못한 노약자들은 건물 잔해와 함께 파묻혔다.

이런 상황에서 시도된 팔레스타인 해방 전사들의 자폭 공격을 과연 테러리즘으로 규정할 수 있을까? 그렇다면 안중근 의사나 윤봉길 의사도 테러리스트로 규정해야 하지 않을까?

조지 부시 대통령이 이러한 학살의 장본인인 샤론 총리를 평화의 수호자라고 극찬한 것을 보면, 미국의 테러리즘과 이스라엘의 테러리즘이 한 뿌리에서 나온 것임을 알 수 있다. 2004년 12월 초 모로코의 수도 라파트에 모인 아랍국 정상들은, 성명을 통해 "중동 지역의 평화를 깨는 이스라엘의 도발 행위는 미국의 지원과 비호에서 기인한다"면서, 이스라엘에 대한 미국의 자세 전환을 촉구했다.[117] 그러나 이스라엘은 2004년 12월 11

2002년 제닌 난민 캠프를 습격한 후 이스라엘군이 중장비를 동원하여 평탄 작업을 하는 광경
(Human Right Watch 제공).

일 탱크를 앞세워 가자 지구 남쪽 팔레스타인 난민촌을 재점령하는 등, 미군의 아프간·이라크 점령에 발맞추어 팔레스타인에 대한 공세를 강화했다.118)

팔레스타인과 이스라엘의 분쟁을 조속히 해결하고 인접 중동 지역에서 유랑 생활을 하는 팔레스타인 민족의 생존권을 보장하기 위해서는, 이 지역에 대한 미국의 패권 야욕부터 중지되어야 한다. "정의를 지연시키는 것은 정의를 부정하는 것과 같다"는 제목으로 팔레스타인 문제에 관한 미국의 조속하고 성의 있는 조처를 촉구한 아랍 뉴스의 논설은, 팔레스타인에 대한 미국과 이스라엘의 태도가 어떠한가를 정확히 지적하고 있다.119)

117) *Washington Post*, 2004. 12. 11.
118) *Al Jazeera*, 2004. 12. 11.
119) *Arab News*, 2004. 12. 10.

5. 콩고

우리와 똑같이 숨쉬고, 우리와 똑같이 자유와 평화를 갈망하는 사람들이 살고 있는 검은 대륙 아프리카는 그 색깔만큼이나 까맣게 잊혀온 곳이다.

백인들의 아프리카 침공은 미국 건국 이전부터 시작되었다. 이는 노예선에 강제로 태워져 미국으로 건너와 짐승처럼 멸시받고 가축처럼 혹사당하며 살아온 미국 흑인들의 수난사가 말하고 있다. 20세기 이후 아프리카 대륙이 석유를 비롯한 천연자원의 보고라는 사실을 깨달은 미국은, 수세기 동안 이곳을 지배하던 유럽 제국이 밀려나자 대신 지배권 확보에 나섰다. 그 과정에서 직간접적인 무력 개입의 빌미를 만들기 위해 종족 분쟁을 부추기고 내란을 선동했다. 또 자신의 충견 노릇을 거부한 지도자를 암살·전복하는 한편 무력 개입과 경제 제재를 통해 수많은 무고한 양민을 전쟁과 기아와 질병으로 몰아넣었다.

1971년부터 1997년까지 자이르 공화국이라고 불렸던 콩고 민주 공화국 Democratic Republic of the Congo은, 서유럽보다 넓은 국토를 가진 인구 5천만 명의 아프리카 대국이다. 콩고 공화국Republic of the Congo(일명 브라자빌 콩고)과 구분하기 위해 '레오폴드빌Leopoldville 콩고' 또는 '킨샤사 Kinshasa 콩고'라고도 부른다. 콩고 공화국, 중앙아프리카 공화국, 수단, 우간다, 르완다, 부룬디, 잠비아, 앙골라, 걸프 기니와 접하고 대서양에 면해 있다. 반면 콩고 공화국은 인구나 국토 면적이 콩고 민주 공화국의 약 10분의 1에 불과한 작은 내륙 국가로, 과거 프랑스의 식민지였다.

제2차 세계 대전 종전 이후 일기 시작한 아프리카인들의 자주 독립 움직임에 따라, 콩고 민주 공화국 역시 벨기에의 식민 지배에서 벗어나기 위해 독립 투쟁을 전개했다. "우리는 더 이상 백인들의 원숭이가 아니다"

라고 외치며 대규모 민중 봉기를 주도한 루뭄바Patrice Emery Lumumba 등의 콩고 해방 투쟁에 힘입어 마침내 독립을 이루었다. 1960년 6월 30일 독립 선포와 동시에 의원 내각제가 채택되었고, 이에 따라 초대 수상에는 루뭄바가, 대통령에는 카사부부Joseph Kasabuvu가 각각 선출되었다.

그러나 독립 국가가 출범했음에도 지하자원의 보고인 카탕가 지역은 여전히 벨기에를 비롯한 서구 자본가들의 수중에 남아 있었다. 이로 인해 형식적인 해방을 진정한 해방으로 이어 나가려는 민족주의 세력과 종주국에 기생하며 제 종족을 수탈한 수구 세력 사이의 충돌이 끊이지 않았다. 특히 과거 벨기에의 우민화 정책에서 기인한 식자층의 절대적 부족 현상은 자주 독립 국가를 유지해 나가는 데 더더욱 큰 어려움을 안겼다.

수상에 취임한 직후 루뭄바는 국가 재건을 위해 유엔에 협조와 지원을 요청했다. 그러나 이는 콩고의 정치 안정과 경제 발전이 아니라 오히려 다이아몬드, 구리, 코발트, 천연 우라늄 등의 풍부한 지하자원을 착취하기 위한 미국의 콩고 분열 공작에 빌미를 제공하는 결과를 초래했다. 이에 루뭄바 수상은 서방 진영을 멀리하고 소련에 경제·군사 원조를 요청했다. 그러자 미국과 영국, 벨기에는 친서방계인 카사부부 대통령으로 하여금 루뭄바를 해임하도록 사주하는 한편, 군부로 하여금 쿠데타를 일으키도록 지원했다. 또한 자원의 보고인 카탕가주와 카사이주가 분리 독립 투쟁을 전개하도록 비밀리에 무기를 공급함으로써 내전을 조장했다. 내전의 위험이 증폭되자 현지 자국민을 보호한다는 미명 아래 이른바 평화 유지군 2만 명을 파견했다.

미국 대통령의 루뭄바 암살 지령

루뭄바는 수상의 자리에 오른 지 석 달도 지니지 않아 서방 국가들의 지원을 받은 카사부부 대통령과 모부투Mobutu Sese Seko 군부에 의해 실각했다. 가택 연금 중이던 1961년 1월 중순 불과 36세의 젊은 나이로 보좌관 두 명과 함께 빙초산에 담긴 처참한 시체로 발견되었다. 국제 사회 일각에서는 집권한 지 100일도 되지 않은 루뭄바가 왜 실각하게 되었는지, 또 이미 권좌에서 쫓겨나 가택 연금 중이던 그를 암살하도록 지시한 배후가 누구인지에 대한 추측이 난무했다.

그러다가 아이젠하워 대통령이 1960년 8월의 한 안보 관계 회의에서 당시 CIA 국장이던 덜레스에게 루뭄바를 제거하라고 지시한 사실이 밝혀졌다.[120] 미국 정부의 루뭄바 암살 관련설은 1965년 케네디 암살 관련 브리핑 도중 로버트 존슨Robert Johnson의 실언(?)에 의해 우연히 언급되었다. 이후, 그가 1975년 미 상원 정보 위원회에 출석하여 그 실언이 사실임을 증언함으로써 재확인되었다.

또한 영국 BBC 방송은 루뭄바 암살 지령을 취급한 당시 콩고 주재 CIA 요원 래리 데블린Larry Devlin과의 대담을 통해 구체적인 증거를 확인했다. 그러나 데블린은 지령을 수행하기 위해 극약이 든 봉지를 현장 요원에게 전달하려고 했으나, 루뭄바가 이미 실각한 데다가 벨기에의 루뭄바 제거 작전Operation Barracuda이 곧 수행될 것을 알았기 때문에 극약 봉지를 콩고강에 버렸다고 증언했다. 아울러 루뭄바 암살에 미국뿐만 아니라 영국의 MI6도 개입했다는 사실이, 후일 공개된 영국의 비밀 외교 문서를 통해 밝혀졌다. 직접적인 루뭄바 암살과 시신 유기는 벨기에 특수 부대원들에 의해 자행된 것으로 알려졌다.

그렇다면 미국과 영국, 그리고 벨기에는 무엇 때문에 이미 실각한 지도자를 살해했을까?[121]

먼저 독립 투쟁 당시부터 범아프리카주의를 제창한 루뭄바를 살려둘 경우, 아프리카 전역이 과거의 종주국인 서방 진영에 반기를 들고 궁극적

---

120) *Independent*, 2000. 8. 16.
   BBC News Storyville documentary series, 2004. 11. 6.
121) *Washington Post*, 2004. 11. 27, 12. 16

으로 민족주의와 사회주의가 확산될 수 있었기 때문이다. 아울러 가장 양질의 우라늄 보고인 콩고에 대한 지배권을 잃을 경우 미국의 핵무기 개발에 중대한 차질을 초래할 수 있었기 때문이다. 실제로 콩고는 세계 우라늄 수요의 절반 이상을 공급해 왔으며, 그 대부분은 미국으로 수출되었다. 히로시마와 나가사키에 투하된 원폭도 콩고의 신콜로웨Shinkolobwe 광산에서 채취한 우라늄으로 제조된 것이었다.

아프리카 유혈 분쟁의 근원

루뭄바의 실각 직후 서방 진영의 전폭적인 지원으로 군사 반란에 성공한 모부투 대령은 스스로 대통령을 칭하며 권좌에 올랐다. 이로써 서방 제국에 기생하려는 지배 계층과 아프리카 민족 주권을 되찾으려는 민중이 벌이는 분쟁의 한복판에 서게 되었다.

미국의 괴뢰 정부라는 태생적 한계로 인해 아프리카 민족주의 세력들과의 전쟁에서 최선봉 역할을 맡은 모부투 정부는, 앙골라·르완다·우간다 정부의 지원을 받는 자국의 반군 세력과 내전을 치렀다. 이에 맞서 모부투는 이들 국가들의 반군 세력을 지원했다. 1977년과 1978년에는 앙골라와, 1996년에는 투치족이 이끄는 르완다 정부군과 유혈 충돌을 벌였다.122)

미국의 비호로 32년간 살인 독재 정권을 유지한 모부투 정권은, 결국 르완다와 우간다 정부의 지원을 받은 반군 지도자 로랑 카빌라Laurent Kabila에 의해 붕괴되었다. 카빌라는 프랑스에서 정치 철학을 공부한 지식인으로서 젊은 시절부터 아프리카 민족주의와 사회주의 노선을 신봉해 왔으며, 체 게바라가 콩고에 머무는 동안 그와 연관을 맺기도 한 인물이었다.

---

122) 이 내전으로 약 백만 명이 희생되었다.

권좌에 오른 후 카빌라는 사회주의와 자본주의를 아우르는 민족주의를 지향했다. 이로써 과거 자신을 지원해 준 르완다와 우간다로부터 공격을 받기도 하고, 주변 6개국과 반군 단체가 개입한 국제 분쟁을 겪기도 했다. 그러나 그 역시 2001년 1월 친미 우익 측근에 의해 살해되었다. 그 후 미국 정부의 지원을 받은 그의 아들 조셉 카빌라Joseph Kabila가 대통령에 취임했다. 로랑 카빌라 살해의 배후가 미국 정부인지는 확실히 알려지지 않았다. 하지만 친미 성향인 로랑 카빌라의 동생도 이 사건에 연루된 것으로 밝혀짐으로써, 그 배후가 누구인지 추측하기란 그리 어렵지 않다.

지난 40년간 이어진 콩고 내전은 아프리카 역사상 가장 규모가 크고 가장 많은 희생자를 낳은 지역 분쟁이었다. 특히 조직적으로 자행된 인권 유린은 세계 최악으로 평가되고 있다. 1999년 6월 루사카에서 체결된 주변 6개국의 종전 협정에도 불구하고 인권 유린 행위는 여전히 계속되고 있다. 유엔 인권 센터와 국제 인권 감시 기구의 발표에 따르면, 2003년과 2004년 사이에 징집된 병사 가운데 15~30%가 18세 미만의 소년들이다. 또 어린 소녀와 부녀자들을 강제로 끌고 와 병사들의 위안부로 삼고 있다고 한다. 미국을 비롯한 서방 국가들은 입으로만 인권 개선 운운할 뿐, 여전히 콩고의 천연자원을 차지하는 데만 열을 올리고 있다.[123]

---

123) *UN Commission on Human Right Report*, 2004. 1.

6. 리비아

지중해에 접한 리비아는 인구 560만으로 인구는 작지만 우리나라의 8배가 넘는 큰 국토와 석유 자원이 풍부한 나라다. 7세기 이후 이슬람권에 속하게 되었고, 16세기 중반부터 20세기 초까지 오스만투르크의 지배를 받았다. 또 20세기에 들어서는 무솔리니 파시스트 정부의 가혹한 식민 지배 아래 약 100만 명이 학살당하는 고통을 겪기도 했다. 무솔리니 정권이 붕괴한 후 미·영·불의 지배를 받았으나, 1969년 9월 카다피Muammar al Qaddafi 대령이 무혈 혁명을 일으켜 서방 제국의 허수아비인 부패한 국왕을 축출했다. 왕정은 폐지되고 이슬람 경전에 기초한 사회주의 공화국이 수립되었다.

리비아는 테러국이다?

집권 이후 카다피는 정치적으로 이슬람 교리와 사회주의 이념이 혼합된 리비아식 사회주의를 채택했고, 경제적으로는 석유 산업 등을 담당하는 대기업을 국유화했다. 특히 엑손·텍사코·모빌·쉘 등의 세계적인 석유 회사들이 부당하게 착취한 석유 주권을 회복하기 위해 과거에 맺은 불평등 계약을 파기하고 공정한 계약을 요구했다. 외국 자본이 점유하고 있던 은행 주식도 과반 수 이상 국유화했다. 아울러 사회적으로는 술과 도박을 금지하는 등, 서구 물질문명에 의한 사회 오염을 차단하기 위한 사회 개혁을 단행했다.

한편 대외적으로는 냉전적 사상 대립에서 탈피하고자 했다. 나세르 전 이집트 수상이 제창한 범아랍 민족주의, 유고의 티토이즘, 쿠바의 카스트로식 사회주의, 그리고 콩고의 전 수상 루뭄바가 주창한 범아프리카주의에서 영향받아 이슬람 민족주의를 표방했다. 이러한 구상을 실현하기 위해 카다피는 한때 이집트와 시리아를 합친 아랍 연방 창설을 추진하기도 했다. 그러나 이 계획은 제2차 중동 전쟁 이후 이집트가 이스라엘과 수교하는 바람에 무산되었다. 그 후로도 이란과 팔레스타인 해방 기구PLO를 지원하는 등, 이슬람권의 주권 회복과 결속을 위한 행보를 계속했다.

미국은 지난 30년간 리비아를 테러 지원국으로 규정하여 경제 봉쇄와 무력 공격을 감행했다. 나아가 각종 공작을 전개해 리비아 국가 전복과 카다피 살해를 도모했다. 이는 바로 리비아의 탈미·반제국주의 정책 때문이었다. 미국 정부의 반反카다피 정책은 윌리엄 케이시William Casey CIA 국장이 카다피 암살과 카다피 정부 전복을 위해 다양한 공작을 지시했다는 보도에서 잘 드러난다.124) 그 주요 내용을 시간 순으로 추려보면 다음과 같다.

1986년 1월, 미국은 자국 내 리비아 자산을 동결하고 리비아와의 무역을 전면 금지하는 한편 리비아에 거주하는 미국인들을 철수시키는 등, 본격적인 대對리비아 압박 작전에 돌입했다.

같은 해 3월에는 리비아 연안에 머물러 있던 미 해군 6함대에서 폭격기를 출격시켜 리비아 해안 순시선을 침몰시키고 50여 명의 승무원을 살해했다. 4월에는 '엘도라도 캐니언El dorado canyon'이라는 작전명으로 리비아의 수도 트리폴리와 뱅가지 시를 폭격하여 카다피의 두 살배기 양녀를 포함한 민간인 100여 명을 살상했다.

또 1992년 3월에는 유엔 안보리를 통해 리비아에 대한 항공기 운항 금지와 무기 금수 조치를 결의함으로써 국제적인 고립을 강화했다. 1993년 11월에는 유엔을 통해 해외 리비아 자산을 동결시키고 원유 관련 장비의 수출입을 금지하는 추가 제재 조치를 단행했다.

한편 1996년 2월에는 리비아의 시르테에서 카다피가 탄 차량이 피격되

---

124) *Newsweek*, 1981. 7. 27.

었다. 다행히 별 피해를 당하지 않은 카다피는 사건의 배후가 영국 정부라는 확실한 증거를 가지고 있다고 발표했다. 이와 관련하여 아랍과 영국 언론들도 영국의 MI6이 저격수를 고용한 사실을 상세히 보도했다.[125]

그렇다면 이러한 공작의 명분이 된 테러, 즉 리비아가 지원한 것으로 미국이 주장하는 테러 사건은 과연 무엇인가?

첫째, 1972년 9월 뮌헨 올림픽 기간 중 '검은 9월단'이라는 팔레스타인 무장 세력이 이스라엘 선수들을 살해한 사건이다. 그러나 미국과 이스라엘은 리비아를 사건의 배후 지원 세력으로 지목하기만 했을 뿐, 개입 증거를 명확히 제시하지는 못했다.

둘째, 1986년 4월에 발생한 서베를린의 '라벨La Belle' 디스코텍 폭발 사건이다. 이로 인해 미군 사병 2명과 터키 여성 1명이 사망하고 약 200명이 중경상을 입었다. 당시 영국과 프랑스 정부는 이 사건을 이란 정부의 조종을 받는 팔레스타인 과격 단체의 소행으로 결론지었다. 그러나 레이건 대통령은 곧장 리비아의 소행으로 단정하고, 사건 발생 12일 만에 리비아 공습을 개시했다.

미국과 이스라엘의 자작극

서독 정부와 미국 정부는 라벨 디스코텍 폭발 사건의 범인으로 리비아인들을 지목하고, 이들을 현지에서 체포하여 서독 법정에 세웠다. 그러나 불충분한 증거를 비롯한 많은 논란 속에서 서독 재판부는 이들에게 징역 5년을 선고했다. 물론 폭파범에게 징역 5년을 선고한다는 것은 그 자체로 의문스러운 일이었다.

그러다가 12년이 지난 1998년, 독일의 유력 TV 방송사가 다시금 사건을 파헤침으로써 마침내 그 실체가 세상에 드러나게 되었다. 결론은 리비

---

125) *Sunday Times*, 1996. 2. 13.

아 요원의 테러가 아니라 미국·이스라엘 정보기관이 합작한 정치 공작이라는 것이었다.

사건을 담당했던 수석 검사 케다트Mounif Oueidat와 차석 검사 아주리Mrad Azoury는 인터뷰를 통해, 검찰측이 새로운 증거를 제시하지 못할 경우 피고인을 석방하겠다던 당시 주심 판사의 말을 상기시켰다. 그들은 독일 정부가 리비아인 야세르 츠레이디Yasser Chraidi를 테러 주범으로 조작했을 가능성이 있다고 밝혔다. 또한 구 소련 첩보 기관인 KGB와 동독 정보기관의 비밀 문서에 따르면, 실제 주범은 수년간 CIA 첩자 노릇을 해왔던 팔레스타인인 무스바 에테르Musbah Eter였다. 그는 사건 당시까지도 CIA와 긴밀한 접촉을 가져왔으나 아예 기소조차 되지 않았다고 한다. 더구나 사건 발생 얼마 전에 다른 일로 체포된 팔레스타인 무장 단원이 폭파 계획을 미리 실토했음에도 이 정보는 의도적으로 묵살되었다. 한편 피고로 기소된 아마이리Mohammed Amairi는 당시까지 이스라엘 첩보 기관 모사드의 정보원이었으며, 그 외 몇몇 피고인들도 모사드와 관련된 것으로 밝혀졌다.

결국 라벨 디스코텍 폭발 사건은 리비아를 테러의 온상으로 지목하여 무력 침공의 명분을 만들어 내려는 미국과 이스라엘의 음모였다. 사건의 주범으로 법정에선 야세르 츠레이디는 미국과 독일이 수행한 정치 공작의 희생양이었다는 것이다.126)

팬암 비행기 폭파 사건의 진실

미국이 리비아를 테러 지원국으로 낙인찍으면서 가장 결정적인 증거로 제시한 사례는 1988년 12월에 발생한 미국 민항기 폭파 사건이다. 런던을 출발하여 뉴욕으로 향하던 팬암 103편이 스코틀랜드의 로커비Lockerbie

---

126) *German Zweites Deutsches Fernse(ZDF) TV*, 1998. 11. 27.

상공을 지날 무렵 공중에서 폭발했다. 승무원을 포함한 259명의 탑승객 전원과 지상에 있던 지역 주민 11명, 모두 270명이 사망했다.

사건 발생 직후 미국 정부는 이를 카다피 정부의 소행으로 단정하고, 자신들이 지목한 리비아인 용의자 두 명을 넘기라고 리비아 정부에 요구했다. 그러나 카다피는 구체적인 증거를 제시하지 않는 한 자국민의 신병 인도 요구에 응할 수 없다며 거부했다. 그러자 미국 정부는 어떠한 보복 행위도 불사하겠다는 뜻을 대외적으로 천명함과 동시에 유엔과 공조하여 리비아에 대한 전면적인 제재 조치에 착수했다. 그리하여 결국 카다피 정부는 넬슨 만델라 남아공 대통령과 코피아난 유엔 사무총장의 중재로 미국이 지목한 용의자 두 명을 미국에 인도했다. 그로 인해 유엔의 제재는 풀렸으나 미국의 제재는 그 후로도 계속되었다.

사건 재판에서 검찰은, 리비아 항공사에 근무하는 용의자들이 몰타 Malta에서 프랑크푸르트로 향하는 비행기에 폭발물이 장착된 카세트 라디오가 담긴 여행용 가방을 실었다고 주장했다. 프랑크푸르트에 도착한 이 가방은 뉴욕으로 향하는 다른 가방의 물표를 부착한 채 다시 런던을 경유하여 뉴욕으로 향하는 팬암기 화물칸에 실렸다는 것이다. 아울러 미 첩보 기관이 도청한 내용이라면서, 사건 직후 용의자들이 본국에 띄운 '임무 완수'라는 전문을 증거로 제시했다. 그러나 용의자가 폭발물 가방을 들고 있는 것을 보았다는 증언은 미 수사 기관과 관련된 인물의 진술이었기 때문에 증거 능력이 빈약했다. '임무 완수'라는 전문 역시 미 첩보 기관이 일방적으로 제시한 자료이기 때문에 객관성이 부족했다.

피고인 측은 오히려 이 사건이 그 해 7월 초 미 순양함 빈센스호가 이란 민항기를 격추시킨 데 대한 이란의 보복이라면서, FBI의 비밀 파일에 그 내용이 기록되어 있다고 주장했다. 즉 팬암기 폭파 사건 2개월 전에 스웨덴과 서독 경찰이 시리아에 본부를 둔 팔레스타인 민중 전선 사령부 PFLP-GC 조직원 아부 타입Mohammed Abu Talb을 체포하여 팬암기 폭파에 사용된 것과 동일한 카세트와 폭발물을 압수한 바 있는데, PFLP-GC의 배후 조정자가 이란이라는 것이었다. 그러나 피고인측의 FBI 자료 제출 요청은 재판부에 의해 묵살되었다.

한편 리비아에 대한 공격 명분을 만들기 위해 서방 첩보 기관이 팬암기를 폭파시켰을 가능성도 제기되었다. 그 근거는, 지중해에 위치한 몰타에서 프랑크푸르트를 경유하여 미국으로 들어가는 항로가 미 첩보 기관의 상용 마약 밀수 루트이기 때문에, 탑승객들 수하물에 '검사필' 식별표를 부착하는 일은 정보기관의 일상 업무라는 점이었다.

1981년부터 1986년까지 미 국방성에서 테러 대책 팀장을 역임하고 2000년 현재 미 국무성에서 테러 대책 전문가로 일하고 있는 코치Noel Koch는, "이 사건은 리비아의 소행이 아니라 시리아와 이란이 공모한 일이다. 리비아는 단지 속죄양에 불과하다"고 주장했다. 당시 부시 대통령도 테러의 온상이 시리아라는 점을 여러 차례 언급했으나, 1992년 재선 출마를 앞둔 부시 대통령과 베이커 국무장관이 고의로 리비아를 속죄양으로 삼은 것이다. 1990년까지 CIA에서 이란과 시리아를 담당한 캐니스트라로Vincent Cannistraro 역시 리비아는 종범에 불과하며 시리아와 이란이 주범이라고 밝힌 바 있다.[127]

여하튼 미국이 리비아를 주범으로 지목한 것은 분명 비밀스런 대외 정책에 따른 정치적 판단이었음에는 의문의 여지가 없다. 테러 본부를 일거에 소탕해 버리면 더 이상 테러 소탕을 빙자한 무력 사용이 불가능할 수 있다고 판단했는지, 아니면 시리아 같은 별 볼일 없는 나라를 길들이기보다 석유 자원도 풍부하고 범아랍주의의 맹주로 부상하고 있는 리비아를 꺾는 편이 우선이라고 판단했는지는 정확히 알 수 없지만 말이다.[128]

네덜란드의 자이스트 캠프(전 나토 군사 기지)에서 2000년 5월 초부터 시작된 재판은 2001년 1월 말까지 계속되었다. 마침내 스코틀랜드 판사들은

---

127) *Sunday Herald*, 2000. 2. 27.
128) *BBC*, 2001. 1. 11, 2001. 2. 5.

주범으로 지목된 리비아 항공 보안 담당 책임자 알 메그라이Mohammed Ali Al Megrahi에게 국제 항공 안전법 대신 단순 살인죄를 적용했으며, 리비아 항공 몰타 지점장으로 근무하던 다른 한 명의 용의자에게는 무죄를 선고했다.

에든버러대학 법학 교수 로버트 블랙Robert Black은 이 재판에 대해, "정상적인 재판이었다면 검찰이 제시한 유죄 증거는 인정되지 않았을 것이며, 일반 형사 재판이었다면 진작 불기소 처분이 내려졌을 것"이라고 단언했다. 또한 이 재판의 공식 해설자인 글래스고대학 로스쿨의 그랜트 John Grant 교수 역시 "언제라도 깨질 수 있는 빈약한 증거는 이 사건이 어떤 특정 세력에 의한 속임수일 가능성을 시사한다. 그 특정 세력이란 바로 미국이다"라고 논평함으로써 미 첩보 기관의 음모 가능성을 시사했다.129)

---

129) *Guardian*, 2000. 11. 29.
    Time, 2000. 5. 15.

7. 수단

앞서 언급했듯이, 1998년 8월 미국은 신경계 마비용 화학 무기를 생산하는 곳이라 주장하며, 수단의 수도 카르툼Khartoum에 있는 알쉬파 제약 공장을 폭격했다. 그러나 폭격 후 사흘 만에 정밀 조사를 실시한 유엔 조사 요원들은, 설립 당시부터 지금까지 이곳에서 무기가 될 만한 화학 물질을 생산한 흔적이 전혀 없다면서 아목실린 등의 치료제를 생산하는 순수 제약 공장이 확실하다고 공식 발표했다. 이러한 사실은 이 공장의 생산 담당 책임자를 지낸 영국인 카나핀Tom Carnaffin의 증언을 통해서도 확인되었다.[130]

이에 대해 당시 클린턴 정부는 신경가스를 만들 수 있는 모종의 원료가 생산되었다고 답변했다. 그럼에도 국제적인 비난 여론이 수그러들지 않자 급기야 윌리엄 코엔 국방장관은 알쉬파 제약 회사가 빈 라덴과 관련되어 있기 때문에 테러 세력 분쇄 차원에서 폭격을 가한 것이라고 말했다. 이에 대해 올브라이트 국무장관이 "코헨장관의 발언은 전혀 신빙성이 없는 추측에 불과하다"면서 이를 부인하는 촌극까지 벌인 것만 보아도 미국의 제약 회사 공습은 명백한 테러 행위였다.

그러나 수단 정부가 공개 사과와 더불어 공장 재건을 위한 적절한 배상을 요구하자, 미국 정부는 자신들이 지원하고 있던 수단 분리주의자들에 대한 수단 정부의 무력 사용을 트집 잡으며 거절했다.[131]

사실 미국이 치료제나 생필품 생산 시설에 폭격을 가한 것은 이번만이 아니다. 걸프전 당시에도 미국은 이라크 최대의 유아용 분유 제조 공장을 파괴하여 수많은 유아들이 분유 부족으로 사망하거나 고통을 겪도록 만

---

130) *London Observer*, 1998. 8. 23, 12. 20.
     Boston Globe, 1999. 8. 20.
131) *BBC News*, 1999. 8. 20.

들었다. 여러 정황으로 미루어볼 때, 미 고위층은 알쉬파 제약 공장이 순수한 제약 공장임을 처음부터 알고 있었음에 틀림없다. 그럼에도 공장을 폭격한 것은 치료제 부족 사태를 유도함으로써 자국 정부에 대한 수단 국민의 불만을 가중시키려는 의도였다.

수단에 대한 미국의 적대 정책은 수단이 겪어 온 오랜 내전과 밀접히 관련되어 있다. 수단은 1953년 이집트와 영국으로부터 자치 정부 수립을 보장받은 후, 1956년 1월 독립 국가로 출범했다. 그러나 독립 이전부터 영국이 잠정적으로 분할해 놓은 남부 수단과 북부 수단의 분쟁으로 인해 40여 년간이나 참혹한 내전을 겪게 되었다. 게다가 1983년 이슬람 세력이 중앙 정부를 장악하고 이에 맞서 서방 진영의 지원을 받는 기독교계 에티오피아군과 우간다군이 남부 유전 지대를 점령하여 반군을 형성하면서 내전은 더욱 격화되었다.

결국 300만 명 이상이 전쟁과 기근으로 희생된 수단의 비극은 유전 지역을 차지하려는 미·영의 탐욕과 이에 맞선 이슬람권 사이의 투쟁이었다. 미국이 자행한 알쉬파 제약 공장 폭격 역시 이러한 맥락의 연장선상에서 이해할 수 있다.

최근 영국 정부는 수단 분쟁의 해결(?)을 명분으로 3천 명의 군대를 수단에 파견키로 했다. 유엔의 결의도 없이 독자적으로 자국의 전투병을 파병하는 것이 과연 다른 나라의 분쟁을 해결하는 방법인가? 이는 약소국의 주권보다 자국의 탐욕을 앞세우는 제국주의 국가들의 파렴치한 행위일 뿐이다.132)

---

132) *AFP*, 2004. 12. 26.

8. 소말리아

유럽과 중동을 연결하는 홍해의 길목에 위치한 소말리아는 1960년에 독립을 했다. 그러나 2차 대전 이전까지 서방 진영의 식민지 분할 정책에 따라 프랑스령(현재의 지부티)과 이탈리아령, 그리고 영국령으로 나뉘어 지배당한 과거 역사로 인해 종족과 지역 충돌이 끊이지 않았다. 게다가 1969년 미국의 지원 아래 쿠데타로 권력을 잡은 바레Muhammad Siad Barre는, 23년간 살인적인 군사 독재와 부정 축재를 일삼으며 소말리아 국민들의 고통을 가중시켰다.

1991년 쿠데타에 의해 바레 정권이 붕괴되면서 반미 친이슬람 계열의 아이디드Mohamed Farrah Aidid 정권이 들어섰다. 이로써 미국의 지원을 받는 친서방 계열 반군과 이슬람권 정부 사이의 내전이 본격적으로 시작되었다. 1993년 3만 명에 가까운 유엔 평화 유지군이 주민들의 인권을 보호한다는 명분으로 소말리아에 진입했다. 사실상 아이이드 정부를 붕괴시키기 위한 미국의 공개적인 군사 행동이었다.

1995년 철수할 때까지 평화 유지군(미군)이 보여준 행태는 인권 보호가 아니라 인권 유린이었고, 평화를 유지하는 것이 아니라 내분을 조장하는 것이었다. 이들은 전쟁과 자연 재해, 그리고 열대성 전염병으로 인해 만신창이가 된 비무장 시위 군중을 무차별 학살했으며, 그들의 주거지에 무차별 폭격을 가했다. 이로 인해 소말리아 민간인 만여 명이 사망하고, 종족과 지역의 적대 감정은 더욱 악화되었다.

미군이 철수한 이후 한동안 불안한 평화가 지속되었으나, 9·11 이후 소말리아는 알 카에다와의 연루를 주장한 미국 정부에 의해 테러 지원국으로 낙인찍혔다. 미국 정부는 아프가니스탄보다 소말리아 침공이 훨씬 손쉬울 것이라 판단해, 굳이 미군을 보낼 필요도 없이 인근 에티오피아 군

대를 지원하여 침공하도록 하는 방안을 고려하고 있는 것으로 알려졌다.[133]

미국의 유명한 보수 우익 칼럼니스트 토니 스노Tony Snow는 다음처럼 말했다. "전쟁은 추악하게 하는 것이다. 그리고 전쟁에서 작은 자유를 희생시키는 것은 당연하다." 평화와 인권이라는 미명 아래 자행되는 제국주의 국가들의 폭력과 그로 인해 희생되는 약소국 국민들에 대해 이처럼 강변하면서, 약소민족에 대한 미국의 범죄를 합리화했다.[134]

---

133) *Wall Street Journal*, 2001. 11. 29.
    Sunday Telegraph, 2001. 12. 2.
134) *Sunday Times*, 2001. 11. 25.

9. 앙골라와 르완다

독립을 이룬 아프리카 국가들에서 다양하게 나타나는 종족·종교·지역 분쟁은 식민 잔재를 청산하려는 개혁 세력과 이를 거부하고 외세의 비호 아래 기득권을 유지해 나가려는 수구 세력의 대립에서 기인한다. 그리고 이러한 내부적 대립은 미국을 중심으로 하는 서구 제국주의 세력에 의해 유혈 분쟁으로 확대된다. 물론 이러한 현상은 비단 아프리카 국가들에만 국한되지 않는다. 일제 패망 이후 한반도에서 벌어진 동족상잔이나 남한에서 벌어진 보수 우익과 개혁 진보의 갈등도 마찬가지다.

앙골라

앙골라는 14년간의 독립 전쟁을 끝내고 1975년 포르투갈로부터 독립을 쟁취했다. 그러나 민족주의 세력인 앙골라 해방 민중 운동MPLA와 서구 제국의 지원을 받는 수구 세력인 앙골라 독립 총연합UNITA 사이의 충돌이 곧바로 시작되었다. 미국은 1981년 이후 남아공(백인 독재 정권) 같은 제3국을 통해 남부 앙골라 반군에 막대한 규모의 재정과 무기를 공급함으로써 이러한 충돌을 내전으로 확대시켰다.[135] 또한 미국은 1981년 유엔 결의에 따라 앙골라 전역에 걸쳐 주민의 의사를 묻는 총선을 실시하려 하자, 이를 방해하기 위해 남아공으로 하여금 남부 앙골라를 무력 점령하도록 지원했다.[136] 결국 26년간의 내전은 수백만 명의 목숨을 앗아갔으며, 400만 명 이상의 주민들을 난민으로 만들었다.

---

135) *Time*, 1983. 5. 16.
   Newsweek, 1983. 10. 10.
136) *The New York Times*, 1981. 9. 4.

르완다 인종 학살

르완다 학살은 다수 종족인 후투족이 과거의 지배 종족인 투치족을 상대로 자행한 것이다. 1994년 4월 후투족 출신의 르완다 대통령이 탑승한 비행기가 투치족의 미사일에 피격되었다고 알려지면서 촉발되었다. 그리고 불과 석 달 사이에 50만 명, 1년 동안 총 100만 명 이상의 희생자를 냈다. 나아가 부룬디·탄자니아·자이르·우간다·수단 등의 인접 아프리카 국가들에서 학살과 보복의 악순환을 확산시켰다.

르완다 학살 역시 그 밑바탕에는 미국을 비롯한 서구 제국의 이해가 깔려 있다. 그에 대한 증거를 요약하면 다음과 같다.

첫째, 프랑스는 과거 벨기에 식민지 시절 서방 제국의 하수인 노릇을 하며 권력을 휘두른 투치족을 몰아내려는 후투족에게 무기를 공급했다. 심지어 투치족에 대한 학살 광란이 시작된 이후에도 한동안 무기 공급을 지속했다. 또한 프랑스 의회 청문회에서 밝혀진 바에 따르면, 미국의 지원을 받은 투치족 군대가 반격할 즈음 프랑스는 군대를 르완다 남서 지역에 파견하여 투치족의 반격을 지연시키면서 후투족의 국경 탈출을 도왔다.137) 이는 사회주의를 표방한 프랑스의 미테랑 정부조차 중앙아프리카 지역에 대한 영향력을 지키려는 의도가 얼마나 강한지를 반증하는 것이다.

둘째, 미국은 과거 프랑스·영국·벨기에가 균점하던 아프리카 지역에 대한 패권을 독점하기 위해 역내의 소요와 내전을 조장해 왔다. 그 일환으로 미국은 투치족 군사 지휘관들을 미군 기지로 초청하여 훈련시킴으로써 그들을 미국의 병장기로 활용해 왔다. 그 대표적인 인물이 바로 1990년대 초 캔자스시티의 리번워스Leavenworth 군사 기지에서 훈련을 받은 후, 후투족을 제압하고 2003년 르완다 대통령이 된 폴 카가메Paul Kagame

---

137) *Le Figaro*, 1998. 3. 31.

1994년에 자행된 인종 청소로 인해 희생된 투치족의 유골들(Human Right Watch 제공).

다.138) 또한 프랑스 의회 청문회에 출석한 드브레Bernard Debre 당시 국방
장관의 주장에 따르면, 후투족 출신 대통령이 탄 비행기를 저격하는 데
사용된 미사일도 걸프전 당시 미군이 이라크로부터 압수한 프랑스제 미
사일로, 우간다를 통해 카가메 사령관 측에 전달된 것이었다.139)

　셋째, 유엔의 들러리 역할이다. 1999년 12월 코피아난 유엔 사무총장이
르완다 참사를 미리 막지 못한 데 대해 공식 사과를 표명한 것에서도 알
수 있듯이, 인종 학살 직전까지 르완다에 주둔했던 유엔 평화 유지군도
이미 상세한 정보를 입수하고 있었다. 당시 르완다 주재 평화 유지군 간
부였던 달레르Romeo Dallaire 소령은 이러한 정보를 유엔 사무총장에게 보
고했으나 유엔 수뇌부가 철수 명령을 내렸다고 증언했다.

　이 밖에도 1994년 넬슨 만델라의 흑인 정부가 들어서기 이전까지 미국
과 영국이 남아공의 인종 분리 정책을 지지하면서 흑인들의 정치 참여를

---

138) http//wikipedia.com.
139) Le Figaro, 1998. 3. 31.

2003년 백악관에서 부시 대통령을 만난 카가메 대통령.

막기 위해 소수 백인들의 살인적인 독재 정부를 군사적으로 지원한 것 등등, 그 사례들을 열거하자면 한도 끝도 없다.

르완다 인종 학살이 말하듯이 식민 통치 시절 종주국에 기생하며 제 형제를 탄압해온 투치족을 지원한 미국의 제국주의적 행태나, 이에 대한 보복을 자행한 후투족에게 무기를 지원한 프랑스의 행태 역시 약소국의 내전을 부추겨 그들의 정치적인 목적을 달성하겠다는 서구 제국들의 탐욕에서 출발한 것임에는 의문의 여지가 없다.

제5장

동남아 · 태평양 지역 침탈

1. 필리핀

1521년 포르투갈 태생의 스페인 탐험가 마젤란이 세부Cebu 섬에 상륙하고 반세기가 지나지 않아, 3개의 큰 섬과 주변의 작은 섬들로 이루어진 필리핀은 스페인의 식민 지배에 들어갔다. 이후 3백 년간 스페인의 식민 통치를 받아온 필리핀은 19세기 중반에 이르러 독립 투쟁을 시작했다. 필리핀의 독립 영웅이자 사상가인 호세 리살Jose Rizal은 『내게 손대지 말라 *Noli Me Tangere*』는 저서를 통해 자주 독립 사상을 고취시켰다.

이들의 독립 투쟁이 점차 식민 통치권을 위협하는 수준에까지 이르자, 1896년 스페인 정부는 호세 리살을 공개 총살하며 대대적인 탄압에 나섰다. 그러나 이는 오히려 필리핀인들의 자각과 단결을 초래함으로써 독립 투쟁은 전국적인 규모로 확대되었다. 이로써 보니파시오Andreas Bonifacio와 아귀날도Emilio Aguinaldo가 주도한 해방 투쟁은 거의 성공을 거두는 듯했다.

미국의 필리핀 점령

필리핀 독립군은 1898년 마닐라만에 정박한 스페인 함대를 미군의 도움으로 어렵사리 격퇴시킨 후, 1899년 1월 1일 아귀날도를 수반으로 하는 독립 정부를 출범시켰다. 한편 필리핀을 도와 스페인을 내쫓은 미국은 이미 식민 통치권을 포기한 스페인과 파리 조약을 맺었다. 2천만 불의 권리금까지 얹어주는 뒷거래를 통해 필리핀과 쿠바 등에 대한 식민 통치권을 양수하고 새로운 주인으로 나선 것이다. 이러한 미국의 계략을 알지 못한 필리핀인들은 독립 투쟁에 힘을 보태준 미국에 감사했다. 그러나 스페인 군대가 철수하자 점령군으로서 마각을 들어내는 미군을 보고서야 속은 것을 알았다.

필리핀인들은 또다시 미국을 상대로 해방 투쟁에 나섰다. 그러자 미국 정부는 1898년 2월부터 1902년 4월까지 12만 6천 명의 병력과 현지에서 고용한 용병을 투입하여 대대적인 독립군 소탕 작전을 벌였다.

이를 계기로 당시 미국 내에서는 마크 트웨인을 비롯한 일부 인사들이 '반제국주의 동맹'을 결성하고 대대적인 반제국주의 운동을 전개하기도 했다. 그러나 당시 미국 대통령 윌리엄 매킨리William McKinley는 필리핀인들의 대다수가 미국의 보호를 원하고 있다고 강변했다. 일개 산적 불한당에 불과한 폭도들이 마닐라를 공격했기 때문에 전투가 일어났다면서, 필리핀 독립군에 대한 미군의 무력 사용을 정당화했다.

이처럼 사실을 호도한 미국 정부는, 아귀날도의 독립 국가 선포가 법적 효력을 지니지 못하며, 필리핀의 유일한 합법 정부는 마닐라에 주 사무소를 둔 필리핀 주재 미 점령군 사령부라고 주장했다. 이어 선전포고도 없이 필리핀 독립군과 전투를 벌임으로써 무력 통치를 시작했다. 이는 상해 임시 정부를 부인하고 미 군정청을 38선 이남의 유일한 합법 정부로 선언함과 동시에, 한반도 민중의 반제국주의 운동을 테러로 규정하여 무력 진압했던 미국의 한반도 점령 행태와 동일한 것이었다.

필리핀 독립군의 치열한 저항에도 불구하고 턱없이 낙후한 전투력에 주요 지휘관들마저 잇달아 전사했다. 특히 아귀날도가 마카베베족 용병군의 속임수에 걸려 체포되면서 독립군은 거의 궤멸 상태에 빠지게 되었다. 그럼에도 필리핀 3대 섬 가운데 하나인 민다나오Mindanao에서는 표면적인 독립 정부가 구성된 1946년 이후까지 이슬람계 게릴라의 대미 항쟁이 지속되었다. 현재까지도 모로 민족 해방 전선MNLF 등의 이슬람 무장 저항 세력들이 대미 종속적인 필리핀 정부를 상대로 분리 독립을 주장해 오고 있다.

필리핀 독립군의 무력 저항은 1907년 이후부터 약화되기 시작하여,

1913년 민다나오 일부 지역을 제외한 필리핀 전역에서 공식적으로 종료되었다. 이는 군정 통치가 민정 통치로 바뀌고 형식적이나마 필리핀인이 담당하는 입법 기구가 구성되고 지방 자치권이 부여된 영향도 있다.

바탕가스 대학살

1901년 8월 11일, 사마르Samar 섬 바탕가스 마을에 침입한 일단의 미군들은 상습적으로 부녀자를 희롱하고 주민들을 노예 취급하는가 하면, 외부로부터의 식량 반입마저 봉쇄했다. 그러자 견디다 못한 주민들은 1901년 9월 27일 아침, 교회 종소리를 신호로 손도끼와 칼을 들고 미군을 습격했다. 이 사건으로 미군 총 73명 가운데 48명이 살해되고 22명이 중경상을 입었으며, 살아서 도주한 병사는 단 3명뿐이었다.

생존한 병사로부터 사건을 보고받은 스미스Jacob Smith 장군은 부관 월러Littleton Waller 소령에게 "사마르 섬 전체를 초토화시켜라. 포로로 잡으면 귀찮으니 모두 죽인 후 태워 버려라. 되도록 많이 죽이는 것이 나를 기쁘게 하는 것이다" 하면서 무차별 학살을 명령했다. 아울러 그는 필리핀 독립군에 관한 정보를 제공하지 않는 현지인들을 모두 적으로 간주하여 사살해도 좋다는 내용의 '장군 명령 100호'를 하달했다. 이는 1863년 링컨이 북군에 적대적이거나 비협조적인 민간인들을 사살해도 좋다고 한 '장군 명령 100호'를 본뜬 것이다. 이는 내편은 지키고 나머지는 쓸어버리라고 명령하여 무고한 거창, 산청의 민간인 7백여 명을 학살한 최덕신의 '견벽 청야' 작전과 같은 것이다. 그 결과 수천 채의 가옥이 전소되고 수많은 현지 주민들이 집단 학살당했다. 심지어 월러 소령은 장거리 행군으로 지친 미군 병사들에게 먹을 수 있는 식물 뿌리를 가르쳐 주지 않았다는 이유로 11명의 현지인 향도들을 처형하기도 했다.

당시 집계에 따르면, 1898~1913년 2만 명의 필리핀 독립군과 100만 명

이상의 민간인이 이런 식으로 살육당했다. 이는 필리핀 전쟁 직전 약 900만에 달했던 필리핀 인구(스페인 정부의 조사 자료)가 전쟁 직후 약 800만에 불과했다는 점에서도 확인된다. 이처럼 많은 민간인 사망자가 발생한 것은, 현지인에 대한 고문·살육·방화 등을 통상적인 일과(Nigger Killing business)로 삼은 미군의 야만 행위와 더불어, 지역과 지역 사이의 교통을 봉쇄하는 고립 정책으로 인한 기근과 질병 때문이었다. 그럼에도 1901~1913년 필리핀 내무 행정을 총괄한 미국의 우스터Dean Worcester 장관은, 미국의 점령 덕분에 필리핀 정부가 안정과 발전을 이루고 맨발의 야만인들이 교육을 받게 되었다는 궤변을 늘어놓았다.

1898년 초대 군정장관 웨슬리 메리트Wesley Meritt 장군부터 3대 군정장관 아서 맥아더Arthur Macarthur(더글러스 맥아더 장군의 아버지)에 이르는 통치 기간 동안, 민족주의 정치 단체들은 해산되고 민족 문학과 민족 언론은 철저히 탄압당했다. 필리핀인들은 정체성 없는 민족으로 길들여져 갔던 것이다. 그 후 미국 정부는 민정 통치를 내세우며 윌리엄 태프트William Taft를 초대 문민 총독으로 선임했다. 그러나 태프트는 단지 현역 군인이 아니었을 뿐 전직 육군장관 출신으로, 일본의 한반도 지배와 미국의 필리핀 지배를 상호 승인한 가쓰라-태프트 비밀 조약의 당사자였다.

훅스 시민군 진압

필리핀 국민들의 반미 의식을 가라앉히기 위해 미국은 1907년부터 형식적인 자치권을 부여했다. 덧붙여 적절한 시기에 필리핀을 독립시킨다는 조건도 제시했다. 그러나 이는 미국의 상습적인 식민지 지배 전략으로, 여기서 '적절한 시기'란 자신들에게 충성할 소수의 충견들이 제 민족을 탄압·착취할 수 있을 만한 일정 수준의 권력을 획득하게 되는 시점을 의미한다. 즉 종주국의 비호 없이는 살아갈 수 없는 실질적인 피점령국으로 만들려는 속셈인 것이다.

필리핀은 넓은 농경지와 사계절 농사가 가능한 천혜의 자연 조건, 그리고 풍부한 지하자원을 갖춘 나라다. 그럼에도 불구하고 오랫동안 스페인의 비호 아래 소수의 식민 지배 앞잡이들이 부와 권세를 독식해 왔다. 그 탓에 대다수의 농민들은 대지주의 소작농으로 전락한 채, 빈곤에서 벗어나지 못했다. 이러한 사회적 폐단은 미국의 지배를 받으면서 더욱더 심화되었다.

진주만 공습과 함께 필리핀에 상륙한 일본군은 그동안 미국의 앞잡이 노릇을 한 호세 라우렐Jose Laurel을 괴뢰 정부의 대통령으로 세워 국민 탄압과 착취를 계속했다. 그러자 주로 농민들로 구성된 혹스HUKS(따갈로그어로 시민군의 약자)군은 일본군과 그 앞잡이들을 상대로 무력 저항에 나섰다. 때로는 일본군의 공격을 받아 곤경에 처한 미군을 돕기도 했다.

그러나 일본군이 여러 전선에서 수세에 몰리기 시작하자 미군은 혹스를 무장 해제하는가 하면, 이들 부대가 일본군의 공격을 받아 전멸당하도록 방치하기도 했다. 또한 각종 거짓 선전으로 혹스와 농민들을 이간했다. 예를 들어 구름 위로 비행기를 띄워 놓고 마치 하늘에서 신의 음성이 내리는 것처럼 위장하여, 혹스를 도우면 재앙을 내리겠다는 메시지로 순박한 농민들을 협박하는 수법도 썼다. 이 작전을 지휘한 랜스데일Edward Lansdale 대령은 후일 제네바 협약을 무산시키기 위해 남베트남에서 각종 테러 공작을 벌였다.

혹스 시민군의 목표는 수세기에 걸친 식민 통치로 왜곡된 사회 정의를 바로 세우고, 소수의 매국노들이 독차지한 토지를 소작농들에게 되돌려주는 농지 개혁을 실시하자는 것이었다. 그렇다고 해서 이들이 소련의 지원을 받거나, 그러한 지원을 받을 만큼 이념화되었던 것은 결코 아니다. 이는 미국 정부의 교묘한 이간책이었다. 혹스 시민군에 대한 농민들의 지원이 줄어들면서 이들 조직이 급속하게 축소되었고, 이들이 대단히 조악하고 낙후된 무기를 소지하고 있었다는 점으로도 이는 쉽게 확인된다.

그렇다면 미국 정부는 왜 이들을 궤멸시키려 했을까? 이유는 간단하다. 민족 윤리와 사회 정의를 세우려는 시민군 조직은 오히려 일본군보다도 미국의 약소국 지배에 더욱 결정적인 장애가 되기 때문이다. 이는 한반도를 포함한 세계 여러 나라의 양심 세력들을 무력으로 탄압한 미국의 행태에서 여실히 드러나는 바다.

민중 세력 제거와 독재 정부 비호

제2차 세계 대전이 끝난 1946년, 필리핀은 비록 형식적이나마 독립 국가의 형태를 갖추었다. 마누엘 로하스Manuel Roxas가 초대 대통령으로 선출되고 상·하 양원이 구성되었다. 그런데 이 과정에서 훅스 지도자 루이스 타룩을 비롯한 몇몇 개혁 성향 인사들이 당선되자, 필리핀 정부는 선거법 위반을 이유로 이들의 등원을 가로막았다. 물론 실질적인 이유는 따로 있었다. 이들이 의회에 진출할 경우 미 제국과 그 앞잡이들이 저질러 온 추악한 죄상들이 폭로될 뿐만 아니라, 필리핀 국민 절대 다수가 원하는 토지 개혁 등의 사안이 전면에 등장할 수 있었기 때문이다.

이렇게 개혁 성향 인사들을 배제한 가운데, 필리핀 의회는 천연자원 개발권을 미국에 넘겨주는가 하면, 필리핀 내 23개 군사 기지를 99년간 미국에 조차하도록 승인했다. 게다가 군사 주권을 미국에 이양하는 일방적인 조약(미국의 승인 없이는 외국으로부터 무기를 구입할 수 없도록 하는 등의 내용)마저 통과시켰다. 이로써 1950년 미 합동 군사 고문단은 라몬 막사이사이Ramon Magsaysay를 사령관으로 시민군 진압 부대를 편성하여 대대적인 반군 소탕에 돌입할 수 있었다. 이로 인해 수만 명의 훅스 관련 혐의자들이 살해됨과 동시에 이들에게 도움을 주었다는 이유로 수많은 농촌 마을이 황폐화되었다. 이는 미군정 치하와 단정 수립 직후의 남한 사회와 동일한 것이기도 하다.

개혁 인사 축출 공작은 오늘날에도 끊이지 않고 지속되고 있다. 예를 들어, 1998년 6월 대중 혁명당 후보로 대통령에 당선되었다가 첫 임기도 채우지 못한 채 기득권 보수 세력이 씌운 부패의 올가미에 걸려 2001년 1월 권좌에서 쫓겨난 조셉 에스트라다Joseph Estrada의 경우도 이에 해당한다.

최근 선거 부정 등의 각종 부패와 비리에 연루되어 탄핵 위기에 몰린 마카파갈 아로요Macapagal Arroyo 대통령의 행태에서도 알 수 있듯이, 필리핀에서는 지금까지도 국책 공사 발주와 관련해 정치인 및 고위 관료에게 뇌물을 주는 것이 관행화되어 있다. 명문 세도가들이 전기·통신·건설 등의 기간산업을 독점하면서 끊임없이 비리를 저지르고 있다. 더구나 대다수 기득권층이 미국 영주권이나 시민권을 이용하여 부정·비리로 모은 재산을 미국으로 빼돌리고 있다. 그 단적인 예가 바로 미국의 묵인 아래 장기간 독재를 하며 모은 수백억 달러의 재산을 미국 등 해외로 빼돌린 페르디난도 마르코스 전 대통령과 그 부인 이멜다 마르코스의 부패 행각이다. 그러니 극빈 생활에서 벗어나려는 보통 시민들은 세계 각처에 나가 날품을 팔거나, 로또 복권 추첨이 있는 주말 저녁에 도시 뒷골목 구멍가게의 텔레비전 앞에 모여 인생 역전의 행운을 꿈꾸며 고달프게 살 수 밖에 없다.

에스트라다는 바로 이러한 상황에서 주로 홍길동이나 일지매 같은 의적 역할을 맡았던 2류 영화 배우였다. 물론 기득권층이 보기에, 그는 무식하고 경박하며, 도덕적으로도 별반 투명하지 않은 인물이었다. 그럼에도 그가 기득권 정당의 갖은 모략과 방해 공작을 물리치고 대통령에 당선될 수 있었던 것은, 제 국민을 속이고 착취한 기득권층의 조직적인 부정부패에 반감을 가진 대다수 국민들이 그를 차선책으로 선택했기 때문이다. 그는 비록 부패한 2류 배우 출신이기는 했지만, 적어도 종주국에 빌붙어 자기 민족의 등골을 파먹는 그런 족속은 아니었다.

이렇듯 기층 민중의 지지를 받는다는 것은 곧 미국적인 가치와 보수 기득권층의 이익에 반하는 일이었고, 따라서 그들의 입장에서 볼 때 에스트라다는 반드시 축출되어야 할 인물이었던 것이다.

2. 인도네시아

석유와 고무를 비롯한 풍부한 자연 자원의 보고인 인도네시아는, 인도 문화의 영향 아래 힌두교와 불교권의 여러 왕조가 흥망을 거듭해 오다가, 13세기경 수마트라 북부를 중심으로 하는 이슬람 왕국이 건설된 이후 오늘날의 이슬람 국가가 되었다. 그리고 서구 열강의 동남아 식민지 확보 경쟁이 한창이던 17세기 초에는, 영국·포르투갈·스페인을 물리치고 동인도 해상의 패권을 장악한 네덜란드의 식민 지배를 받게 되었다.

이후 19세기 초부터 자바 전쟁과 아체 전쟁 등의 대규모 독립 전쟁이 이어졌고, 1920년대에는 인도네시아 공산당과 전국 규모의 노동조합이 결성되어 네덜란드에 맞선 반제국주의 무력 혁명을 시도했다. 그리고 네덜란드 정부의 강제 진압으로 혁명이 무산된 뒤에는, 수카르노Achmad Sukarno를 주축으로 하는 국민당이 인도네시아 해방을 위한 비협조·비폭력을 제창하여 크게 세력을 확장했다.

수카르노의 비동맹 자주 노선

일본 패망 직후인 1945년 8월 17일 수카르노를 비롯한 민족주의 인사들은 인도네시아 공화국의 독립을 선포했다. 그러나 네덜란드는 다른 제국주의 열강과 마찬가지로 과거 식민지에 대한 지배권을 주장하며 재침을 시도했다. 이러한 시도는 인도네시아의 유혈 항쟁과 국제 사회의 비난으로 좌절되었고, 1949년 12월 네덜란드를 중심으로 하는 인도네시아 연방 정부 수립에 합의했다. 그러나 이마저 1950년 8월 인도네시아 정부의 연방제 폐지 선언으로 양국의 종속 관계는 마침내 끝났다.

350년 가까이 서구 제국의 지배를 받아 온 인도네시아 역시, 식민지 시절의 기득권을 지키려는 수구 계층과 민족주의를 추구하는 개혁 세력 사이의 갈등과 대립에서 자유로울 수 없었다. 이에 국민들의 압도적인 지지로 대통령에 선출된 수카르노는, 워싱턴과 모스크바를 상대로 등거리 외교를 전개하면서 국가 주권 수호와 국익 극대화를 위한 비동맹 자주 노선을 추구했다. 아울러 1955년 4월 18일 인도네시아 반둥에서 개최된 아시아- 아프리카 비동맹국 정상 회담(반둥 회의)을 계기로 이러한 자주 노선을 제3세계 약소국들에 전파하고자 했다.

이 회담에서 수카르노는, 급속히 발전하는 물질문명에 발맞추어 도덕성을 겸비하지 않는 한, 그리고 고전적 식민지 제도와 더불어 강대국들의 경제 종속 등 신식민지 정책을 경계하지 않는 한, 인류의 진정한 평화와 번영은 요원한 일이라고 전제한 후, 서구 제국주의자들에게 굴종하며 사는 것을 숙명으로 여겨 온 후진 약소국들에게 긴 잠에서 깨어나라고 역설했다.[140]

바로 이러한 그의 메시지가 미국으로 하여금 수카르노 제거를 결심하도록 만든 결정적인 계기가 되었다. 왜냐하면 반둥 회의는 동남아 국가들을 미국의 패권 아래 줄 세우기 위해서 1954년에 만든 동남아 조약 기구 SEATO의 창설 취지에 정면으로 배치되는 것이었다. 동시에 아시아, 아프리카 그리고 라틴 아메리카의 신생 독립국 등 제3세계 국가들이 미국의 탐욕에 대해 경계하도록 하고 자주 독립 사상을 자극하는 촉매제 역할을 했기 때문이다.

수카르노 제거 음모

1955년 4월 11일, 여덟 명의 중국 대사와 두 명의 유럽 언론인 등을 태우고 반둥 회담에 참석하기 위해 홍콩을 이륙한 비행기가 남중국해 상공

---

140) *Africa-Asia Speaks from Bandong*, Indonesian Ministry of Foreign Affairs, 1955.
   Time, 1961. 3. 17.

에서 폭발하는 사건이 발생했다. 그러자 중국 정부는 미국과 대만에 의해 자행된 테러라며 비난을 퍼부었다. "계획적으로 설치된 두 개의 폭발물에 의한 공중 폭발"이라는 당시 한 인도 신문의 보도와 "사건 직후 대만으로 도주한 한 중국인이 유력한 용의자"라는 홍콩 경찰의 발표 역시 그러한 가능성을 뒷받침해 주었다.

더욱이 1960년경 소련으로 망명한 존 디스크 스미스는 "비행기 사고 당시 인도 주재 미국 대사관에서 암호 해독 관련 통신 기술자로 일했는데, 사고 직전 시한폭탄 두 개가 든 소포를 한 중국인에게 전했다"고 폭로했다.[141] 또한 1975년 CIA의 개입 사실을 조사하던 미 상원의 한 위원회는 "동아시아에 근무하는 CIA 간부들이 1955년에 개최된 반둥 회의를 무산시키기 위해 참가국 지도자들을 암살해야 한다는 주장도 있었다"는 증언을 확보하기도 했다.

그 후로도 수카르노를 축출하기 위한 공작은 계속되었다. 전 CIA 간부인 조지프 벅홀더 스미스도 1955년 인도네시아 선거 당시 미 정보기관이 수카르노의 민족주의당과 그를 지지하던 공산당을 몰아내기 위해, 온건 이슬람 정당인 마슈미당에 100만 달러를 기부했다고 밝힌 바 있다. 아울러 수카르노에 대한 국민적 존경심에 흠집을 내기 위해, 수카르노의 얼굴을 본뜬 가면을 씌워 포르노 필름을 제작하고는 마치 수카르노 본인의 난잡한 사생활을 찍은 것인 양 인도네시아 사회에 유포시켰다.

한편 1957년 11월 말에는 수카르노가 방문한 자카르타 시키니 지역의 한 초등학교에서 폭탄이 터져 6명이 현장에서 사망하고 많은 어린이들이 중상을 입는 사건이 발생했다. 그러자 수카르노는, 비록 범인을 체포하지는 못했으나, 이것이 자신을 목표로 한 서방 정보기관의 암살 테러라면서 강력히 비난했다. 이어 당시까지 인도네시아에 남아 있던 서방 기업들의 자산을 국유화하는 등의 보복 조치를 단행했다.

---

141) William Blum, *Killing Hope*, Common Courage Press, 2003.

CIA의 5412/2호 비밀 군사 작전

수카르노 암살이 실패로 돌아가자 미국 정부는 1957년 말부터 수카르노 정권을 전복하기 위한 비밀 군사 작전(헤이크Haik 작전)에 돌입했다. 이는 아이젠하워 대통령 시절 닉슨 부통령이 주재한 비밀 국가 안보 위원회의 5412/2호 결정에 따른 것이었다.

실무 총괄을 담당한 CIA 부국장 위스너Frank Wisner는 싱가포르에 작전 본부를 설치하고 서서히 준비했다. 작전에 투입될 미군과 필리핀 특공부대, 그리고 수만 명에 달하는 현지 반군 용병들이 민다나오 섬 다바오 시 외곽 기지에서 훈련을 받았다. 병력을 실어 나를 C-54s 수송기와 공중 폭격에 사용될 B-26 소형 폭격기, 그리고 42,000정의 라이플 소총과 2,800기의 토우 미사일을 비롯한 각종 화기가 각각 대만의 미 공군 기지와 필리핀·오키나와의 미군 기지에서 지원되었다.

1958년 2월 9일 미군의 지시를 받은 말루딘 심보론Maluddin Simbolon은 수마트라 혁명 위원회를 구성한 후, 수마트라 섬을 중앙 정부로부터 독립시켜 새 정부를 구성한다는 내용의 성명과 함께 반란을 선언했다. 그러나 미군의 엄호 공습과 해상 지원에도 불구하고, 나수티온Abdul Nasution 장군(그는 후일 수하르토와 함께 친미 쿠데타를 주도한다)이 이끄는 인도네시아 군에 밀려 수마트라와 세레베스 해안으로 퇴각했다가 끝내 궤멸했다. 현지 프락치를 통한 반란에 실패한 미군은 직접 폭격기를 보내 암본 섬에 정박 중이던 여객선을 폭격하는가 하면, 교회당과 시장까지 폭격하여 수많은 민간인들을 무차별 살상했다.

이러한 폭격은 철저히 비밀리에 이루어졌다. 유사시 미군의 개입 사실이 드러나지 않도록 폭격기를 비롯한 모든 군사 장비에서 식별 부호가 제거되었고, 모든 작전 요원은 민간인 복장으로 위장했다. 작전 요원이 생포되거나 폭격기를 포함한 군사 장비가 적의 손에 들어가더라도, 미군의 소행으로 단정 지을 근거는 없었다. 그러나 마카사르 해안을 저공비행하던 중 인도네시아 해군 대공포에 격추된 폭격기의 조종사(앨런 포프Allan L. Pope)가 만약을 대비해 신분을 증빙할 수 있는 자료들을 휴대했기 때문에, 미국의 테러 행위는 마침내 꼬리가 밟히게 되었다.

그럼에도 덜레스 CIA 국장은 자신들의 개입 사실을 부인했다. 아이젠하워 대통령 역시 그 해 4월 30일자 성명을 통해 다음과 같이 인도네시아 침공 사실을 극구 부인했다. "그 사건은 우리와 무관한 일이다. 우리의 정책은 중립을 지키는 것이다." 그러자 인도네시아 정부는 1958년 5월 27일 외신 기자 회견을 통해 포프의 진술과 휴대 문서를 공개함으로써 이를 반박했다. 이로 인해 결국 미국 정부는 인도네시아에 수천만 달러를 배상한 것으로 알려졌다. 1963년 인도네시아는 미국이 주도하는 유엔을 탈퇴하고 소련 및 중국과의 관계를 강화했다.[142]

비밀 군사 작전이 실패로 돌아가자 미국은 그 원인이 인도네시아 군부의 충성심에 있다고 파악했다. 따라서 수카르노를 상대로 한 정면 돌파 전략에서 인도네시아 군부를 분열시키고 친미 지휘관을 양성하는 우회 전략으로 작전을 바꾸었다. 인도네시아군 지휘관들의 자질을 향상시킨다는 명분으로 연간 200명 이상의 인도네시아군 장교들을 미국에 초청하여 교육시켰다. 유사시 이들을 이용해 수카르노 지지층인 인도네시아 공산당 세력을 발본하고 나아가 수카르노를 제거하겠다는 전략을 세운 것이다.[143] 이에 따라 미 행정부는 인도네시아에 연간 2천만 달러 규모의 군사 원조를 제공했다. 1963년 인도네시아의 유엔 탈퇴로 인해 미 상원에서 원조 중단을 결의한 후에도, 미 행정부는 우익 군부 양성을 위한 위탁 교

---

142) 이는 당시 CIA와 국방성 사이의 업무 조정을 맡았던 프라우티 공군 대령이 자신의 저서와 여러 대중 매체를 통해 미 제국의 음모와 이를 비밀리에 실행한 CIA의 실상을 공개하면서 세상에 알려지게 되었다.
    The New York Times, 1965. 8. 5, 1966. 4. 25, 4. 26, 5. 8, 8. 19, 1967. 3. 1.
    Boston Globe, 1990. 5. 23.
143) *Guardian*, 1966. 4. 7.

육 프로그램을 지속하면서 친미 군부 양성에 힘을 쏟았다.[144]

CIA 공작과 우익 쿠데타의 배경

수카르노 대통령의 유엔 탈퇴 선언은 미국 주도의 국제 연합에 대한 부정이자 미국의 패권에 대한 도전이었다. 이는 수카르노에 동조하는 제3세계 국가들의 동반 이탈을 가져오는 동시에 소련과 중국 측으로 기울 가능성도 배제할 수 없었다. 특히 베트남전의 수렁에 빠져 있던 미국의 입장에서 볼 때, 소련과 중국 다음으로 많은 약 300만 명의 공산당원과 1,500만 명 이상의 동조 세력을 보유한 인도네시아의 이러한 행보는 인도차이나를 포함한 동남아시아 지역 패권에 상당한 위험 요소였다.

미국은 친미 군부를 양성하여 이들로 하여금 인도네시아 공산당을 와해시킨다는 전략을 세우고 각종 비밀공작에 착수했다. 여기에는 유사시 친미 군부 세력 사이에 상호 견제가 이루어질 수 있도록 하는 반목 분열 전술도 포함되어 있었다. 이는 수하르토 군부의 우익 쿠데타에 얽힌 복잡한 배경에서 확인된다. 그리고 사건 발생 약 반년 전부터 CIA에서 유포한 것으로 알려진 각종 루머에서도 확인된다.

우선 말레이시아의 친미 정치인 채룰 살레Chaerul Saleh가 기자 회견을 통해 출처 불명의 자료를 제시했다. 인도네시아 우익 장성 협의회가 인도네시아 공산당을 분쇄하기 위해 모종의 공작을 꾸미고 있으며, 인도네시아 공산당은 군부를 상대로 무장 봉기를 일으키기 위해 중국으로부터 다량의 무기를 밀반입하고 있다는 것이다. 또 질크리스트Andrew Gilchrist 주인도네시아 영국 대사가 본국에 보고한 전문에는 "영국과 미국 정보기관에 의한 수카르노 제거 공작은 우리의 친구인 현지 군부가 실행에 옮길 것"이라는 내용이 씌어 있다는 것이다.

---

144) US NSC 6023 회의록, 1960. 12. 19.

이러한 루머는 날이 갈수록 더욱 구체성을 띠었다. 공산주의자들의 무장 폭동이 임박했다느니, 군부에서 이들을 공격할 디데이를 잡았다느니, 어느 장군이 우익 쿠데타를 주동하며 또 어느 지휘관이 좌익 폭동을 지휘한다느니 하는 내용으로 번져 갔다. 급기야 쿠데타 2주일 전에는 수일 이내에 수하르토를 포함한 3명의 우익 장성이 살해될 것이라는 출처 불명의 첩보가 당사자들에게 전달되었다. 이에 1965년 9월 21일 회합을 가진 우익 장성들이 오는 10월 5일 국군의 날을 기해 쿠데타를 일으킬 계획이라는 이야기까지 나돌았다. 이 회합 내용은 당시 외무장관으로 있던 수반드리오Subandrio(쿠데타 군부에 의해 사형 당한다)의 정보원에 의해 녹음되어 수카르노 대통령에게 보고되었다는 것이다.

우익 군부가 과연 그런 비밀 회합을 가졌는지는 지금까지도 정확히 밝혀진 바 없다. 그러나 인도네시아 공산당이 중국으로부터 다량의 무기를 밀반입했다는 설은, 인도네시아 공산당원들이 군부에 의해 학살당하는 과정에서 전혀 무장 저항이 없었으며 밀반입된 무기도 발견되지 않았다는 점에서 허위임이 분명하게 드러났다. 그리고 이 모든 것이 1973년 칠레의 아옌데 정부를 전복시킨 괴문서 사건[145]과 마찬가지로 CIA와 수하르토 중장에 의해 사전 음모된 마타도어 작전이었다. 이러한 사실은, 1976년 록히드사의 뇌물 공여 사실을 조사하던 상원 조사 위원회의 한 청문회에서도 그 징후를 찾아볼 수 있다.

쿠데타 발생 5개월 전인 1965년 5월 초, 록히드사는 군용 항공기 구매를 위해 미국을 방문한 인도네시아 군 간부들 가운데 수하르토에게 구매 커미션으로 일정액을 지불하겠다고 제안했다. 상관인 야니 합참 의장과 나수시온 국방장관을 제쳐두고 군이 수하르토에게 뇌물 공여 의사를 밝

---

145) CIA의 영향 아래 있던 언론에 제트 플랜Z-Plan이라는 괴문서가 유포되었다. 아옌데 대통령이 공산주의자들과 공모하여 칠레의 우익 군부 장성들을 살해하기로 했다는 내용이었다. 이는 당시까지만 해도 아옌데 정부에 별다른 반감이 없던 칠레군 장성들로 하여금 아옌데 대통령을 살해하고 쿠데타를 일으키도록 만든 계기가 되었다. 이로 인해 수많은 양심적인 인사 및 민간인들이 학살당하고 친미 군사 정부가 들어섰다.

힌 것은, 최고위 장성 가운데 그만이 직속 부대를 관장하고 있는 친미 인물이었기 때문인다. 이에 대해 당시 인도네시아 주재 미 대사관 경제 담당 영사는 "수하르토에게 커미션을 전달하게 된 이면에는 모종의 정치적 고려가 있었다"라고 증언했다. 이로써 수하르토의 쿠데타와 미국 정부의 커넥션을 강력히 뒷받침했다.146)

군부의 민간인 학살과 미국의 역할

1965년 10월 1일 새벽, 6명의 장성이 운퉁Untung 중령을 비롯한 수카르노 경호 부대 소속 하급 지휘관들에 의해 살해되었다. 체포자 명단에 오른 7명 가운데 구사일생으로 살아남은 사람은 나수시온 국방장관뿐이었다. 이 사건이 수카르노의 지시나 사전 양해에 의해서 이루어진 것인지, 아니면 운퉁 중령의 개인적인 소신에 의해 저질러진 것인지는 확인된 바없다. 군부 쿠데타를 전문적으로 연구한 학자들조차 관련 인물들에 대한 일관성 있는 논거를 제시하지 못하는 실정이다. 살해된 장군들 모두 미국과 연결된 인물이 아닌데다가, 오히려 친미파인 수하르토는 살생부에서 빠져 있었기 때문이다.

사건 직후 기동 타격대 사령관을 맡고 있던 수하르토 장군은 이를 즉각 공산주의자들의 소행으로 단정하고, 각종 매체를 통해 공산주의자들의 잔혹성을 선전하면서 정적 제거에 나섰다. 그는 우선 운퉁 중령 일당과 더불어 평소 민족주의적 성향을 보인 정부 고위 관료와 군 지휘관들을 처형하고, 수카르노를 대통령궁에 연금했다. 그리고 대권을 손에 쥔 뒤에는 공산당원 색출을 명분으로 그 해 10월부터 12월까지 불과 석 달 동안 100만 명의 자국민을 학살했다.

그러나 비공개로 진행된 군사 재판에서 좌익 쿠데타 시도 혐의로 사형

---

146) *San Francisco Chronicle*, 1983. 10. 24.

선고를 받은 수파르조 장군은, 수카르노를 추종하는 장교들 가운데 그 누구도 쿠데타를 모의하거나 이를 실행에 옮긴 사실이 없으며 좌익은 더더욱 아니라고 주장했다. 마찬가지로 사형 선고를 받은 수반드리오 외무장관 역시 "단지 수카르노 대통령만이 좌익을 옹호했을 뿐 정부 고위 인사 가운데 그 누구도 좌익은 아니다"라고 진술했다. 아울러 쿠바 주재 인도네시아 대사 하나피는 이 쿠데타가 CIA의 조종을 받은 우익 장성들의 모반이라며 1966년 7월 대사직을 사임했다.

한편 학살의 참상을 심층 보도한 「뉴욕 타임스」 기자 제임스 레스턴 James Reston은 "앵글로 색슨족이 아닌 다른 인종들의 목숨은 무척 값이 싸다"면서 학살 광란의 배후에 자유 민주주의를 앞세운 미국의 탐욕과 야만이 깔려 있음을 시사했다. 이는 인도네시아 민간인 학살에 직접 개입한 미국 관리들의 증언을 통해 사실로 확인되었다. 가장 명백한 증거는 수하르토의 쿠데타 성공 직후 미 정보기관이 핵심 공산주의자 5천 명의 명단을 수하르토 군부에 넘겨주었고, 이들의 제거 사실 여부를 사후 확인했다는 사실이다.

공산당원 제거라는 명분에 희생된 자들은 영세 소작농 등 기층 민중이 주류를 이루는 인도네시아 공산당PKI 당원과 이들의 무고한 희생에 동정을 보내던 양심적인 지식인들이었다.

이에 관련된 외신 보도를 종합해 보자. 족자카르타에 사는 어느 교사는 자신이 가르치는 한 학생이 군인들에게 공산당원이 사는 집이라고 지목하자, 군인들은 그 집에 들어가 총기를 난사하여 부녀자와 어린이들을 포함한 온 가족을 죽였다고 증언했다. 한 공산당원의 집에 침입한 우익 단체 민간인들은 파랑이라는 날이 넓은 칼로 온 가족을 난도질하여 죽였다. 평소 공산주의 사상을 갖고 있다는 이유로 한 학교 교장의 머리가 장대에 매달려 제자들 앞에 전시되었다. 자카르타에 있는 한 식물원에서는 100여 명의 농민이 군인들이 난사한 기관총에 희생되었다. 인구 2백만 명의 발리 지역에서만도 약 2십만 명이 살해되었다는 얘기가 돌았다. 이들의 시신이 지역마다 산을 이루고 일부는 강과 하천에 버려졌다는 언론 보도도 있었다.

당시 인도네시아 주재 미 대사관에서 정치 담당관으로 일했던 로버트 마턴스Robert Martens는 다음과 같이 회고했다. "인도네시아군에게 큰 도움이 된 그 일로 인해 나 역시 손에 피를 묻힌 셈이었다. (…) 그러나 그때가 바로 이 일을 할 수 있는 결정적인 순간이었다. 그 바람에 인도네시아 공산당이 더 이상 발붙이지 못하게 되었으니, 전부 잘못된 일이라고 할 수는 없다."

또 인도네시아 주재 미국 대사 마셜 그린Marshall Green은 인도네시아 군부의 공산당원 관련 정보가 미국 정보보다 부족했다고 덧붙였다. 마턴스의 직속상관이던 인도네시아 주재 CIA 부지부장 조지프 라자르스키 Joseph Lazarsky와 인도네시아 대사관 정치부장 에드워드 마스터스Edward Masters 역시 CIA의 살생부 작성 사실을 확인했다.

그린 대사와 마턴스 정치 담당관, 그리고 담당자였던 잭 리드먼Jack Lydman의 기자 회견을 통해 확인된 바에 따르면 과정은 이렇다. 활동 지역 및 소속 분과위원회 등의 상세한 사항이 기재된 이 살생부는 마셜 그린 대사의 동의 아래 수하르토에게 건네졌다. 이에 대해서는 콜비 CIA 국장(당시 아태지역 담당 부국장) 역시 "잘 기억은 나지 않아도 아마도 그랬을 것"이라고 시인한 바 있다. 그리고 마턴스로부터 살생부를 건네받은 아드 하야트만Tirta Kentjana Adhyatman은 한 인터뷰를 통해, 자신이 그것을 마리크라는 수하르토 최측근 보좌관에게 건넸고, 이를 전달받은 수하르토가 군부에 지시를 내렸다고 밝혔다.

CIA와 국무부 사이의 연락 업무를 담당한 로저 힐즈먼Roger Hilsman은 "인도네시아 장군들 3분의 1과 전체 장교단 절반가량이 미군과 미 정부 요원들로부터 모종의 훈련을 받았다"라는 증언을 통해, 수하르토 군부의 쿠데타와 민간인 학살이 미국 정부의 장기 계획에 의해 이루어졌음을 시사했다. 이러한 훈련 사실은 미 하원 외교 위원회의 보고서에서도 확인된다. "수하르토의 거사 당시 미국에서 훈련받은 경험을 가지고 있던 인도네시아 장교들은 1,200명이 넘었다. 따라서 인도네시아와 미국 군부 사이에는 긴밀한 교류와 접촉이 이루어질 수 있었고, (…) 미국은 이러한 채널을 통해 실질적이고 상징적인 물자를 지원할 수 있었다." 여기서 "실질적이고 상징적인 물자"란 곧 민간인 학살을 위한 물자를 의미하는 것이다. 「워싱턴포스트」에 따르면, 군용 지프를 포함한 수송용 차량과 장·단거리용 무전기, 그리고 단거리 사격에 적합한 소형 총기류 등이 필리핀 수비크만Subic Bay의 클라크 미 공군 기지에서 인도네시아로 긴급 공수되었다.

수하르토는 자국을 방문한 포드 대통령 일행에게 "1980년 한 해만 해도 만여 명의 좌익분자들을 죽였다"라고 자랑했다. 이 정도로 미국의 충견이던 수하르토는, 과거 수카르노 시절에 국유화한 석유 및 광산 산업을 미국과 네덜란드 등의 서방 기업들에게 넘겨주었다. 그 결과 막대한 부존자원 보유국임에도 불구하고 인도네시아는 아직도 후발 개도국 수준에 머물고 있다. 석유 수출국 기구 회원국이면서도 석유를 수입하는 처지에 놓여 있다. 인도네시아를 미국의 위성국으로 만들기 위해 오랫동안 다양한 음모와 공작을 펼쳐온 미국의 속뜻은 바로 여기에 있다.

수카르노 대통령은 좌우 어느 편에도 기울지 않고 자주 노선을 견지하려 했던 것으로 보인다. 군부 등 고위 관료들은 우익 위주로 편성하면서도 일반 국민들에게는 좌익을 허용하는 등 진정한 민주주의 실현을 위해 노력했다.

이러한 수카르노 정부를 전복하기 위해 미국은 갖은 음모와 공작을 꾸몄다. 그 음모 가운데 결정적인 수단이 바로 총검을 쥔 군 지휘관을 회유하여 친미 쿠데타를 일으키도록 조종하는 것이었다. 이것이 바로 자국의 이익을 위해서는 쿠데타를 사주하고 독재를 조장하며 양민 학살을 비호하는 미 제국의 실체이다.

당시 한국이나 필리핀 등 미국의 속국 체제 아래 들어간 나라들의 군 간부 대다수가 과거부터 종주국의 충견 노릇을 해온 자들이었다. 인도네시아의 수하르토 군부 역시 네덜란드와 일제 그리고 미국의 충견들로 채워져 있었다. 그것이 바로 미국이 바라던 바였던 것이다.

한편 수카르노가 사망한 이후인 1975년 7월 24일, 프랑스에 머물던 데위 수카르노는 前대통령 영부인 자격으로 공개 서신 한 통을 포드 대통령에게 보냈다. 편지의 요지는 수카르노의 명예를 실추시키기 위해 조작한 포르노 필름 사건을 비롯하여 1958년에 일어난 반군 무장 폭동 사건, 1965년 수하르토의 쿠데타 사건, 그리고 이들 친미 군부에 의해 백여 만 명의 인도네시아 민중들이 학살된 사건 등에 관해 미국 정부의 공식 답변을 요청하는 것이었다. 포드 대통령이 이에 대해 아무런 답변도 하지 않았음은 물론이다.

3. 동티모르

인도네시아와 오스트레일리아 중간에 위치한 티모르 섬은 16세기 후반부터 동·서로 나뉘어 각각 포르투갈과 네덜란드의 지배를 받다가, 서티모르는 2차 대전 이후 인도네시아의 독립과 함께 그 일부로 병합되었고, 동티모르는 1975년 비로소 독립을 쟁취했다. 그러나 인도네시아는 독립의 감격에 젖어 있던 동티모르를 무단 침공하여 20만 명 이상의 주민을 학살하고는, 이듬해인 1976년 이곳을 자신들의 27번째 주로 선포했다.

미국의 동티모르 학살 지원

"모든 국가들은 동티모르 국민의 양도 불가한 자결권과 그들의 영토권을 존중해야 한다." 1975년 12월 유엔 안보리는 인도네시아 군대의 즉각적인 철수를 요구하는 결의안을 채택했다. 당시 미국은 기권 표를 던졌을 뿐만 아니라, 인도네시아에 대한 제재를 주장하는 유엔 회원국들에게 압력을 행사하여 제재 결의를 방해하기도 했다. 이유는 간단했다. 인도네시아의 동티모르 침공은 미국의 지원 아래 이루어진 일이었기 때문이다.

2001년에 공개된 미국 정부의 공식 문건을 보자. 1975년 12월 포드 대통령과 키신저 국무장관이 자카르타를 방문했다. 그때 수하르토가 동티모르의 무력 점령에 대한 미국 대통령의 의중을 물었다. "인도네시아의 입장을 이해한다"는 포드의 응답에 이어 키신저 국무장관이 적극적인 협조 의사를 표명했다. "이러한 무력행사가 국제 문제를 일으킬 소지가 있으나 인도네시아의 입장을 충분히 알겠다. 우리가 떠난 후 신속히 해치우는 것이 좋겠다. (…) 우리도 이 문제에 대해 최선을 다하겠다. (…) 당신의 결심이 확고하다면 우리도 주변에 함구를 지시하겠다."[147]

당시 미 국무성 고위 관리 역시 유력 일간지와 대담을 했다. "미국과 인도네시아의 보다 긴밀한 관계를 위해서나 (…) 미국과 인도네시아 사이에는 여러 사업도 있기 때문"이라며 미국의 지원을 확인해 주었다.148) 이후 미국 정부는 한동안 동티모르 양민 학살을 동티모르 내 공산주의자들의 소행으로 호도했다. 뿐만 아니라, 학살 만행이 극에 달했던 1999년까지 인도네시아 군대에 무기를 공급했다.

동티모르 독립

무려 25년이나 계속된 독립 운동 끝에, 1999년 8월 20일 유엔 선거 감시단의 감독 아래 동티모르의 독립을 묻는 주민 투표가 실시되었다. 그리고 주민의 78.5퍼센트가 독립에 찬성했다. 이러한 투표 결과는 유엔 선거 감시 위원단을 통해 국제 사회에서도 공식적으로 확인되었다. 그럼에도 불구하고 동티모르 전역에서는 인도네시아군과 이들 수하의 민병대에 의해 자행되는 강간·방화·학살이 끊이지 않았다.

유엔과 인권 단체들의 보고에 따르면, 전체 주민의 3분의 1이 피난에 나섰다. 심지어 구조 활동 참가자, 유엔 기관 종사자, 외교관, 외신 기자 등도 민병대의 표적이 되었다. 학교와 의료 기관은 물론 오스트레일리아 영사관과 유엔 기관 사무실까지 민병대의 공격을 받았다. 유엔의 개입에도 불구하고 인도네시아군의 야만적인 학살이 지속될 수 있었던 것은 물론 미국의 군사적인 지원과 비호가 있었기 때문이다.

2002년 4월 동티모르는 구스마오를 초대 대통령으로 선출함과 동시에 마침내 21세기의 첫 독립 국가가 되었다. 그러나 독립에 이르기까지 동티모르 주민들이 겪은 피해와 희생은 미국의 공공연한 조사 방해로 아직까

---

147) National Security archive.
148) *Washington Post*, 1979. 11. 9.

지도 정확히 밝혀지지 않는 실정이다. 미국의 이러한 태도는 밀로셰비치가 코소보에서 학살을 자행할 당시 무력 개입도 마다하지 않으며 적극적으로 진상 조사를 실시한 것과 전혀 상반된다. 요컨대 미국의 의도는 이런 것이다. 동티모르를 인도네시아의 수중에 두는 조건으로 동티모르를 포함한 인도네시아의 풍부한 석유 자원 등을 독식한다. 가장 큰 이슬람권 국가인 인도네시아에 대한 미국의 지지를 확인함으로써 인도네시아의 대미 종속을 강화한다.

여기서 한 번 더 확인할 수 있는 사실은, 동티모르 주민의 생명이나 인권은 미국에게 별로 중요하지 않다는 사실이다. 미국이 전가의 보도처럼 휘두르는 인권과 인도주의는 필요할 때만 인용하는 정치 선전에 불과할 뿐, 그들이 추구하는 진짜 가치는 물질적인 탐욕과 패권 추구뿐이라는 점이다.

4. 서파푸아뉴기니(이리안자야)

인도네시아와 오스트레일리아 중간에 위치한 세계에서 가장 큰 섬 가운데 하나인 파푸아뉴기니는, 19세기 중반 이후 서구 제국주의 국가들의 침탈을 받았다. 서파푸아뉴기니는 네덜란드, 남동 지역은 영국, 북동 지역은 독일의 식민지가 되었다.

이후 약 100년간 네덜란드의 식민 지배를 받아온 서파푸아뉴기니는 1952년 유엔 결의에 따라 독립 국가 수립을 위한 준비에 착수했다. 1959년에는 자치 정부 수립을 준비하는 원주민 대표자를 선출하고, 1961년에는 주민들의 투표에 의해 선출된 대표자들로 첫 의회를 구성했다. 그리고 의회는 1970년 정부 출범을 목표로 국호(서파푸아 공화국)와 국가, 국기를 제정하고, 1961년 12월 1일에는 네덜란드 정부의 공식 승인 아래 처음으로 파푸아뉴기니 국기를 게양하기에 이른다.

인도네시아의 서파푸아뉴기니 합병과 미국의 간계

서파푸아뉴기니는 인구는 2백만 명에 불과하지만, 한반도 전체의 두 배 크기에 각종 자원이 풍부한 지역이다. 이 자원의 보고에서 독립이 가시화되자, 네덜란드 식민지에 대한 귀속권을 주장하던 인도네시아 정부는 미국의 비호 아래 특공대를 침투시켜 의회 대표들을 감금했다. 그러자 네덜란드 정부는 서파푸아뉴기니를 지원하고 나섰다. 이에 미국 정부는 서파푸아뉴기니를 인도네시아에 귀속시켜야 한다면서 네덜란드 측에 손을 뗄 것을 강요했다. 이러한 내용은 1962년 4월 2일 케네디 대통령이 드 콰이(De Quay) 네덜란드 수상에게 보낸 비밀 서신과 미국 정부의 동남아 관련 외교 문서에서 분명히 확인할 수 있다.[149]

미국은 만약 네덜란드가 유엔의 결의 사항을 내세워 서파푸아뉴기니의 자주 독립을 강행하면, 인도네시아는 소련과 중국의 지원을 받아 게릴라 활동을 벌이게 될 것이라고 지적했다. 이는 단지 서파푸아뉴기니뿐만 아니라 태국을 포함한 주변국의 안보에도 심각한 위협이 될 수 있다는 것이다. 또한 인도네시아가 빠른 시일 안에 파푸아뉴기니 주민의 뜻에 따라 이들의 장래를 결정하겠다고 약속했으니, 네덜란드가 서파푸아뉴기니를 독립시키기로 한 이상 그냥 인도네시아에 맡기라고 압박을 가했다.

이러한 미국의 강권에 대해 네덜란드는 서파푸아뉴기니에 상당 기간 유엔의 신탁 통치를 실시한 후, 주민의 뜻을 물어 인도네시아와의 병합 여부를 결정하자는 주장으로 맞섰다. 지리적 인접성으로 인해 이 지역에 밀접한 이해관계를 가지고 있던 오스트레일리아 역시 미국의 제안에 반대했다. 그러자 미국은 네덜란드의 신탁 통치안 대신 네덜란드와 인도네시아가 철수하고 유엔 임시 행정관의 관리 아래 주민들의 뜻에 따라 정부 수립 여부를 결정하자는 안을 제시했는데, 이는 사실상 속임수에 불과했다.

미국의 제안대로 1962년 8월 15일 미국·인도네시아·네덜란드 사이의 뉴욕 협정이 발효되어 네덜란드가 철수하고 미국이 세운 유엔 행정관이 들어왔다. 그러자 인도네시아는 즉각 전투 부대를 파견하여 원주민 학살을 시작했다. 그리고 이듬해 5월 협정에 따라 유엔 행정관이 철수하자, 인도네시아는 의회를 해산하고 지도자들을 살해·감금한 후 사전 각본대로 서파푸아뉴기니를 자국에 귀속시켰다. 그리하여 뉴욕 협정에서 합의된 '자유 선택법Act of Free Choice'에 따라 실시되어야 할 주민 투표는 무산되었다. 대신 1969년 8월 인도네시아 정부가 지명한 꼭두각시들로 구성된 주민 대표들이 서파푸아뉴기니의 인도네시아 귀속을 만장일치로 의결했다.

이처럼 불법적인 방법에 의해 신생 독립국 서파푸아뉴기니가 인도네시

---

149) The Secret Letter Fr. US President John F. Kennedy To Holland Prime Min. Dr. De Quay, 1962. 4. 2.

아의 일개 주로 강제 병합되었음에도, 미국은 물론이고 유엔조차 이를 외면했다. 서파푸아뉴기니 강제 합병 역시 동티모르 강제 합병과 마찬가지로 미국의 비호와 지원 아래 이루어진 것이었기 때문이다. 미국 대통령 닉슨은 1969년 7월 중순 인도네시아의 수하르토를 공식 방문했다. 안보 보좌관 키신저는 닉슨에게 보낸 비밀 메모에서 "서파푸아뉴기니에 대한 인도네시아의 입장을 양해해야 한다"고 강조했다.

최근 미국의 서파푸아뉴기니 관련 비밀문서가 공개되자 인도네시아 정부 일각에서는 문서 공개 저의와 관련해 미국 음모론을 제기하고 있다. 음모의 유무를 떠나, 다수 주민의 의사에 반해 이루어진 강제 합병과 주민 학살에 관한 한, 미국과 인도네시아가 공범 관계에 있다는 점은 의심의 여지가 없다.150)

네덜란드와 오스트레일리아 언론의 보도 자료와 목격담, 그리고 예일 대학교 로스쿨의 보고서 등을 종합해 보자. 인도네시아군이 1961~2000년 서파푸아뉴기니에서 자행한 학살·고문·강간 및 원주민 마을 파괴는 수백 건에 이른다. 이로 인한 희생자 수도 10만 명이 넘는 것으로 추산된다. 1970년에는 자야푸라 지역 센타니 공항 부근 정글에서 인도네시아군의 소행으로 추정되는 5백여 구의 집단 학살 유골이 발견되었다. 1981년 9~12월에는 13,000여 명의 중앙 고원 지대 원주민들이 인도네시아 군대에 의해 집단 학살당했다. 이렇게 밝혀진 사건만 해도 여러 건에 이른다.

그러나 외부인의 발길이 닿지 않는 오지 마을의 경우는 간혹 정글 속에서 발견되는 수백 구의 집단 유골들을 통해서만 추산할 수 있을 뿐 정확한 희생자 집계는 요원한 실정이다.

---

150) National Security archive Re. Djakarta Visit 1969.
    Washington Post, 2004. 7. 18.

미국 기업의 자원 착취

미국은 뉴욕 협정이 사기임을 누구보다도 잘 알고 있었다. 원주민의 의사를 묻는 형식적인 절차가 취해지기 2년 전인 1967년, 이미 인도네시아로부터 서파푸아뉴기니의 금광과 구리 광산에 대한 30년 독점 채굴권을 획득하여 대대적인 광산 개발에 착수했다. 매장량 세계 1위의 금과 구리, 그리고 석유와 천연가스를 비롯한 각종 천연자원은 지금까지 프리포트 맥모란을 비롯한 크고 작은 여러 광산업체와 유니온, 텍사코, 엑슨 모빌, 쉘, 아집 같은 세계 굴지 정유 회사들의 자원 착취 대상이 되고 있다.

미국 네브래스카 주립 대학 연구팀의 추계에 따르면, 그라스버그 광산 한 곳의 금 매장량만 해도 최소한 500억 달러 이상(1996년 기준)이다. 서파푸아뉴기니의 부존자원을 모두 계산한다면 천문학적인 금액이라고 한다. 그러나 인도네시아는 서파푸아뉴기니 강점을 비호받는 대가로 제공한 독점 채굴권이라 막대한 채굴료 수입이 발생하는 것도 아니다. 그렇다고 원주민들에게 많은 일자리가 주어지는 것도 아니다. 예를 들어, 맥모란 종업원 18,000명 가운데 현지인은 잡급직 11%에 불과하다.

무분별한 개발로 인해 만년설이 쌓여 있던 산봉우리가 하나둘 사라지고 있다. 광산에서 쏟아내는 각종 독성 화학 물질과 중금속 폐수가 그대로 방류되는 바람에 인근 하천은 물론 근해까지 오염되고 있다. 맥모란이 운영하는 그라스버그 광산만 하더라도 하루 19만 톤의 폐수와 60만 톤의 폐석을 쏟아내고 있다. 전체적인 오염 수준은 가히 상상을 초월할 정도라 하겠다. 서파푸아뉴기니의 오염 실태를 조사한 오스트레일리아 전문 연구 기관의 보고에 따르면, 1996년 현재 오·폐수 방류로 광산 부근 70킬로미터 이내의 하천에서는 생물이 살 수 없는 지경이다. 인근 연안의 어획량도 지역에 따라 50~80%까지 감소했다.

이러한 자원 착취와 환경오염으로 인해 점차 독립의 목소리가 높아지자 미국은 현지 지형에 적합한 소형 폭격기(OV-10 Bronco)까지 공급하면서 인도네시아의 원주민 학살 작전(텀파스Tumpas 작전)을 지원했다. 이는 18~19세기 무렵 아메리카 대륙에서 금맥을 발견한 백인들이 탐욕에 눈이 멀어 원주민 인디언을 학살하던 행태와 다를 바 없다. 그러나 미국과 인도네시아의 탐욕과 야만으로 인해 이렇듯 수많은 서파푸아뉴기니 원주민들이 희생되고 천혜의 자연 환경이 황무지로 변해가고 있음에도 불구하고, 서방 언론은 이러한 사태에 관심을 보이지 않고 있다.

1999년부터 이곳에는 한국계 기업 코데코(P. T. Kodeco)도 참여하여 벌목과 합판 생산을 시작했다. 앞으로도 자원 개발 사업을 확장할 것으로 알려졌다. 합판 산업이 울창한 수목을 황폐화시키는 반反환경 산업임에는 의문의 여지가 없다. 따라서 한 그루의 나무를 베면 두 그루의 나무를 심는 겸손한 자세를 코데코가 잃지 않기를 이 책을 통해 간곡히 당부한다.

5. 하와이와 괌, 사모아, 아이티

130여 개의 크고 작은 섬으로 이루어진 하와이는, 1778년 영국 탐험가 제임스 쿡 선장의 상륙 이후 '샌드위치 섬'이라는 이름으로 세상에 알려졌다. 주변 부족들을 통합하여 단일 왕국 체제를 갖춘 지 10년 만인 1820년부터 미국인들의 발길이 닿기 시작했다. 과거 아메리카 원주민들의 삶터를 빼앗는 데 주도적인 역할을 했던 뉴잉글랜드 기독교 단체 소속 선교사 6명과 소수의 상인들을 필두로 한 미국인의 하와이 이주는 이후 꾸준히 증가하여, 1850년경에는 선교사 수만 해도 100명이 넘을 정도였다.

이들 선교사들은 기독교와 함께 미국식 물질문화를 전파하면서 원주민들의 유기적 공동체 정신을 잠식하고, 원주민들의 고유한 문화 유적들을 우상 숭배라며 파괴했다. 아울러 하와이 왕국에 아편법과 복권법을 제정하도록 강요했다. 이주가 시작된 이후 약 70년 동안 비록 정부 차원에서는 하와이 왕국의 주권을 인정하고 양국 사이의 우호 통상 조약을 맺는 등 원만한 관계가 유지되었으나, 다른 한편에서는 이렇듯 선교사들을 통한 하와이 침탈 공작이 전개되었던 것이다.

한 선교사가 본국에 타전한 전문처럼 "배가 무르익어 수확을 기다리고" 있던 1893년 1월, 마침내 미국의 스티븐스 장관은 하와이 왕국 전복을 지시했고, 이에 따라 하와이에 주둔 중이던 미 해병대와 현지 미국인들은 하와이 왕궁을 점령하고 여왕을 골방에 감금한 다음 하와이 공화국 임시 정부를 수립했다.

하와이 왕국 전복

1년간의 감금에서 풀려난 릴리우오칼라니Liliuokalani 여왕은 국제법과 양국 사이의 우호 통상 조약을 위반한 미국 정부의 폭거에 강력히 항의했다. 당시 클리블랜드 미국 대통령은 자신이 지시가 아니라 스티븐스 장관 독단에 의해 행해진 일이라며 궁색한 변명을 늘어놓았다. 그러나 1895년 미국 정부는 하와이 임시 정부로 하여금 여왕의 왕위를 박탈하고 왕정을 폐지토록 했다. 1900년에는 그들이 세운 하와이 임시 정부와 본국 사이의 형식적인 절차를 거쳐 하와이를 사실상 미국의 영토로 만들었다.[151]

간계와 무력으로 하와이 왕국을 전복한 지 100주년이 되는 1993년 11월, 미국 정부는 제103회 상·하원 합동 회의를 통해 그들이 하와이 왕국의 주권과 원주민의 자결권을 침해한 사실을 시인하고 이를 사과하는 공식적인 결의안(결의안 제1923호)과 함께 미 공법 제103~150호를 의결 공포했다.[152] 아울러 기독교 연합과 하와이 원주민 후손들 사이의 화해를 추진하기 위한 재단을 설립하겠다고 발표했다.

그러나 이러한 미국 정부의 공식적인 선언 이후 하와이 원주민 후손들 사이에서는 오히려 독립의 목소리가 점차 높아지고 있다. 이들의 주장인즉슨, 1849년의 양국의 우호·통상·항해에 관한 조약을 정면으로 위배한 미국과 하와이 임시 정부의 합병 조약이 원천적으로 무효이므로, 하와이를 미국의 50번째 주로 선포한 법률 행위 역시 무효라는 것이다. 더구나 영토를 규정하는 국제법 등의 사례를 고려할 때, 가장 인접한 미국 본토인 로스앤젤레스로부터 2,600마일이나 떨어져 있는 하와이를 미국의 영토로 볼 수는 없다는 것이다.

---

151) 당시 하와이 전체 인구의 절반가량은 1870년대부터 이주를 시작한 일본인들이었다. 미국이 하와이를 강제로 합병하자 일본 정부는 군함까지 파견하면서 강력히 항의했으나 아무런 성과를 얻지 못하고 돌아갔다.

152) *US Congressional Record*, Vol. 139, 1993.

일리노이 주립대 로스쿨의 프랜시스 보일Francis Boyle 교수는 2004년 12월 28일에 열린 강연회에서, "미국이 하와이를 적법하고 정당하게 취득한 것이 아니기 때문에, 하와이 역사가 미국 역사의 일부라는 미국 정부의 주장은 억지"라고 단정했다. 또한 트리뷴 헤럴드Tribune Hearld 피터 수르Peter Sur 논설 주간은 "과거 프랑스는 알제리를 자국 영토의 일부로 선포했으나, 본국과의 지정학적 이질성으로 인해 국제법상으로 프랑스 영토로 인정받지 못하자, 알제리의 독립을 승인"했다면서 "이러한 맥락으로 볼 때 하와이 역시 결코 미국의 영토가 될 수 없으므로, 미국은 하와이를 독립시킬 의무"가 있다고 주장했다.153)

쿡 선장이 상륙했던 1778년 당시 최저 40만에서 최고 80만 정도로 추산되던 하와이 주민 수가, 120년이 지난 1900년 고작 3만여 명에 불과했다는 사실은, 하와이 원주민들이 미국 정부로부터 겪은 수난을 단적으로 보여준다. 당시 클리블랜드 정부에서 국무장관을 지냈던 제임스 블레인이 "나무와 인디언을 베어낸 다음 우리의 목표는 하와이·쿠바·푸에르토리코"라고 말한 것처럼, 피정복 지역 원주민들은 이들에게 한낱 베어내야 할 잡목 정도에 불과했던 것이다.154)

괌, 사모아, 아이티

미국의 해군 기지이자 관광 휴양 도시인 괌의 법적 위상은 오히려 하와이보다도 못한 실정이다. 괌은 1898년 전쟁에서 패한 스페인이 필리핀과 쿠바를 미국에 양도할 당시 푸에르토리코와 함께 덤으로 넘겨진 이후 지금까지 미국의 식민지로 남아 있다. 비록 1950년부터 자치령으로 선포되어 주민들에게 미국 시민권이 주어지기는 했으나, 선거권과 피선거권이

---

153) HonolulAdevertiser.com.
   Honolulu Star Bulletin, 2003. 9. 8, 11. 18.
154) *AP*, 2003. 10. 19.

없다는 점에서는 사실상 식민지나 다름없는 상황이다. 물론 자치령이라는 이름의 식민지 정책은 과거 영국을 상대로 한 독립 전쟁에서 식민지 해방을 선언했던 미국의 건국 정신과 정면으로 배치되는 것이다.

아울러 남태평양에 위치한 미국령 사모아와 아이티 역시 미국의 식민지로 남아 미 해군의 태평양 기지로 사용되고 있다.

제6장
인도차이나 반도의 비극

1. 베트남

베트남 민족의 통일 내전을 국제전으로 확대시켜 수백만 명을 죽게 한 미국의 국방장관 맥나마라Robert S. McNamara는, 1995년도에 출간한 그의 저서『베트남전의 비극과 교훈』에서 미국의 잘못을 솔직히 고백했다.[155] 미국의 지도자는 인류가 지켜야 할 보편적인 원칙마저도 무시했다는 것이다. 미국이 베트남 민족에게 자행한 무차별적인 학살과 가증스런 고문 등은 변명의 여지가 없는 전쟁 범죄였다는 것이다. 그는 2003년 12월 20일에 미 국영 방송 NPR이 제작한 베트남전에 관한 대담 프로그램에 출연하여, 베트남 민족에게 대재앙을 안겨준 이 전쟁에 대해 다음과 같이 심경을 토로했다. "우리의 잘못입니다, 우리의 큰 잘못입니다(We were wrong, terribly wrong)."

미국의 흑인 종교 지도자 겸 인권 운동가인 마틴 루터 킹Martin Luther King Jr. 목사는 피살되기 1년 전인 1967년 4월 4일 행한 대중 연설에서 다음과 같이 말했다. "지구상에서 일어나는 모든 폭력의 원천은 우리의 조국 미국이다." 그는 이처럼 미국의 태생적인 폭력성을 적나라하게 지적했다.

CIA가 베트남에서 비밀리에 벌인 피닉스 작전의 간부였던 랄프 맥그히 Ralph McGehee도 자신의 글을 통해 베트남에서 자행한 사악한 범죄 행위를 고백했다. "내가 지난 25년 동안 나의 조국 미국을 위해 한 일은 살인과 고문이었다. 부녀자와 어린이를 포함해 적의가 없는 민간인들을 네이팜탄을 사용하여 산 채로 불에 태워 죽이는 것이었다."

한편 1995년 4월 오클라호마 주 연방 정부 건물을 폭파하여 200여 명의 사망자와 300여 명의 민간인을 살상한 전직 미군 출신인 티모시 맥베

---

155) *NPR Documentary Broadcasting*, 2003. 12. 20.

이Timothy McVeigh는 법정 진술을 통해 다음과 같이 말했다. "나는 미국에 의해 살인 무기로 만들어진 병사다. 연방 청사 내 탁아소에 있던 유아들 수십 명이 희생된 것은, 내가 연방 정부와 전쟁을 벌이고 있는 상황에서 부수적으로 일어난 것이다."

2001년 미군의 아프가니스탄 침공으로 수많은 민간인 희생자가 발생하자 미 중부군 사령관 프랭크스 장군 역시 이렇게 말했다. "이것은 전쟁이다. 민간인의 죽음은 부수적인 피해다." 자국을 테러한 티모시 맥베이와 똑같은 말을 했던 것이다.

2차 대전이 끝난 직후 전범국이 아님에도 불구하고 베트남이 강제로 분단된 것은, 이러한 미국의 국가 폭력성으로 설명할 수밖에 없다. 한국과 베트남은 여러모로 비슷한 역사의 굴곡을 거쳤다. 2차 대전 이전까지 베트남은 프랑스와 일본의 식민 지배를 받았고, 한국은 일제의 식민 통치를 받았다. 2차 대전 종전 후 두 나라의 민족 자결권은 새로운 지배자의 총칼에 의해 무력화되었다. 베트남과 한반도는 새로운 지배권 확보를 위해 각각 17도와 38도로 분단되었다. 자주적인 통일 정부 수립의 열망 역시 외세에 의해 거부되었다. 베트남에서는 남북 동시 총선거가 거부당했고, 한반도에서는 민족의 뜻에 반하는 남한 단독 선거가 강행되었다.

또한 남부 베트남에서는 프랑스, 일본, 그리고 미국을 번갈아 섬기던 충복들이 지배 계층으로 군림했다. 남한 역시 일제의 앞잡이들과 미국의 충복들이 지배 계층이 되었다.

이토록 동병상련의 고통을 공유한 두 나라임에도 오히려 우리는 베트남 민족의 자결과 자주 통일을 저지하기 위해 미국이 벌인 침략 전쟁에 용병으로 나가 싸웠다. 그것도 미국 다음으로 많은 전투병을 파병했다. 침략 전쟁을 부인한 유엔 헌장과 민간인 살상을 금한 제네바 협약을 위반하는 각종 반인류적인 전쟁 범죄를 저지른 것이다.

외세의 폭압에도 불구하고 북 베트남 군대와 남부 베트남의 해방 전사들은 마치 다윗이 골리앗을 격퇴하듯 미군과 그 용병들을 물리치고 베트남 민족의 자주 통일을 이루었다. 북 베트남이 자력으로 통일을 이룬 지 30년이 지났으나, 우리 남한은 지금까지도 미국의 속국 신세에서 벗어나지 못하고 있다. 민족의 통일은 고사하고 자기 민족을 향해 총부리를 겨눈 채 종주국의 일거수일투족에 일희일비하고 있는 것이다.

보수 우익의 탈을 쓴 미국의 앞잡이들이 지배해온 한국 사회에서 그간 축소·은폐되고 왜곡·미화되어온 미국의 추악한 죄상을 바로 알기는 결코 쉬운 일이 아니다. 그러나 미국의 탐욕성과 포악성이 극명하게 들어나는 두 차례의 인도차이나 전쟁을 살펴보면, 그들이 추구하는 가치의 실체와 그들의 한반도 정책도 이해할 수 있을 것이다.

용龍이 백 명의 아들을 두었는데, 그 장자가 바로 나라의 시조가 되었다는 전설을 가진 베트남은 『삼국지』에서는 남만南蠻으로 기록되었다. 기원전 2세기 무렵 한나라 무제가 북부 베트남을 점령한 뒤에는 대월국 또는 안남으로 불렸다. 1세기 중반 트룽 트락과 트룽 느 자매가 한나라의 지배에 맞서 독립 항쟁을 벌였다. 북부 베트남은 10세기 초에 중국을 물리치고 자주 독립을 쟁취했다. 19세기 초에는 베트남 반도 전체가 통일 국가를 이루었다. 그러나 19세기 중반 나폴레옹 3세의 프랑스 군대가 다낭을 통해 침공했고, 19세기 후반에는 라오스와 캄보디아를 포함한 인도차이나 반도 전체를 장악했다. 이로 인해 100여 년에 걸친 베트남의 독립 투쟁이 시작되었다.

베트남 분단

2차 대전 직전까지 프랑스의 지배를 받던 베트남은, 1940년부터 독일의 괴뢰 정부인 프랑스 비시 정부의 지배를 받다가 일본이 인도차이나 반도를 침략하자 일본의 지배에 놓이게 되었다. 일본이 패망한 뒤에는 일본을 무장 해제시킨다는 명분 아래 중국군과 영국군이 각각 북부와 남부 지역을 접수했다.156) 그러자 미국의 트루먼 대통령은 전임 대통령인 루스벨트와 스탈린이 맺은 국제적인 약속(제3국들의 독립 보장 선언)을 저버린 채 영국군과 협조하여 프랑스의 인도차이나 식민지 회복을 지원하고 나섰다.

그 이전인 1943년 11월 28일 테헤란 회담에서는 종전 이후의 동남아시아 국가들에 대한 대책이 협의되었다. 루스벨트가 "과거의 식민지를 회복하고자 희망하는 영국이나 네덜란드와 마찬가지로 프랑스 역시 인도차이나의 식민 종주권을 회복하고자 희망"한다고 말하자, 스탈린은 "연합국들이 다시 피를 흘릴 수도 있는 식민지 회복 정책에 반대"한다는 뜻을 분명히 밝혔다. 그는 "과거 제국의 식민 지배를 받던 나라들은 종전과 함께 해방되어 각기 주권을 회복해야 한다. (…) 아시아는 아시아인의 손에 맡겨야" 한다고 강조했다. 더불어 "인도차이나 반도는 프랑스의 식민 지배를 받기 이전인 100년 전보다도 더 낙후되고 황폐"해졌다며 서구 제국의 식민지 수탈 정책을 강력히 반대했다.

이에 루스벨트는 스탈린의 주장에 동의했다. 식민지 복원을 원하는 영국과 네덜란드, 프랑스의 반발이 예상되기는 하나, 양국의 확고한 의지를 분명하게 전달하겠다고 약속했다. 또한 그는 1944년 1월 헐 국무장관에게 내린 업무 지침에서도 프랑스의 식민지 복원보다 일정 기간에 걸친 국제 기구의 신탁 통치가 나을 것이라고 언급했다. 뿐만 아니라 1945년 2월 23일의 기자 회견에서도 프랑스의 식민지 회복을 반대했다. "비록 영국과 프랑스가 반대한다 하더라도 인도차이나에 대한 식민지 복원은 반대하며, 그들이 자국민의 의사에 따라 독립 국가를 세울 수 있도록 국제 사회가 도와야 한다. 필리핀의 경우로 미루어 볼 때 약 50년간의 신탁 통치가 필요할지도 모른다."

---

156) Thomas G. Paterson & Dennis Merrill, *Roosevelt and Stalin Memorandum 1944. 1. 24*, Heath and Company, 1995.

이러한 전임자의 국제적인 약속을 저버린 트루먼 정부의 묵인 아래 프랑스는 남부 베트남에 재진입했다. 하지만 1945년 9월 초에 독립을 선언한 북부 베트남 호치민 정부의 저항을 예방하기 위해 다음과 같은 내용의 협정을 제안했다. 즉 북부 베트남의 군사·외교·재정·의회 구성권을 존중한다. 동시에 과거 식민지 시절 안남·통킹 등으로 분리된 베트남을 통합하여 베트남 전체 인민의 뜻에 따라 통일 정부를 수립하도록 협조하겠다. 단 베트남을 프랑스 연합의 일원으로 귀속시키자는 것이었다.

북부 베트남 측에서도, 영국군과 중국군에 의해 분단 점령된 상황보다는 주권 회복과 함께 통일이 보장되는 프랑스 연합안이 훨씬 유리하다는 판단이었다. 특히 정치·군사적으로 오랜 세월 동안 영향력을 행사한 중국군을 조기에 철수시킬 수 있다는 점이 대단히 중요한 동기로 작용했다. 그리하여 북부 베트남(베트민)과 프랑스는 1946년 3월 6일 프랑스 연합 결성에 동의했고, 뒤이어 3월 18일에는 남부 베트남과 프랑스 사이에도 같은 종류의 협정이 체결되었다.157)

그러나 협정을 통해 합법적인 주둔권을 확보한 프랑스는, 당초의 약속과 달리 중남부 베트남을 근거로 과거 자신들이 세운 바오다이 왕조를 복원했다. 나아가 바오다이 왕조에서 내무 대신을 지낸 고 딘 디엠Ngo Dinh Diem을 비롯하여 프랑스와 일제 통치 시절 종주국의 앞잡이 노릇을 했던 군과 경찰, 그리고 고위 관료들을 다시금 중용했다. 그러자 호치민은 프랑스를 몰아내고 베트남이 자주 독립 국가를 수립할 수 있도록 협조해 달라며 트루먼과 미 국무부에 8차례나 서신을 보냈다. 이는 물론 그의 착각이었다. 1945년도의 베트남 독립 선언문이 미국 독립 선언문을 본떠 "모든 인간은 평등하게 창조되었으며, 조물주로부터 부여받은 양도할 수 없는 권리" 운운했다는 점에서도 알 수 있듯이, 그 때까지만 해도 호치민 역시 전 세계 대다수의 사람들처럼 미국을 정의의 사도로 착각했던 것이다.

---

157) Accord Between France and Democratic Republic of Vietnam, 1946. 3. 6.

호치민의 간청에 대해 미국은 오히려 베트남 민족에게 자치 능력이 없으므로 50년 동안 서구 제국의 통치를 받아야 한다고 주장했다. 프랑스의 인도차이나 재침을 비호한 것이다. 1950년 초에는 프랑스의 꼭두각시인 바오다이 정부를 베트남의 유일 합법 정부로 인정했다. 반대로 베트남 인민의 전폭적인 지지 아래 자주적으로 수립된 베트남 민주 공화국(북베트남)을 소련과 중국의 사주에 의해 세워진 괴뢰 공화국으로 선전했다.

제1차 인도차이나 전쟁

제1차 인도차이나 전쟁은 민족의 자결권을 찾으려는 북부 베트남과 이를 막으려는 프랑스 사이의 전쟁이었으나, 북부 베트남의 전쟁 상대국은 사실상 프랑스가 아니라 미국이었다. 미국이 프랑스를 전면에 내세운 것은 2차 대전을 치르면서 일제 식민지의 해방을 약속했기 때문이다. 그런 미국이 식민지 확보를 위해 무력을 사용할 경우 국제적인 비난을 모면하기가 어려웠다.

이는 1951년 1월 11일의 제100회 국가 안보 위원회 회의록이나 같은 해 1월 말 개최된 트루먼 대통령과 프레벤 총리의 회담에서도 알 수 있다. 미국은 프랑스를 통해 인도차이나 반도를 간접 지배함으로써 동남아와 서남아 국가들의 민족주의 도미노 현상을 차단하고 미국의 패권을 확고히 하고자 했다. 아울러 석유를 비롯한 상당량의 천연 자원과 풍부한 노동력을 착취하려면 민족 자결을 주장하는 북부 베트남 정부를 반드시 전복해야만 했다.158)

제1차 인도차이나 전쟁이 미국의 사주와 비호 아래 이루어졌다는 점은, 테헤란 회담 당시 프랑스가 "정상적인 군사력을 회복하려면 상당 기간이

---

158) US Dept of State Publication 8975, FRUS 1951. Vol. I, US Govt. Printing Office, 1979.
US Diplomatic Papers, 1951.
82nd Congress, 2d session, House Docs. No. 570, US Govt. Printing Office, 1985.

소요될 것"으로 전문가들은 판단했으나, 2차 대전이 끝난 지 채 1년도 지나지 않아 프랑스가 인도차이나를 침공하고 아프리카 식민지를 관리하면서 나토에까지 군대를 주둔시킬 수 있었다는 사실로도 쉽게 확인된다. 실제로 제1차 인도차이나 전쟁에 소요된 비용의 80퍼센트 정도는 미국이 부담했으며, 인도차이나 전투에 참가한 프랑스 병력 역시 대부분 아프리카 식민지 및 인도차이나 지역의 프랑스 연합 군대와 여러 나라 용병으로 구성된 외인 부대였다.159)

그러나 미국의 경제 지원에도 불구하고 프랑스가 패배를 거듭하자, 미국은 한반도 전쟁을 서둘러 끝내는 한편 미국을 주축으로 하는 동남아 국가의 집단 안보 체제를 구축함으로써 인도차이나에 대한 직접적인 개입을 준비했다.160) 그리고 1953년에 대통령으로 당선된 아이젠하워 장군은 이러한 미국의 패권 야욕을 더더욱 강화하면서 인도차이나에 대한 적극적인 개입을 천명했다. "인도차이나에 대한 지원161)이 신속히 이루어지지 않을 경우, 이곳은 공산권에 포위되고 동남아는 소련으로 기울 것이다. 특히 이란의 모사데그가 의회의 전폭적인 지지 하에 민족주의로 나가고 있는 마당에 만약 동남아 국가들이 우리의 영향권에서 멀어진다면 (…) 미국의 부와 영향력을 지키기 위해 그곳에서 얻어야 할 것들을 잃게 될 것이다." 정글의 수렁에서 빠져 나오려는 프랑스를 묶어두기 위해 4억 달러의 추가 지원금을 약속한 것 역시 바로 이러한 패권 정책의 일환이었다.162)

---

159) US Policy Toward Indochina, DoS Bulletin, 1954. 4. 26.
Telegram from Secretary of State Dulles on Conversation with Anthony Eden about Indochina, 1954. 4. 25.
The Pentagon Papers, Gravel Ed. Vol. 1 Docs. No. 40. CIA, NIE 63-54, "Consequences Within Indochina of the Fall of Dien Bien Phu," 1954. 4. 24.
160) NSC Report on the position of the USA with respect to Indo-China, 1950. 2. 27. Letter from Under secretary of State Dean Rusk to Major General James H. Burns on US Policy toward Indo-China, 1950. 3. 7. Memorandum from General Omar Bradly, Chairman of JCS to the Secretary of Defense on the Strategic Assesment of Southeast Asia, 1950. 4. 10. US Congress, House, Foreign Relations of the US Diplomatic Papers, 1951, 82nd Congress, 2nd session, House Document No. 570, US Govt. Printing Office, 1985. 트루먼의 의회 연설문, 1951. 5. 24.
161) 미국은 무력 개입이나 폭격도 '지원'이라고 표현한다.

디엔 비엔 푸 전투

디엔 비엔 푸 전투는 1954년 3월 중순에 시작해 5월 초까지 약 50일간 지속했는데 사상자가 4만 명에 이를 정도로 격렬했다. 뿐만 아니라 제국 주의의 전쟁사를 다시 써야 할 만큼 중대한 의미를 지닌 전투였다. 베트 민(북부 베트남) 같이 작은 나라가 막강 화력을 보유한 미국의 대리 격인 프랑스군을 패퇴시킨다는 것은 제국주의 전쟁사에서 그 유례를 찾아볼 수 없는 일이었기 때문이다. 따라서 그간 서구 제국의 지배 아래 굴종하 며 사는 것을 숙명으로 여겨오던 약소국들로서는, 아무리 강성한 제국이 라도 패배할 수 있다는 점을 확인함으로써 자주 독립에 대한 희망과 용기 를 가질 수 있는 계기가 되었던 것이다.

프랑스군이 패배를 거듭하며 전의를 잃어가던 1953년 11월, 미국 정부 는 16,000여 명의 프랑스군을 디엔 비엔 푸 전장으로 공수하고 각종 보급 품을 지원하는 등, 프랑스의 패배를 막기 위해 필사적으로 노력했다. 그러 나 미국 정부의 지원에도 불구하고 보 구엔 지압 장군이 지휘하던 북베트 남군이 승기를 잡자, 프랑스는 그간 미국의 방해와 압력으로 인해 지지부 진한 종전 협정을 서둘렀다.

한편 호치민은 프랑스군이 사실상 항복했다는 소식을 전하며 날듯이 기뻐하는 보 구엔 지압 장군을 보면서 "이는 작은 승리에 불과하다. 이제 미국과의 전쟁이 기다리고 있다"라며 미국의 전쟁 도발을 예견했다. 미국 의 그러한 의도는 제1차 인도차이나 전쟁의 종결과 평화를 논의하기 위한 제네바 회담 하루 전인 1954년 3월 29일, 미 국무장관이 한 공식 모임에서 행한 연설을 통해 확연히 드러났다.

---

162) President Eisenhower's Remarks on the Importance of Indochina at the Governors' Conference, 1953. 8. 4.

President Memorandum for President's Special Committee on Indochina, 1954. 1. 29.   Eisenhower's News Conference, 1954. 2. 10.

Public Papers of the Presidents, 1954.

"동남아는 인도에서 일본을 아우르는 방대한 지역이며 밥그릇과 같은 곳이다. (…) 또한 산업에 필수적인 석유, 고무, 철, 주석 등의 천연 자원을 보유한 곳으로, 우리에게는 전략적인 가치가 매우 높은 곳이다. 특히 이곳은 태평양과 남아시아를 이어주는 잘 발달된 해상 교통로와 항공로를 지닌 군사적 요충지다. (…) 만약 이 지역이 공산화된다면 우리가 상호 조약을 맺고 있는 필리핀, 호주, 뉴질랜드까지도 위험에 처할 것이다."

그는 철저한 공산주의자인 호치민이 이끄는 북부 베트남은 소련과 중공의 괴뢰 국가이므로 타도해야 할 대상이고, 프랑스의 괴뢰 정부인 남부 베트남은 자유 민주 국가이므로 보호해야 한다고 강변했다.163)

그러나 호치민이 이끌던 베트민은 공산주의 국가가 아니라 호혜 평등에 기초한 자주적인 민족 국가였다. 이는 장제스 정부를 타이완으로 몰아내고 공산 국가를 세운 마오쩌둥의 군대가 1950년 초 베트남 국경 지역에 집결했을 때 호치민이 즉각 베트남의 자주권을 천명하면서 호혜 평등 원칙을 강조했다는 사실에서도 쉽게 확인된다.

반제국주의를 주창하는 제3세계 국가들과 우호적인 관계를 맺는 한편, 미국에 대해서도 신뢰와 호감을 보냈던 베트민에게 공산주의자라는 낙인을 찍은 것은 바로 미국이었다. 미국식 자본주의의 적은, 공산주의와 민족주의였기 때문이다. 이는 북부 베트남뿐만 아니라 인접국인 인도네시아의 경우에도 마찬가지였다. 오히려 민족 자결을 주장하는 나라들에 대한 미국의 적대 정책이 이들의 친소 좌경을 조장했던 것이다.

미국의 제네바 협정 파기 공작

제네바 회담은 북부 베트남, 남부 베트남, 프랑스, 라오스, 캄보디아, 중

---

163) *US Foreign Policy 1950~1955*, Basic Docs. Vol. I&II DoS Publication 6446, US Govt. Printing Office, 1957.

공, 소련, 영국, 그리고 미국이 참여한 가운데 1954년 5월 초부터 본격적으로 열려 7월 20일 협정안을 도출하고 최종 서명을 마쳤다. 그 주요 내용은 다음과 같다. 북위 17도 선을 경계로 베트남을 잠정 분단한 후 1956년 7월 이전까지 국제 감시 위원단의 감독 아래 남북 베트남의 동시 총선거를 실시한다. 지역 내 모든 국가와 각종 무장 단체의 적대 행위를 종식한다. 인도차이나 지역에 주둔하고 있는 모든 외국군과 관련 인원을 철수할 뿐만 아니라 이들의 신규 진입 및 무기 반입을 금지한다. 아울러 지역 내 무력 분쟁을 야기할 수 있는 외국과의 군사 동맹을 금하고, 상호 합의된 기한 안에 프랑스 군대가 인도차이나 반도로부터 완전히 철수한다는 내용도 포함되었다. 그러나 미국은 이에 강력히 반발했고, 결국 이 협정의 확인 서명마저 거부했다.

아이젠하워 대통령과 미 정부 수뇌들은 1954년 5월 6일 미 국가 안보 위원회 제195차 회의에서 제네바 협정에 대한 전략을 협의했다. 그들은 외세 간섭 배제 항목과 국제 감시 위원단의 감독 아래 자유로운 총선을 실시하기로 한 항목, 그리고 이에 대한 프랑스와 영국 정부의 애매한 태도에 불만을 표출하며 적극적인 무력 개입을 강조했다. 1954년 5월 9일 본스틸 준장은 국방부 차관에게 다음과 같은 메모를 전했다. "프랑스에 가능한 모든 압력을 행사하여 제네바 협상을 중단시켜야 한다. (…) 점증하는 소련의 군사력을 감안할 때, 인도차이나에 대한 무력 개입을 포기할 경우 동남아 전체가 공산화된다."

또한 5월 14일 덜레스 국무장관은 미국 측 협상 대표단에게 다음과 같은 내용의 전문을 보냈다. "인도차이나 국가들이 공산주의와 연대하도록 용인해서는 안 된다. (…) 이런 이유로 인해 미국은 평화 협정에 동의할 수 없으며, 프랑스 연합군이 인도차이나에 주둔하지 않는 한 인도차이나 국가들의 독립을 인정할 수 없다. 따라서 이러한 미국의 정책을 수행하기 위해 프랑스와 긴밀히 협조하되, 여의치 않을 때는 미국 대표단을 철수시키시오." 같은 날 아이젠하워 대통령도 CBS 라디오의 조지 허먼George Herman 기자와의 인터뷰에서 제네바 협정이 발효될 경우 인도차이나뿐만 아니라 동남아 국가 전체가 공산화된다며 다시금 도미노 이론을 강조했다.

그러나 이러한 반발에도 불구하고 인도차이나에서 프랑스군의 철수가 시작되자, 미국은 제네바 협정이 체결되지 못하도록(설령 협정이 체결되더라도 지역 내 분쟁을 야기함으로써 당사국들이 이를 파기하도록) 비밀 방해 공작에 착수했다.

디엔 비엔 푸 함락 직후인 1954년 6월 초 랜스데일 대령 휘하의 미 특수 부대(The Saigon Military Mission)가 비밀리에 사이공에 잠입했는데, 이들의 임무는 북부 베트남의 민심 교란과 교량·항만·상수도·발전소 등 주요 시설의 파괴, 그리고 요인 암살을 위한 테러리스트 양성이었다. 또한 당시까지 프랑스 군대가 장악하고 있던 북부 베트남 기지 주변을 거점으로 각종 적대 공작을 전개하여 제네바 협정의 이행을 방해하는 것이었다. 이에 따라 이들은 북부 베트남의 대중 수송 수단을 마비시키기 위해 버스 엔진 오일에 이물질을 혼합하고 열차 선로를 파괴하는 등의 사보타지 공작을 전개했으며, 심지어 제네바 협정에 의해 명백히 금지된 살상 무기를 반입하기도 했다.[164]

그러나 이러한 방해 공작으로도 프랑스를 인도차이나에 묶어둘 수 없게 되었다. 또 북부 베트남이 제네바 협정에 따라 1955년 7월에 실시할 총선 준비를 1954년 7월부터 진행하자, 미국은 제네바 협정이 베트남 주민의 뜻에 반하기 때문에 무효라고 주장했다. 미국은 1955년 북위 17도선 이남에서 단독으로 선거를 실시하여 고 딘 디엠을 수반으로 하는 괴뢰 정부를 수립했다. 아이젠하워는 남북 베트남에서 공정한 총선거가 실시되면 80퍼센트 이상의 주민이 호치민이 이끄는 북부 베트남을 지지할 것이

---

164) *The Pentagon Papers*, Gravel Ed. Vol. 1 Docs. 95, Lansdale Team's Report on Covert Saigon Mission in 1954.

라고 예측했다. 따라서 서
둘러 남부 베트남 단독 정
부를 구성한 것이었다. 이
러한 정황은 미군정 시절
실시한 여론 조사에서 이
남 주민의 약 80%가 반미
적이었던 사실과도 정확히
일치하는 것이다.

이 선거에서 고딘디엠
정부는 98%의 지지를 받
았다고 선전했다. 그런데

1954년 미국을 방문한 고 딘 디엠. 왼쪽이 아이젠하워다.

이는 후일 미국의 언론들이 밝혔듯이, 60% 지지를 받는 것이 오히려 긍정
적인 효과를 낼 것이라고 미국이 사전에 권유했다는 것이다. 그럼에도 불
구하고 98%의 지지를 받았다며 미국이 불평을 토로했다고 한다. 미국의
비호를 받는 허수아비 정부에서 실시한 선거가 얼마나 엉터리 선거였는
가를 보여주는 것이다.

이러한 촌극은 1948년도에 실시된 남한 단독 선거에서 95%의 투표율
을 기록한 이승만 정부의 선거 결과와 별로 다르지 않다. 즉 절대 다수
국민의 의사와는 관계없이 그들이 제시한 후보자나 정책에 대한 투표를
강요하고, 그럼에도 불구하고 선거 결과가 불리할 것으로 예상되면 공공
연한 부정 선거를 하는 것이 미국이 급조한 당시 두 나라의 선거 행태였
다. 이것이 바로 각 민족의 자결권을 보장한다고 선전하며 허수아비 정부
를 수립하고 그 앞잡이들을 양육해 온 미국의 실상이다.

이는 미국이 세운 남부 베트남 정부 핵심 인물들의 면면이 잘 말해준
다. 그들이 대통령으로 내세운 디엠은 과거 프랑스가 세운 바오다이 왕조
에서 내무 대신을 지낸 자이며, 군인과 경찰 등 권력 기관의 핵심 인물들

역시 과거 프랑스 식민지의 충견들이었다. 이는 남한 단독 정부가 일제에 기생하던 부일 경찰과 일제의 병장기 노릇을 했던 황군皇軍 등 매국노들로 구성되었던 사실과도 정확히 일치하는 것이다.

미국의 베트남 분단 음모

고 딘 디엠은 남부 베트남 대통령으로 당선된 후 분단의 고착화를 위해 민족주의자와 공산주의자, 반미주의자를 비롯한 반체제 인사들을 대대적으로 숙청했다. 그 수는 1957년 한 해에만 천여 명에 이를 정도였다. 이에 학생과 지식인들이 반정부 운동을 전개하고, 여기에 승려들이 가세함으로써 사태는 걷잡을 수 없이 격화되었다. 특히 불교도가 다수를 점하는 베트남에서 승려들의 분신 자살 행렬은 체제의 존립까지 위협할 수 있는 것이었다. 정부의 탄압이 극심해질수록 저항은 더더욱 체계화·조직화되었다. 1960년에는 남부 베트남 민족 해방 전선(일명 베트콩)의 게릴라 부대를 중심으로 본격적인 무력 투쟁이 전개되었다.

이로 인해 남부 베트남 정부가 붕괴될 위기에 처하자, 미국은 소수의 군사 고문단과 첩보 요원을 통한 관리에서 공개적인 무력 개입으로 정책 방향을 변경했다. 케네디 대통령은 1961년 5월 5일과 이듬해 2월 14일에 가진 기자 회견에서 "게릴라들의 공격으로부터 남부 베트남을 지키기 위해 전투 부대 파병을 고려하고 있다"고 말했다. 아울러 이러한 내용은 1961년 5월 13일 케네디의 친서를 가지고 남부 베트남을 방문한 존슨 부통령이 디엠 대통령과 함께 발표한 공동 성명에서 재차 천명되었다. 이에 따라 남부 베트남 주둔 미군 병력은 1962년에 12,000명으로 늘어났고, 그 이듬해에는 15,000명에 이르렀다.[165]

한편 당시 미국 정부는 북부 베트남에 대한 핵무기 사용을 검토하면서,

---

165) *The Pentagon Paper*, Gravel Ed. Vol. 2. DoS Bulletin, 1962. 1. 1.

미국이 핵무기를 사용하더라도 소련이 핵무기로 맞대응하지는 않을 것이라는 잠정 결론까지 내려놓고 있었다. 그럼에도 재래식 전쟁을 원칙으로 정한 것은 핵무기를 사용할 경우 국제 사회로부터 받게 될 제국주의의 횡포라는 비난을 피할 수 없고, 베트남의 자연 조건상 핵무기를 사용하더라도 승리를 확신할 수 없었기 때문이다. 그리하여 미국 정부는 재래식 전쟁을 수행하기 위해 60만 5천 명의 병력이 필요하다는 작전 계획을 수립했다.

1961년부터 본격화된 미군 증파와 대폭 증가한 경제 지원에도 불구하고 게릴라들의 반정부 활동과 승려들의 분신 등으로 혼란은 심해졌다. 케네디 정부는 마침내 민중 장악력 부족과 부패를 문제 삼아 고 딘 디엠 대통령의 축출을 결심했다. 1963년 11월 2일 고 딘 디엠과 고 딘 누 형제는 미국의 승인 아래 쿠데타를 일으킨 일단의 장교들에 의해 피살되었다. 이로써 남부 베트남은 더더욱 폭압적인 군부 독재 사회로 변했다.

고 딘 디엠을 축출하기 위한 미국의 쿠데타 지원 공작은 여러 문건을 통해 확인할 수 있다. 당시 사이공 주재 미국 대사가 미 국무부에 보고한 여러 건의 전문과 미 국무부가 현지 대사에게 지시한 문건, 그리고 쿠데타 3일 전인 10월 29일의 백악관 회의록과 국가 안보 회의 의사록 등이 그것이다.166)

케네디 암살과 베트남 전쟁의 확대

1950년대 이래 베트남의 분단 체제를 굳히기 위한 미국의 지속적인 지원에도 불구하고 상황이 점점 더 수렁으로 빠져들고 있음을 인지한 케네디 대통령은, 철수냐 확전이냐를 놓고 상당한 갈등을 겪은 것으로 보인다. 1961년 6월 비엔나에서 케네디를 만난 흐루시초프 역시 유럽은 유럽인

---

166) *The Pentagon Papers*, Gravel Ed. Vol. 2 Re. Coup possibility of Vietnam.

의 손에, 아시아는 아시아인의 손에 맡기자며, 미국의 패권 확장 정책이
결코 인류의 자유와 평화에 도움이 되지 않는다고 지적했다. 또한 그는
1963년에 미국의 한 고위 관리를 만난 자리에서도, 미국의 베트남 무력
개입이 미국을 위해서도 전혀 이롭지 못하다고 충고했다. "만약 당신들이
그렇게도 전쟁을 원한다면 베트남의 정글 속에서 한번 뒹굴어 보시오. 프
랑스는 그곳에서 8년 동안이나 싸웠지만 결국 백기를 들고 철수했소. 물
론 미국은 조금 더 버틸 수 있을 것이오. 그러나 결국 당신들도 그곳에서
쫓겨나고 말 것이오."

심지어는 1954년도 싱가포르에 주재하던 한 영국 정보기관 간부조차도
"남부 베트남을 지원하는 것은 미친 짓"이라며 CIA 간부 조지프 스미스
Joseph Burkhalter Smith(후일 인도네시아 군부 쿠데타에 관여했다)에게 말했다.
그럼에도 대다수 미국 고위 관료들은 도미노 이론에 따라 베트남의 공산
화가 인도차이나의 공산화를 야기하고, 이어 필리핀과 한국, 나아가 일본
과 호주 등의 공산화를 야기하여 결국 미국의 세계 지배력에 큰 타격을
가져올 것이라면서 확전을 주장했다.167) 그 후 흐루시초프의 예견이 현실
화되어 케네디 대통령이 점진적인 철수를 고려할 때에도, 맥나마라 국방
장관을 비롯한 국가 안보 회의 주요 멤버들과 합참 고위 장성, 그리고 CIA
는 미국의 개입 축소 정책에 부정적인 의사를 표명하면서 지속적인 확전
을 주장했다.168)

이러한 가운데 케네디가 피살되고 존슨이 대통령직을 승계하면서 미국
의 대對베트남 정책은 확전의 길로 치닫게 되었다. 이에 미국 일각에서는
케네디 암살이 베트남 전쟁 확대를 주장한 매파의 조직적인 음모라는 의
혹을 제기되었으나, 아직까지 정확한 결론은 내려지지 않고 있다. 어쨌든
미국의 역사학자 에릭 패던Eric Paddon이 케네디를 중도 좌파적 자유주의

---

167) NSC Action Memorandum 288, 1964. 3. 18.
168) The New York Times, 1964. 4. 30, 8. 5, 1997. 12. 23.
    CBS Report, 1963. 9. 2.

순교자로 규정한 것은, 그 진실성 여부를 떠나 미국의 실체를 이해하는
데 중요한 시사점을 던져 준다.

통킹만 사건과 제2차 인도차이나 전쟁의 시작

케네디 대통령 피살 이후 북부 베트남에 대한 군사적 압박을 가중시켜
온 존슨 행정부는 1964년 8월 5일 미 의회에 보낸 교서를 통해 이렇게 강
변했다. "북부 베트남군이 통킹만 근해 공해에서 통상적인 정보 수집 업
무를 수행하던 미 해군 함정 매독스Maddox호에 어뢰를 발사하여 피해를
입혔다. 이는 미국에 대한 전면적인 무력 도발 행위로 이를 묵과할 경우
남부 베트남은 물론이고 인도차이나, 나아가 동남아시아 전체의 안보가
위협받게 된다. 따라서 북부 베트남에 대한 무력 응징 없이는 이 지역의
자유와 안보를 유지할 수 없다. 이는 결코 군사적·정치적·영토적 탐욕에
서 기인한 것이 아니다."

그러자 미 의회는 하원 의원 414명 전원과 상원 의원 90명 가운데 88명
의 찬성으로 상·하 양원 합동 결의안 제1145호(1964년 8월 7일)를 발의함으
로써, 존슨 행정부의 무제한적 무력 사용을 승인했다. 미국의 주류 언론들
역시 다음처럼 선동하면서, 자국의 청년들을 베트남 침략 전쟁으로 내몰
았다.[169] "새로운 도전을 중단시키기 위해 쳐부숴라." "일상적인 순찰 업
무 중이던 미 전함 매독스호, 북부 베트남의 어뢰 공격받다." "존슨 대통
령 보복 명령을 내리다."

그러나 제2차 인도차이나 전쟁을 촉발한 통킹만 사건은 사실 존슨 행
정부가 조작한 것이었다. 이제 그 사건의 실체를 간략히 짚어보자.

1964년 7월 30일 대만 기륭항을 출발한 매독스호는 이틀 동안 '데소토

---

169) *Washington Post*, 1964. 8. 5.
　　 Dept Of State Bulletin, 1964. 8. 24.

Desoto'라는 비밀 작전을 수행했다. 북부 베트남의 통킹만 부근 전략 기지인 혼미섬과 혼구섬에 대한 남부 베트남 특공대의 해상 침투 공격(34A 작전)을 지원하는 것이었다. 또 북부 베트남의 해안 경비 태세에 관한 정보 수집도 겸했다.[170] 이틀 후인 8월 2일 오후, 혼미섬 부근에서 작전을 벌이던 매독스호는 수 척의 북부 베트남 어뢰정으로부터 공격을 받고 교전을 벌였다. 이로 인해 매독스호는 선체 외부에 가벼운 피해를 입었는데, 이는 어뢰가 아니라 기총 사격에 의한 것이었다. 북부 베트남 측은 어뢰정 한 척이 침몰하고 다른 배들 역시 상당한 피해를 입은 채 후퇴했다.

이에 존슨 대통령은 공해에서 통상적인 초계 임무를 수행하던 자국 전함에 공격을 가한 것은 용납할 수 없는 도발 행위라며 즉각 북부 베트남 측에 강력한 경고 메시지를 전달했다. 당시 미국은 국제법상의 12해리를 무시한 채 3해리만을 북부 베트남의 영해로 인정했다.

그러나 대책 회의에 참석한 러스크 국무장관과 맥나마라 국방장관을 비롯한 안보 관계 주요 책임자들은 이 사건을 북부 베트남의 의도적 도발이 아니라고 결론지었다. 이틀 전 남부 베트남의 기습 공격에 대한 북부 베트남 현지 해군의 단순 대응으로 보고, 따라서 추가적인 보복은 고려하지 않았다. 존슨은 첩보 활동을 계속하도록 지시했다. 미군 함대에는 2차 34A 작전(8월 3~4일)이 종료할 때까지 북위 17도와 18도 사이, 동경 108도 20분 주변으로 작전 반경을 한정한다는 명령이 하달되었다.

8월 3일 오후, 북부 베트남 빈손의 레이더 시설과 론강 남안의 보안 시설을 파괴하기 위해 남부 베트남 초계함 4척이 다낭 항구를 출발했다. 이 가운데 한 척은 매독스호 부근 해상을 지나던 중 기관 고장을 일으켜 곧 다낭으로 되돌아갔다. 초계함들은 각기 목표 지점에 침투하여 심야 기습 공격을 마치고 다음날 아침 6~7시경 다낭으로 되돌아갔다. 그러나 매독스호 등은 인근 해안에서 첩보 임무와 남부 베트남 함정 엄호를 계속했는

---

170) US National Security archive.

데, 이러한 사실은 북부 베트남 측에서도 알고 있었다.

8월 4일 밤 10시경, 매독스호를 비롯한 두 척의 함정은 적의 어뢰정으로 추정되는 미확인 물체를 포착했다고 보고했다. 하나는 선체 후미 13마일 지점에서 시속 30노트로 접근 중이었고, 다른 하나는 반대 방향 6마일 지점에서 시속 35~40노트로 다가오고 있었다. 곧이어 음파 탐지기에서 어뢰 공격을 알리는 비상 경보가 울렸고, 두 함정은 미확인 어뢰정을 향해 포격을 가했다. 그러나 부근의 티콘데로가 항공모함에서 발진한 스카이호크 폭격기와 F8 전투기 3대가 도착하여 200~500미터의 저공 비행으로 주변 해역을 샅샅이 뒤졌으나, 적함은커녕 어선 한 척 발견되지 않았다. 심지어 다른 선박이 주변을 항해한 흔적조차 눈에 띄지 않았다.

이에 대해 매독스호의 존 헤릭John Herrick 함장은, 북부 베트남이 공격을 가한 것으로 착각했다고 말했다. 7월 31일과 8월 3일의 공격을 미 함정의 직접적인 소행으로 오인(?)한 북부 베트남의 공격이라고 생각했다는 것이다. 수중 음파 역시 이로 인한 과민 반응에서 야기된 해프닝이었다면서, 자신이 들은 것은 매독스호의 프로펠러 소리였다고 털어놓았다. 또한 당시 티콘데로가 항공모함 비행단 단장으로서 1992년 부통령에 출마했던 스톡데일James Stockdale은 1990년의 한 기자 회견에서, 당시 자신이 화면으로 바라본 현장에는 미 전함에서 뿜어대는 불꽃과 검은 바다밖에 없었다고 술회했다.[171]

그러나 존슨 대통령은 1964년 8월 4일 밤 전국에 방송된 TV와 라디오 연설을 통해, 북부 베트남 어뢰정이 아무런 도발 행위도 하지 않은 미군 함정을 공격했다고 발표했다. 이에 대한 보복으로 미군 폭격기들로 하여금 북부 베트남의 주요 군사 시설과 정유 기지를 폭격하도록 명령했다고 밝혔다. 그리고 이튿날에는 의회에 나가 북부 베트남에 대한 본격적인 무력 사용의 필요성을 역설했다. 아울러 8월 6일과 7일 열린 의회 청문회에

---

171) *Washington Post*, 1988. 8. 7.

참석한 맥나마라 국방장관은, 혼미섬과 혼구섬에 대한 기습 공격이 미군 함정의 작전과 전혀 무관한 남부 베트남의 독자적인 작전이었다고 대답하며, 북부 베트남 어뢰정이 매독스호를 공격한 것은 명백한 도발 행위라고 강조했다.

그러나 비밀이 해제된 존슨 행정부 문서에 따르면 사건의 진상은 그 반대였다. 남부 베트남 해병 부대가 독단적으로 감행했다는 34A 작전은 존슨 정부의 국무차관 조지 볼George Ball에 의해 통킹만 사건 2개월 전부터 준비된 것이었다. 북부 베트남의 보복 공격을 유인한다는 치밀한 계획이 세워졌던 것이다.

또한 풀브라이트William Fulbright 상원 외교 위원회 위원장은 몇 년에 걸친 집요한 요청 끝에 맥나마라 국방장관으로부터 통킹만 사건 관련 문서들을 넘겨받아 분석했다. "통킹만에서 보내 온 전문의 대부분은 1964년 8월 2일 상황과 관련된 것들이며, 베트남 전면전의 계기가 된 8월 4일 북부 베트남군의 아군 함정 공격 증거는 문서 어디에도 없었다." "국가 안보국 간부들조차 8월 4일 사건과 관련해 확실한 답변을 하지 못했다." 존슨 대통령 스스로도 회고록을 통해 "우리 함정이 쏘아댄 것은 고래뿐"이었다면서 통킹만 사건이 날조된 것이었음을 시인했다.[172]

그렇다면 왜 존슨 대통령은 일어나지도 않은 어뢰정 공격을 빌미 삼아 자국민을 포함한 전 세계를 속여 가며 베트남 전쟁을 일으킨 것인가? 또한 미국의 상·하 양원은 전부 허수아비들이란 말인가?

이는 미국의 기본 정책에서 기인한 것으로 보아야 한다. 미국의 세계 전략은 미국의 패권을 유지하는 것을 최우선으로 삼는다. 그러기 위해서는 군산 복합체를 발전시켜야 하고 또 끊임없이 전쟁을 도발해야 한다. 그러한 목표 달성을 위해서는 자국민을 속이더라도 무방하다는 것이 미

---

172) *US News and World Report*, 1984. 7. 23.
　　Washington Post, 1995. 11. 23.
　　http//members.aol.com.

국 지도층의 공통된 인식인 것이다.

덜레스 전 국무장관은 다음과 같은 궤변으로 이러한 인식을 표현했다. "미국은 영국의 식민 지배에서 벗어났기 때문에 전 세계 어느 나라도 자국민의 의사를 무시하고 식민지가 되는 것을 용납할 수 없다. 따라서 세계 어느 나라도 공산주의의 식민지가 되는 것을 용인할 수 없다." 이러한 궤변의 결과는 지구촌 곳곳을 피로 물들이는 것이었다.

피닉스 작전과 미국의 잔혹성

CIA의 지휘 아래 1967년부터 피닉스 작전이 본격적으로 전개되었다. 남부 베트남 괴뢰 정부에 저항하는 공산주의자, 민족주의자, 인권 운동가, 양심적 지식인들을 비롯하여 이에 심정적으로 동조하는 민중들을 제거함으로써 베트남 분단을 고착화하려는 것이었다. 이 작전에는 미 해군 특수부대Navy Seal와 육군 특전단Green Beret 소속 군인들, 그리고 남부 베트남 비밀 경찰들이 참여했다. 그들은 공산 세력을 색출한다는 미명 아래 민간인들을 강제로 납치하여 인간이 할 수 있는 가장 악랄하고 잔혹한 고문을 자행했다. 남녀 생식기에 대한 전기 고문, 거꾸로 매단 상태에서 행하는 물고문, 얇은 대나무 껍질을 손톱 밑으로 삽입하는 고문, 6인치 나사못을 한쪽 귀에 삽입한 후 반대편 귀를 향해 절명할 때까지 뇌를 관통시키는 고문 등 그 잔혹사는 이루 말할 수 없다.

당시 작전에 관여했던 CIA 간부 오스본Barton Osborn은 1971년 7월의 미 상·하원 외교 위원회 청문회와 1973년의 미 하원 군사 관계 소위원회에 출석해 증언했다. "피닉스 작전에 의해 체포되어 조사받은 사람 가운데 생존자가 있다는 이야기는 들어본 적이 없다"고 하면서 "피닉스 작전은 인간이 자행할 수 있는 가장 야수적인 범죄"였다고 시인했다. 그는 6인치 나사못으로 뇌를 관통당해 사망한 시신을 직접 확인했다고 증언했다.

또 당시 CIA 사이공 책임자 콜비는 1971년 7월 19일 미 의회 해외 관계 청문회에 참석해 증언했다. 레이드Ogden Reid 의원이 남부 베트남 시민과 베트콩을 구별해낼 수 있냐고 질문하자, 그는 그럴 수 없다고 대답함으로써 상당수 양민들이 억울하게 희생되었음을 시인했다. "그들은 모두 죽었다. 그렇다고 그들이 베트콩과 관련되었다는 증거는 전혀 없었다. 그들 대다수는 고문으로 죽거나 산 채로 헬기에 태워져 태평양에 던져졌다."

이러한 실상은 미국의 일부 언론을 통해 보도됨으로써 세간에 알려지게 되었다. 1970년 봄 사이공 농과 대학에 재학 중이던 남녀 학생 11명이 반정부 시위와 관련하여 가혹한 고문을 받은 사실이 드러났던 것이다. 그리고 이를 계기로 1970년 7월 인권 유린 실태 조사를 위해 맥크로스키Paul McCloskey 등 네 명의 미 하원 의원이 베트남을 방문했다. 이들도 이러한 사실들을 확인했고, 1971년 7월 19일자 미 의회 해외 관계 청문회에서도 이러한 사실들이 재확인된 바 있다. 호킨스 하원 의원은 베트남 수용 시설 조사단에 참여했는데, 그는 북부 베트남의 미군 포로 수용 시설이 남부 베트남의 미군 관할 수용 시설보다 훨씬 나을 것이라고 말했다. 미국의 예산과 인력 지원 아래 자행되는 극악한 범죄 행위를 규탄하지 않을 수 없었던 것이다.

또한 미 의원단의 통역을 담당한 미국 언론인 돈 루스Don Luce는 여러 매체와 자신의 저서 『전쟁의 인질Hostages of War』을 통해 그 참상을 폭로했다. 그 때문에 그는 1971년 5월 미국의 압력에 의해 남부 베트남에서 추방되기까지 했다. 그에 따르면, 1.2평의 공간 안에 3~5명씩 수용된 사람들은 심한 고문으로 온몸에 피멍이 들거나 손발이 절단된 채 마치 게처럼 옆으로 기면서 고통과 허기로 울부짖고 있었다. 그리고 이들 가운데는 단지 국기에 대한 경례를 하지 않았다는 이유로 베트콩이라는 혐의를 뒤집어쓴 사람도 있었다.

미 국방성의 공식 기록에 따르면, 닉슨 대통령 재임(1965~1972) 중 피닉스 작전에 의한 사망자 수는 26,369명, 불법 구금자 수는 33,353명에 달한다. 또한 콜비는 1971년 7월 19일 상원 소위에 출석하여, 1968년 1월부터 1971년 5월의 불과 3년여 동안 21,587명이 사망했다고 증언했다. 그러나 이러한 수치는 미 의회가 피닉스 작전의 중단을 결의한 이후 미국 정부에 의해 집계된 것이다. 여기에는 피닉스 작전의 일환으로 미군을 비롯한 연합군에 의해 자행된 민간인 학살 사건 희생자들은 아예 포함되지도 않았기 때문에, 실제 피해자는 이보다 훨씬 더 많았다고 보아야 한다.

미라이 대학살의 진실

베트남 전쟁 동안 미군이 저지른 수많은 민간인 학살 가운데 가장 대표적으로 알려진 사건이 바로 미라이 대학살이다. 그러나 이 사건이 한 초급 장교의 단순한 잘못에서 비롯된 것이 아니라 피닉스 작전의 일환이었다는 사실은 잘 알려져 있지 않다.

미 11여단 소속 찰리 부대의 한 소대가 인구 700여 명의 작은 농촌 마을인 미라이(남부 베트남 관할 지역인 꽝나이성 손마이촌)에 들이닥친 것은 1968년 3월 16일 아침 7시경이었다. 이들은 베트콩을 색출한다는 명목으로 노인과 부녀자, 어린이가 대다수인 마을 주민들을 동네 한가운데로 불러 모으고는, 별도의 심문도 없이 기관총과 그리네이드(베트남전에서 사용한 수류탄 발사기)로 무차별 학살했다. 또 마을 사원에 모여 무릎을 꿇고 아침 예불을 올리던 할머니들에게 다가가 등 뒤에서 총기를 난사하기도 했다.

당시 집단 학살에 참여한 미드로Paul Meadlo 병장은 미 군사 법정에서, 당시 소대장이었던 칼리William Calley 중위가 노인과 부녀자, 어린이를 막론하고 모두 죽이라고 명령하면서 직접 기관총을 난사했다고 진술했다. 이어 만약 명령을 거역할 경우 자신마저 죽일 것이라 생각해 어쩔 수 없이 명령에 복종했다면서, 자신이 직접 죽인 수만 해도 수십 명은 족히 된

미라이 학살 현장.

다고 증언했다. 그는 또한 유아들까지도 칼리의 지시에 따라 마을 가운데 있는 수로에 내던진 후 그리네이드 등으로 사살했다고 말했다.

당시 칼리 부대가 상급 부대에 공식 보고한 전황에는 적 128명 사살에 아군 1명 부상으로 기록되어 있다. 그러나 통상적인 작전 지원을 위해 마을 주변 상공을 정찰하던 중 몇몇 갓난아이와 부상당한 어린이들을 발견하여 인근 야전 병원으로 후송한 미 육군 헬기 조종사 톰슨Hugh Thompson 준위와 이 지역 베트남인 책임자였던 트란 녹 탄Tran Ngoc Tan에 따르면 현장에서 확인된 시신은 모두 504구였다. 참고로 아군 부상자 1명은 바로 미드로 병장이었는데, 그는 또 다른 마을로 이동하여 민간인 학살을 계속하라는 칼리 중위의 학살 명령을 피하기 위해 고의적으로 미군의 발목 지뢰를 밟은 것이었다.

미라이 학살 사건을 다룬 1971년의 재판 기록 가운데 대니얼Aubery Daniel 검사와 레티머George Letimer 변호사의 심문에 대한 미드로 병장의 응답을 살펴보면, 당시의 참상을 미루어 짐작할 수 있다.

문 : 증인은 마을에 들어가서 무엇을 했는가?

답 : 우리는 작전 지시에 따라 주민들을 마을 한곳에 불러 모았다.

문 : 몇 명이나 불러 모았나?

답 : 내가(미드로 병장) 불러 모은 숫자는 성인 남녀와 어린이를 포함해 30~50명 정도였다.

문 : 어떤 부류의 아이들인가?

답 : 그냥 어린이들이다.

문 : 그들을 왜 불러 모았는가?

답 : 우리는 그들이 베트콩이라고 의심했다.

문 : 그 때 칼리 중위를 보았는가?

답 : 그렇다.

문 : 당시 그들은 무엇을 하고 있었는가?

답 : 그들은 그냥 그 자리에 서 있었다. (…) 그런데 칼리가 내게 "왜 아직도 그들을 죽이지 않는가?"라고 묻기에, 나는 "그들을 죽이라는 줄은 몰랐다"고 대답했다. 그러자 칼리는 "그들을 죽여야 한다"고 말하고는, 약 7~8미터 뒤로 물러서서 자동 소총을 난사하여 그들을 몰살했다. 그는 내 곁에 서서 4~5차례 탄창을 갈아 끼웠고, 나도 몇 차례 그렇게 했다.

문 : 당신은 왜 그런 명령을 수행했는가?

답 : 그렇게 하도록 명령받았기 때문이다. 그들을 베트콩이거나 베트콩에 대한 동조자라고 생각했다.

문 : 그 다음은 어떻게 했는가?

답 : 칼리의 명령에 따라 자리를 옮긴 후, 살아 있는 다른 주민들을 골짜기 아래로 몰아넣고 언덕으로 올라가 사격을 가했다.

문 : 몇 차례나 사격했는가?

답 : 기억이 잘 나지 않는다.

문 : 탄창을 갈아 끼우면서 계속 사격했는가?

답 : 그렇다.

문 : 칼리 중위도 탄창을 갈아 끼웠는가?

답 : 그렇다.

문 : 몇 번이나 갈아 끼웠는가?

답 : 한 10~15번은 될 것이다.

문 : 탄창 하나에 몇 발이 들어 있는가?

답 : 보통은 20발이다.

문 : 칼리가 가진 무기는 무엇인가?

답 : M16이다.

문 : 당시의 심정은 어떠했나?

답 : 나는 정신적인 혼돈 상태에 빠졌고 (…) 전날 이에 대한 작전 지시도
    있었고 (…)

문 : 당신은 그 때 울었는가?

답 : 아마도 그랬던 것 같다.

문 : 동네 개천으로 밀어 넣은 어린이들은 어떻게 되었는가?

답 : 잘 모르겠다.

문 : 엄마 품에서 살아 있던 유아들도 있었는가?

답 : 그랬던 것으로 기억한다.

문 : 어린이들이 당신들을 공격했는가?

답 : 아니다.

　미라이 대학살은 사건 발생 1년 반 만인 1969년 11월 「라이프」의 허시
Seymour Hersh 기자가 그 전말을 사진과 함께 공개함으로써 세상에 알려
지게 되었다.

　그 작전에 참여한 병사가 그로부터 몇 달 후 친구와 술을 마시면서 사
건의 전모를 털어놓은 것이 발단이었다. 그 이야기를 듣고서 사건이 심상
치 않음을 깨달은 론 리덴아워Ron Ridenhour(그는 수년 전 하와이에서 찰리
부대원 조교로 복무한 바 있었다)는 관련 증인들을 수소문하고 자료를 모아
닉슨 대통령과 몇몇 국회의원, 그리고 육군성에 진상 조사를 청원했다. 이
에 미 육군성은 미 육군 범죄 수사대에 조사를 지시하여 그의 청원이 사
실임을 확인했다. 그러는 가운데 지휘관인 칼리 중위를 징계하는 선에서
사태를 무마하려는 미국 정부의 시도가 있었으나, 미 의회의 상세한 조사
요청에 따라 재조사가 이루어짐으로써 결국 사건의 진상이 언론을 통해

공개되었던 것이다.

본격적인 조사가 진행되던 1970년 「뉴욕 타임스」는 "왜 이 사건을 초급 지휘관의 단순 실수로 은폐하려 하는가?"라는 사설을 통해, 미라이 학살이 피닉스 작전의 일환이었음을 폭로했다.[173] 또한 피닉스 작전에 관여했던 전직 CIA 간부 머레이 부부(John & Delores Murray)와 광나이성 CIA 조정관 랜스데일은 미라이 주변 일대가 베트콩에 동조하는 지역이었기 때문에 작전 대상 지역으로 선정되었다고 진술했다. 이는 당시 이 지역이 핑크 밸리(적색 지대 : 작전 지도에 핑크색으로 표기된 지역으로, 베트콩에 대한 동조자들이 많은 지역, 즉 소위 섬멸 대상 지역을 가리킨다)로 분류되었다는 사실을 통해서도 확인된다.

결국 미라이 대학살을 통해 피닉스 작전의 기본 목표가 민간인을 대상으로 한 무차별 학살이었다는 사실이 재차 확인되었는데, 영국의 BBC 방송은 이러한 군사 작전으로 인해 희생된 남부 베트남 민간인 수가 무려 150만 명에 달한다고 보도했다.[174]

비록 피아의 식별이 모호한 게릴라들과의 전투라는 점을 감안한다 해도 남녀노소를 불문한 비인도적인 살육 만행은 명백한 전쟁 범죄이다.

아울러 베트남에 파병된 국군이 자행한 베트남 민간인 학살 사건 역시 미군이 저지른 것과 더불어 가공할 전쟁 범죄라는 사실에는 변명의 여지가 없다. 베트남 전쟁 당시 용맹(?)을 자랑하던 한국군이 저지른 잔혹한 베트남 양민 학살 사례들도 여러 건 알려졌다. 그 가운데 당시 베트남에서 구호 활동을 벌이던 어느 미국인 퀘이커 교도 부부의 증언에 따르면 한국군이 방금 철수한 동네 마당에 들어가보니 아이들은 캔디를 문 채, 어른들은 담배를 물고 있거나 음식을 든 채 한 장소에서 집단 학살을 당했다고 한다. 이는 전혀 적의가 없는 주민들을 마당으로 유인하여 집중 사격을 가했다는 명백한 증거이다.

173) *The New York Times*, 1970. 8. 25, 1971. 8. 17, 8. 19, 9. 9.
174) *BBC News*, 1998. 7. 20.

그리고 필자가 대학 시절에 동창생 김윤식(가명. 현재 마닐라 한인 교회 목사)으로부터 들었던 체험담 한 가지를 소개한다. 그는 당시 백마 부대 병사로 베트남에서 작전을 벌이고 있었는데, 하루는 작전을 나갔다가 귀대하는 길에 대여섯 살 난 '샤기'라는 아이가 혼자서 울고 있는 것을 발견하고 불쌍한 생각이 들어 수용 시설에 보내기 위해 그 아이를 데려가던 중이었다. 잠시 후 일단의 청룡 부대원을 만나게 되었는데 그 때 한 청룡 부대원이 김윤식에게 다가와 이 아이도 베트콩의 새끼니 죽여야 한다고 해 시비가 일어났다는 것이다. 그러자 이 청룡 부대원은 김윤식에게 아이를 떼어 놓지 않으면 너도 함께 죽여 버리겠다며 방아쇠를 당기려 했고, 그 순간 위험을 직감한 동료 부대원이 아이를 김윤식으로부터 밀쳐내자 그 아이는 김윤식의 눈앞에서 처참히 사살되었다면서 당시를 떠올리며 우울해하던 모습을 본적이 있다.

당시 일부 한국군 참전 병사들이 마치 무용담(?)이나 되는 것처럼 자랑스레 늘어놓았던 부녀자 등 민간인에 대한 잔혹한 살해 수법을 들어 보면 그 잔혹함이 바로 미군들이 현지에서 저지른 수법과 다르지 않음을 알 수 있다. 그런데 6·25를 전후하여 동족끼리 저지른 만행들로 미루어 보아도 이러한 무용담(?)이 결코 과장이 아니라는 것을 알 수 있다. 특히 이는 전투 중 피할 수 없는 우발적인 사건이 아니라 지휘권자인 미군과 국군의 고위 지휘관의 지시나 묵인이 없으면 일어나기 힘든 일이다.

화학 물질 살포

남부 베트남인들을 공산주의의 위협으로부터 지키고 이들에게 진정한 자유를 보장한다는 미국의 전쟁 명분이 얼마나 가증스러운 위선인가 하는 점은, 미군의 무차별적인 화학 물질 살포에서 다시금 확인된다. 1961년 8월 초부터 1971년 10월 말까지 만 10년 동안 미국은 베트남의 지방 도시와 농

미군의 화학 물질 살포 장면.

촌, 그리고 캄보디아와 라오스에 총 7천 3백만 리터의 화학 물질을 살포했다. 주로 에이전트 오렌지라는 물질이었는데, 1일 평균 2만 리터로 2만 6천 제곱킬로미터를 초토화시킬 수 있는 엄청난 양이었다. 미 상원 의원 게일로드 넬슨Gaylord Nelson의 표현대로 1인당 2.7킬로그램의 다이옥신을 퍼부은 셈이다.

각종 암과 신경계 마비, 그리고 선천성 기형아 출산 등을 유발하는 다이옥신을 주성분으로 하는 에이전트 오렌지는, 인명을 살상하거나 자연 생태계를 파괴할 뿐만 아니라 여러 세대에 걸쳐 치명적인 재앙을 퍼뜨리는 그야말로 치명적인 맹독성 화학 물질이다.[175] 따라서 당시 환경·보건 분야 학자들뿐만 아니라 미 국무부의 로저 힐스만을 비롯한 상당수 고위

---

175) 당시 가장 많은 물량의 에이전트 오렌지를 공급했던 몬산토사는, 소의 생육을 인위적으로 촉진시키는 호르몬 주사약을 개발하여 미국 등지의 대단위 양축 농가에 공급해 왔다. 최근 미 식품 안전청의 조사에 따르면, 이 주사를 맞은 소에서 생산되는 유제품에 인간의 면역 체계를 약화시키고 각막 궤양과 중추 신경계 이상 등을 유발하는 박테리아가 함유되어 있는 것으로 밝혀졌다.

관료들조차 제국주의자들의 야만 행위라는 비난을 면치 못할 것이라며 에이전트 오렌지 살포에 반대한 것으로 알려져 있다.

그러나 케네디 대통령은 생태계나 인명에 미치는 영향이 별로 크지 않고 그 효과도 단기간에 그친다면서 살포를 결정했다. 이에 남부 베트남 정부 관리들은 자국민과 자연 환경을 보호하기 위해 반대하기는커녕 오히려 미국보다도 더욱 적극적으로 찬동하고 나섰다. 정글을 초토화시켜 게릴라들의 은신처를 파괴하고 농작물의 씨를 말림으로써 최소한의 비용과 노력으로 베트콩의 저항 의지를 손쉽게 꺾어 놓을 수 있다는 것이 양국의 계산이었다.176)

에이전트 오렌지로 인한 피해는 미군과 한국군도 예외가 아니었으며, 그 피해자는 참전 장병 및 그 자녀들을 포함하여 수만 명에 이른다. 그러나 베트남인들의 피해 규모는 이에 비할 바가 아니다. 베트남전 당시 에이전트 오렌지로 인해 수백만 명의 현지 주민들이 직접적인 피해를 입었을 뿐만 아니라, 60년대 이후 출생한 약 50만 명의 2세들, 그리고 최근에는 약 5만 명의 3세들이 피부암과 혈액암을 비롯한 각종 암과 기형아(신체의 일부분이 없거나 심장 하나에 머리가 2개인 경우 등등) 출산 등의 후유증에 시달리고 있는 것으로 공식 확인되었다.

에이전트 오렌지가 환경과 보건에 끼친 문제점과 그 대책을 협의하기 위해 지난 2002년 3월 초 하노이에서 개최된 베트남과 미국 당국자 사이의 첫 회담에서, 양측은 이러한 사실을 재차 확인함과 더불어 피해자들의 고통을 최소화하기 위해 상호 긴밀한 연구와 협조가 필요하다는 데 인식을 같이했다. 그러나 미국 측 당국자인 올브라이트 전 국무부장관은 "과학적인 근거를 찾기 위해서는 더 많은 노력이 필요하다"라고 말했으며, 베트남 주재 미국 대사 더글러스 피터슨Douglas Peterson 역시 "에이전트 오렌지가 베트남 주민들에게 미친 영향을 규명하기 위해서는 상당한 시

---

176) A Report by the National Academy of Sciences. William A. Buckingham, Jr., A Report for Operation Ranch Hand in South East Asia, 1961~1971.

일이 소요될 것"이라면서, 이미 의학적으로 입증된 피해 사실조차도 뻔뻔스럽게 외면했다.[177] 그러나 이로 인해 고통을 겪는 자국의 피해 장병에 대해서는 치료는 물론 보상까지 했고, 한국에서도 이들 환자들에 대한 치료와 보상을 실시했다.

괴뢰 정부의 종말

베트콩 게릴라의 끈질긴 공세와 민심이 떠난 남부 베트남 티우 정부의 만연한 부정부패, 그리고 날로 격화되는 미국 내 반전 여론 등으로 인해 존슨 행정부의 고민은 점점 더 깊어갔다. 설령 집중적인 화력으로 북부 베트남 정규군을 궤멸시킨다 해도 베트콩의 저항은 오히려 더더욱 강화될 것이 빤한 상황이었다. 그러나 당시까지 미국의 대외 정책을 지배하던 도미노 논리 때문에 쉽사리 철군을 결정하기도 힘들다는 것이 미국 정부의 딜레마였다.

이에 존슨의 뒤를 이어 대통령에 오른 닉슨은 베트남 전쟁의 조기 종식을 위한 핵무기 사용을 다시 들고 나왔으나, 당시 키신저 국무장관조차 핵무기를 사용한다 해도 베트남전에서 승리한다는 보장이 없으며 오히려 국내외 여론만 악화시킬 뿐이라고 절대 불가 입장을 주장했다.[178] 그리하여 닉슨 정부는 전쟁을 계속 치르는 한편 베트남 전쟁 종식을 위한 외교적 절충을 모색하게 되는데, 그 결과가 바로 1971년에 이루어진 키신저의 역사적인 베이징 방문이었다.

저우언라이周恩來 중국 총리를 만난 자리에서, 키신저는 우선 중국의 최대 관심사인 대만 문제에 관해 미국은 대만의 독립을 고집할 의향이 없다고 전제하고, 미국과 북부 베트남 사이의 전쟁을 종식시키기 위해 중국

---

177) *Washington Post*, 1967. 2. 15.
178) *AP*, 2002. 3. 1.

정부가 호치민 정부에 영향력을 행사해 달라고 요청했다. 즉 중국의 이해와 직결된 대만을 독립 국가가 아닌 중국의 주권이 미치지 않는 일개 성省 정도로 인정하는 대신, 미국이 베트남에서 명예롭게 철수할 수 있도록 도와달라는 것이었다.[179]

그러나 이러한 외교 노력에도 불구하고 미국의 어떠한 화해의 몸짓도 신뢰할 수 없다는 북베트남의 강경 자세로 인해 별다른 진전이 없자 결국 미국은 1973년 3월 북부 베트남과 파리 평화 협정을 체결했는데, 이는 사실상 무조건적 항복 선언이나 다름없었다. 한반도 정전 협정과는 달리, 미군의 철수는 협정 내용에 포함된 반면 17도선 이남에 진입해 있던 북부 베트남 정규군(약 10만 명)의 철수는 거론되지도 않았기 때문이다. 결국 미국은 프랑스를 내세운 제1차 인도차이나 전쟁에서 패한 후 20년 만에 또다시 똑같은 적에게 패배를 당한 셈이었다. 그 후 2년간 미국의 지원 덕에 간신히 버텨오던 남부 베트남은 미군이 완전히 철수한 1975년 4월, 북부 베트남과 베트콩에게 함락당해 역사의 무대에서 사라졌다.

제2차 인도차이나 전쟁은 제2차 세계 대전 다음으로 많은 사상자를 낳았다. 그 가운데 미군 사망자는 58,721명, 남부 베트남군 사망자는 183,528명, 그리고 한국군 사망자도 5천 명이 넘는 것으로 공식 집계되었다. 또한 북부 베트남 정규군 사망자는 약 92만 5천 명, 베트콩 게릴라를 포함한 민간인 사망자는 약 300만 명에 달하는 것으로 추산되며, 미군의 공습 등으로 인한 인근 캄보디아 민간인 피해자까지 모두 합칠 경우 민간인 희생자는 대략 500만 명에 육박한다고 한다. 한편 미국이 베트남에 퍼부은 폭탄은 800만 톤에 달하는데, 이는 당시 베트남 국민 1인당 약 150킬로그램에 해당하는 양이었다.

---

179) *The New York Times*, 2002. 2. 28.

베트남전의 교훈

미국의 베트남전 개입에 대해 "우리의 잘못입니다. 우리의 큰 잘못입니다"라는 유명한 말을 남긴 전 미 국방장관 로버트 맥나마라는 『베트남전의 비극과 교훈』이라는 저서를 통해 10여 가지의 패전 원인을 분석했는데, 그 주요 내용은 다음과 같다.

1. 우리는 자신들의 신념을 위해 기꺼이 목숨을 바치는 베트콩 게릴라와 북부 베트남인들의 의지를 과소평가했다.
2. 우리는 그들의 역사, 전통, 문화, 민족 의식을 제대로 알지 못했다.
3. 우리는 현대화되고 첨단화된 병력과 장비를 과신했다.
4. 우리는 대규모 무력 개입을 시작하기 전에 국민과 의회에 솔직히 설명하고 양해를 구했어야 했다.
5. 우리의 군사 행동은 국제 사회의 동의를 받지 못한 일방적인 것이었으며, 왜 우리가 그곳에서 피를 흘리는가에 대한 솔직한 설명도 없었다.
6. 우리는 우리 국민은 물론 우리의 지도자들도 별로 유식하지 않다는 사실을 간과했다.
7. 우리는 모든 인간이 갖는 천부의 권리를 우리 방식대로 만들 권리가 없음을 인식하지 못했다.
8. 우리는 복잡한 국제 문제를 해결할 해당 지역 전문가를 갖추지 못했고, 그러한 문제를 풀기 위해 상당한 인내와 시간이 필요하다는 사실도 미처 깨닫지 못했다.[180]

그렇다면 우리들 자신은 후손들에게 뭐라고 말할 것인가? 베트남전 당시 한국군 사령관이었던 채명신 장군의 말처럼 "동맹국인 미국의 수고를

---

180) Robert S. McNamara, ed., *The Tragedy and Lessons of Vietnam*, Random House, 1995.
McCone, Memorandum for Secretaries Rusk and McNamara, Ambassador Taylor & McGeorge Bundy, 1965. 4. 2.
The Pentagon Papers, Gravel ed. Vol. III. 1975.

덜기 위해 자원한 뜻있는 전쟁이었으며, 이를 통해 국군의 전투력이 향상되었다"라는 궤변을 늘어놓을 것인가? 아니면 민족의 자주 독립을 지키려한 베트남 민중을 살육하고 벌어 온 몇 푼의 달러로 경제 발전을 이루었다고 강변할 것인가? 이도저도 아니면 레이건 전 대통령처럼 "우리가 그곳에서 뭘 했느냐고 묻는다면 솔직담백하게 말해 숭고한 이유 때문이었다"라는 3류 코미디를 늘어놓을 것인가?

2. 캄보디아

9세기 초부터 12세기 말까지 찬란한 앙코르 왕국을 이룩한 캄보디아는, 1887년부터 베트남·라오스와 함께 프랑스의 식민 지배를 받았다. 이후 제2차 세계 대전 기간 중에는 프랑스 비시 정부와 일제의 지배를 받았고, 일제가 물러간 뒤에는 다시금 종주국 행세를 하려는 프랑스에 맞서 베트남·라오스와 함께 독립 투쟁을 전개했다. 1954년 7월 제네바에서 인도차이나 종전 협정이 성립됨에 따라 마침내 독립을 쟁취했다.

프랑스를 상대로 독립 전쟁을 벌이던 1953년, 시아누크 국왕은 미국을 방문하여 캄보디아가 프랑스의 식민 지배로부터 독립할 수 있도록 도와달라고 요청했다. 그러나 덜레스 미 국무장관은 공산주의에 대항하기 위해 프랑스의 보호가 필요하다면서 이러한 요청을 거절했고, 이후 시아누크 국왕은 미국과 공산권 양측의 영향에서 벗어나기 위해 중립을 천명했다. 1954년 미국의 강권과 경제 원조를 빌미로 한 회유에도 불구하고 동남아 조약 기구에 가입하지 않은 것이나, 1995년 미국과 군사 협력 조약을 체결한 것 모두 이러한 비동맹 자주 노선에 따른 것이었다.

그러나 이러한 캄보디아의 중립 의지에도 불구하고, 미국은 북부 베트남군과 베트콩 게릴라의 보급로를 차단한다는 명분으로 캄보디아 영토에 대대적인 공중 폭격을 퍼붓는가 하면, 게릴라를 추격한다면서 지상군까지 투입했고, 이로 인해 민간인의 피해가 급증하자 시아누크 국왕은 미국과의 단교를 선언하는 등의 강경 대응 자세를 취했다.

그 후 1968년 1월 캄보디아를 방문한 미 대통령 특사 체스트 볼은 미군의 캄보디아 도심 폭격을 중단해 달라는 시아누크의 요청을 받아들였다.[181] 아울러 미국은 1970년 6월 말까지 지상 병력을 철수시키겠으며 적

---

181) *The New York Times*, 1969. 5. 9.

군을 추격하더라도 캄보디아 영토 20마일을 넘지 않겠다고 약속했는데, 사실 그 이면에는 시아누크 국왕을 축출하고 미국의 허수아비 정부를 세우려는 음모가 도사리고 있었기 때문이다.

1970년 3월 중순 시아누크 국왕이 중국과 소련 순방길에 오른 사이 미국의 비호를 받은 론놀 장군이 쿠데타로 집권했다. 그는 학정과 부패를 일삼을 뿐만 아니라 캄보디아 영토를 미군의 베트남전 수행 기지로 제공하고 직접 전쟁에 참여하기도 했다. 이로써 수십만 명의 자국민이 죽거나 다치고 수만 채의 가옥이 파괴되는 엄청난 피해를 자초했다. 이에 과거 시아누크 시절 과격 좌익 세력으로 분류되던 폴 포트 등의 프랑스 유학파 지식인들은, 크메르루주 반군을 결성하여 론놀 정부와 미군에 대항한 전면적인 게릴라전에 돌입했다. 그러자 미국은 크메르루주 게릴라를 상대로 전쟁을 확대하여 캄보디아를 초토화했다.

이때 미군이 캄보디아에 쏟아 부은 폭탄은 제2차 세계 대전 동안 도쿄에 투하된 총량보다 3배나 많은 48만 톤으로, 그 파괴력은 히로시마 핵폭탄의 25배에 달했다.[182] 특히 닉슨 행정부가 들어선 1969년 3월부터 1970년 5월까지 14개월 동안 B52 폭격기 편대가 캄보디아 영토에 출격한 회수는 총 3,630회였다. 달리 말해 하루 평균 10회 꼴로 융단 폭격이 이루어진 것이었다. 이로 인해 희생된 캄보디아 민간인 수는 약 60만에서 100만에 이르는 것으로 알려졌으며, 지금까지도 미군이 투하한 클러스터 폭탄과 캄보디아 전역에 매설해 놓은 수백만 개의 지뢰로 인해 상당수의 사람들이 죽거나 다치고 있다.

당시 B-52 부조종사였던 도널드 도슨 대위는 1973년 6월 19일 상부의 폭격 지시를 거부한 죄로 법정에 서서, 미국의 무자비한 캄보디아 민간인 살상을 다음과 같이 고발했다. "캄보디아 폭격 임무를 받고 날아갔으나 어디에도 군사 목표물이 없었다. 그래서 사람들이 모인 결혼식장을 목표

---

182) *Toronto Star*, 1997. 6. 30.

물로 삼을 수밖에 없었다." 또 미국 대사 에모리 스웽크는 1973년 9월 캄보디아를 떠나면서, 캄보디아를 상대로 한 미국의 확전에 대해 "인도차이나에서 가장 불필요한 전쟁"이라고 지적했다.

1975년 4월 미군이 인도차이나에서 완전 철수한 후 론놀 정부를 무너뜨린 크메르루주 연합 세력은, 키우 삼판을 형식상의 국가 원수로 하고 폴 포트 총리를 실권자로 하는 새로운 정부를 구성한 다음, 론놀 정권 아래서 친미 세력을 형성했던 자들과 이에 부화뇌동해 온 지식인들을 비롯하여 총 20여만 명을 처단하고 수십만 명을 강제 노역장으로 이주시키는 공포 정치를 실시했다.

물론 이는 국제 사회의 지탄을 받을 만한 반인권적이고 비인도적인 범죄 행위였다. 그러나 실상은 200만 명이 희생된 것으로 묘사된 할리우드산 영화와 소설, 그리고 이를 기정사실로 선전한 미국과 그 속국들의 일방적인 언론 보도와는 전혀 다르다. 스스로를 지킬 소총 한 자루 없는 캄보디아 농촌 마을에 10여 년 동안이나 무차별적인 융단 폭격을 가하여 최소한 100만 명 이상의 사상자를 낸 미군이야말로 킬링필드를 만든 실질적인 장본인인 것이다.[183]

더구나 미국 정부는 이후 친소련계 베트남 정부를 견제하기 위해 유엔을 통해 폴 포트 정부에 재정 지원을 해주고 태국을 통해 무기를 공급하는 한편, 당시 카터 행정부 안보 보좌관이었던 브레진스키가 밝힌 것처럼 크메르루주 군대를 돕도록 중국 정부에도 영향력을 행사했다. 또 1979년에 베트남의 지원을 받은 행 삼린이 폴 포트 정권을 몰아내고 정권을 장악했을 때에는, 반정부 3대 파벌 세력인 시아누크, 크메르 루주, 크메르 인민민족 해방 전선을 돕도록 ASEAN과 SEATO, 그리고 유엔에 압력을 가하기도 했다.

왜냐하면 중국은 베트남과 적대적인 관계에 있었으므로 당시 미국으로

---

183) *The New York Times*, 1997. 6. 20.

서는 주적인 소련과 한편인 베트남 정부의 적(크메르루즈)은 동지라는 계산
으로 폴 포트를 지원한 것이다. 특히 폴 포트 세력은 미국이 표방하는 자
본주의나 자유 민주주의 이념과 전혀 코드가 다름에도 한동안 미국이 이
들을 지원했다는 사실은, 강대국으로서의 기본적인 체면과 최소한의 도
덕성이라도 있는지 반문하지 않을 수 없다.

3. 라오스

라오스는 북서쪽으로 중국과 미얀마, 동쪽으로 베트남, 남쪽으로 캄보디아, 그리고 서쪽으로 태국에 접한 인구 약 500만 명의 작은 나라다. 베트남·캄보디아와 마찬가지로 프랑스의 식민 지배를 받은 후, 1954년 제네바 협정에 의해 독립국이 되었다.

1955년 선거를 통해 파테트 라오Pathet Laos(라오인의 땅) 지도자들이 이끄는 반식민 자주 독립 국가를 출범시켰다. 그러나 파테트 라오 정부 역시 민족주의 성향의 자주 독립 국가를 허용하지 않는 미국의 패권 정책에 의해 잦은 정변을 겪었다. 1958년 미국의 비호 아래 일어난 우익 쿠데타로 인해 민족주의 성향의 정부가 붕괴되고, 2년 후 다시 쿠데타가 일어나 친미 정부를 몰아내고 중립적인 자주 정부를 출범시켰으나, 이 역시 채 한 해를 넘기지 못하고 또다시 붕괴되고 말았다.

미국이 라오스에 이토록 강한 집착을 보인 것은 라오스의 지정학적인 가치 때문이었다. 1961년 1월 중순 아이젠하워 대통령은 케네디 대통령 당선자에게, 인도차이나와 태국의 공산화를 차단하기 위해서는 반미 정부가 들어서지 않도록 라오스를 지켜야 한다고 강조하기도 했다.184)

국민들의 지지에 의해 구성된 중립 정부가 소련 측으로 기울면서 과거 친미 쿠데타를 일으킨 세력들이 반군 형태로 발전했다. 미국은 라오스가 내전에 휩싸일 경우 베트남전 수행에 상당한 걸림돌이 될 것을 우려하여, 민족주의 세력을 무마하기 위한 수단으로 좌우 연립 정부 수립을 주선했다. 그 결과 1962년 미국 등의 이해 당사국이 라오스 연립 정부를 보장한다는 내용의 제2차 제네바 협정이 성사되었다. 그러나 라오스의 안전을 보장한다는 협정을 체결한 후, 오히려 북부 베트남의 보급로로 활용되는

---

184) *The Pentagon Papers*, Gravel Ed. Vol. 2.

라오스 밀림 지대(일명 호치민 루트)에 대한 미국의 폭격은 더욱 확대되었다. 친미파가 주도한 라오스 연립 정부 역시 이를 묵인함으로써, 라오스 전역은 사실상 미군의 작전 기지로 전락했다. 이는 당시 라오스 연립 정부 수립에 대해 케네디 대통령이 두 차례 기자 회견(1962. 1. 15, 1963. 5. 8)에서 밝혔듯이, 베트남 전 수행을 위해서는 라오스가 절대적으로 필요했기 때문이었다.

캄보디아의 론놀 정부가 미군 철수와 함께 붕괴한 것처럼, 라오스 역시 미군이 베트남에서 철수한 1973년에 들어서야 자주적인 정부를 수립할 수 있었다.

베트남 전쟁이 한창이던 1965~1972년에 미군은 호치민 루트 파괴를 빌미로 200만 톤이 넘는 폭탄(네이팜탄과 클러스터 폭탄)을 라오스에 퍼부었다. 면적당 투하 양으로 계산할 경우, 이는 세계 전쟁사상 가장 많은 양이었다. 이로 인해 최저 50만 명 이상의 라오스 민간인들이 영문도 모른 채 죽었으며, 지금도 곳곳에 클러스터 불발탄(50만 개 이상)과 지뢰가 묻혀 있어 이로 인한 사상자(주로 농부와 어린이)가 끊이지 않고 있다.

또한 1970년 9월 미군 특수 부대는 탈영 미군 장병들이 모여 사는 라오스의 한 마을에 사린 가스를 비밀리에 살포하여 부녀자와 어린이를 포함한 수백 명의 민간인을 학살했는데, 이 사건은 CNN과 「타임」의 보도를 통해 세상에 알려지게 되었다. '죽음의 계곡'이라는 제목으로 보도된 이 사건에 대해, 미 국방성은 당시 단지 최루 가스를 사용했을 뿐이라며 구체적인 사린 가스 사용 증거를 제시하라고 언론사를 압박했고, 이에 물증을 제시하지 못한 CNN 측은 보도를 정정하는 소동까지 벌였다.[185] 그러나 최루 가스로 인해 많은 사람이 죽었다는 말을 믿을 사람은 아무도 없을 것이다.

라오스와 캄보디아 민간인들이 미군의 공습과 지상군 작전으로 인해

---

185) CNN, 1998. 7. 2.

겪은 피해와 고통은, 베트남이 당한 엄청난 규모의 피해에 가려 잊혀져
왔다. 미국이 진정으로 인류의 평화와 자유 그리고 인권과 민주주의를 원
한다면 베트남과 아울러 이들 국가에 대한 피해 보상에도 성의를 보여야
할 것이다.

제7장

미국은 우리에게 어떤 존재인가?

1. 미국은 서양 오랑캐였다

고대부터 19세기까지 우리 민족의 운명과 따로 놓고 생각할 수 없는 나라가 중국이라면, 20세기 중반 이후부터는 미국이다.

1853년 1월(철종 3년) 미국인 선원 42명과 일본인 선원 2명을 싣고 표류 중이던 고래잡이 범선이 지금의 부산에 위치한 용당 포구에 도착하면서, 이 땅에 처음으로 미국인의 발길이 닿았다. 당시 기록에는, 그들은 "모두 괴상하고 야만스럽게 생겼고," "말은 새들이 지저귀는 것 같아 알아들을 수가 없고, 글씨는 종횡으로 구부러져 구름이나 그림 같아서 읽을 수가 없다"고 나온다. 또 그들이 타고 온 배는 "선체가 마치 태산같이 우람하고, 돛은 하늘처럼 높이 치솟아 있으며, 빠르기는 마치 나는 새와 같아 조선 배로는 도저히 쫓을 수가" 없다고 하며, 이상한 모양의 배라는 뜻으로 이양선異樣船이라 불렀다.

그 후로도 1882년 5월(고종 19년) 조미 통상 수호 조약이 체결되기 이전까지, 조선 조정은 근해에서 표류하던 이양선을 여러 차례 구조하여 그 선원들에게 숙식을 제공했으며, 이들의 귀환을 돕기 위해 고장난 선박을 고쳐 주거나 배를 제공하기도 했다. 일례로 미국 상선 서프라이즈호가 평안도 철산 앞바다에서 고장으로 표류했을 때, 평안도 관찰사 박규수는 이들을 구조하여 청나라의 미국 공사관까지 호송해 주었다. 그러나 조선 조정의 이러한 인도적 호의에 반해, 서양인들은 왕릉을 도굴하고 규장각 밖에 보관해 둔 도서를 훔치거나 민가의 재물을 약탈하기도 했다. 또 부녀자들을 겁탈하고 민가에 불을 지르고 총검을 휘둘러 양민을 살상하는 등의 만행을 저질렀다.

제너럴 셔먼호의 해적 행위

1866년 음력 6월 말 톈진항을 출발한 미국의 중무장 상선 제너럴 셔먼호가 7월 중순 대동강을 지나 평양 관내로 침입했다. 이에 평안도 관찰사 박규수는 관리를 보내어 이들의 입국 목적(조선과의 통상)을 확인하고는, 국법으로 서양과의 통상을 금지하고 있으니 그만 돌아가라고 정중히 요청했다. 그러나 이들은 상선에 장착된 대포와 총기류로 위협하며 쌀, 닭고기, 달걀, 채소 등의 식량과 철수를 조건으로 금, 은, 인삼 등을 요구하는 억지를 부렸다.

이러한 가운데 감시 업무 중이던 조선 중군 이현익이 셔먼호에 납치당하는 사건이 발생했다. 그를 구출하기 위해 평양 감영에서 파견된 군인들마저 총격을 당하여 두 명이 사망하자, 평안도 관찰사는 마침내 강경 대응을 결심하고는 홍수로 불어났던 물이 빠져나간 틈을 타 셔먼호와 무력 대결을 벌였다. 그 결과 셔먼호는 화공을 받아 침몰하고 미국인과 청국인 선원 24명은 불타 죽거나 익사했으며, 토머스Robert Thomas 목사를 비롯한 일부 생존자들도 붙잡혀 처형당했다. 조선에서도 관헌 및 민간인 12명이 사망했다.

이 사건을 미국의 통상 요구에 대한 조선의 과잉 대응이라든가 선교사까지 살해한 야만적 처사라고 단정하는 것은, 사건의 발단 과정을 고려하지 않은 사대주의적 생각이다. 셔먼호는 국기조차 게양하지 않은 채 조선의 영토를 무단 침입했으며, 간곡한 철수 요청을 묵살한 채 조선 관리를 납치·살해하는 등의 온갖 행패를 부렸다. 이는 통상을 빌미로 한 명백한 해적 행위이자 국제법에 위반되는 엄연한 범죄 행위였다. 또한『고종 실록』과『패강록』등의 문헌에 따르면, 토머스 목사는 단순한 선교사가 아니라 허리에는 권총과 칼까지 차며 거의 선장 역할을 수행했다. 즉 이들 선교사들은 하와이 왕국을 전복하는 과정에서 수행했던 역할과 마찬가지로, 사실상 미국의 약소국 지배를 위한 첨병이었다.

미국과의 첫 접전, 신미양요

서면호 사건의 진상을 조사하기 위해 두 차례(1866년, 1868년)나 전함을 파견했음에도 별다른 성과를 거두지 못하고 수차례의 개항 및 통상 요구마저 번번이 거절당하자, 1871년 6월 마침내 미국은 통상과 더불어 서울로 향하는 수로 탐측에 대한 협조를 요구하면서 1,230명의 전투병과 함포를 장착한 모노카시Monocacy호 등 5척의 군함으로 강화도 광성진을 침공했다. 이에 강화도를 지키던 조선 경비 포대는 미군 함대에 포격을 가했는데, 이것이 바로 조선과 미국 사이의 첫 공식 전투이자 신미양요의 발단이 된 '손돌목 전투'이다.

조선 경비 포대가 포격을 가하자, 미국은 이를 평화적 탐측 활동을 하는 미군 함대에 대한 도발 행위라고 비난하면서 조선 조정의 사죄와 손해배상을 요구함과 동시에 이를 거부할 경우 보복하겠다고 협박했다. 그러나 조선 조정은 미군의 불법 침공에 대해 어떠한 협상이나 사죄도 할 수 없다며 이들의 강압적 요구를 단호히 거절하고, 이에 미군이 우수한 화력을 앞세워 강화도에 대한 침공을 개시함으로써 전투가 벌어졌다. 그 결과 미군은 3명이 전사하고 13명이 부상당했으나, 조선군은 이재연 장군을 비롯하여 350여 명이 전사하고 수많은 군사가 부상당했다.

이 전투로 승기를 잡은 미군이 거듭하여 개항을 요구했으나 조선 조정에서 결사 항전의 의지를 굽히지 않자, 미국의 강제적인 조선 개항 전략은 끝내 실패로 돌아갔다. 이는 1853년 6월, 불과 4척의 전함과 3백 명의 병력을 앞세운 미 해군 페리 함장의 통상 협박에 무릎을 꿇은 일본의 굴욕적 자세와 분명히 대조되는 모습이다. 신미양요 직후, 부평 도호부 이기조가 청국 주재 미국 공사에 보낸 항의 공문에는 당시의 실상이 다음과 같이 상세하게 기술되어 있다.

　귀선이 화호和好할 목적으로 왔다 하므로 우리는 예를 갖추어 접응했다. 그러나 당신들은 우리가 보낸 관리를 쫓아보내고 우리 관해를 침범했다. 귀선의 이러한 무례에도 불구하고 우리는 우리 군인들이 화를 미리 막지 못한 것만 꾸짖었다. 우리는 문서로써 우리의 입장을 해명코자 애썼으나 당신들은 이를 들으려 하지 않았다. 돌이켜보건대, 당신들이 말하는 화호지도和好之道란 과연 무엇인가? 이로 미루어보건대, 겉으로는 우의와 친선을 내세우면서 속으로는 교묘하고 간사스런 속뜻을 품고 있음을 알 수 있다.
　당신네는 군인과 무기를 상륙시켜 공공건물과 민가를 모두 불태우고 재물을 강탈하여 쇠붙이 하나도 남기지 않고 뺏어가니, 이야말로 간사한 소인배의 소행이 아닌가. 당신네들 배에 우리나라에서 죄를 짓고 망명한 반역도들을 많이 태우고 와서 이들을 향도로 이용했으니, 이 역시 도둑놈의 소행이라 할 것이다.[186]
　끝내는 총과 대포를 난사하여 군과 민을 살해하니, 잔인 혹독함의 창궐이 이보다 더 심할 수 있겠는가. 어찌 화호를 내걸고 예로써 상대하겠다는 사람들이 이럴 수가 있는가. 우리나라의 삼척동자조차 모두 당신네의 행동을 침뱉으며 욕하니, 천하 사람 그 누가 당신네에게 분노하여 물리치려고 하지 않겠는가. 귀선은 도처에서 다시금 예로 돌아가 화해를 구하고 친목을 도모해야 하지 않겠는가. 홀로 따져 보건대 귀선은 부끄러워할 지어다! 귀선은 부끄러워할 지어다! 이 점을 조회하노라.

　그러나 조선 반도를 둘러싼 제국주의 세력들의 각축과 특히 러시아의 조선 침탈 위협이 가시화되자, 조선 조정은 주일 청국 공사 참사관이던

---

186) 당시 미 군함에는 청국으로 도주한 여러 명의 조선인 천주교도들이 향도로 탑승하고 있었다. 이들의 매국 행위로 조선 조정의 외세 배척과 천주교 탄압은 더욱 강화되었다. 천주교도들의 매국 행위는 이것이 처음은 아니었다. 1801년 황사영은 북경의 구베아주교에게 조선 조정이 천주교를 수용하도록 군함 수백 척과 병력 5~6만 명을 보내고, 또 청국으로 하여금 조선을 감호하도록 해달라는 밀서를 보내려 했다. 이러한 반민족 행위는 2004. 3. 1에 시청 앞 광장에서 성조기를 흔들며 반북친미를 외치던 일부 기독교도들의 작태와도 별반 다르지 않다.

황준헌黃遵憲의『조선책략』에 따라 러시아의 남진을 견제하기 위해 결국 1882년 미국과 통상 수호 조약을 맺게 되었다. 이후 조선은 미국을 조선의 유일한 구세주로 여기면서 경인 철도 부설권과 금광 개발권 등의 각종 이권과 특혜를 제공했다.

가쓰라-태프트 비밀 조약

미국과의 수교 이후 조선 조정은 특명 전권 공사와 시찰단, 그리고 유학생들을 파견하여 미국의 문물을 익히고 개화를 촉진하고자 했다. 한편, 백성들에게는 미국에 대한 우호적인 인식을 심어주고자 미국을 종래의 서양 오랑캐가 아니라 인의의 나라, 부국강병의 나라, 약소국의 내정에 간섭하지 않는 나라 등으로 선전했다.[187] 특히 1883년 10월 박문국에서 발행한「한성순보」와 뒤이어 독립 협회에서 발간한「독립신문」을 통해 이러한 우호적 대미관이 전국적으로 확산됨에 따라, 당시까지 미국에 대해 부정적인 시각을 지니고 있던 유림들조차 상당수가 친미로 기울게 되었다.

「독립신문」은 1897년 10월 17일자 사설에서, "미국은 의리로 주장을 삼고 정치상과 권리상에는 모든 일을 천리와 인정으로 합당하게 만든 풍속과 사업이 많은 고로, 천복을 받아 부유하기로 세계에서 제일이요, 화평한 복을 누리기로 세계에 제일"이라고 하면서 마치 미국이 지상 낙원인 양 묘사했다. 그 후로도 "미국은 다른 나라와 같이 침략을 일삼지 않고 편민리국(국리민복)에 매진"한다고 미국을 찬양했다.

이후 초대 특명 전권 공사로 미국을 다녀온 박정양과 그를 수행한 유길준 등은 미국의 정치·경제·사회·문화를 보다 객관적이고 상세하게 서술했다. 특히 유길준의『서유견문록』은 당시뿐만 아니라 100여 년이 지난 오늘날에도 많은 것을 시사한다. "혹자는 미국이 우리나라와 우의가 두터우

---

187) 한철호,『친미 개화파 연구』, 국학자료원, 1998.

니 의지하여 도움을 받을 만하다고 하지만, 그렇지 않다. 미국은 멀리 대양의 서편에 있으며 우리나라와는 별로 깊은 관계도 없다. (…) 말로는 도움을 줄 수 있을지언정 군대를 동원해 구원해 줄 수는 없다. 옛말에도 천마디의 말이 탄환 한 발과 같지 못하다고 했다. 그러므로 미국은 통상의 상대로 친할 수 있을 뿐이며 위급을 구해 주는 우방으로서는 믿을 바가 못 된다." 또한 개화기의 대표적 지식인 관료였던 윤치호는, 캔자스시티를 여행하던 도중 극심한 인종차별로 인해 주막(여관)에 들지 못하고 버스 정류소에서 밤을 새웠던 일을 기록하면서, 흑인 등의 유색 인종에 대한 백인들의 인종차별을 개탄하기도 했다.

더구나 조선을 둘러싼 주변 열강들의 이해 충돌이 점차 노골화되고 심지어 일제의 조선 침탈을 견제하던 명성황후가 일제에 의해 무참히 시해되는 과정에서, 미국은 기대에 걸맞은 역할을 보여 주기는커녕 금광 개발 등의 이권을 챙기기에 바쁜 모습을 보였다. 또한 성도덕을 문란케 하는 미국 선교사들의 위선적인 행태가 늘어남에 따라, 미국에 대한 지나친 의존을 경계하는 비판적인 목소리가 보수 유림과 동학교도들로부터 속속 터져 나왔다.

예를 들어, 퇴계 선생의 후손인 이만손은 우선 『조선책략』을 청국 유세객 황준헌의 의도적 간계로 규정했다. "탐욕을 일삼는 서양 오랑캐에 불과한 미국에 우월적인 특혜를 부여하면 후일 조선 영토의 일부분을 미국이 깔고 앉을 때 누가 이 나라를 도와주겠느냐?" 이처럼 반세기 후의 사태를 예견했다. 또한 1893년에는 동학계 지식인들이 기독교 선교사들의 위선적인 행위를 규탄하는 현수막을 내거는가 하면, 일부에서는 영문으로 작성한 출국 최고장을 미 선교사의 집으로 부치기도 했다. 그 내용은 미풍양속을 저해하고 선교와 교육을 빙자하여 돈벌이를 일삼는 그들의 위선적 행위를 꾸짖는 것이었다. 그리고 이러한 비판과 우려는 곧 현실로 드러났다.

그럼에도 불구하고 조선이 미국에 기대를 걸 수밖에 없었던 것은, 이미 청국이 영국과 일본에 패하여 왕조가 몰락하는 지경에 이르렀고, 무적을 자랑하던 러시아 발틱 함대조차 일본 앞에 무너진 상황이었기 때문이다. 그러나 구세주처럼 믿었던 미국은 더 이상 동지가 아니었다. 1905년 1월, 시어도어 루스벨트 대통령은 국무장관에게 보내는 메모를 통해 이렇게 단언했다. "우리는 한국인들의 편에 서서 일본에 간섭할 수가 없다. 한국인들은 자신들을 위해 주먹 한 번 휘두르지 못했다. 한국인들이 자신들을 위해 스스로 하지 못한 일을, 자기 나라에 아무런 이익이 되지 않는데도 해주겠다고 나설 국가가 있으리라고 생각하는 것은 난센스다."

미국의 결정적인 배신행위는 바로 1905년 7월, 미국의 육군장관 윌리엄 태프트와 일본 총리 가쓰라 사이에 체결한 태프트·가쓰라 밀약이다. 이 밀약은 미국의 필리핀 식민 지배와 일본의 조선 식민 지배를 교차 승인한다는 양국의 추악한 뒷거래였다. 이러한 밀약 사실을 전혀 몰랐던 고종은 조미 통상 수호 조약 제1조에 명시된 "유사시 특정국(특정 세력)이 조약국 일방에 대해 부당하거나 강압적인 행위를 할 때는 조약 상대국은 사태의 원만한 해결을 위한 거중 조정을 행사한다"는 내용을 마치 방위 동맹 정도로 믿고 있었다.

그리고 같은 해 11월에는 조선과의 외교 관계를 일방적으로 파기했다. 이후 1945년 9월 초 조선의 해방을 위해서가 아니라 일제를 대신하여 새로운 종주국이 되기 위해 이 땅에 다시금 발을 디뎠다.

2. 왜 민족 분단이 될 수밖에 없었나?

제2차 세계 대전이 한창이던 1943년 11월 하순, 루스벨트와 처칠, 그리고 장개석은 카이로 선언을 통해 일본의 무조건적인 항복을 촉구했다. 더불어, 한국인들이 처한 노예 상태를 인정하면서 "한국을 적절한 절차에 따라 자유롭고 독립적인 국가로 만들 것(in due course Korea shall become free and independent)"이라고 선언했다. 그러나 이는 종전 이후 한반도를 독립시키겠다는 약속이 아니라 다시금 열강의 지배 아래 두겠다는 예고였다.

1942년 4월 미 국무성 정치 담당 고문 혼벡Stanley Hornbeck은 "한국을 독립 국가로 만들어 주겠다는 약속은 후일 미국을 가장 곤혹스런 상황에 빠뜨리는 하나의 요소가 될 수 있을 것"이라며 약속 불가 입장을 밝혔다. 또한 1943년 3월 헐 미 국무장관은 이든Anthony Eden 영국 외상과의 회담에서 식민지 국가들에 대한 신탁 통치의 필요성을 역설했다.[188] 식민지 국가들의 자치 능력이 부족하다는 것이 그 이유였다.

물론 이는 제국주의의 탐욕을 호도하려는 정치 선전에 지나지 않았다. 당시 미국은, 2차 대전 종전 후 일본뿐만 아니라 영국과 프랑스 역시 과거의 식민지를 유지할 능력을 잃게 될 것이라고 예측했다. 이들 국가들에 대한 식민 통치권을 양수하여 제3세계에 대한 미국의 지배권을 확보하고자 하는 것이 미국의 속셈이었다. 따라서 신탁 통치란 결국 신생 독립 국가들의 민족주의를 말살하고 미국의 지배 질서를 주입시키기에 '적절한 절차'였으며, 그 절차를 끝내는 시기가 바로 '적절한 시기'였던 셈이다.

이는 1945년 2월의 얄타 회담에서 루스벨트가 필리핀 식민 통치 경험을 예로 들며 20~30년 정도의 한반도 신탁 통치를 제안했다는 점(이에 스

---

188) 차상철, 『해방 전후 미국의 한반도 정책』, 지식산업사, 1991.

탈린은 "그 기간이 짧으면 짧을수록 좋다"고 응답했다), 그리고 독립 시점을 명시한 애초의 "가능한 빠른 시기"라는 문구가 미국의 주장으로 "적절한 시기"로 수정되었다는 점에서도 확인된다.

"38선 이남의 통치권은 미국이 갖는다."

트루먼은 회고록에서 "38선은 일본군의 항복을 받아내기 위해 편의상 만든 미·소의 군사 책임 구역"에 지나지 않는다고 했다. 또한 맥아더는 전쟁 당시 미 의회에서 "38선은 단지 미군과 소련군의 이동에 한계를 짓기 위한 수단"이라고 증언했다. 그러나 편의라는 표현은 약소국에 대한 제국의 편의이자, 한반도 전체를 미국의 지배하에 두지 못한다면 38선 이남이라도 지배하에 두겠다는 미국의 편의를 뜻했다.

사실 미국은 이미 2차 대전 당시부터 조선에 대한 상세한 정보를 바탕으로 한반도 강점 계획을 수립했던 것으로 보인다. 더구나 전후 배상금 문제를 협의하기 위해 1945년 8월 10일 모스크바를 방문 중이던 미국 특사 에드윈 폴리는 트루먼에게 보내는 전문을 통해 "미군이 빠른 시일 내에 한반도와 만주의 공업 지역을 점령해야" 한다고 주장했다. 트루먼 역시 "만약 일본이 항복한 후에도 소련군이 점령하지 않는다면 미군은 즉각 한반도의 항구들을 점령할 필요가 있다"는 견해를 표명했다. 따라서 일제 패망 직후 미국의 졸속에 의해 국토가 분단되었다는 논리는 사리에 맞지 않는 것이다.

반면 미국의 요청에 의해 대일 선전 포고를 한 스탈린은 일본이 공식적으로 항복을 선언하기 직전 이미 한반도에 진입하여 일본군을 무장 해제시키며 남진했다. 그러나 소련군은 일제의 무장 해제를 위해 38선을 구획하자는 미국의 제안에 따라 38선을 넘은 일부 선발대마저 철수시키는 등 조선 반도를 강점하려는 데 집착을 보이지 않았다. 소련이 만주를 비롯한 동북아 지역에 대한 소련의 우선권을 인정한 얄타 회담 원칙을 들어 미국의 38선 구획을 거부하고 조선 전역을 접수했다면, 미국으로서는 38선 이남조차 점령할 수 없는 상황이었다. 소련은 조선보다 홋카이도에 관심을 나타냈던 것으로 보아, 미국이 제안한 38선 구획을 넘어 점령하려는 의도는 없었다고 보여진다.

탱크를 앞세운 미 24군단의 7만여 중무장 병력이 한반도에 진주하자, 민중들은 이들을 해방군이라 믿고 열렬히 환영했다. 하지만 미군은 "하찮은 것들(Gook)"이라 부르며 고압적인 자세를 보이며, 1945년 9월 7일 맥아더 사령부 명의로 포고령 제1호를 발표했다. "38선 이남 지역과 주민에 대한 통치권은 미군이 갖는다." 이로써 미국은 자신들이 일본 군대의 무장 해제를 위해 진입한 해방군이 아니라, 일제의 지배권을 빼앗아 38선 이남 지역을 통치하러 온 점령군임을 분명히 했다.

소련군 치스차코프 대장은 1945년 8월 25일자로 포고령을 발표했는데, 미국의 강압적인 방식과는 대조적이었다. "조선은 해방되었다. 해방된 조선의 장래는 조선인의 노력에 달렸다. 우리는 조선의 발전을 도울 것이다." 소련의 호의적인 자세로 인해 민심은 급격히 소련으로 기울었다. 그러자 그 해 12월 미 군정청은 국내의 일간 신문과 이승만의 한민당 등을 통해, 신탁 통치를 주장하는 측은 미국이 아니라 소련이라는 허위 정보를 유포시켰다. 미국 특유의 대중 기만전술을 사용한 것이다.

그러나 이러한 허위 선전은 1946년 1월 하순 소련의 타스 통신을 통해 논박되었다. "이남의 언론은 미국의 거짓 선전에 속고 있다." 미국은 강압 통치와 탁치 기간 10년 연장을 제안한 반면, 소련은 조선인들이 선출하는 과도 정부에 통치권을 주고 단지 미·소는 후견만 하자고 제안했다고 모스크바 3상 회의의 진실을 폭로한 것이다. 미 국무부장관 애치슨은 마지못해 이를 시인함으로써, 누가 한반도를 강점하려 하는지가 명백하게 드러났다.

또한 미국은 중경(상해) 임시 정부를 비롯한 그 어떤 정치 세력이나 독립 단체의 존재도 부인했다. 8.15 직전 조선 건국 준비 위원회와 아베 총독 사이에 합의한 통치권 이양 계획도 백지화시켰다. 대신 미군은 자신들의 노선을 맹종하는 부일 세력과 숭미 지식인들을 핵심 세력으로 기용했다. 10월 10일 미군정장관 아널드는 미 군정청이 38선 이남의 유일 합법 정부임을 재확인하며 한반도의 자주 독립 정서를 말살하기 시작했다.

1945년 10월 중순 이승만이 맥아더의 초청객 신분으로 도쿄에서 태평양 지역 사령관 전용기를 타고 귀국했다. 반면, 김구 등 임정 요인 일진은 미 점령군의 법규를 준수하겠다는 준법 서약서까지 쓴 후 군용 수송기를 타고 11월 하순에야 귀국할 수 있었다. 이때 이승만은 이미 미국 정부와 맥아더 사령관에 의해 초대 한국 정부의 수반으로 선택되었다. 이는 귀국 직전 이승만이 맥아더의 심복이던 OSS(CIA의 전신)의 부국장 굿 펠로 Preston Goodfellow의 보호 아래 있었다는 사실로도 알 수 있다.

다른 한편 미국은 정치·경제·사회 등 각 분야에서 숭미 세력을 양성하기 위해 노력했다. 군정청의 조선인 고문관 10명 가운데 여운형을 제외한 나머지 9명 모두를 부일파와 숭미파로 채웠다. 더군다나 그 가운데 여섯 명은 부일파들이 다수를 점하고 있던 한민당에서 추천한 자들이었다. 그리고 미 군정청 고문 회의 의장은 조선 총독부 중추원 의원을 지낸 부일 매국노 김성수였다.

이러한 미국의 의도는 "우리가 남측에 과도 정부를 구성하도록 승낙했으나 권한은 내가 갖고 사무실만 제공했다"고 말한 군정청 고문 로저 볼드윈의 증언에서 분명히 알 수 있다. 또 "형식적인 권한만 허용하고, 실질적인 권한은 미국인 손에 있었다"고 말한 또 다른 군정청 고문 리차드 워드의 증언에서도 쉽게 확인할 수 있다.

그럼에도 미 군정청은 1945년 10월 5일 발표한 담화를 통해 "개인의 이익이나 당리당략을 위한 것이 아니라 조선의 이익만을 위한 정직하고 초당적" 조치라고 강변했다.

아울러 미 군정청은 일제 강점기 동안 재산을 축적한 일본인과 부일파들이 그들의 재산을 국외로 반출할 수 있도록 1945년 말까지 시간적 여유를 주었다. 또한 각종 산업 시설과 요지의 부동산을 직접 접수하거나 이승만 일파에 동조하는 부일 잔당들에게 헐값에 불하했다. 이는 민족의 자립 경제 기반을 붕괴시켜 미국의 점령 정책에 충성하는 소수의 자본가를 양성하고 미국식 자본주의를 확산시키려는 의도였다. 이어 미 군정청은 이승만을 수반으로 하고 부일 매국노와 숭미 세력들을 주축으로 하는 행정 조직과 함께 이를 수호할 군부와 경찰 조직 구성에 착수했다.

군사 영어 학교

1945년 12월 초, 미군정은 조선의 독립 문제를 다루기 위해 모스크바에서 열리는 미·영·소 외상 회담에 참가하고 있었다. 그러나 다른 한편에서는 자주적 독립 정부가 세워지면 처벌을 면치 못할 민족 반역자들을 군사 영어 학교에 입교시키고 교육에 들어갔다. 군사 영어 학교는 일제를 주인으로 섬기며 일본어 명령을 따르던 일제의 충견들을 미국을 주인으로 섬기며 영어 명령을 따르도록 가르치는 학교였다. 아울러 만약 미국이 떠나게 되면 그들은 민족을 반역한 죄로 처형될 것이니, 미국의 한반도 분단에 걸림돌이 되는 자들은 인정사정 보지 말고 알아서 제거하라는 암묵적 메시지를 전하는 곳이었다.

1945년 12월 서울 냉천동에 설립되어 기초적인 영어와 미국식 군사 지식을 가르친 군사 영어 학교는 국군의 모태를 형성한 곳이었다. 이듬해 봄 국방 경비 사관학교로 흡수될 때까지 이곳에서 배출한 졸업생 110명 가운데 108명은 만주 군관 학교나 일본 육사, 또는 일군 지원병 출신이었다. 이렇듯 부일에서 숭미로 제복만 갈아입은 민족 반역자들은 애국자로 변신하고, 조국의 광복을 위해 헌신한 민족의 양심들은 이들에 의해 공산주의 자나 좌익 세력으로 몰려 죽임을 당하거나 월북하는 사태가 벌어졌다.

그 대표적인 희생자가 바로 지知·덕德·용勇을 두루 갖추었다고 평가받는 약산 김원봉 장군이다. 청년 시절에는 의열단을 창설하여 조선 총독부, 경찰서 등은 물론 일본 황궁에까지 폭탄을 투척하여 실의에 빠진 민족혼을 일깨웠고, 무기력한 상해(중경) 임정에 무력 항쟁의 용기를 심어주었다. 그 후 그는 민족 혁명당과 조선 의용대를 창설하여 좌·우익을 아우르며 치열한 항일 투쟁을 벌였다. 그리하여 주은래 등 공산당 수뇌부뿐만이 아니라 장개석 국민당 정부로부터도 임정을 능가하는 조선 최고의 항일 단체로 인정받았다. 일제 말기에는 백범의 간청에 의해 임정 군무 부장을 맡아 유명무실했던 광복군을 일으켜 세웠으며, 일제 패망 직후 김구 선생 등과 함께 귀국한 후로는 여운형 선생과 더불어 민족주의 민주 전선을 조직하여 이념을 초월한 남북 통합을 역설했다. 그러나 그는 분단을 획책하던 미군정과 이승만 일파의 암살 위협을 견디다 못해 1948년 봄 월북했다.

한편 제1대부터 14대까지 육군 참모총장은 전원 일군 출신이었다. 또한 일군 장교 출신으로 특별 임용된 두 사람을 제외한 나머지는 모두 군사 영어 학교 졸업생들이었다.[189] 물론 그들 가운데 군인으로서의 자질과 능력을 갖춘 지휘관이 없었던 것은 아니다. 그러나 그들이 일본군 간부가 된 것은 본인의 자유 의사였지 강제 징용이 아니라는 점을 고려할 때, 개인적인 사정과 능력이야 어찌되었든 민족의 이름으로 단죄되었어야 할 자들임에는 아무런 변화도 없다. 그들은 상명하복을 조직의 생명으로 하는 군대의 특성상 그들의 상전이던 일제와 새 상전이 된 미국이 동족을 향해 쏘라면 쏘고, 죽이라면 죽여야 하는 충견일 수밖에 없었다.

초창기 군부의 주요 임무는 한반도에서 미 점령군의 통치 질서를 강화

---

189) 군사 영어 학교 졸업생에는 광복군 출신으로 초대 국방 경비대 사령관을 지낸 송호성 장군과 일본 육사를 나와 광복군에 몸담은 유동렬 장군 같은 애국 투사도 있었다. 그러나 이들은 민족 반역자들이 다수인 국군 지휘부 내에서 배척당해 결국 월북했다.

하고, 미국이 계획한 남한 단독 정부 수립에 방해가 되는 양심적인 인사들과 이에 동조하는 민중들을 제거하는 것이었다. 이에 따라 그들은 대구 민중 봉기 사건과 제주도 4·3 항쟁, 그리고 여순 민군 항쟁 등을 무자비하게 탄압했다. 6·25 전쟁을 전후해서는 동족을 학살하는 만행까지 서슴지 않았다. 몽양 여운형과 백범 김구와 같은 민족 지도자들을 암살한 자들 역시, 일제를 거쳐 미국의 충견이 된 군 지휘관과 경찰 간부, 그리고 이들의 지휘 아래 있던 서북 청년단과 대동 청년단 소속 인물들이었다.

우리 민족은 단독 정부를 원하지 않았다

국사 편찬 위원회 자료에 따르면, 1946년 8월 미 군정청이 서울 시민을 대상으로 여론 조사를 실시했다. 응답자 8,453명 가운데 70%는 사회주의를, 7%는 공산주의를 원했으며, 미국식 자본주의를 원한 응답자는 단 14%에 불과했다. 이는 설문에 응답한 시민들이 특정 이데올로기에 대한 선호를 표시했다기보다는 반민족적이고 반사회적인 방법으로 쌓은 부와 권세를 보호하는 미국식 자본주의로는 결코 민족 윤리와 사회 정의가 바로 선 나라를 세울 수 없다는 민심을 대변한 것이었다.

1947년 7월, 조선 기자회는 가두 여론 조사를 실시했다. 응답자 2,495명 가운데 71%는 이승만 일파의 반탁 주장에 대해 민족 독립을 방해하는 길이라고 답했으며, 단 26%만이 독립의 길이라고 답했다. 이어 민족의 미래를 논의하는 미·소 공동 위원회에 참가할 조선 민족 대표에서 제외해야 할 정치 및 사회단체로, 52%가 이승만의 한민당을, 37%가 김구의 한독당을 꼽았다. 이는 일제 패망 후 설립된 이남의 주류 정당들이 민의를 대변하는 정치 단체가 아니라 미국의 민족 분단 음모에 들러리 역할을 했음을 말해준다. 아울러 1948년 4월 12일, 한국 여론 협회가 단독 정부 수립을 위한 '5·10 선거'를 한 달 앞두고 충무로와 종로에서 통행인 1,262명을 대상으로 선거 등록에 관한 의견을 조사한 결과, 무려 91%가 강제로 등록했다고 응답했다. 합법을 가장하여 치러진 5·10 선거는 미국의 한반도 분단을 정당화하는 수단이 되었다. 당시 선거에서 민족 분단을 반대하는 애국지사와 양심적인 인사들이 출마를 포기했다. 또한 중앙 선거 관리 위원 15명 가운데 13명이 부일 및 숭미 세력인 한민당 소속이었다. 각 지역 선거구 관리 위원 대다수는 미 군정청의 지원과 비호를 받던 관변 단체 소속이었다.190) 이로써 애국 시민들은 저항의 대열로 나서게 되는데, 그 대표적인 사건이 대구·제주·여수·순천 등에서 일어난 민중 항쟁이었다.

8·15는 있어도 광복절은 없다

우리는 해마다 8월 15일이 되면, 만 35년 동안의 식민 치하에서 해방된 날이라며 거창한 광복절 행사를 치른다. 그러나 이는 이론적·실제적으로 전혀 앞뒤가 맞지 않는 역사 왜곡이자 국민 기만이다. 1945년 8월 15일은 단지 구 점령국 일본의 패전일이며 동시에 새 점령국 미국의 승전 기념일일 뿐이다. 우리 민족이 강대국의 지배로부터 해방된 날은 결코 아니다. 미군이 일제의 패망과 동시에 38선 이남을 점령했으므로, 미국의 식민 지배가 새로이 시작된 것이지 해방을 맞이한 것은 아니다.

미군정의 강점이 공식적으로 종결되고 1948년 8월 15일 독립 정부가 수립되었다고 주장할지 모른다. 이 역시 미군의 각본에 따라 일제 강점기에 반민족 행위를 한 매국노들과 숭미 지식인들을 하수인으로 내세운 반쪽짜리 정부였을 뿐이다. 이는 일제 만주 강점기의 만주국 정부나 2차 대전 중 나치가 세운 프랑스의 비시 정부와 다를 바 없다. 한 가지 다른 점이 있다면, 이들 괴뢰 정부를 수립한 일본 제국과 독일 제국은 패망한 데 반해 미국은 오히려 전세계를 지배하는 유일 초강대국의 위치를 차지하

---

190) 한홍구, 『대한민국사』, 한겨레신문사, 2003.

고 있다는 점뿐이다.

주권 국가의 필수 요소는 자주 국방과 자주 외교다. 이러한 점을 고려할 때, 우리 민족은 1905년 11월 17일 을사늑약을 통해 외교 주권과 군사 주권을 상실하고 조선 통감부의 지배를 받게 되었다. 따라서 엄밀한 의미에서 일제 강점 기간은 35년이 아니라 40년이다. 지난 반세기 역시 남한은 형식적인 주권은 있으나 군사 주권 등의 실질적인 주권은 없었다. 미국의 반半식민 상태였다고 볼 수 있다.

국부 이승만?

일본과 미국을 번갈아 섬겨온 「조선일보」를 비롯한 수구 언론들과 보수 기득권 계층은 이승만을 국부로 받들면서, 그가 마치 대단한 독립 운동이라도 한 것처럼 사실을 왜곡하고 있다. 그러나 실제로 그는 진정한 독립 운동가도 애국지사도 아닌 극우 권력광에 불과했다. 이는 그가 상해 임시 정부와 하와이 교포 사회에서 보여준 행적에서 잘 드러난다.

임정 시절 그는 대통령이 되자 미국의 식민 통치를 받겠다는 청원서를 윌슨 대통령에게 보내 조선의 자주 독립을 선언한 임정의 정체성을 정면으로 부인했다. 또한 그는 항일 투쟁을 위한 군자금에 보태라고 국내외 동포들이 모아준 성금을 착복했다. 심지어 그의 위선적 언행을 비판하는 교포들에게 공공연히 테러를 가하기도 했다. 이러한 사실은 초창기 상해 임정의 의정원 의원이었던 단재 신채호와 당시 미주 지역 교민 회장이었던 박용만 등의 증언을 통해 확인되는 사실이다.

미 군정청의 각본대로 민족 분단을 주도한 이승만은, 미국이 세운 반쪽짜리 나라의 대통령이 되었다. 부일 세력과 숭미 지식인들을 휘하에 거느리고는 민족의 자주 통일을 주장한 항일 독립투사 등 애국지사들을 탄압하며 갖은 학정과 부패를 자행했다. 아울러 그는 반공이라는 미국의 패권

이데올로기를 빌미로 백만여 명에 달하는 비무장 민간인들을 마치 해충 박멸하듯이 학살했다. 십만 명이 넘는 이 땅의 청년들을 방위군으로 소집하여 굶겨 죽이고 얼려 죽이면서 제 주머니 채우기에 급급했다. 말하자면 그는 20세기 중반기 이후 국제적인 악명을 떨쳤던 니카라과의 소모사나 인도네시아의 수하르토 등을 훨씬 능가하는 독재자였다.

이승만과 이완용

이승만은 망국의 원흉이요 매국노의 상징으로 알려진 이완용과 전혀 다를 바가 없다. 어찌 보면 이완용보다도 민족에게 더 해악을 끼친 자가 이승만이다. 아울러 한국의 보수 우익 전통이 부일과 숭미로 이어온 사대주의와 기회주의에서 시작되었다는 점에서, 이완용과 이승만은 한 뿌리일 수밖에 없다.191)

우선, 두 사람 모두 구미에서 유학한 개화 지식인으로 서양 문물 도입과 민족의 자주 독립을 주장했다. 이는 이완용이 독립문의 현판을 썼으며, 이승만이 독립투사로 행세했다는 사실로도 확인된다. 친러파였던 이완용은 조선 주변의 무게 중심이 일제로 기울자 서양 오랑캐로부터 민족을 보존하려면 일제의 보호를 받아야 한다면서 을사늑약의 당위성을 강변했다. 이승만 역시 일제의 강점에서 벗어나기 위해서는 미국의 보호가 필요하다며 미국의 속국을 자처했다.192)

그러나 이완용의 경우에는, 제국들의 약소국 침탈이 노골화된 시대적 상황에서 청나라는 물론 러시아도 일본에 패하고, 더욱이 믿었던 미국마저 등을 돌린 상황 때문에, 별다른 선택의 여지가 없었다고 할 수 있다.

---

191) 일제의 민족 수탈과 강점을 민족 발전과 축복이라고 강변하는 한승조와 미국의 속국이 되어 동족을 죽이고 국토가 분단된 것을 자유 민주의 수호라며 감사하는 보수 우익의 행태가 한 뿌리이다.
192) 이는 한승조 교수의 망언과 보수 우익의 행태에서 그대로 반복된다.

설령 이완용을 비롯한 매국노들이 을사늑약이나 강제병합에 적극적으로 나서지 않았더라도, 조선이 일제의 식민지가 되는 상황을 피하기는 어려웠다. 반면 이승만의 경우에는 당시 많은 신생 독립국들이 자주 독립 국가를 수립하던 과정이었으므로, 민족이 단합하기만 한다면 비록 탁치를 받더라도 충분히 동족상잔을 막고 자주적 통일 국가를 세울 수 있는 상황이었다.

그럼에도 불구하고 이승만은 미소 공동 위원회의 합의에 의해 탁치가 실시될 경우 자신이 집권하지 못할 것을 우려했다. 미국 대표인 하지 중장이 공산주의자들의 편에서 놀아난다며 미국 정부와 맥아더에게 그의 교체를 여러 차례 종용하는 등, 미소 공동 위원회의 파행을 촉구했다. 그는 또한 미 군정청과 이승만 일파에 기생하던 관변 단체를 총동원하여 미소 공동 위원회 해체와 신탁 통치 반대를 외쳤다. 이승만 일파의 반탁 소요는 미국과 소련이 합의한 탁치 결정을 파기하고 남한 단정을 수립하려는 미국의 의중을 대변한 것이라고 당시의 외신은 보도했다.[193] 원래 미국은 조선에서 소련의 입지를 무력화시키고 조선 전역에 대한 통치권을 확보하려 했다. 그러한 의도가 소련의 반대로 좌절되자, 이를 포기하고 남한 단정 수립에 착수한 사실로도 알 수 있다.[194]

이승만도 1차 미소 공동 위원회가 무산된 직후인 1946년 6월 초에 남한 단정 수립을 역설했다. 이를 위해 유엔 조사단이 파견되었을 때에 남한 단독 선거에 대해 부정적인 의견을 지닌 인도 대표를 회유하기 위해 모윤숙을 그의 숙소에까지 들여보내는 추태를 연출했다.

이완용과 이승만 두 사람은 늘 현실주의자임을 자처했다. 그러나 그들이 말한 현실주의란 무엇인가? 그들의 행위로 인해 수많은 동족이 죽고

---

193) *AP*, 1946. 4. 6

194) 미국의 당초 탁치안은 4개국 중 영국과 중국(장개석 정부)을 포함한 미·소가 입법·사법·행정권을 갖고 탁치 기간도 필요시 10년 연장한다는 것이다. 이는 사실상 소련을 배제하고 한반도 전체를 미국의 식민지로 만들겠다는 것이었다.

다치고 고통 받는 것이었으며, 그 대가로 자신들은 식민 종주국에 붙어 권력을 누리는 것이었다. 이완용의 반민족적 행위로 인해, 많은 사람이 민족의 독립을 주장하다가 일제에 의해 죽임을 당하거나 강제 징용에 끌려나가 희생당했다. 또한 이승만으로 인해, 많은 사람이 민족 분단과 폭정에 항거하다가 죽임을 당하거나 동족상잔의 전장에서 희생되었다.

현실론을 앞세운 이승만의 반민족적인 행태를 비판한 백범의 성명서가 그 점을 잘 지적하고 있다.

세상에 가장 현실적인 방법과 수단이 어찌 한두 가지에 그칠 것인가. 은행 창고를 뚫고 들어가 금품을 도취하여서 안일한 생활을 하는 것도 현실적이라 할 수 있고, 모리배나 수전노의 애첩이 되어서 호사스러운 생활을 하는 것도 가장 현실적인 길일지 모릅니다. 그러나 우리는 현실적이냐 비현실적이냐가 문제가 아니라 그것이 정도냐 사도냐가 생명이라는 것을 명기하여야 합니다. (…) 외국의 간섭이 없고 분열 없는 자주 독립을 쟁취하는 것은 민족의 지상 명령이니 이 지상 명령에 순종할 따름입니다. 우리가 망명 생활을 40여 년간이나 한 것도 가장 비현실적인 길인 줄 알면서도 민족의 지상 명령이므로 그 길을 택한 것입니다. 과거의 일진회도 현실적인 길을 가야 한다고 주장한 것입니다. 오늘날 외세에 아부하여 반쪽 정부의 요인이라도 되어 보려고 하는 이들은 통일 정부 주장은 공염불이라고 비방하지만 (…) 우리는 5천 년의 역사를 통하여 우리가 독립국이고 자주 민족임을 확인하는 것이니 우리의 주장은 공염불이 아니라 3천만의 일관된 신조요 일관된 구호입니다.[195)]

또한 백범은 이승만의 민족 분단 음모를 정확히 지적했다. "유엔 위원단 대표 9개국 중에서 겨우 4개국의 찬성으로 반쪽 정부와 반쪽 선거를 실시하려는 것은 법적으로도 근거가 없을 뿐만 아니라 중국·비율빈·인도·엘살바도르 4개국 대표들만이 유엔의 이름을 빌어 (…) 미소 양국이 임의로 획정한 38선을 국제적으로 합법화하려는 기도"라는 것이다. 이어 그는

195) 『백범과 민족 운동 연구』, 백범학술원, 2003.

1948년 3월에 발표한 성명서에서 민족 분단을 위한 국민 기만과 동족상잔을 초래할 북진 통일도 주저하지 않겠다는 이승만의 호전적 행태를 비판했다.

조국의 분열을 추진하면서 독립의 길로 간다 하고, 단독 정부를 수립하면서 통일 정부를 수립한다고 고함을 치면 속을 사람은 없을 것이다. 그들이 말하기를 반쪽 정부라도 수립하면 3개월 내에 민생 문제를 해결한다고 한다. 그러나 민생 문제를 연구한 모 미국인 전문가는 통일 정부를 수립해야 5개월 내에 수출입 무역에 형평을 얻을 수 있을 것이고 만일 남한에만 단정을 수립한다면 그 정부는 미국의 경제 원조가 없는 한 3개월 내에 전복될 것이라고 말했다. (…) 프랑스 안남(오늘날의 베트남) 총독 밑에 안남 황제(바오다이)가 있다는 점을 안다면 그토록 흥이 날 것이 없는 것이다. (…) 그리고 그들은 무력으로써 북한까지 통일되기를 희망하는 까닭에 (…) 우리의 사살 대상은 우리의 부형·친척·친구일 것이다. 그리고 전쟁의 결과는 소련이 승리하면 한국은 소련의 연방이 될 것이고, 미국이 승리하면 미국의 속국이 될 것이니 (…) 우리는 무엇을 위하여 전쟁을 고대하겠는가.

남한 군대와 경찰

남북이 분단된 후 권력을 잡은 이승만은, 미군정 당시 그의 친위대 역할을 담당한 악질적인 경찰, 헌병, 군 장교, 그리고 일제에 기생하며 부와 권세를 누려온 자들을 심복으로 부리면서 독재 권력을 휘둘렀다. 이른바 그의 권력을 지탱해 주는 세 어금니로 불렸던 인물은, 만주국 봉천 군관 학교를 졸업하고 항일 독립군을 고문·살해했던 관동군 헌병대 장교 출신 정일권, 같은 학교를 졸업하고 간도 특설대에서 독립군 토벌을 전담했던 백선엽, 그리고 일본 육사를 나와 군사 영어 학교를 졸업한 이형근이다.

물론 이러한 매국노 중용 정책은 매국노들의 약점을 이용하여 제국의 지배권을 유지하려는 미국과 이승만의 교활한 권력 야합에서 비롯된 것이다. 미군정 시절인 1947년 남조선 과도 입법 의회에서 민족 반역자와 부일 협력자, 전범, 간상배를 처벌하기 위한 특별법을 제정하려 하자, 미 군정청은 자신들의 충견을 대상으로 하는 이 법안의 승인을 거부했다. 또한 경찰 간부의 99%가 일제 경찰과 헌병 출신이라는 비난에 대해, 미 군정청 경찰 책임자 윌리엄 맥크린은 "만약 그들이 과거에 일제를 위해 일을 잘했다면 우리 미국을 위해서도 일을 잘해 줄 것"이라고 응수했다. 이 말은 그들이 우리 민족의 해방을 위해 이 땅에 주둔하고 있는 것이 아니라 우리 민족을 속박하기 위해 주둔하고 있다는 사실을 분명히 한 것이다.

매국노들의 이러한 작태에 대해 당시 미 군정청 경무국 고위 간부로서 유일한 민족주의자였던 최능진은 "현재의 군정청 경찰은 부일 경찰관과 민족 반역자들의 피난처가 되고 있다. 군정청 경무국은 썩었으며 민중의 적이다. 만약 사태가 이대로 나간다면 한국인의 80%는 공산주의자가 될 것"이라는 내용의 보고서를 군정 당국에 제출했다(1946년 11월). 그러자 부일 경찰의 우두머리격인 조병옥 군정청 경무부장은 그를 즉각 해임했다.196)

이후 최능진은 1948년 5월 10일의 제헌 의원 선거에서 이승만을 낙선시키기 위해 그와 같은 동대문구 국회의원 후보로 등록했다. 그러나 미 군정청과 이승만 일당의 조작과 방해로 후보 등록이 거부되었다. 그 후 이승만 정부는 그에게 이른바 '혁명 의용군' 사건이라는 내란 음모 혐의를 씌워 서대문 형무소에 수감했다. 그것도 모자라 1951년에는 국방 경비법 제32조 '이적죄'로 누명을 씌워 총살시켰다.

민족 반역자에 대한 청산 과제는 제헌 의회로 넘어가게 되었다. 제헌 의회는 제헌 헌법에 근거하여 1948년 9월 법률안 제3호로 반민족 행위자 처벌법을 제정하고는 이듬해 1월부터 반민족 행위자 특별 조사 위원회 활

---

196) 독립 운동가 집안에서 태어나 1937년 독립 운동 사건으로 2년의 옥고를 치렀고, 미군정 치하에서 경무부 수사국장을 지내며 부일 경찰 청산을 주도했던 그가 죽임을 당하기 직전 남긴 말은 "정치 사상은 혈족인 민족을 초월해 있을 수 없다"라는 겨레 사랑이었다.

동을 본격화했다. 그러나 민족 반역자에 대한 처벌은 이승만 일당이 반민 특위를 용공 분자 집합소로 몰아 1949년 6월 6일 반민 특위를 습격하고, 곧이어 반민 특위 폐기 법안이 국회를 통과함으로써 무산되었다.

이승만은 매국노 척결과 남북 협상을 주장한 김약수 국회 부의장[197]과 소장파 의원 13명을 박헌영과 암호 문건을 주고받은 공산당 프락치로 몰아 숙청했다. 민족의 통일을 말하는 자는 곧 공산당이라는 등식을 세운 것이다. 반민 특위 습격 사건을 자신이 직접 지시했다고 자랑스레 밝힌 당시 내무 차관 장경근의 발언이 바로 이 나라 초대 정부의 현주소였다. 이는 또한 악화가 양화를 구축하는 썩은 역사의 시작이기도 했다. 매국노 대 애국자, 외세 앞잡이 대 자주 독립 인사의 대결 구도를 반공 투사 대 용공 분자의 색깔 논리로 둔갑시켜 권력 기반을 강화했다. 이승만 일파의 간교한 술수는 분단 반세기가 지난 오늘날까지도 반민족적이고 반사회적인 방법으로 쌓은 기득권을 지키려는 수구 우익들에 의해 전가의 보도 역할을 해오고 있다.

몽양과 백범의 살해 배후

미국의 남한 지배 과정에서 빼놓을 수 없는 것이 바로 민중 학살과 민족 지도자 제거이다. 미군 철수와 분단 정부 수립 반대를 외친 민중들은 공산 폭도로 몰려 학살되었고, 부일 매국노 청산을 주장한 양심적인 정치인들은 공산당 프락치로 몰려 제거되었다. 그 대표적인 사례가 바로 민족의 자주 독립을 위해 한평생을 헌신한 몽양 선생과 백범 선생이었다.

백범을 암살한 안두희는 미군 방첩대 정보 요원으로 활동하고 있었다.

---

197) 본명은 김두전이며, 약산 김원봉 장군과는 학창 시절 의형제를 맺고 아호의 '약若'자도 그때 지었다. 일제 강점기에는 주로 국내에서 독립 운동을 했으며 일제 패망 이후에는 한민당 소속 국회 부의장으로 당의 노선에 반反해 이념을 초월한 남북 통합을 주장했다. 6·25때 납북된 후, 한동안 이북에서도 통일 운동을 한 것으로 알려져 있다.

또한 1945년에 조직되어 1948년까지 존속한 비밀 우익 테러 단체 '백의 사'의 특수 대원이자 서북 청년단 단원이기도 했다. 그는 미 군정청 경무 부장 조병옥과 수도청장 장택상의 소개로 CIA의 전신인 OSS(전략 사무국) 의 한국 책임자를 알게 되었고, 이후 미 정보기관과 긴밀한 관계를 유지 했다. 당시 미 정보부 장교는 백범을 '블랙 타이거'라고 부르면서 암살 필 요성을 암시했다고 한다.

백범의 암살을 직접 지시한 직속 상관은 만주 군관 학교 후보생 출신인 장은산 포병 사령관이었다. 당시 이 사건을 무마한 헌병 사령관 전봉덕은 일제 말기의 경시 출신이었다. 특무대장 김창룡 역시 관동군 소속 헌병 오장(하사관) 출신이었다.[198]

경무부장이 육군 소위를 직접 미 정보 책임자에게 소개했다는 점, 안두 희에 대한 재판, 그리고 그를 다시 현역으로 복귀시킨 과정 등을 미루어 볼 때, 당시 미국과 이승만 정부, 그리고 친일 세력들이 백범 암살과 어떤 관련을 맺었는지 분명하다. 서북 청년단은 미 정보기관과 이승만 휘하의 관변 조직이었다. 백의사 역시 공권력의 비호를 받으며 김두한 등의 정치 깡패들을 시켜 이승만의 민족 분단에 반대한 민중을 테러하던 극우 지하 단체였다.

남북 분단을 반대하고 미군 철수를 주장한 백범의 암살은 미국과 이승 만이 직접 지시하고 연출한 사건이라고밖에 달리 해석할 방법이 없다. 아 울러 일제 강점기에는 항일 독립 운동에 헌신했고, 일제 패망 직후에는 좌우를 아우르는 건국 준비 위원회를 조직한 민족의 큰 지도자 몽양 선생 의 암살도 마찬가지다. 권력의 비호를 받은 자객에 의해 희생되었다는 사 실로 볼 때, 두 지도자의 제거를 지시하거나 조장한 배후가 누구인지는 더더욱 확실해진다.[199]

---

198) 『백범과 민족 운동 연구』, 백범학술원, 2003.
199) 몽양을 저격한 범인을 쫓던 경호원 박성복의 뒷다리를 붙잡으며 범인을 도주케 한 자가 경찰관이었다는 사실로도 몽양의 암살 배후가 누구인가를 알 수 있다.

대한민국은 3·1 독립 정신을 계승하지 않았다

우리 헌법 전문에는 대한민국이 3·1 독립 정신에 기초한 상해 임시 정부의 법통을 계승한다고 명시되어 있다. 상해 임시 정부는 여러 임시 정부 가운데 하나였으나 분열과 논쟁을 일삼으며 민족의 자주 독립 역량마저 약화시켰다. 민중의 각성과 무장 독립 투쟁을 역설한 민족의 위대한 스승 단재 신채호 선생으로부터 쓰레기 집단이라는 극단적인 비난까지 받았다. 상해(중경) 임시 정부가 과연 우리 민족 전체를 대표할 수 있는가 하는 점은 논외로 치더라도, 그나마 대한민국은 상해 임정의 독립 정신조차도 부인하면서 탄생했다.

일제 패망과 동시에 38선 이남을 점령한 미군은 점령군 사령부인 군정청을 38선 이남의 유일한 합법 정부로 공식 선언했다. 이후 상해 임정을 부인하고 임정 요인의 공식 귀국을 거부했다. 초대 이승만 정부는 항일 지사들이 배제된 가운데 부일 세력들을 주축으로 조직되었다. 따라서 대한민국은 인적·제도적·정신적으로 상해 임시 정부와 아무런 관계가 없다. 뿐만 아니라, 그 주역들은 오히려 임정의 독립 정신을 말살하는 데 앞장서 온 무리들이었다.

초대 대통령 이승만은 앞서 언급한 바와 같이 임정에서 탄핵된 자이다. 2인자의 위치에 있던 이기붕은 일제 말기에 중추원 참의의 집사였다. 이승만의 총애를 받으며 권력 실세 노릇을 한 그의 처 박마리아 역시 기독교계 간부로서 조선 청년들을 일제의 총알받이로 내몬 대표적인 부일 여성이다. 또한 초대 국무 위원 11명 가운데 9명과 차관급 12명 가운데 10명이 일제 강점기에 관료를 지낸 민족 반역자들이었다. 아울러 단정 수립을 위한 부정 선거를 직접 자행한 국장급 경찰 간부 가운데 1명을 제외한 전원이 일경 출신이었다. 국군 고위 간부 99%가 일제의 충견 노릇을 한 자들이었다.

이렇듯 부일 매국노들과 숭미 하수인들이 반민족적인 대죄를 덮고 지속적으로 부와 권세를 쌓을 공간을 위해 남한 정부를 만든 것이다. 결코 숭고한 3·1 독립 정신 위에 수립한 것이 아니었다. 게다가 이승만 정부는 정통성과 정당성이 없는 권력을 지키기 위해 나라의 안보를 미국에 의존했다. 이에 항거하거나 동조하지 않는 수많은 민족의 양심들을 공산주의자로 몰아 제거하고 심지어 무고한 양민들까지도 무참히 학살했다.

이는 백범의 지적대로 박테리아가 태양을 싫어하듯 국가와 민족의 이익을 염두에 두지 않고 미군 주둔 연장을 그들의 생명 연장으로 인식하는 세력들이 이 나라를 지배했기 때문이다. 바로 이것이 이 땅의 보수 우익이 강변하는 대한민국의 정통성이다.

비록 이승만 독재 정권은 학생과 지식인들이 주도한 시민 혁명에 의해 무너졌으나, 그가 퍼뜨리고 일제 잔당과 유신 잔당들이 키운 독버섯으로 인해 사회 정의는 고사枯死하고 민족 윤리는 질식된 지 오래다. 그럼에도 이들은 죽어서도 국립묘지의 일등석을 차지하며, 그 자손들조차 부와 권세 그리고 위선적인 명예까지 얻어 우리 사회를 휘저어왔다. 반면에 일제 강점기는 물론이고 대한민국 출범 이후로도 독립 운동가들은 여전히 부일 잔당과 숭미 세력에게 맞아 죽거나 쫓기면서 구차하게 생명을 부지해왔다. 죽어서는 응달진 구석에 누워 빈천을 대물림하는 자손들의 고통을 목도하며 지하에서 피눈물을 흘려왔다.

자신은 일제의 고문으로 불구가 되고 두 아들의 목숨마저도 항일 독립투쟁에 바친 심산 김창숙 선생을 보라. 선생의 3남이 귀국 후 한동안 서울역에서 지게꾼을 했다는 사실만 보아도 대한민국이 누구를 위해 세워졌는지는 분명해진다. 바로 이러한 반민족적인 행태를 보수保守하기 위해 이 땅의 보수 우익들은 미 제국의 앞잡이 이승만을 건국의 아버지로, 일제 잔당 박정희를 민족중흥의 기수로, 그리고 이들의 전통을 계승한 신군부 학살 집단까지 자유 민주주의 수호 정권으로 호도하고 있다.

또한 오늘날까지도 우리는 국군을 지휘해야 할 대통령조차 유사시 주한 미군 사령관의 작전 통제를 받아야 하는 위성국 신세에 머물러 있다. 이를 회수하여 군사 주권을 회복하자고 주장하는 인사들은 친북 좌파로 몰리고 있다. 일제 강점기에 우국지사를 불령선인으로 몰던 매국노들이 미군정 치하에서 반공 투사로 변신한 결과이다.

이처럼 한국의 과거사는 명백한 역사적 사실조차도 왜곡·은폐되었으며, 이것을 보수 우익이 주도해 왔다. 따라서 과연 우리가 군국주의로 회기하려는 일본 보수 우익의 역사 교과서 날조와 야스쿠니 신사 참배를 비난할 자격이 있는지 반문하지 않을 수 없다. 아울러 대한민국의 태생적 흠결을 합리화하기 위해 외세를 끌어들여 반쪽짜리 통일을 이룬 신라에서 그 뿌리를 찾아온 남한이 과연 중국의 고구려사 왜곡을 그들의 탓으로만 돌릴 수 있는지도 스스로 반문해 보아야 할 것이다.

3. 누가 6·25 전쟁을 유발했는가?

과거 반세기 동안 지구촌을 휩쓸었던 이데올로기 대결이 종식된 지도 이미 반세대가 지났다. 영원한 적도 영원한 우방도 없는 21세기의 냉엄한 국제무대에서 뒤쳐지지 않으려면, 어제의 적과도 제휴해야 하고 오늘의 동지와도 경쟁을 벌여야 하는 것이 오늘날의 국제 사회이다. 그럼에도 지금껏 우리는 민족 윤리보다는 자본주의 이데올로기를, 동족 화합보다는 동족 대결을 앞세우며 체제 우위를 과시하는 수준에 머물고 있다.

이러한 분열과 경쟁이 조장되는 가장 핵심적인 근저에는 바로 6·25 전쟁이 자리하고 있다. 이미 반세기가 넘는 긴 세월이 흘렀음에도 우리 사회에서는 전쟁의 발단 배경과 성격에 관한 다양한 담론들이 아직도 봉쇄되어 있다. 오로지 소련과 중국의 사주를 받은 북한 괴뢰군이 자유와 평화를 사랑하는 남한을 적화하기 위해 일방적으로 기습 침공을 감행했다는 식의 정치 선전만을 답습해 왔다. 이북의 남침 위협이니 이남의 공산화 우려니 하며 우리 민족을 미국에 기생하는 하등 민족으로 묶어 온 수구 우익의 시대착오적이고 사대주의적인 강변이 바로 그것이다.

비록 용기 있는 일부 학자들에 의해 그간 은폐되고 왜곡되어온 6.25의 진실들이 상당 부분 밝혀지기는 했으나, 6.25에 대한 우리 사회의 보편 정서는 여전히 아전인수식 접근 방식에서 크게 벗어나지 못하고 있다.

과연 이남은 자유와 평화를 원하고, 이북의 무력 공격에 맞서 방어만 했는가? 6·25 전쟁 발발 직후 인민군을 38선 이북으로 몰아내도록 결의한 유엔이 38선을 월경한 미군에게 사후 면죄부를 준 행위는 과연 침략 전쟁을 부인한 유엔 헌장에 부합하는 것인가? 외세에 의해 분단된 조국을 통일하겠다는 명분으로 시작된 이북의 무력 사용을 민족 통일 전쟁이라고 말할 수 없다면, 미·소가 그어놓은 38선을 사실상의 국경으로 하여 이북에 앞서 남한 단독 정부를 수립한 이승만 정부가 실지 수복이니 북진 통일이니 하며 38선을 넘어 수시로 무력을 사용한 행위는 무엇이라고 말해야 하는가? 이 전쟁이 소련과 중국의 사주에 의한 것이라면, 민족 내분을 국제적인 전쟁으로 비화시켜 수많은 동족을 사상한 자들은 누구인가?

이러한 여러 의문에 대해 지금까지 우리 사회는 내가 들면 요리용 칼이고 상대방이 들면 살상용 칼이며, 내가 받으면 선물이고 남이 받으면 뇌물이라는 식의 일방적 논리로 이 전쟁의 발단 배경과 성격을 호도해 왔다. 그러나 진정한 민족 화해와 국토 통일을 이루기 위해서는 일방적인 정치 선전의 틀에서 벗어나, 6·25 전쟁의 발단 배경을 객관적으로 반추해 보아야 한다. 아울러 민족 윤리와 사회 정의, 그리고 인도적인 차원에서 전쟁의 성격을 따져보아야 한다.

누가 전쟁을 일으켰는가

6·25 전쟁이 끝난 지 반세기가 지났음에도 남과 북은 각기 상대방이 먼저 침공했다고 주장한다.

남한을 포함한 우익 진영에서는 소련과 중국의 사주를 받은 이북이 자유와 평화를 원하던 남한을 기습 침공했기 때문에 남한과 유엔이 침략 전쟁을 저지하고 자유 민주주의를 수호하기 위해 방어 전쟁을 벌였다고 주장해 왔다. 반면 이북은 이미 1947년 이후부터 남한에서 수시로 38선을 침범했다면서, 6·25 직전에도 국방군이 서부 및 중부 전선에서 1~2마일 가량을 무단 북침한 것이 전쟁의 발단이라고 주장해 왔다.

그렇다면 과연 어느 쪽의 주장이 진실인가?[200] 관련 당사국들의 결정

---

200) 남침이니 북침이니 하는 표현은 전혀 논리에 맞지 않는다. 일본군의 무장 해제가 종료됨에 따라 38선 분단의 명분은 이미 소멸된 상태였다. 아울러 신탁 통치 계획도 무산됨으로써 38선을 구획한 미소 양국의 군대도 공식적으로 철수했다. 더구나 남북 서로가 상대방 정부의 실체를 인정하지 않았으니, 침략이라는 표현은 적절치 않다.

적인 자료들이 완벽하게 공개되지 않은 상태에서 100%의 진실을 규명하기란 불가능할지도 모른다. 그러나 구소련 정부와 미국 정부의 공식 문건, 그리고 당시 남북한의 정치 상황을 밝혀주는 언론 보도 등을 종합해 보면, 전쟁의 대체적인 실체는 파악할 수 있다.

여기서는 6·25 전쟁을 전문적으로 연구한 브루스 커밍스Bruce Cumings(프린스턴대 교수), 캐스린 웨더스비Kathryn Weathersby(플로리다 주립대 부교수), 애덤스 울먼Adams Ulman(하버드대 교수), 에브게니 바자노프Evgueni Bajanov(러시아 국제 문제 연구소 상임 위원), 첸 지안Chen Jian(남일리노이대 교수) 등이 인용한 미·소의 공식 문건과 한국 전쟁 50주년을 맞아 한국 역사 연구회가 개최한 학술 심포지엄 자료 등을 토대로 6·25 전쟁의 원인과 발단 배경 등을 분석해 본다. 우선 전쟁이 일어나기까지의 주요 사건들을 정리해 보면 다음과 같다.

1943. 11. 22~11. 26, 일본의 무조건적인 항복을 받아내기 위한 연합 작전 등을 협의하기 위해 카이로에 모인 미·영·중 대표들은 일제가 항복하면 '적절한 절차'에 의해 조선을 해방시킨다고 선언한다.

1945. 2. 11, 연합국의 승전이 확실해짐에 따라 유럽의 전후 지배 질서 수립과 승전국의 전리품 분배를 위해 열린 얄타 회담에서, 루스벨트 미 대통령은 한국에 대한 열강들의 신탁 통치를 제안한다. 그러나 스탈린은 조선의 즉각적인 해방을 주장하며, 탁치를 할 경우 그 기간은 짧으면 짧을수록 좋다고 말한다.

1945. 8. 14~8. 15, 일본군의 무장 해제를 명분으로 미국이 38선을 기준으로 조선 반도의 분할 접수를 제안하고, 이에 소련이 동의함으로써 남북 분단이 시작된다.

1945. 8월 중순~9월 중순, 극동 지역에 주둔하던 소련군은 일제가 항복 선언하기 며칠 전에 38선 이북에 진입한다. 이후 그들은 일본군을 무

장 해제시키고 부일 관료들을 체포하는 등, 해방군의 소임을 수행한다. 반면 소련군보다 약 20일 늦게 38선 이남에 진입한 미군은 부일 조선인 군·경 간부는 물론이고 일본인 총독부 관료들까지도 38선 이남 지역 통치에 동원한다. 아울러 상해 임정 등 항일 독립 단체들의 정체성을 부인하는 등, 점령군으로서의 자세를 분명히 한다.

1945. 12월, 미국의 탁치 제안이 민족 자결 원칙에 바탕 한 후견자적 성격의 탁치를 실시하자는 소련의 수정 제안으로 좌절된다.

1946. 12월, 그 해 5월의 미·소 공동 위원회가 무산되자 미 군정청은 러치 군정장관을 수반으로 하여 '남조선 과도 입법 의원단'이라는 의결권 없는 허수아비 의회를 출범시킨다. 의원단 90명 가운데 45명은 군정청에서 임명하고 나머지 45명은 부정 개입 시비를 일으킨 간선으로 선출되었다. 여운형(후일 사퇴함)을 비롯한 소수 인사를 제외한 이들 대다수는 미 군정청의 들러리들이었다. 통일 자치 정부가 수립될 때까지 한시적으로 운영하기로 한 과도 의회는 남한 단정 수립을 위한 5·10 선거가 치러진 직후인 1948년 5월 하순에 해체된다. 즉 이는 민족 분단과 남한 단정 수립이라는 미국의 각본을 실현하는 인공 부화기(incubator)였다.

1947. 2월, 남조선 과도 입법 의원단에 맞서 이북에서도 통일 정부를 수립할 때까지 한시적으로 입법 기능을 수행할 북조선 인민 위원회를 출범시킨다. 그러나 이는 미군정장관이 결정권을 갖는 이남의 형식적인 입법 의회와 달리 자치권을 가진 기구였다.

1948. 4월 중순, 이남에서 단독 선거를 실시하기 약 한 달 전, 이북은 남북의 모든 정당과 사회단체를 초청하여 평화적인 통일 방안을 모색하기 위한 연석회의를 개최한다. 이 자리에서 이북은 남한에서 진행 중인 단독 정부 수립을 반대하며 미·소 양군의 철수를 촉구한다. 아울러 남조선의 단선·단정을 인정할 수 없다고 공식 천명한다.

1948. 5. 10, 제주도의 2개 선거구를 제외한 38선 이남 전역에서 단독

정부 수립을 위한 제헌 의원 선거가 실시되어, 198명의 제헌 의원이 선출된다. 제주도에서는 남한 단정 수립과 이승만 일파의 폭정에 항거하여 일어난 제주 항쟁으로 인해 2개 지역의 선거가 무산되고, 김구·김규식·안재홍 등의 우국지사들도 민족 분단을 확정하는 이 선거를 거부한다. 이어서 8월 15일에는 대한민국 정부가 출범한다.

1948. 8. 25, 남한에 단독 정부가 정식 출범하자 이에 맞서 이북 역시 주민 총선거를 실시하여 조선 최고 인민 회의를 구성하고, 이어서 9월 9일에는 조선 민주주의 인민 공화국 정부를 출범시킨다.

1948. 9. 10, 북조선 최고 인민 회의는 조선 반도에서 군대를 철수할 것을 미·소 양국에 공식적으로 요구한다. 이에 따라 9월 18일 소련 정부는 동년 12월 말까지 이북 지역에서 자국 군대를 철수하기로 결정하고 38선 경비도 인민군에게 인계한다. 소련군의 즉각적인 철수로 인해 발생할 수 있는 남한의 무력 공격(당시 남한의 전력이 우세했다)을 우려한 이북은 소련과 군사 조약 체결을 희망했으나, 스탈린의 거절로 무산된다.

1948. 9. 11, 내무장관 윤치영은 최소 3년 동안 미군의 주둔이 필요하며, 이 기간에 국군을 훈련하면 2주일 내로 이북 전역을 점령할 수 있다고 호언한다. 또한 그는 이를 위해서는 14만 명의 병력이 필요하다고 역설한다.

1948. 11. 20, 국무총리 이범석은 국회 답변을 통해 "미국은 조만간 소련군과 일전을 치를 수밖에 없을 것"이라며 전쟁 분위기를 고조시킨다.

1948. 12월, 소련은 소수의 고문단만 남겨둔 채(1950년 3월 현재 148명, 1950년 11월 현재 123명 잔류) 군대를 철수시킨다.

1949. 1월 중순, 38선 이북의 해주에서 남한에 의한 무장 소요가 발생한다.

1949. 2월 하순, 남한이 38선 이북의 양양군 기사문리에 포격을 가함으로써 남북 사이의 무력 충돌이 본격화된다. 이에 평양 주재 소련 대사 스티코프는 38선 부근에서 빈발하는 남한의 무력 공격에 대응키 위해 북조

선의 열악한 무기 체계를 개선하고 병력의 질도 제고해야 한다는 내용의 전문을 크렘린에 보낸다.

1949. 3. 5, 스탈린을 방문한 김일성은 양국 사이의 무역 및 문화 협정 체결, 4~5천만 달러 규모의 유상 원조, 그리고 인민군 지휘관의 소련 유학을 요청한다. 이러한 요청을 수용한 스탈린은 남한의 공격으로 비롯된 38선 부근의 무력 충돌에 대해 우려를 표시하고, 이에 김일성은 자력으로 국방군을 몰아낼 것이라고 대답한다. 아울러 스탈린은 미·소의 정면 대결을 불러올 수 있으므로 38선 이남에 대한 무력 사용을 자제해달라고 요청하는 한편, 통일 전쟁은 남한이 전면 북침했을 때 감행해야만 국제적인 명분을 갖는다면서 이북의 군사 동맹 제의도 거절한다.

1949. 5월, 38선 이북의 개성 송악산 292고지를 차지하기 위한 남한의 공격으로 연대 규모의 전투(5·4 전투)가 발생한다. 남한은 292 고지가 38선 이남에 속한다고 주장했으나, 1946년과 1947년 미·소 합동 측량에 의해 작성된 미 군사 고문단 지도에는 이 지점이 이북에 속하는 것으로 표시되었다. 한편 춘천에서 6여단 8연대 소속 2개 대대가 집단으로 월북하는 사건이 발생하자, 남한은 이에 대한 보복으로 38선 이북의 포천군 사직리를 공격한다. 집단 월북 원인은 미군의 지휘 아래 국군이 자행한 제주 민간인 학살 등의 반민족적 만행에서 비롯한 것으로 알려졌다. 그 외에도 백천과 옹진 반도에서 남북의 충돌이 발생했는데, 이러한 군사적 충돌의 대부분은 남한의 선제공격에 의한 것이었다.

1949. 6월, 옹진 전투가 계속되면서 전투 사령부까지 설치한 남한은, 옹진반도 북쪽을 한눈에 내려다 볼 수 있는 38선 이북의 은파산을 점거한다. 한편 남한에서도 미군 전투 부대의 철수가 시작된다.

1949. 7월, 미군 전투 병력을 대체할 주한 미 군사 고문단KMAG이 창설된다. 남한은 38선 이북의 양양 지역을 공격하고, 송악산 488고지를 차지하기 위한 전투도 계속한다. 한편 소련도 핵실험에 성공함으로써 미국에

이어 두 번째 핵무기 보유국이 된다.

1949. 8월, 중국 공산당의 혁명 내전에 참가했던 약 15,000명의 조선인들이 각종 무기를 가지고 귀환하여 인민군에 편입됨에 따라 이북은 남한과 대등한 군사력을 갖추게 된다. 이를 계기로 옹진 반도와 신남 지구에서 공세를 취한다. 한편 스티코프는 크렘린에 보고하는 전문을 통해, 김일성의 개전 의사와 더불어 그에 대한 자신의 반대 의견을 전달한다.

한편 이승만은 중국 공산당에 의해 대만으로 쫓겨간 장개석과 진해에서 회담을 갖는다. 평화 체제에서는 권력 유지조차 힘든 두 사람의 처지는 본토 수복과 북진 통일이라는 주장에서 양자의 이해가 일치했다. 6·25 전쟁과 이들의 긴급 회동에 모종의 음모가 있지 않나 하는 것이 외국 전문가들의 시각이다.

또한 남한에서는 특공대를 파견해서 이북의 대동강 주변과 몽금포의 해군 기지를 기습 공격한다.

1949. 9월, 스티코프를 방문한 김일성의 비서 문일은 남한이 곧 38선 북쪽의 옹진반도를 점령하고 인근 시멘트 공장을 폭격할 것이라는 확실한 정보를 가지고 있다고 말한다. 그럴 경우 자신들이 남한의 침입을 격퇴한 후 개성 인근의 옹진반도 동쪽 지역(38선 이남)까지 공격하겠다는 뜻을 전한다. 이어 국제적인 여건이 허락한다면 이번 기회에 이남을 무력 점령하는 것도 고려하고 있으며, 2주에서 두 달 정도면 충분할 것이라는 김일성의 뜻도 전한다. 그러자 스티코프는 여러 가지 문제들을 고려하여 신중히 결정해야 할 중대 사안이므로 서둘러서는 안 된다고 전제한 후, 이러한 김일성의 의도를 크렘린에 보고한다.

한편 이북에서 전투력 보강을 위한 무기 공급을 거듭 요청하자 스탈린은 북조선에 대한 무기 공급 문제를 정치·외교적 문제와 아울러 검토하도록 지시한다. 이에 대해 스티코프와 소련 정치국은 부정적인 의견을 스탈린에게 보고한다.

1949. 10월, 소련의 무력 사용 자제 요청에도 불구하고 이북은 제3차 옹진 전투를 벌여 은파산을 탈환한다. 한편, 10월말 이승만은 인천항에 들어온 미 순양함(St. Paul호) 환영식 연설에서 "38선 이북을 수복하기 위해 모든 조처를 취할 것"이라며 북진 통일을 위해 전쟁도 불사하겠다고 천명한다.

1949. 11월, 도쿄에 소재한 미 태평양 지구 사령부를 방문한 신성모 국방장관은 "남한은 전쟁 준비가 완료되었으며 명령만 기다린다"고 맥아더 사령관에게 보고한다.

1949. 12월, 은파산 재점령을 위한 남한의 공격을 포함하여 간헐적으로 전투가 벌어졌으나, 5월과 같은 대규모 전투는 발생하지 않는다. 그동안의 대규모 충돌은 대부분 남한의 공격으로 시작되었는데, 남한의 공격이 소강상태에 이르자 자연히 양측의 충돌도 줄어들게 된다. 한편 이북은 소련에 무기 공급을 재차 요청한다.

1949. 12. 30, 이승만은 기자 회견을 통해 "지금까지는 미국과 유엔의 뜻에 따라 평화 통일을 지향해 왔으나 내년부터는 국제 환경의 변화에 부응하여 우리 자력으로 통일을 추진할 것"이라며 전쟁불사의 뜻을 시사한다.

1949. 12. 31, 미국은 국가 안보 회의(NSC 48/2)에서 동남아시아에 대한 패권 수호를 재차 확인한다.

1950. 1. 12, 미 국무장관 애치슨Dean Acheson은 내셔널 기자 클럽에 나가 "한반도(대만 포함)는 미국의 방어권에서 제외된다"고 밝힌다(애치슨라인). 당일 주미 대사 장면은 "미 정부의 고위층과 국방성으로부터 입수한 비밀 정보에 의하면 국무부와 국방성은 아시아 지역에서 반공 정책을 강화할 것이다. 이에 따라 한국이 중요한 역할을 맡게 될 예정이다. 이는 조만간 트루먼의 결재를 받아 시행될 것이며, 그 가운데는 남한 공군과 해군의 전력 증강 계획도 포함 된다"는 보고서를 이승만에게 보낸다.

1950. 1. 17, 스티코프를 비롯한 평양 주재 소련 고위 관리들을 만난 김일성은 이남의 전면적인 북침이 없는 한 남침은 불가하다는 스탈린의 말

을 상기하면서, 이대로는 통일이 어려울 테니 이번에 스탈린을 다시 만나 남침 지원 약속을 받고 싶다는 뜻을 전한다. 이어 김일성은 만약 스탈린과의 면담이 어렵다면 그의 친구 마오쩌둥에게 협조를 요청하겠다면서 남침 의지를 강조한다. 당시 이북의 현역 군인은 약 11만 명으로, 이는 남한 병력을 능가하는 수준이었다.

1950. 1. 26, 남한에 대한 군수 물자 원조 등을 목적으로 하는 한미 상호 방위 원조 협정을 체결한다.

1950. 1. 30, 스티코프로부터 김일성의 면담 요청을 전해들은 스탈린은 김일성과의 면담을 환영한다는 뜻을 표시하는 한편, 무기 공급 요청도 긍정적으로 검토하도록 참모진에 지시한다.

1950. 2. 9, 국방장관 신성모는 "우리는 이북을 수복할 만반의 준비가 되어 있으며 명령만 기다린다"라고 공식 발표한다.

1950. 3. 1, 이승만은 대중 연설에서 "통일의 시간이 다가왔다. 해외 우방들이 우리의 무력 사용을 말려도 우리는 이를 강행할 것"이라 주장하며, 전쟁이 임박했음을 시사한다.

1950. 3. 10, 미 군사 고문단 소속 대북 첩보 요원 도널드 니콜스Donald Nichols는 그의 비밀 첩자인 조선 노동당 소속 고위 인사로부터 남침 전쟁이 6월 25~28일에 있을 것이라는 첩보를 입수한 다음, 이를 맥아더의 정보 책임자 윌로비Charles Willoughby 소장을 통해 백악관과 맥아더 사령부에게 보고한다. 그러나 맥아더 사령관을 포함한 미국의 수뇌부는 이를 쓰레기 정보라며 무시한다.

1950. 3. 30, 크렘린을 방문한 김일성 일행은 스탈린으로부터 유상 무기 공급을 확약받는다. 그러나 이들이 통일 전쟁에 대한 지원을 요청하자, 스탈린은 중국의 협조가 우선되어야 한다면서 소련의 주도나 직접적인 개입에는 부정적인 자세를 취한다.

1950. 5. 13, 중국을 방문한 김일성 일행이 전쟁 계획을 설명하며 이에

대한 중국의 지원을 요청하자, 마오쩌둥도 이에 동의한다. 한편 소련제 무기를 공급받은 이북의 전력이 남한의 3~4배에 이르게 된다.

1950. 4. 13, 미 국무부 소속 전권 대사 제섭Philip C. Jessup은 기자 회견을 통해 남북의 계속되는 무력 충돌과 전쟁 발발 위험을 예고한다.

1950. 6. 20, 미 국무장관 애치슨은 의원들로부터 한반도 전쟁 발발 위험에 관한 질문을 받자 전쟁 위험이 희박하다고 단언한다.

1950. 6. 23 정오, 미군의 지시를 받은 국방군 사령부는 그동안 38선 전역에 발령했던 비상경계 태세를 돌연 해제한다. 그리고 다음날 오후 미군사 고문단 고위직 및 국군 사령관을 포함한 군 지휘부가 파티에 참석하여 술에 대취한다.

1950. 6. 25, 새벽 4시경에 6·25 전쟁이 발발한다. 당일 오전 남한의 중앙 방송은 인민군이 기습 남침했으나 용감한 국방군이 평양을 향해 진격하고 있으며, 곧 공산 치하의 북한을 해방시킬 것이라고 주장한다. 이어 6월 26일 오전 11시, 중앙 방송은 김종원 대령이 이끄는 용감한 맹호 부대가 옹진반도를 점령하고 수천 명의 인민군을 생포했다고 발표한다.

그러나 이북은 6월 25일 새벽 국방군이 38선을 넘어 약 2마일가량을 침범한 후 그들의 철수 요구에도 불구하고 남한이 적대 행위를 계속함에 따라 대규모 접전이 벌어진 것이라고 주장한다. 또한 전쟁 발발 이틀 전 일부 외신은 국방군이 38선을 넘어 황해도 해주를 침공한 것으로 보도한다. 당시 맥아더의 자서전을 집필하기 위해 그와 함께 머물고 있던 미국 작가 존 건더는, 6월 25일 맥아더에게 보고된 내용이 반나절 만에 북침에서 남침으로 바뀌었다고 밝힌다.[201]

소련 역시 개전 직후 남한의 선제공격으로 전쟁이 발발했다고 유엔에 보고했다. 그 증거는 개전 직후 포로로 붙잡힌 국군 제17연대 소속 한서환 중위 등의 진술이었다. "6월 24일(토요일) 장교들의 외출이 금지되고 6

---

201) William Blum, *Killing Hope*, Common Courage Press, 2003.

월 25일 새벽에 이북을 공격하라는 육군 본부의 극비 명령이 하달되었다"
는 것이다.

1950. 6. 25 오후(한국 시각), 일요일임에도 백악관 집무실로 비상 출근
한 트루먼은 긴급 안보 회의를 소집하고 미 해군과 공군의 출격을 명한다.

1950. 6. 26, 트루먼은 유엔 안보리를 통한 제재를 지시하고, 다음날 유
엔 안보리를 통한 군사 개입을 의결한다. 아울러 에치슨 라인에서 제외시
킨 대만을 지키기 위해 미 제7함대를 파견한다.

지금까지 일자별로 검토한 사실들로 미루어 볼 때, 소련과 중국(중공)의
사주를 받은 이북의 인민군이 6월 25일 새벽에 자유와 평화를 원하던 남
한을 기습적으로 침공함으로써 전쟁이 발발했다는 우리 정부의 주장이
사실과 다름을 알 수 있다.

전쟁의 불씨는 두말할 나위 없이 미·소가 획정한 38선 분단이다. 그리
고 이 불씨를 민족 내분으로 비화시킨 단초는 남북 분단을 주도한 미국과
이승만 일파가 자행한 무자비한 폭력에서 비롯한다. 이어서 남북에 각기
분단 정부가 수립됨으로써 민족 내분은 내전으로 확대되었고, 이러한 내
전은 미국의 패권 야욕과 이승만 일파의 권력 탐욕에 의해 국제전으로 확
대된 것이다.

이러한 남북의 적대감이 증폭된 원인에는 항일 투쟁을 해온 이북 군
지휘부가 과거 그들을 토벌하던 일제의 충견들이 이번에는 미국의 병장
기가 되어 또다시 그들에게 총부리를 겨누는 현실에 대한 경멸과 분노도
중요하게 작용했다. 이는 김일성 회의록에, 1937년 6월에 발생한 간삼봉
전투에서 이북의 38 경비대 최현 여단장과 전투를 벌인 남한의 김석원 사
단장이 바로 김일성, 최현 등의 항일 유격 부대를 토벌하던 일본군 소좌
였다며 적개심을 강조한 대목에서 잘 나타난다.

비록 전쟁의 불씨는 38선 분단에서 비롯했으나, 민족 내분을 국제전으

로 비화시키는 데 결정적인 역할을 한 측은 소련이나 중국이 아니라 미국이었다. 이는 전쟁 발발 직후 미군의 참전으로 열세에 몰린 인민군이 소련과 중국의 즉각적인 개입을 요청했으나 별 도움을 받지 못했다는 사실로도 확인된다. 특히 중국은 미군의 북침으로 인해 자국의 국경이 위협받게 되자 계급장도 없는 의용군 형식으로 자국 군대를 파병했다. 소련 역시 소·중 국경 지역이 미군의 폭격으로 큰 피해를 당하고, 나아가 자국의 극동 지역까지 위협받게 되자, 압록강 이북 지역에 한정하여 전폭기를 지원했다.

김일성은 미군 개입 직후 중국 의용군이 투입되었더라면 조선반도 전체를 해방시켰을 것이라며 불만을 터뜨렸다고 한다. 또 중국의 참전 이후 인민군에 대해 월권을 행사하려 한 중국 의용군 사령관 펑더화이와 충돌을 벌인 김일성이 이들에 의해 장시간 구금당했다는 증언도 있다. 이 사실만 보더라도, 이 전쟁이 결코 소련이나 중국의 사주나 지휘 아래 벌어진 것이 아니라는 점을 알 수 있다. 이남의 대미 굴종 자세와는 달리 이북은 소련과 중공에 대해 자주적이었다는 것을 여러 자료들이 말하고 있다.

지금까지 검토한 관련국들의 공식 문서와 각종 문헌 등을 종합해 보면, 이북에서 먼저 전면적인 무력 공격을 해왔다는 남한의 주장이 남한의 선제공격 때문이라는 이북의 주장보다 설득력을 갖는 것은 사실이다.

그러나 전쟁의 발단 배경에 대한 실체적 진실을 찾기 위해서는, '남북 모두가 원했던 통일 전쟁에 대해 누가 먼저 시작했는가?'라는 미시적 접근 방식에서 탈피하여 '누가 이를 유도했는가?'에 대해 분석해 보아야 한다.

미국의 전쟁 유인과 즉각적 무력 개입

남북에 각기 분단 정부가 들어서고 38선 경비를 국방군과 인민군이 담당하기 시작한 1949년부터 양측의 무력 충돌은 더욱 잦아졌으며, 그 대부분은 남한의 선제공격에서 비롯했다.

1947년부터 6·25 직전까지, 남북이 38선을 경계로 약 2천 회의 무력 충돌을 벌였다. 그 가운데 대부분은 남한이 선제공격을 가했고 이북은 보복 차원에서 간헐적으로 공격했다고 미 군사 고문단 정보 장교 하우스만 대위도 한 보고서202)에서 밝히고 있다. 또한 포트 베닝에서 군사 교육을 받던 민기식 대령이 1949년 8월 25일 주한 미 대사관 소속 핸더슨G. Henderson 참사관과의 대담에서 "흔히 남측에서 북측을 공격한 것이 아니라 오히려 공격을 당하고 있는 것처럼 말하고 있으나 이는 진실이 아니며, 대다수의 선제공격은 남한 군대가 주도한다"고 밝힌 것에서도 남한의 선제공격이 사실임을 확인할 수 있다.203)

38선 주변에서 발생한 공개적인 무력 충돌뿐만이 아니라, 남한에서는 지리산을 근거로 좌익 게릴라가 활동했고 이북에서는 극동군 사령부와 CIA가 운영하는 각종 게릴라 부대들(황해도 구월산 등지를 무대로 대북 공작을 전개한 켈로KLO 부대가 대표적이다)이 활동했다.

이러한 긴장 국면에서 미군이 철수할 경우 피비린내 나는 내전이 발발할 수 있다는 사실은 단정 수립 이전인 1947년 7월 하순 트루먼의 특사 자격으로 한국을 방문했던 위더 마이어의 보고서와 미 특별 조사단의 1949년 2월 9일자 한국 정세 보고서 등 각종 공식 문서와 미 정보기관들의 각종 첩보 내용을 통해서도 꾸준히 지적되어 왔다. 그럼에도 미국은 한국에 개입하면 할수록 부담만 되고, 한국이 미국에 줄 수 있는 것이 아무것도 없다며 한반도에서 철수하겠다고 공언했다. 그러나 이러한 공언과 달리, 전투 병력 철수 이후 이북에 잔류한 소련 군사 고문단이 고작 1백여 명이었으나 남한에 잔류한 미 군사 고문단은 1천 명을 상회했다. 게다가 이들의 역할은 인민군에 대한 소련 군사 고문단의 보조적인 역할

---

202) Captain James H. Hausman, *U.S. advisor, briefing note for General Roberts*, 1949. 8. 2.
203) Official MEMO of G. Henderson, Third Secretary of the US Embassy, Seoul, Korea 1949. 8. 25. 민기식 대령은 후일 육군대장을 거쳐 공화당 국회의원을 역임했다.

과 비교할 수 없을 만큼 막강했다. 군사 고문단 정보 대위에 불과한 하우스만이 이승만을 직접 면담하여 영향력을 행사하는가 하면, 여순 민군 항쟁 당시에는 국군 지휘부가 진압에 실패할 경우 자신이 국군 지휘부를 총괄한다는 미 군사 고문단장의 명령서까지 휴대했을 정도였다.204) 이는 제주도를 포함하여 이남 전역에서 자행된 군경의 민간인 학살을 지휘하고 감독한 사람들이 바로 미 군사 고문단 소속이었다는 자료들이 증거하고 있다.

다른 한편, 미군 전투 부대가 철수하면서 국군에게 넘겨준 무기는 국내 게릴라 진압에나 사용 가능한 개인 화기와 구식 대포가 전부였으며, 심지어 개전 초기에 괴력을 발휘한 인민군의 T-34 탱크를 격파할 수 있는 대전차포조차 지원해 주지 않았다. 이처럼 혼란스런 미국의 군사 정책은 호전적인 이승만의 북침을 우려해서라기보다는, 이승만을 이용하여 남북의 군사 긴장을 고조시키고 이를 통해 이북의 남침을 유도하려는 것일 수 있다. 왜냐하면 유사시 군사적 열세에 몰리게 될 남한을 위해 미국이 한반도 내전에 개입할 수 있는 명분이 생기기 때문이다. 특히 애치슨 라인은 이러한 의혹을 더욱 짙게 한다.

당시 동북아에서 미국의 가장 중요한 대외 정책은 소련의 영향력을 차단하여 공산주의의 팽창을 저지하는 것이었다. 따라서 당시 미국은 소련과 군사 동맹을 맺고 장개석 정부를 대만으로 쫓아낸 중국을 근접 압박하고 아울러 소련의 영향력 확장으로부터 일본을 지키는 완충지로서 남한이 필요했다. 그럼에도 불구하고 미국이 남한을 미국의 극동 방어권에서 제외시킨다고 선언한 것은 모종의 음모를 짐작케 하는 중요 단서이다. 왜냐하면 미국 정부의 일관된 외교 정책인 도미노 이론을 고려할 때, 38선 이북의 공산주의 정부와 대치한 일촉즉발의 긴장 국면에서 미국이 남한을 포기한다는 것은 북측으로 하여금 전쟁을 일으키도록 부추기는 것과

---

204) 제임스 하우스만, 정일화 공저, 『한국 대통령을 움직인 미군 대위』, 한국문원, 1995.

다를 바 없기 때문이다.

1950년 6월 20일 애치슨이 미 의회에서 "한반도에서 전쟁이 일어날 가능성이 없다"고 발언한 것 역시 마찬가지다. 앞서 언급했듯이, 미국 정부는 각종 공식 보고서를 통해 전쟁 발발 가능성을 예견하고 있었을 뿐만 아니라, 이미 1950년 3월 초 대북 첩보 요원을 통해 6월 25일을 전후하여 전쟁이 발발할 것이라는 정보를 입수하고 있었다. 이후 전쟁이 발발하자 미국 정부와 맥아더 사령관은 전쟁이 임박했다는 당시의 보고를 믿지 않았다고 주장했으나, 여러 첩보망을 통해 보고된 중대한 정보를 무시했다는 그들의 주장을 곧이곧대로 믿을 사람은 없을 것이다.

또한 6·25 전쟁 발발 사실을 보고받은 트루먼 대통령은 일요일임에도 불구하고 백악관의 블레어 하우스에 나와 국가 안보 회의를 긴급 소집했다. 이 회의에서 그는 방어권에서 제외시킨 한반도에 해군과 공군의 참전을 명령하고, 함께 방어권에서 제외시킨 대만 해협에도 항공모함을 출동시켰다.

최근 한반도 주둔 병력의 일부 감축과 관련하여 미군은 신속 대응군의 해외 이동 배치에도 상당한 절차와 시간이 소요된다고 발표했다. 이로 미루어볼 때, 미국이 지금보다 훨씬 후진적 병력 이동 체계에서, 그것도 방어권에서 제외시킨 지역에서 발생한 전쟁에 대해, 의회의 승인 절차도 거치지 않고 그토록 신속하게 무력 개입 조치를 취했다는 점은 전쟁과 관련한 미국의 역할이 무엇인지 확인할 수 있는 대목이다.

이렇듯 한반도 전쟁을 유도하는 것처럼 보이는 미 정부 요인들의 발언들, 미 행정부의 남침 첩보에 대한 의도적인 무시, 그리고 즉각적인 군사 개입에는 미국의 일관된 음모가 깔려 있다고 볼 수 있다.

이는 앞서 서술한 바와 같이 전쟁 개입이나 침공 명분 축적을 위해 거의 예외 없이 전쟁 원인을 날조하거나, 의도적으로 정보를 은폐하고, 때로는 상대방의 무력 도발을 유도하기 위해 갖은 음모와 공작을 꾸며온 미국의 전쟁사를 통해서도 쉽게 짐작할 수 있는 사실이다. 1961년 아이젠하워 대통령이 퇴임 연설에서 "군산 복합체가 미국의 정치, 경제는 물론 정신을 썩게 만든다"고 지적했듯이, 미국은 군산 복합체의 성장을 위해서도 전쟁이 절실히 필요했던 것이다.

2차 대전 이후 휴식을 원하는 자국 내 여론으로 인해 군산 복합체는 불황의 늪에 빠져 있었고, 군대 규모도 이전의 절반에 못 미치는 70만 명 이하로 축소된 상황이었다. 게다가 1948년에 체코슬로바키아에서 공산 혁명이 성공을 거두고 베를린에는 장벽이 설치되었으며, 1949년 여름에는 소련이 3차례의 핵무기 실험을 통해 미국과 대등한 무력을 과시했다.

따라서 미국으로서는 그 어느 때보다 힘의 우위를 과시하기 위한 군비 증강이 필요했고, 이에 대한 국민적 동의를 얻으려면 새로운 전쟁을 유발할 필요가 있었다. 이는 소련에 대한 군사적 압박과 패권 확립을 위한 군비 증강의 필요성 등을 논의한 1950년 1월 31일의 제68차 국가 안보 회의 안건이 말해 주고 있다.205)

이에 따라, 그 필요를 충족시키는 수단이 바로 한반도에서 전쟁을 유발하는 것이었다. 이는 마치 미국이 6·25 전쟁 발발을 미리 예상했다는 듯이, 1950년 봄 미국의 군사 예산(1950. 7. 1~ 1951. 6. 30)이 트루먼의 지시로 전해의 두 배가 넘는 500억 달러로 증가됨으로써 불황에 빠져있던 군산 복합체들이 활기를 되찾고, 군대의 규모도 거의 배로 증가했다는 사실이 말하고 있다.

한반도의 전쟁 발발 보고를 접한 애치슨은 "한국이 우리를 구했다 (Korea saved us)"라며 마치 전면전 발발 소식을 기다리기나 한 듯 반겼던 것으로 알려졌다. 1952년 1월 밴 프리트 장군도 필리핀 사절단을 접견한 자리에서 "한국 전쟁은 축복이다"고 말했다.206)

아울러 한반도를 관할하는 태평양 지구 총사령관 자리에 앉아 남북 분

---

205) *Journal of Military History*, Vol. 61 No.1
206) I. F. Stone, *The Hidden History of the Korean War*, New York Monthly Review, 1952

단과 이승만 정부 수립에 중요한 역할을 했던 맥아더의 정치적 야심 또한 6·25 전쟁 유발과 무관치 않다. 정치 군인이었던 그의 행태는 진주만 피습 당시 필리핀 주둔군 사령관으로 있으면서 2차 세계 대전에 개입할 음모를 꾸미던 루스벨트와 비슷했다. 그는 수많은 군용기를 일본군의 폭격이 용이하도록 필리핀 해안에 전진 배치시켜서 절반가량의 군용기를 잃게 만들었다.[207]

또한 맥아더는 차기 미국 대통령이 되기 위해 자신의 인상이 전쟁 영웅으로서 미국 국민에게 부각되기를 원했다. 따라서 그는 우리 민족의 생존 여부에는 아랑곳 하지 않고 이북과 중국에 대해 수십 기의 원자 폭탄을 투하하여 이 지역을 초토화시키자고 주장했다. 이러한 그의 무자비한 행태는 1차 대전 이후 대공황 기간 중에 약속한 상여금을 미리 달라고 평화적 시위를 벌이던 전역 장병들과 그 가족들을 가혹하게 진압하여 국민적 원성을 들었던 사건에서도 확인되는 사실이다.

이승만도 남북 전쟁을 열망했다

이승만 역시 전쟁을 열망하기는 마찬가지였다. 평온한 이남에 대한 북괴의 기습 남침이라는 판에 박힌 정치 선전을 한 겹만 벗겨보면 이승만의 간교하고 호전적인 실체를 파악할 수 있다. 이는 앞서 서술한 국군의 잦은 대북 선제공격과 남한 단독으로라도 북침을 하겠다며 전쟁 분위기를 고조시켜온 이승만 정부의 호전적 행태와 미 제국의 속국이 되기 위해 전쟁을 고대한다고 이를 비난한 백범의 성명 내용이 말해준다.

또한 민족 윤리와 사회 정의를 총체적으로 파괴하여 민심을 잃은 이승만과 그 집권당은 1950년 5월 선거에서 대패했다. 특단의 대책이 없는 한, 이승만은 당시와 같은 대통령 간선제에서는 대통령 자리조차 유지할 수

---

207) 만약 고의가 아니라면 지휘관으로서 기초적인 자질조차 없는 것이며, 이는 윌오비 소장이 6·25 전쟁 발발 첩보를 무시한 행태와도 같은 것이다.

없는 상황에 직면했다.

바로 이런 이유로 인해 그는 전시를 빙자하여 독재 권력을 더욱 강화하고 대통령 자리도 지킬 수 있는 전쟁이라는 극단적인 수단이 절실히 필요했다. 이러한 개연성은 호전적인 미국의 정치사를 공부하면서 불리한 정치적인 입지를 타개하는 가장 효과적인 수단이 전쟁이라는 점을 그 누구보다도 잘 알고 있던 사람이 이승만이었기 때문이다. 1950년 7월 이임한 대한 미국 원조 사절단 노동 고문 스탠리 얼은 "이승만 정부는 매우 가혹한 정부로서 아무것도 하지 않았으며, 만약 이북에서 전면적인 전쟁을 벌이지 않았다면 남한 내 이승만의 반대 세력이 반란이라도 일으켰을 것이다"[208]라고 지적했다. 이승만이 처한 당시의 상황을 짐작할 수 있다.

6·25 전쟁의 성격

지금까지의 논의를 종합하여 6·25 전쟁의 성격을 규정해 보자.

민족 통일의 내전을 국제전으로 비화시킨 장본인은 유엔군 완장을 두른 미군이다. 그들이 이 전쟁에 개입한 주된 목적은 2차 대전 종전 이후 침체된 미국 경제에 활력을 불어넣고, 국방력 제고를 통해 그들의 패권을 강화하기 위해서였다. 6·25 전쟁은 결코 소중한 인명을 아끼고 자유와 평화를 수호하기 위한 전쟁이 아니라, 제국의 패권을 지키기 위한 전쟁이었다.

수많은 인명 손실을 가져오는 전쟁을 막기 위해서는, 미국이 민족 내분을 심화시키는 이데올로기의 강제 주입과 전쟁을 유발하는 행태를 취하지 말았어야 했다. 미국의 강변대로 한반도의 평화를 지키기 위해 전쟁에 개입한 것이라면, 1950년 10월 8일 새벽 3시에 38선을 넘지 말고 성실히 정전 협상에 임했어야 했다. 아울러 그들이 진정으로 자유 민주주의를 수

---

208) 차상철, 『해방 전후 미국의 한반도 정책』, 지식산업사, 1991.

호하려 했다면, 인명 학살을 주도하고 살인 독재 정권을 비호하는 행태는 보이지 말았어야 했다.

이승만 정부는 남한 사회의 지배 계층이던 반민족 행위자들의 기득권을 보호하고, 이들을 기반으로 미 군정청의 감호 아래 수립된 꼭두각시 정부였다. 이승만 정부는 그들의 권력을 지키기 위해 외세를 끌어들여 전쟁을 벌인 것이지, 결코 인민에 의한, 인민을 위한 민주주의를 지키려던 것은 아니었다. 이는 남한 정부가 자행한 민족 윤리 말살과 사회 정의 유린, 그리고 자유 민주주의 수호라는 미명 아래 수많은 민중을 도륙한 여러 학살 사례들에서 확연하게 드러난다.

김일성 정권 역시 그 책임을 면하기 어렵다. 미국이 주도하고 민족 반역자들이 앞장서서 만든 이승만 정부를 분쇄하고 조국을 통일하여 민족 정기가 바로 선 민주주의 사회를 건설한다는 명분을 내세웠다. 그러나 이 역시 그들의 독재를 위해 벌인 이데올로기 전쟁이라는 비난을 면하기 어렵다. 이북 사회의 안정과 민족의 자주성 확보를 위해 외세 의존적인 연안파와 소련파를 불가피하게 숙청했다고 하더라도, 일인 독재에 장애가 되는 항일 투사들과 계파와 이념을 초월한 통일을 주장한 인사들까지 숙청하고 비민주적인 권력을 세습한 점은 비난받아 마땅하다.

4. 미국이 주도한 이남 주민 학살 사건

2001년 6월 23일, 뉴욕 인터처치 센터에서는 한반도 민간인 학살 사건
의 책임을 규명하기 위한 제1차 민간 법정이 열렸다. 한국전에 참전한 16
개 국가를 포함하여 세계 20여 개 국가의 인권 단체 관계자, 변호사, 그리
고 증인 등 총 6백여 명이 참석했다.

이 법정에서 수석 검사를 맡은 램시 클라크 전 미국 법무장관은 공소장
을 통해 다음과 같이 밝혔다. "미국은 1945년 한반도 점령기부터 6·25 전
쟁이 끝날 때까지 세계 인권 헌장과 조약, 각종 국제 규약 및 협정, 그리고
미국·남한·북조선의 법을 위반했으며, 약 3백만 명에 달하는 무고한 민간
인을 학살했다." 이는 미군정 기간뿐만 아니라, 1948년 8월 24일의 한·미
군사 안전 잠정 협정과 1950년 7월 14일의 국군 지휘권 이양 서한 등에
근거하여 미군이 한국의 군사 주권을 행사한 기간 동안 발생한 민간인 학
살의 최종 책임이 미국에 있음을 확인한 것이다. 아울러 3백만 명이라는
수치는 충북 영동군 황간면 노근리를 비롯한 남한 지역 60여 곳과 황해도
신천군을 비롯한 이북 지역 1백여 곳에서 미군이 직접 자행하거나 미군의
지시와 감독 아래 자행된 국군과 경찰 그리고 관변 우익 단체들의 민간인
학살을 합친 것이다.

한편 6·25 전쟁을 전후하여 이승만 정권이 학살한 민간인 수만도 줄잡
아 1백만 명 이상이라는 것이 여러 전문가들의 주장이다. 이는 나치의 유
태인 학살에 비견될 만한 수치다. 더욱이 동족을 학살했다는 점에서, 이승
만의 학살 죄상은 히틀러를 능가한다고 할 수 있다. 6·25 전쟁의 참화를
겪은 대다수 사람들의 증언을 종합해 보면, 인민군이나 그들이 조직한 좌
익 단체가 자행한 민간인 학살보다도 국군과 경찰, 그리고 관변 우익 단
체가 자행한 학살이 훨씬 더 잔악하고 대규모였다. 학살 대상 역시 이북

의 경우엔 부일 매국노나 악질 지주, 또는 민간인 학살에 앞장선 극우 청년단원 등이었으나, 남한의 경우엔 그 반대로 부일 매국노와 악질 지주들에게 피해를 당한 민중이었다.

학살 방법도 끔찍했다. 주로 총살이었으나, 산 채로 손발을 묶어 매장하는 방법, 여러 사람을 한 곳에 가두어 놓고 불을 질러 생화장하는 방법, 손발을 묶어 강물이나 바다에 던져 넣는 방법, 일본도로 목을 내리치는 방법을 비롯하여, 때려죽이고 배를 갈라 죽이고 사지를 절단해 죽이고, 심지어 여성의 젖가슴과 생식기를 도려내어 죽이거나 윤리적으로 용납할 수 없는 남녀 사이의 성행위를 강제한 후 죽이는 천인공노할 잔인한 수법까지 동원되었다.

브루스 커밍스의 말대로 6·25 전쟁 전후에 이승만의 군대가 행한 역할은 민간인 보호가 아니라 민간인 학살이었다. 당시 이승만 정부는 서울을 사수하자는 이승만의 녹음 방송을 믿고 집에 있다가 인민군의 점령 아래에 들어간 시민들을 부역자니 빨갱이니 하며 처벌하는가 하면, 정부의 지시대로 피난길에 오르자 한강 다리를 폭파하여 수천 명의 피난민을 폭사시키기도 했다. 아울러 미군과 국군이 점령했다가 철수한 지역은 교량과 학교 등의 공공시설뿐만 아니라 들판의 농작물마저 완전히 초토화되었다.

그러나 그간 한반도의 운명을 좌지우지한 미국이 여전히 종주국으로 버티고 있고, 미국을 맹종하는 보수 우익 집단이 이 땅을 지배해 온 현실에서, 이러한 학살 만행을 소상히 밝히는 일은 결코 쉬운 일이 아니다. 참상을 증언할 유족이나 목격자를 찾기도 쉽지 않을 뿐만 아니라, 설령 유족이나 목격자가 남아있다 하더라도 그들 자신이나 그 후손에까지 보복이 미칠까 두려워 입을 닫는 경우도 허다할 것이다. 박정희 군사 정권은 4·19 이후 용기 있게 진상 규명 운동에 나선 일부 유족들에게 국가 보안법이라는 올가미를 씌웠으며, 유족들이 애써 찾은 유골마저 훼손했다

이른바 문민정부가 들어선 이후에도, 군부 독재 정권을 승계한 정권의

태생적인 한계로 인해 민간인 학살 사건에 대한 조사는 별다른 진척을 보지 못했다. 그런데 국민의 정부가 수립된 이후 왜곡된 과거사를 바로잡아야 한다는 공감대가 형성되어 1999년에 거창 사건, 2000년에 제주 4·3 사건에 관한 특별법이 제정되었다. 그러나 이때도 역시 김대중 정부의 의지 부족과 수구 계층의 발목잡기로 과거사 정리는 미완으로 남고 말았다. 예컨대, 일제 강점기에 아버지가 경찰이었던 전 국회의장 박관용은 "한국 전쟁 관련 특별법이 제정되면 앞으로 베트남전과 이라크전 희생자들까지 보상하는 특별법을 제정해야 할 것"이라고 말하며, 정부의 왜곡된 과거사 정리 노력에 대해 비판했다.

이처럼 국민의 생명을 일회용 소모품 정도로 하찮게 여겨온 부류가 지난 반세기 동안 이 사회의 지배 계층으로 군림했다. 그러다 보니 소위 '자유주의 연대'를 대표하는 학자라는 사람들도 미군과 남한 군경의 민간인 학살 범죄를 정당방위라고 강변한다. 그들은 정당방위에 대한 개념조차도 모른다. 스스로를 방어할 수단조차 갖추지 못한 민간인을 학살하는 것이 어떻게 정당방위란 말인가? 또한 그들은 자신들과 코드(?)를 달리하는 현 정부를 쿠데타로 전복하자고 선동한다. 폭력 혁명을 선동하는 자들이 자유의 탈을 쓰고 대학 강단에서 학생들을 가르치는 것이 오늘의 남한 현실이다.

사이비 개혁주의자들이 좌회전 점멸등을 켜고 국가를 갈지之자로 몰고 가는 사이 진정한 개혁은 실종되었다. 이런 상황에서 오랜 세월동안 은폐되어온 진실을 밝히고 왜곡된 사회 정의를 바로 세우는 것은 결코 쉬운 일이 아니다. 예를 들어, 최근 억울하게 사상범으로 몰렸던 양심적인 인사가 비인도적인 범죄를 자행한 군 지휘관을 조사한 일에 대해, 수구 언론들은 일제히 간첩이 군 장성을 죄인 취급했다며 발악하고 있다. 그러나 우리가 미군과 국군, 그리고 극우 민간단체 등이 전국 각지에서 조직적으로 자행한 잔혹한 학살 범죄 행위에 대한 진상을 조사하여 이를 역사의

1950년 4월 14일, 서울 북동 방향 10마일 지점에서 자행된 좌익 용의자 39명에 대한 집단 총살 장면. 도널드 니콜스가 직접 지휘했으며, 현장에는 주한 미 대사관 무관 및 6명의 미군 고문관이 참석했다 (미 국방성 문서 보관소 자료).

칼로 단죄하지 않고서는 이러한 야만과 광란은 언제라도 반복될 수 있다.

또한 동티모르 주민에 대한 인도네시아 군대의 민간인 학살을 막기 위해 평화 유지군을 보내기에 앞서, 이 땅에서 자행된 민간인 학살에 대한 진상부터 밝히는 것이 살아남은 우리가 해야 할 최소한의 도리이며, 불의에 침묵하며 살아온 공범 의식에서 해방되는 길이고, 동시에 재발을 막는 예방 조치가 될 것이다.

제주도 민간인 학살 사건

여자·바람·돌이 많아 '삼다도三多島'라 불린 제주도였다. 그러나 민간인 학살의 수난을 겪은 이후로 남편을 잃은 여자, 피 바람, 그리고 주검을 덮어둔 돌무더기가 많은 삼다도, 국가 권력에 의한 살인·약탈·방화의 삼다도가 되었다. 아울러 제주도는 '삼진도三盡島'라 불리기도 했다. 즉 굶

겨서 없애고 태워서 없애고 죽여서 없앤다는 뜻이다. 당시 제주도민에 대한 미군과 이승만 정권의 학살 광란이 어떠했는가를 극명하게 보여준다.

당시 제주도는 전국에서 애국심과 교육 수준이 가장 높은 지역이었다. 지리적인 인접성으로 인해 일본으로 건너가 노무자 등으로 힘겹게 생업을 꾸리면서 식민지 국민의 설움을 뼈저리게 체험한 사람들이 많았으며, 일본에서 고등 교육을 받고 돌아온 사람들도 많았기 때문이다. 아울러 제주도는 오키나와까지 미군에 점령당한 일본 군대가 대미 결전의 최후 보루로 정하고 20만 도민을 결전의 소모품으로 사용하려 했던 끔찍한 위기를 겪은 곳이기도 했다.

이러한 사정으로 인해 제주도민들은 다른 어느 지역 주민들보다 자주 독립 국가 수립에 대한 열망이 높았다. 이것이 바로 제주 민중으로 하여금 미군정과 이승만 일파의 반민족적이고 비민주적인 폭거에 저항하도록 만든 원인이었다. 미군과 이승만 정부의 선전대로 주민들이 우매하여 소련이나 남로당의 선동에 물든 것은 결코 아니었다. 대체적으로 밝혀진 민간인 학살자 수는 25,000에서 30,000명에 이르며(일부 주민들은 일본으로 탈출했다), 가옥 등 민간 시설의 약 3분의 1이 방화 등으로 파괴되었다.

"미국은 제주도 땅이 필요하지 제주도민이 필요한 것은 아니다"(미군정 장관 딘 소장). "원인에는 관심 없다. 나의 사명은 진압뿐이다"(진압군 사령관 브라운 대령). "가능한 빨리, 그리고 깨끗이 해치우는 것이 중요하다"(주한 미 군사 고문단장 로버트). 이러한 발언에서 알 수 있듯이, 제주도민 학살을 지시하고 비호한 것은 미국이었다. 그러나 그렇다고 해서 이승만 일파의 책임이 면제되는 것은 아니다. 그들은 미군의 동족 학살을 말려야 마땅하나 오히려 "제주도민들을 모조리 죽이시오"라고 했고, 군정청 경무부장 조병옥은 "대한민국을 위해서는 제주도 전역에 휘발유를 뿌리고 불을 놓아 한꺼번에 태워 없애야 한다"고 했으며, 신성모 국방장관은 "40만 제주도민이 없어도 대한민국 수립에는 아무 문제도 없다"며 민족의 염원에 반하는 단정 수립에 광분했다.

1947년 3월 1일, 제주 북초등학교에서 미군정의 학정을 규탄하고 자주 독립 국가 수립을 촉구하던 비무장 집회 군중에 대해 경찰이 발포했다. 초등학생과 젖먹이를 안은 아낙네, 그리고 장년의 농부를 포함하여 모두 6명이 숨지고 8명이 중상을 입는 사건이 발생했다.

당시 미군정 당국은 좌익의 선동에 의해 군중들이 경찰서를 습격하려 했기 때문에 발포한 것이라며 사건을 호도했다. 이에 분노한 제주도민들은 발포 경관의 처벌과 경찰 지휘부의 인책 사임, 그리고 희생자 유족들에 대한 보상을 요구하면서 시위를 벌였다. 급기야 도청을 비롯한 도내 156개 관공서와 국영 기업체 등이 참여한 민관 합동 총파업이 일어났다. 도내 전체 학교가 동맹 휴교에 들어갔고, 상점들도 자진해 문을 닫았으며, 심지어 양심적인 경찰관들마저 파업에 동참했다. 도지사 박경훈도 중앙 정부에 항의성 사표를 제출하는 등, 그야말로 세계사에서 유례를 찾기 힘든 민관 합동의 반정부 시위가 일어났다.

사태가 이 지경에 이르자, 미군정은 제주 총파업의 원인을 남로당의 선동으로 몰았고, 이승만 일당은 공산도배 운운하면서 대대적인 무력 진압에 나섰다. 이어 조병옥은 경찰과 서북 청년단을 증파하여 주민들을 무자비하게 투옥·고문·강간·학살했다. 일부 경찰과 서청단원들은 전공을 날조하기 위해 사건과 무관한 민간인들까지 공산주의자로 몰아 무자비한 테러를 가했다. 학살로 주인이 없어진 재산을 빼앗거나 현지 주민을 보호한다는 명분으로 전답과 재산을 강탈하는 횡포를 부렸다.

이러한 관제 테러가 지속된 지 1년이 지난 1948년 4월 3일 새벽, 김달삼을 중심으로 조직된 500여 명의 무장 저항단이 11개의 지서와 우익 단체 관련자들의 집을 습격함으로써 제주도민의 무장 항쟁이 시작되었다. "탄압이면 항쟁이다! 조선 사람이면 우리 강토를 짓밟는 외적들을 물리쳐야 한다! 나라와 인민을 팔아먹고 애국자를 학살하는 매국·매족노를 거꾸

러뜨려야 한다! 매국적 단선과 단정을 결사반대하고 조국의 통일, 독립, 그리고 완전한 민족 해방을 위하여! 여러분들의 자유와 행복을 위해 몸 던져 싸우는 저희들에게 협조하시고 조국과 민중이(···)"라고 주장하며 제주도민은 항거했다. 이에 미 군정청은 1,700명의 경찰관과 500명의 서북 청년단원을 증파하여 대대적인 제주도 민간인 학살 작전을 개시했다. 이들 군경과 서청의 횡포가 극심해지자 평소 반정부 시위에 가담하지 않던 일반 민중들조차 저항단에 가담하게 됨으로써 사태는 제주 전역으로 확대되었다.

그러자 미 군정청은 모슬포 주둔 국방 경비대 9연대장 김익렬 중령에게 군 병력을 동원한 무력 진압을 명령했다. 이에 김익렬은 경찰과 서청 같은 극우 세력의 횡포에서 비롯된 사건이기 때문에 "선 대화 후 진압" 방식이 필요하다고 주장했다. 그 결과 1948년 4월 28일 김익렬과 김달삼 사이에 72시간의 전투 중지와 무장 해제할 경우 책임을 묻지 않는다는 내용의 잠정적인 평화 협상이 이루어졌다. 그러나 협상 직후 우익 청년단에 의한 오라리 방화 사건이 발생하자 미군 책임자와 조병옥은 이를 무장 저항단의 테러 행위라고 선전했다. 평화적인 해결 방안을 건의하는 김익렬과 무력 진압을 주장하는 조병옥 사이의 대립이 표면화된 가운데 미군정 장관 딘 소장은 조병옥의 편을 들어 김익렬을 보직 해임했다.

김익렬의 후임으로 부임한 박진경 중령은 무자비한 민간인 학살 작전을 벌였다. 다음 달인 6월 초 현지에 내려온 딘 소장은 더 많은 민간인을 학살하라는 뜻으로 그에게 대령 계급장까지 손수 달아주었다. 오로지 출세에 눈이 멀어 부자비한 동족 학살을 자행하던 박진경은 대령 진급 며칠 후 동족 학살을 보다 못한 문상길 중위 등 부하 지휘관들에 의해 살해당했다. 이후 문상길 중위는 체포되어 총살당하기 직전 마지막으로 이렇게 말했다. "스물두 살 나이에 나 문상길은 저 세상으로 떠나갑니다. 여러분은 한국의 군대입니다. 매국노의 단독 정부 아래서 미국의 지휘 아래 한국 민족을 학살하는 군대가 되지 말아 달라는 것이 저의 마지막 염원입니다."

한편 전국 200개 선거구에서 강압적으로 치러진 5·10 선거는 미군과 이승만의 뜻대로 평균 95%라는 투표율을 기록했다. 그러나 제주도의 2개 선거구에서는 강압적 분위기에 굴하지 않고 대다수의 유권자가 투표에 불참함으로써 투표자 과반수 미달로 인한 선거 무효가 선언되었다. 이는 유엔 감시 위원단의 감독 아래 합법성을 가장하여 남한 단독 정부를 수립하려던 미국과 이승만 일파의 계획에 중대한 흠결이 되는 사건이었다. 그리하여 며칠 후 미군 당국은 제20연대장 브라운 대령을 제주 지구 총사령관으로 임명하여 제주도민 학살을 직접 지휘케 했다.

브라운 대령의 부임 이후 미군은 7척의 해군 함정까지 동원하여 제주를 포위하고는 그야말로 제주도민 섬멸 작전에 돌입했다. 이로써 일반 민중들뿐만 아니라 평소 이승만 정부의 부패와 학정에 비판적인 의식을 지녔던 제주 중학교 초대 교장과 「제주신보」 편집국장을 비롯한 양심적인 지식인들, 그리고 100여 명에 달하는 제주 출신 9연대 장병들이 재판 없이 처형되었다(제주도청 총무국장 등은 서청단원의 고문으로 사망했다). 또한 이들 토벌대는 주민 소개 명령에도 불구하고 미처 집을 떠나지 못한 병자와 노인, 어린이들, 그리고 미처 주민 소개령을 전달받지 못한 마을 주민들까지도 무차별 학살하고 그들의 가옥과 곡식을 불태웠다. 이들이 저지른 만행들 가운데 몇몇 사례들을 발췌해 보면 다음과 같다.

1948년 11월 13일 새벽 2시경, 제주도 산간 마을인 조천면 교래리에 군인들이 들어와 남녀노소를 불문하고 무차별 학살을 자행했다. 다음은 그날 집에 있다가 아홉 살 난 아들을 잃고 어린 딸과 함께 총상을 입은 양복천 할머니(98년 당시 80세)의 증언이다. "새벽에 갑자기 총소리가 요란하자 젊은이들은 황급히 피했습니다. 난 어린 아들과 딸 때문에 그냥 집에 있었어요. 설마 아녀자와 어린아이까지 죽이겠느냐는 생각을 했지요. 그런데 집에 들이닥친 군인들 태도가 심상치 않았어요. 무조건 '살려줍서! 살려줍서!' 하고 빌었어요. 그 순간 총알이 내 옆구리를 뚫었습니다. 세 살 난 딸을 업은 채 내가 쓰러지자 아홉 살 난 아들이 내게 달려들었습니다. 그러자 군인들은 아들을 향해 또 한 발을 쏘았습니다. 아들은 가슴에 총을 맞아 심장이 튀어 나왔어요. 그들은 인간이 아니었습니다. 집은 불이 활활 타고 있었습니다. 군인들이 떠나자 나는 우선 총 맞은 아들이 불에 타지 않도록 마당으로 끌어낸 후 딸을 살폈습니다. 그때까지만 해도 딸이 울지 않았기 때문에 딸까지 총에 맞았으리라곤 생각지 못했지요. 그런데 등에서 아기를 내리려는데 담요가 너덜너덜해요. 내 옆구리를 관통한 총알이 담요를 뚫고 딸의 왼쪽 무릎을 부숴 놓은 겁니다. 두 번째 생일날 불구자가 된 딸이 벌써 쉰두 살입니다."

1948년 12월 14일 밤, 표선면 토산리에 들이닥친 토벌대는 18~40세의 남자들을 연행한 후 죄의 유무도 묻지 않고 모조리 총살했으며, 젊은 부녀자들은 강간 후 살해했다. 그때 죽은 사람이 157명에 이르며, 마을 사람들은 아직도 그들이 왜 죽어야했는지 이유를 알지 못한다.

1948년 12월 22일, 토벌대는 표선면 가시리 주민들을 집결시킨 후 호적을 일일이 대조하여 가족 가운데 한 사람이라도 없을 경우 '도피자 가족'이라고 낙인찍어 76명을 집단 학살했다. 없는 가족 대신 그 부모나 형제를 대신 죽이는 것을 '대살'이라고 불렀다.

1949년 1월 17일, 해안 마을인 북촌에서는 마을 어귀 고갯길에서 무장한 사람들의 기습을 받아 2명의 군인이 사망했다는 이유로 마을 사람들이 집단 학살당했다. 오전 11시경 공비와 내통했다며 마을을 포위한 2개 소대의 무장 군인들은 300여 채의 집들을 불태웠다. 주민 1천여 명을 초등학교 운동장에 집결시킨 뒤 차례로 인근 밭으로 끌고가 총살했다. 이러한 만행은 뒤늦게 도착한 상급 지휘관의 명령으로 중단되었으나, 그 사이 북촌 주민 400여 명이 억울하게 희생되었다.

3만여 명의 민간인을 학살한 토벌대의 만행 수법은 야수적이라는 표현이 오히려 무색할 정도로 비열하고 잔혹했다. 그들은 일반 주민들을 빨갱이 가족이라고 지목하여 동네 주민들이 보는 앞에서 강제로 성행위를 시킨 후 죽이는가 하면, 빨갱이의 씨라며 아기가 엄마 뱃속에서 나오려는 순간 아랫배에 칼을 꽂는 등 인간이기를 포기한 악마의 살인 광란을 자행했다. 게다가 토벌대 가운데 일부는 무장 저항대로 위장하여 민가에 들어가 숨겨 달라고 청하고는 이를 받아준 주민을 무장대 내통 분자로 지목하여 살해했다. 6·25가 발발하자 예비 검속이라는 이름으로 평소 희생자들에게 동정심을 보인 서귀포 면장 등 20여 명을 돌에 매달아 서귀포 앞바다에 수장시키기도 했다.

토벌대의 초토화 작전으로 무장 저항대는 빠르게 약화되었고, 식량을 구하려는 무장대와 토벌대의 처벌을 피하려는 주민들 사이에 갈등이 심해지면서 무장대에 의한 주민 학살도 간간히 발생했다. 이후 무장대가 거의 궤멸되자 1949년 4월 초 이승만이 제주를 방문하고, 5월 10일에 재선거가 실시되면서 표면적인 평온이 찾아왔다. 그러나 광란의 세월 속에서 다행히 살아남은 자들은 침묵과 망각을 강요당했고, 고립무원의 섬에서 발생한 이 참혹한 학살극은 대다수의 국민들에게 전혀 알려지지 않았다.

그러다가 1989년에 이르러 「제민일보」가 4·3 민중 항쟁에 관한 기획 연재 기사를 보도하고, 제주 4·3 연구소가 발족되는 한편 제주 4·3 사건 50주년 기념 사업회와 4·3 사건 진상 규명 및 희생자 명예 회복 위원회 등이 설립되었다. 그리고 이에 관한 특별법이 공포되었으며, 2003년에는 노무현 대통령도 이러한 공권력의 횡포를 공식적으로 인정했다.

그러나 군·경을 비롯한 정부 기관의 미온적인 자세와 이 사건을 주도한 미군 당국의 기록 공개 거부 등으로 인해 4·3의 진실은 오늘날까지도 여전히 은폐되고 축소되어 있는 상황이다. 「제민일보」 4·3 사건 특별 취재팀에서 인용한 한 할머니의 증언은 이 사건을 잊고 지내온 우리 모두가 가해자이자 공범자임을 느끼게 한다. "난 어릴 적부터 한 번도 악한 마음을 가져본 적이 없습니다. 우리 가족을 죽인 사람들에게 원한을 품지도 않습니다. 죄가 있다면 학살을 명령한 이승만에게 있지요. 그런데 억울한 한은 풀어야 할 게 아닙니까. 요즘 보니까 비행기 사고가 나도 뼈라도 건지고 하다못해 그곳 흙이라도 담아오던데, 나는 남편이 묻힌 장소를 정확히 모르니 그조차 못해 봤습니다. 난 텔레비전 연속극은 재미가 없어서 안 보지만 뉴스는 꼭 봅니다. 정치가 잘돼 죽기 전에 억울한 한을 풀 수 있는 좋은 세상이 오기를 기다립니다."[209]

4·3 사건은 정부가 선전한 바와 같이 소련의 사주를 받거나 이북의 지원에 의한 것이 아니었다. 조국의 분단과 미국의 식민 지배를 막기 위한 자발적 민족 해방 투쟁이었다. 그리고 1998년 3월 브루스 커밍스가 도쿄의 한 강연회에서 말했듯이, "제주도 학살 사건에 대해 미국은 도의적인 책임뿐만 아니라 법적인 책임도 져야 한다."[210] 한반도 분단 과정에서 발생한 민간인 학살의 최종 책임은 미국에 있기 때문이다.

여순 민군 항쟁 사건

1948년 10월 중순 여수에 주둔 중이던 국군 14연대에 제주도로 이동하여 제주 민중 항쟁을 진압하라는 미군의 지시가 하달되었다. 초급 지휘관들은 이를 거부하고 봉기를 주도하여 여수, 순천 지역 민군 합동 위원회를 결성했다. 그런 다음 이들은 여수와 순천을 비롯한 전남 지역을 해방구로 선포하고, 이승만 정부의 비호를 받던 부일 매국노와 소작농을 괴롭히던 악질적인 지주들을 처단했다.

---

209) 제민일보 4·3 특별 취재반, 『제주 4·3 사건 자료집』, 전예원, 1994.
210) 강정구, "한국 전쟁과 양민 학살," 강정구홈페이지.

그러자 남한의 공산화를 우려한 미국과 이승만 정부는 이러한 민군 항쟁을 공산주의자들의 폭동으로 단정지었다. 10월 22일 계엄령을 선포하고 이튿날부터 여수, 순천 지역에 함포 사격을 가하여 무차별 살육을 자행했다. 그리고 이후 한 달 동안 지속된 육·해·공군의 합동 진압 작전과 2개월의 관련자 색출 작업 과정에서 수많은 민간인이 희생되었다. 전라남도 보건 후생부의 이재민 구호 자료에 따르면, 여수를 포함한 7개 지역에서 2,634명이 사망하고 4,325명이 행방불명되었다.

　　여순 민군 항쟁에 대한 미국의 직접적 개입은 미군 대위 하우스만의 회고록에도 상세히 기술되어 있다. "1948년 10월 여순 반란 사건이 일어났을 때, 나는 주한 미군 고문단장 특사 겸 국방 경비대 사령관 고문 자격으로 광주에 설치된 여순 반란 사건 진압 사령부에 급파되었다. (…) 다만 내가 공식적으로 휴대한 임무서에는 토벌 사령부가 효율적인 진압 작전을 수행하지 못할 경우 내가 직접 작전을 지휘할 수 있는 권한과 진압 사령부의 조직 및 작전을 위한 지원 및 감독을 전적으로 책임지도록 되어 있었던 것만 여기서 밝힌다." 이는 미군정이 끝나고 대한민국 정부가 수립된 이후에도 미군이 이 땅에서 어떤 임무를 수행했고 양민 학살에 어떻게 관여했는가를 분명하게 보여주는 증거다.

　　이후 미군의 지휘와 지원을 받는 진압군에 격퇴당하여 지리산 등지로 들어간 반란군과 이에 가담한 민중들은, 2·7 구국 투쟁 이후 형성된 야산대와 결합하여 본격적인 게릴라 활동을 전개했다. 그리고 이는 남한의 133개 시·군 가운데 무려 118개 군에서 유격 전선이 형성되는 계기가 되었다. 이 과정에서 수많은 양민이 국군과 경찰의 무자비한 살육 행위에 희생되고 집과 재산이 파괴되었다. 이 작은 전쟁의 인명 피해는 무려 10만 명이 넘는 것으로 알려졌다.

　　참고로 1948년 10월, 진압군 작전 장교로 광주에 파병된 박정희 소령은 여순 사건 진압 직후 대대적으로 실시된 군내의 좌익 세력 색출 작업에서 박헌영과 연계된 남로당 간첩으로 밝혀졌다. 이로 인해 1949년 2월 군법 회의에서 사형을 선고받았으나, 특무대장 김창룡에게 전군에 분포한 좌익 장교를 밀고한 공로(?)로 풀려났으며 문관을 거쳐 군에 복직했다.[211]

문경 양민 학살 사건

한국 전쟁이 발발하기 6개월 전인 1949년 12월 24일 오후, 국군 2개 소대가 경북 문경시 산북면 석봉리 석달 마을에 들이닥쳤다. 동네에 인기척이 없자, 군인들은 "국군이 와도 환영하지 않으니 빨갱이 마을이 확실하다"며 마을 전체에 불을 질렀다. 그런 다음 불을 피해 집밖으로 뛰쳐나온 마을 주민 100여 명을 한곳에 모아 공산주의자들에 대한 협조 여부를 추궁했다. 주민들이 필사적으로 부인하는데도 아랑곳없이 수류탄을 터뜨리고 소총과 카빈총을 난사했다. 이로써 석달 마을 주민 124명 가운데 86명이 학살되었다. 여기에 여자 41명과 초등학생 10명, 갓난아기 5명이 포함되어 있었다.

당시 산북면 사무소 서기로 학살 현장에서 구호 활동을 폈던 천규철 씨의 증언은 이승만 정부가 이 사건을 직접 조작·은폐했음을 보여준다. "나는 학살 다음날 면장의 지시를 받고 석달 부락에 들어갔는데, 처참하기 이를 데 없는 상황이었다. (…) 그 당시 공비들이 양민을 대낮에 죽이는 일은 없었다. (…) 공비가 죽였다면 약탈한 흔적이라도 있어야 하는데 전혀 없었다. 나는 군인들이 학살했다는 소문을 들었지만, 뒤에 신임 문경 경찰서장이 공비의 소행이라고 적은 보고문을 면에 보내와 그대로 호적에 올리는 수밖에 없었다."

1950년 1월 17일, 신성모 국방장관이 현장을 방문해 유족들에게 위로 연설을 했다. 그러나 그 후 이 사건은 공비의 소행으로 둔갑되고, 문경 경찰서

---

211) 홍영기 외, 『여순 사건 자료집』, 선인, 2001.

장과 지서 주임은 공비 출몰을 막지 못했다는 이유로 해임되었다. 당시 주한 미군 고문단장 윌리엄 로버트는 회고록에서 이 사건에 대해 이렇게 기록했다. "집은 모두 불태워졌다. 현지 부대를 지휘한 국군 장교와 경찰은 무장 공비들이 마을 사람들을 학살했다고 상부에 허위로 보고했다."

이 사건에 관한 미국의 비밀문서는 이미 공개되어 국내 언론에도 보도된 바 있다. 그러나 국방부는 "자료가 없어 당시 사건을 알 수 없다"며 유족들의 진상 규명 요구를 거부하고 있다. 유족회의 주장대로, 이 사건은 "아직도 공비들에 의해 주민들이 숨진 것으로 호적부 등에 기록돼 있을 만큼 진상이 철저히 은폐되고" 있다.

거창 양민 학살 사건

1951년의 한국 전쟁은 미군의 참전으로 후퇴했던 인민군이 중공군의 참전으로 다시 남하하고, 지리산을 중심으로 게릴라가 공세를 강화하는 상황이었다. 당시 거창군 신원면 일대에서 게릴라 토벌 작전 중이던 11사단 9연대 3대대(사단장 최덕신, 대대장 한동석 소령)는 1951년 2월 9~11일의 3일간 신원면 과정리 박산골에서 민간인 517명을 집단 학살했다. 아무런 증거도 없이 게릴라와 내통했다는 혐의를 씌워 719명의 무고한 양민을 무차별 학살한 것이다.

이 사건은 1951년 3월 29일 거창군 출신 국회의원에 의해 폭로되었다. 국회에서 조사단을 파견하여 정확한 진상을 파악하려 하자, 당시 경남지구 계엄 사령부 소속 김종원 대령은 국군 1개 소대를 공비로 위장시켜 진상 조사단에 사격을 가하는 등의 위협적인 분위기를 연출하여 조사를 방해했다. 그 후 5월 초 양민 학살 사건과 조사 방해 사건의 진상이 공개됨에 따라 조병옥 내무장관과 김준연 법무장관, 그리고 신성모 국방장관이 사임했다. 1951년 12월 16일 열린 대구 고등 군법 회의에서 양민 학살에 직접적인 책임이 있는 9연대장과 3대대장은 무기 징역을, 그리고 경남 지구 계엄 사령관 김종원은 3년형을 선고받았다.

그러나 이들은 석 달 후인 이듬해 3월 이승만의 특별 사면으로 모두 석방되었다. 더구나 인간 백정으로 악명을 떨친 김종원은 경찰 간부로 특채되어 이후 치안국장까지 지내면서 한때 이승만의 충복으로 위세를 떨쳤다. 사실 김종원은 거창 양민 학살 한 해 전인 1950년 4월 하순 국군 3사단 22연대장으로 경북 영덕군에 주둔하던 당시에도 사상이 불온하다는 자의적인 판단으로 주민 31명을 집단 학살했다. 또한 그 후 거제에서 백골 부대를 이끌 때에도 주민들 가운데 불순분자를 지목하여 인근 구조라 해수욕장으로 끌고 가서 총살시킨 것으로 알려졌다.

한편 4·19 혁명 직후인 1960년 5월 11일, 거창 사건의 유가족 70명은 당시 민간인 학살에 앞잡이 노릇을 하던 신원면장 박영보를 생화장하는 보복을 가했다. 이를 계기로 국회는 거창을 비롯하여 인근 함양·산청·문경·함평 등에서 벌어진 양민 학살 사건의 진상을 재조사했으나, 박정희 군사 반란에 의해 유족들마저도 감옥살이를 하게 되었다.[212]

보도 연맹 사건

국민 보도 연맹은 좌익 사상에 물든 사람들을 전향시켜 보호하고 인도한다는 취지 아래 1949년 중반에 결성된 일종의 사상 교화 단체이다. 가입 대상은 민족을 분단하고 부일 매국노를 비호하는 미국과 이승만의 반민족 행위에 불만을 가졌던 민간인들이었다. 그러나 이들 가운데 일부는 비료를 나눠준다는 감언이설에 속아 등록한 경우가 허다했고, 그리하여 1949년 말에는 가입자 수가 무려 30만 명에 달했다.

1949년 11월 28일 권순열 당시 내무부장관이 발표한 다음의 담화문에

---

212) 김영택, 『한국 전쟁과 거창 양민 학살』, 사회문화원, 2001.

서도 알 수 있듯이, 보도 연맹은 좌익 세력에 대한 회유책이었다. "공산주의 사상에 오도되어 반역도당에 가입·활동했을지라도 대한민국의 충성된 국민임을 염원하고 실천에 옮긴 자라면 우리는 그들에게 관용을 베풀어 관대하게 용서해 줄 용의가 있음을 언명해 둔다." 그러나 6·25 전쟁이 발발하자 군과 경찰은 이들을 무차별 학살했다.213)

경북 경산의 한 폐광에서는 약 3,500여 명의 무고한 민간인들이 단지 보도 연맹에 가입했다는 이유만으로 아무런 조사나 재판 없이 학살당했다. 경남 마산시 주변에서도 1,700여 명의 보도 연맹 관련자들이 마산 앞바다에 산 채로 수장되었다. 또 진양군과 밀양군에서 수백 명에 달하는 주민들이 단지 보도 연맹에 가입했다는 이유만으로 집단 총살당했다. 그 외에도 호남·충청·강원·서울·경기·제주에 이르기까지, 집단으로 수장되고 매장되고 화장된 소중한 인명들은 이루 헤아릴 수 없을 정도로 많았다. 그러나 사건이 일어난 지 반세기가 흐르는 동안 이 억울한 주검들은 강요된 침묵 속에 잊혀지고 있다.

당시 조금이라도 옳고 그름에 대한 분별력이 있는 사람이라면 미국과 이승만의 한반도 분단 정책, 매국노들의 부정부패, 그리고 살인 독재에 대해 불평과 불만을 갖는 것은 당연했다. 그리고 이는 부일 매국노 등의 척결을 내세운 이북의 정책에 대한 동정으로 자연스레 이어질 수 있었다. 앞서 살펴본 바와 같이, 단정 수립 이전에 실시된 두 차례의 여론 조사와 1950년 5월의 국회의원 선거 결과에도 이승만의 학정과 무능에 대한 민중들의 거부감이 잘 나타나 있다. 이러한 민의가 나타나자 미국 정부는 자신들이 세운 남한을 지키기 위해 더욱더 폭압적인 자세를 취했고, 이승만 일파 역시 자신들의 권좌를 지키기 위해 민중 학살을 서슴지 않았다.

이토록 민간인 학살에 주저 없이 앞장선 자들이 국군 지휘관, 경찰 간

___

213) 이로 인해 김원봉 장군의 형제를 포함하여 민족 분단을 반대하던 항일 투사의 가족들 상당수도 희생되었으며, 이는 또한 인민군 치하에서 좌익 세력의 보복을 불러온 중요한 원인이 되었다.

부 그리고 고위 관리였다. 이들은 모두 미국 정부와 이승만 정권이 없었다면 민족의 이름으로 처단되어야 할 민족 반역자들인데, 총검과 권력을 미국과 이승만이 주었기 때문에 민족이 학살당한 것이다.

형무소 수인 학살 사건

1950년 6월 25일 오후 2시 25분, '전국 요시찰인 단속 및 형무소 경비의 건'이라는 제목으로 전국 각지 경찰국에 치안국장 명의의 전화 통지문이 하달되었다. 이 통지문에 따라 당시 형무소에 수감 중이던 좌익 관련 재소자 37,335명 가운데 서울과 인천을 제외한 수원 이남 지역 재소자 20,229명이 집단 처형된 것으로 알려졌다.

타 지역에서 이송된 좌익 용의자를 수용하고 있던 대전 형무소의 경우 좌익으로 분류된 약 7천 명의 재소자들이 인근 산내면 야산에서 집단 학살당했다. 당시 미 첩보 기관에서 기밀 업무를 취급했던 재미 교포 김용식 씨의 증언에 따르면, 이는 미 군사 고문단 간부의 지휘 아래 이루어진 것이었다. 또한 수원 지역에서도 미군 방첩대 간부 도널드 니콜스의 지휘 아래 1,800여 명의 재소자가 학살되고, 이들의 시신은 미군 불도저에 의해 큰 구덩이로 옮겨진 후 매장되었다. 그러나 보다 상세한 집단 학살 내막은 정부의 공정한 진상 조사가 이루어져만 소상히 밝혀질 수 있을 것이다.

당시 국가 보안법 위반 혐의로 법정에 선 손병선의 모두 진술은 이승만 정권이 과연 어떤 사람들을 좌익으로 규정했는가를 알려준다. "저의 아버지는 8·15 해방 이후 조국의 진정한 자주 독립과 통일을 위해 활동하다가 두 차례에 걸쳐 옥살이를 했으며, 출옥 후에는 고향인 충북 영동에서 부산의 산비탈 마을로 이주했습니다. 제가 23살 되던 해에 동대신동의 저희 마을 옆 초량 공동묘지로 매일 오전 10시와 오후 4시 부산 형무소에서 처형된 사상범들의 시신을 미제 GMC 트럭에 한 차 가득 싣고 와서 가마니

로 덮어놓은 것을 보면서, 어린 나이에도 이 모든 비극이 해방 이후 조국
이 분단된 까닭이라는 것을 절감했습니다."

금정굴 학살 사건

금정굴 학살 사건은 9·28 수복 직후부터 약 한 달에 걸쳐 경기도 고양
시(당시 고양군) 일대에서 경찰과 치안대를 비롯한 우익 관변 단체들이 부
녀자와 어린이를 포함하여 약 500~1,000명의 민간인을 학살한 사건이다.
희생자 유족의 증언과 관련 단체들의 조사 결과에 따르면, 6·25 직후 인민
군 치하에 있던 석 달 동안 좌익으로 활동하거나 인민군에 부역했다는 것
이 학살의 이유였다.

그러나 인민군 치하에서 적극적으로 좌익 활동을 했던 사람들은 후퇴하
는 인민군을 따라 이미 월북한 상태였고, 9·28 수복 후 그곳에 남아 있던
사람들은 거의 전부가 강요에 의해 부역한 양민들이었다. 게다가 학살자들
은 살생부에 오른 사람들뿐만 아니라 이들을 측은히 여겨 도와준 사람들
까지도 학살하고, 당사자가 없을 때에는 그 친척을 살해했다. 그리고 빨갱
이의 씨를 말리겠다며 어린아이들까지도 무참히 학살했다.

당시 학살당한 시신이 일제 때 금광으로 사용하다 폐쇄된 금정굴에 암
매장되었다는 유족들의 주장은, 1995년 9월에 처음 시작된 유골 발굴 작
업을 통해 사실로 밝혀졌다. 수직갱 15~17미터 지점에서 발굴된 유골 가
운데 형체가 그대로인 두개골만 70구에 이르며, 긴 뼈 780여 점을 포함하
여 수많은 유골 조각 등이 발견되었다. 또한 비녀를 꽂은 머리와 어린 소
녀의 것으로 보이는 댕기머리 묶음, 100여 개의 신발, 피살자의 손을 묶는
데 사용한 나일론 끈 등도 발견되었다. 그간 유족들이 주장한 경찰과 우
익 관변 단체의 학살 광란이 사실로 드러났다. 이는 시신이 매장된 지역
의 2미터 깊이에서 발굴된 것에 불과하며, 최근 재개된 본격적인 조사가

금정굴에서
발굴된 유골

끝나면 더 많은 유골을 발견할 수 있다는 것이 유족들의 주장이다.

함평 양민 학살 사건

전라남도 함평군 나산·해보·월야 지역과 장성군 삼서면, 그리고 나주시 세지면 등지에서 1950년 11월, 국군 11사단 20연대 2대대 5중대(대대장 박기병 소령, 중대장 권준옥 대위)가 학살한 민간인 수는 1천여 명을 훨씬 웃도는 것으로 알려졌다. 이 사건을 처음 폭로한 「한국일보」 1960년 5월 20일자와 21일자 보도에 의하면, 영광군과 함평군 경계 지점인 불갑산의 공비 토벌을 위해 주둔 중이던 5중대는 빨치산을 색출한다는 명분으로 나산·해보·월야면 일대의 무고한 양민 1천여 명을 학살하고 부녀자들을 강간했으며, 그들의 가옥을 불태웠다. 또한 이들은 민가를 샅샅이 뒤져 현금 6,810만 환과 백미 1,790석, 잡곡 105석, 말 4두, 돼지 144두, 닭 수천 마리를 강제 징발했다. 유족들과 마을 우익 단체의 주장에 따르면, 당시 공비 관련자들이 이미 산속으로 들어갔기 때문에 마을 주민들 가운데 공비 관련자는 한 사람도 없었다고 한다.

아울러 국군 5중대는 나주시 세지면 오봉리에서도 524명의 민간인을 집단 학살했다. 그들은 마을 입구에서부터 민간인 3명을 아무런 이유 없이 사살했다. 또한 집집마다 찾아다니면서 마을 사람들을 동창교 밑으로 불러 모은 후 이들 가운데 노약자와 어린이, 그리고 군·경 가족을 제외한 나머지 사람들을 만봉천 다리 위쪽의 밭으로 끌고 가서 기관총으로 불과 5분 만에 96명을 학살했다(학살을 끝낸 뒤에는 동네 노인들을 불러내 시체를 한 곳으로 모으게 하고서 확인 사살까지 했다). 그들은 당시 초등학교 교사였던 박영만 씨의 부인 노점숙 씨가 업고 있던 8개월 된 아기까지도 운다는 이유로 사살했을 뿐만 아니라, 인근 논밭에서 일하던 주민 40여 명도 학살했다. 이러한 만행은 공비 토벌이라는 전공으로 날조되고 농민들에게서 빼앗은 쇠스랑 등의 농기구는 공비로부터 노획한 증거물로 보고되었다. 11사단에서 20사단 61연대 2대대 본부중대로 전입한 김종만이 이 지역 출신인 김순모에게 자랑함으로써 그 실상이 알려지게 되었다.

이밖에 지리산 자락의 산청군 외공 마을에서도 집단 학살된 유골 200여 구가 무더기로 발굴되었다. 당시 상황을 목격한 주민들과 유족들의 증언에 따르면, 사람들을 가득 실은 버스가 마을로 들어온 뒤 군인들이 이들을 삼엄하게 포위한 채 마을 뒷산으로 끌고가 무차별 학살했다. 희생자들 가운데는 어린아이와 노인들도 상당수 포함되어 있었다.

이러한 야만과 광란의 민간인 살육 사건은 단지 우발적이거나 지역적인 것이 아니었다. 군인과 경찰, 그리고 우익 단체에 의해 조직적이고 계획적으로 전국에 걸쳐 자행되었다. 그러나 이들의 손에 무참히 학살된 민간인 대다수는 좌익과 우익을 구분할 줄도 모르는 선량한 농민들이었다. 조병옥 내무장관과 김준연 법무장관 역시 1951년 3월 29일, 거창 사건 진상 조사를 위해 열린 국회에서 이를 시인한 바 있다. 좌익 활동을 했던 사람들도 대부분 민족을 분단하고 폭정과 부패로 일관한 이승만에게 불만을 품은 것이지, 마르크스·레닌 사상에 심취하여 스탈린이나 마오쩌둥의 투쟁 방식을 흉내낸 것은 아니었다.

노근리 학살 사건

1950년 7월 25일부터 3일 동안, 미군은 피난길에 나서던 충북 영동군 황간면 노근리 주민들을 기찻길 아래 굴다리로 불러 모은 다음, 이들에게 무차별 총격을 가하여 300여 명을 학살했다. 이 사건은 4·19 혁명 직후 유족들이 미국 정부에 진상 규명을 요청함으로써 잠시 수면 위로 떠올랐으나 케네디 정부에 의해 묵살되었다. 이후 박정희·전두환 등으로 이어지는 군사 독재 정권의 강요 아래 물밑으로 가라앉았다. 그러다가 군사 독재가 끝난 후 피해자 유족이 책자를 펴냄으로써 세상에 알려졌다. 이어 1999년 9월 말 AP통신이 비밀 해제된 당시의 군 작전 명령서와 주민 학살에 가담한 장병들의 증언을 토대로 사건의 실상을 보도함으로써 세계인의 관심을 끌게 되었다.

우선 사건 경위를 시간 순으로 간략히 살펴보겠다.

1950. 7. 24. 10시, 미 제1기갑 사단은 "피난민이 방어선을 넘지 못하도록 하라. 방어선을 넘는 자는 그가 누구든지 발포하라. 여자와 어린이의 경우 분별력 있게 대처하라"는 내용의 명령을 하달했다.

1950. 7. 26. 01시 35분, 대대장이 연대장에게 "우리 대대 근처에 있던 주민들 50여 명이 후방으로 갔다. 일부는 소달구지를 끌고 갔다. 그들은 비무장 상태다. 그들을 어떻게 해야 할지 즉시 답변해 달라"고 통보했다.

1950. 7. 26. 02시 00분, 연대장은 대대장에게 "소달구지와 함께 가고 있는 주민들을 포위하라. 반복한다, 그들을 포위하라"고 지시했다. 또한 당일 미 보병 25사단장 윌리엄 킨 소장은 "전투 지역에서 움직이는 모든

민간인은 적으로 간주하여 발포하라"고 지시했다.

1950. 7. 27, 윌리엄 킨 소장은 "남한 양민들은 한국 경찰에 의해 전투 지역에서 소개되었으므로 전투 지역에서 눈에 띄는 모든 민간인은 적으로 간주될 것"이라고 재차 명령했다.

다음으로, 학살 참여 병사들의 증언을 간추려 보면 이렇다.

기관총 사수였던 노먼 팅클러는 "우리는 그들을 전멸시켰다"고 말했다. 또 중위로 참여했던 로버트 캐롤 예비역 대령은 이렇게 말했다. "상부로부터 민간인이나 군인 그 누구도 전선을 넘어오지 못하도록 하라는 명령을 받았다. (…) 7연대 소총수들이 인근 진지에서 피난민을 향해 발포했다. (…) 첫날에는 인민군이 없었으며, 대부분 여성과 어린이, 노인들이었다." 아울러 당시 현장에 있었던 병사들은 "중화기 중대장이던 멜번 챈들러 대위가 상급자와 연락을 취한 뒤 굴다리 입구에 기관총을 설치하고 발포할 것을 지시했다"고 증언했다. 유진 헤슬먼은 챈들러 대위가 모두 없애버리도록 지시했다고 말했다.

에드워드 데일리는 19세의 나이에 제1기갑 사단 7연대 소속의 중사로 노근리 학살 현장에서 피난민들을 향해 기관총을 쏘았다. "피난민 속에 게릴라가 있다는 풍문도 있었고 (…) 피난민은 적으로 간주하라"는 명령이 있어 대다수가 여자와 어린이였지만 무차별 총격을 가했다고 말했다. "지금도 바람 부는 여름날 밤이면 당시 노근리 굴다리 안에서 공포에 휩싸여 지르는 어린아이들의 비명소리가 귓전에 들리는 듯해서 잠을 이룰 수 없다"고 고백했다.

민간인에 대한 사격이 단지 우발적인 것이 아니라 계획적이었다는 사실은 당시 미 제5전투 비행단의 터너 로저스 대령의 메모에서 확인된다. "육군이 미군 진지로 접근하는 모든 피난민들에게 기총 사격을 가하라고 요청했으며, 공군은 그러한 요청에 응했다." 이 사건을 심층 취재한 AP통

총탄 흔적이 그대로 남아 있는 비극의 현장, 노근리 굴다리

신은 특히 피난민을 적으로 간주하라는 무차별 사격 명령이 일개 연대나 사단에서 하달된 것이 아니라, 전쟁을 총괄한 맥아더 사령관의 포괄적인 작전 지시였음에 틀림없다고 주장했다.

우리는 구사일생으로 살아남은 몇몇 생존자들의 증언을 통해서, 생지옥 같았던 아비규환의 현장을 이해할 수 있다.

정구호, 당시 12세, 영동군 황간면 주곡리 거주.

7월 25일 미군들이 마을에 와서 피난시켜 주겠다며 따라오라고 해 500여 명이 경부선 철로변 국도를 따라 걸어갔다. 하룻밤을 노숙한 다음날인 26일, 노근리 입구에서 미군들이 철로 위로 올라가라고 해서 모두 올라갔으며, 미군들은 외곽에서 경계를 섰고 미군 정찰기가 선회하고 있었다. 그 후 미군들이 없어지고 갑자기 미군 정찰기가 주민들에게 폭탄을 떨어뜨리고 기관총을 쏘아댔다. 이때 100명 이상이 철로 위에서 숨졌다. 살아남은 주민들은 철로 아래 수로로 숨기도 하고 사방으로 흩어져 몸을 숨겼다. 그리고 미군이 다시 나타나 노근리 마을 입구 굴다리로 모이라고 해서 살아남은 사람들 300여 명이 굴다리 안에 모였다. 당시 젊은이들은 거의 도망가고, 모인 사람들은 대부분 부녀자와 노인, 어린이들이었으며 어린아이들도 상당수였다. 그러나 미군은 굴다리 양쪽 입구에 기관총을 설치하고 굴속을 향해 사격을 가했다. 죽은 사람의 몸으로 굴 입구를 막고 이때부터 29일까지 나흘간 개울에 흐르는 핏물을 떠 마시며 나흘을 버텼다. 굴다리 밑 개울물을 먹으러 내려가다가 총에 맞아 죽기도 했으며, 29일까지 굴다리에서 살아남은 사람은 10여 명에 불과했고 나머지 300여 명은 모두 죽었다. 죽은 어미의 젖을 빨던 갓난아이도 죽었다. 당시 어머니가 나를 안쪽으로 앉히고 바로 앞에 앉아 계셨는데 온몸에 다섯 군데나 총상을 입고 돌아가셨다.

양해수, 당시 13세, 영동읍 해동리 거주.
7월 26일 노근리 철로 위에서 미군 비행기의 폭격과 사격으로 아버지, 할머니, 오빠, 고모부가 죽었다. 미군이 굴다리 밑으로 피신하면 살 수 있다고 하여 부상당한 어머니와 여동생(당시 3세), 고종 사촌과 함께 굴다리로 피신했다. 그러나 미군은 굴다리 앞에 기관총을 설치해놓고 나흘 동안 사람들을 향해 총을 쏘았다. 며칠 동안 아무것도 먹지 못한 상태에서 물을 먹으러 개울로 내려가면 미군이 총을 쏘아댔고 죽은 사람의 시체로 개울물은 붉은 피로 물들었다.

정진명, 당시 21세, 대전 대사동 거주.
7월 26일 철로 위에서 미군 비행기 폭격에 의해 어머니(양계순)와 형수가 현장에서 사망했다. 또한 숙부(정찬석)와 숙모, 사촌인 정진주, 정순오, 정순덕 등 일가족이 사망했다. 폭격에 살아남은 사람들이 철로 아래 수로에 숨어 있을 때 미군들이 나오라고 하면서 사격을 했다. 이때 우측 대퇴부에 관통상을 입었으며 지금까지 장애가 남아 있다.

전춘자, 당시 8세, 부산시 광안동 거주.
7월 26일 미군을 따라 피난 가던 중에 철로 위로 올라가라고 하여 올라갔으나, 잠시 후 미군 비행기의 폭격이 있었고 어머니는 머리에 총을 맞고 즉사했다. 그리고 할아버지, 작은아버지, 작은어머니도 현장에서 사망했다. 나는 다른 사람의 손에 이끌려 굴다리로 들어갔다. 굴속에 있을 때 폭탄이 터져 한쪽 안구가 튀어나왔는데 엉겁결에 겁이 나서 확 잡아 떼어냈다. 이로 인해 한쪽 눈이 실명되었다.

국내외의 비난 여론을 의식한 미국 정부는 2001년 1월 11일, 클린턴 대통령의 공식 성명을 통해 '유감'이라는 말로 사건 발생 사실을 시인했다. 그러나 미국은 고의적인 학살 부분과 희생자 수에 대해서는 구체적인 자료를 확인할 수 없다며 여전히 축소와 은폐로 일관했다. 그리고 그들은 미군의 개입 덕분에 남한이 발전과 번영을 누리게 되었으니 대충 덮고 넘어가자는 취지로, 기념비 건립과 희생자 유족들을 위해 175만 달러의 장학 기금을 출연하겠다고 제안했다.

눈에 넣어도 아프지 않을 어린 자식들이 피범벅이 된 채 숨을 헐떡이며 죽어가는 모습을 그들의 부모가 엎드려 지켜볼 수밖에 없었던 그 참혹한 생지옥의 현장에는 지금도 총격 흔적이 그대로 남아 있건만, 미국의 성명 내용은 여전히 오만했다. 한편 피해자가 그렇게도 절규할 때는 본체만체하던 한국 정부도 가해자인 미국이 입을 열자 그제야 마지못해 의례적인 공동 성명을 발표하고, 최근에는 피해자의 명예 회복 등에 관한 정부 차원의 후속 조치를 마련하고 있다.[214]

묻혀 버린 학살 사건들

1950년 7월 11일, 미군 폭격기가 이리역을 폭격하여 당시 역사에 있던 역무원과 승객 총 300여 명이 희생되고 상당 부분의 철도 시설이 파괴되는 사건이 발생했다. 이에 대해 미군 측에서는 노근리 사건과 마찬가지로

---

214) *AP*, 1999. 9. 29~10. 2, 10. 13, 12. 2.
    Independent, 2003. 4. 20.
    New York Times, 1999. 9. 30, 2000. 5. 13.
    Washington Post, 1999. 9. 30.

오인 사고라고 주장하고 있으나, 그렇게 믿기에는 석연찮은 점들이 많다. 지상으로부터 아무런 적대 행위가 없는 상황에서 상부의 지시나 인근에 주둔한 지상군과의 교신도 없이 지상 목표물에 폭격을 감행한다는 것은 납득할 수 없는 일이다.[215] 특히 폭격 당시 이 지역이 적군의 점령 상태였던 것도 아닌데 공공시설과 피난민들을 향해 무자비한 폭격을 가했다는 것은 미군의 의도적인 행위였다고밖에 달리 설명할 방법이 없다.

1950년 8월 3일, 부산 연안 부두를 출발하여 여수시 남면에 정박해 있던 피난민 선박이 폭격을 받아 민간인 150여 명이 희생되었다. 경북 포항에서도 피난선을 기다리던 3백여 명의 민간인이 미군의 함포 사격으로 희생되었다.

1950년 8월 3일, 미군 제1기갑 사단은 인근 지역에 인민군이 집결해 있다는 보고를 받고, 피난길에 오른 수백 명이 다리를 건너는 상황에서 왜관교를 폭파했다. 또 왜관교에서 40킬로미터 하류에 위치한 독성교도 같은 날 폭파되었다. 폭파 작전을 수행한 제14 전투 공병대 소속 캐럴 킨즈먼은 상부의 명령에 따라 다리를 폭파했으며, 이로 인해 다리를 건너던 수백 명의 피난민이 숨졌다고 증언했다.

1951년 1월 20일, 충북 단양군 영춘면 곡계골에서는 4백여 명이 학살된 것으로 알려졌다. 당시 폭격 장면을 직접 목격한 김옥이 씨의 증언에 따르면, "폭격이 있기 하루 전에 피난민들이 굴에서 나오는데 족히 3~4백 명은 되었다. 그런데 그 다음날 또 폭격이 있을 것이라는 소문이 나서 다시 굴로 들어갔다. 그 직후 미군 정찰기가 왔다가더니, 30분쯤 지나 또 다른 비행기가 와서 동굴을 향해 소이탄을 발사하여 민간인 300여 명이 질식해 숨졌다. 동굴을 빠져 나온 사람들도 기총소사를 받았다." 이는 AP통신의 심층 취재를 통해서도 확인된 사실이다.

1951년 1월 중순, 피난민으로 가장한 인민군의 잠입을 저지한다는 미

215) *NBC News*, 1999. 12. 28.

명 아래, 용인 지역을 통과하던 피난민에게 폭격을 가하여 최소한 2백 명 이상이 사망한 사건도 있었다. 전직 AP 통신 종군기자 짐 베커는 같은 해 1월 26일 미군을 따라 북진하다가 용인 부근 도로에서 여자와 어린이를 포함한 민간인 시체 200여 구를 보았다고 말했다. "피난민 중에 무기를 소지한 사람은 없었으며 현장을 목격한 미 공군 대변인실 직원도 피난민 속에 잠입자가 있다는 증거를 찾지 못했다." 미 공군 조종사들은 작전 수행 이후의 보고서에서 "올바른 공격 목표인지 가끔 의심이 갔다"면서 "공중 정찰 비행기의 지시에 따라 기총 소사를 가했으나 그들은 피난민 같았다"고 말했다. 미 공군 제9 전투 비행단과 제35 전투 비행단의 작전 결과 보고서에는, 미군 조종사들이 가옥과 학교, 마을 등지에도 기관총과 폭탄 공격을 가한 것으로 나타나 있다.

경남 창녕군 창녕읍 초막골과 사천군 곤명면에서도 미군의 폭격으로 수많은 사람들이 희생되었다고 한다. 초막골로 피난갔던 양 모씨(79세, 창녕군 유어면 광산리)를 비롯한 마을 주민들의 주장에 따르면, "1950년 8월 초 어느 새벽, 마을 뒷산 비들재 고개에서 인민군 2명이 따발총을 들고 내려오자, 미군이 1시간 여 동안 마을을 향해 총을 쏘아대어 피난민 100여 명이 숨지고 집 40여 채가 불탔다." 또 다른 양 모씨(42세, 부산시 서구 대신동)도 "지난 1982년에 작고한 부친에게서 피난 시절 미군에게 무차별 총격을 받아 많은 양민들이 숨졌다는 이야기를 들었다"고 증언했다. 인근 유어면 진창 마을 14가구의 제삿날이 모두 음력 7월 11일인 것으로 미루어볼 때, 외지로 나간 유가족들을 합치면 그때 100여 명의 주민들이 희생된 것으로 추정된다고 말했다.

또한 주민들은 1950년 7월 29일 새벽 서포-단성 국도에서도 미군 폭격기에 의해 주민 54명이 숨지고 47명이 크게 다쳤다고 말했다. 이밖에 경남 마산시 진전면 곡안리 성주 이씨 집성촌의 황점순(74세)도 1950년 8월 11일 오전부터 주민 100여 명이 모여 있던 재실을 향해 미군들이 집중 총격을 가하여 83명이 억울하게 학살당했다고 주장했다. 인민군이 쳐들어온다며 경찰과 미군에 의해 주민 소개령이 내려졌으나 어디로 어떻게 피난해야 할지 모르고 우왕좌왕하고 있을 때, 인민군 정찰대로 보이는 2~3명이 재실 옆 대밭에서 미군 진지를 향해 총을 쏘아 미군 1~2명이 죽자 이에 미군이 피난민을 향해 집중 사격을 가해 주민들을 몰살했다는 것이다.

이러한 학살 사건은 지금까지 알려진 것 외에 남한 지역에서만도 60여 건에 달한다는 것이 미국 측 민간 법정의 발표다.[216]

216) *AP*, 1999. 9. 29~10. 2, 10. 13, 12. 2.

5. 미군의 이북 주민 학살 사건

이북 지역에서 자행된 미군의 학살 범죄에 대해서는 현지 주민의 증언을 비롯한 다양한 자료들을 접할 수 없다는 현실적인 한계로 인해 상세히 파악할 수 없다. 그러나 6·25 직후 40여 일의 강점 기간 동안 미군의 직접적인 적대 행위와 우익 청년단에 의해 희생된 민간인은 무려 172,000여 명에 달한다고 한다. 이는 이북 주민의 직접적인 전투 행위나 적극적인 적대 행위, 또는 미군 후퇴 이후의 폭격 등으로 살상된 인명을 제외하고 오로지 40여 일의 점령 기간에 학살된 인명만을 포함한 수치라는 점에서 더욱 충격적이다. 여기서는 언론 보도 내용들과 북한의『조선 전사』를 인용한 학술 논문 등을 참조하여 몇 가지 주요 사례를 소개한다.

양민 학살

1950년 10월 중순부터 12월 초까지 약 40~50일 동안 해리슨이 지역 사령관으로 있던 황해도 신천군에서는, 현지 주민의 4분의 1에 해당하는 35,000여 명의 비무장 민간인들이 미군과 우익 청년단에 의해 학살되었다. 이유는 그들의 가족이 인민군이나 공산당원이라는 것이었다.

학살 방법 또한 인간이 저질렀다고는 믿기 힘들 만큼 잔인하고 포악했다. 그들은 물을 달라는 어린아이에게 휘발유를 마시게 한 후 머리 위에 볏짚을 씌우고 불을 질러 생화장하고, 산 사람의 사지를 소달구지로 찢어 죽이고, 집단으로 생매장하거나 통풍이 되지 않는 건물에 감금하여 질식시켜 죽였다. 또 휘발유와 장작불로 태워 죽이고, 눈알을 빼고 귀와 코를 도려낸 후 산 채로 톱이나 칼로 사지를 잘라 죽이고, 피부를 벗겨 불에 달군 쇠로 고통을 가하여 죽이고, 산 사람을 탱크로 깔아 죽이고, 임신부

한국 전쟁 당시 미군의 이북 주민 학살을 배경으로 한 피카소의 작품 <한국 전쟁 학살>

의 배를 갈라 죽이기도 했다.

그리고 "살아 움직이는 것들을 모두 잿더미 속에 파묻어라"는 해리슨의 무자비한 학살 명령에 따라, 900여 명을 방공호에 몰아넣은 뒤 공기구멍에 휘발유를 뿌린 후 불태워 학살하고, 수많은 부녀자들을 온천 휴양소에 붙잡아놓고 농락한 뒤 연못에 몰아넣고 수류탄을 던져 학살하고, 1,200여 명의 주민을 얼음 창고에 감금한 후 휘발유를 뿌린 뒤 수류탄을 터뜨려 학살했다.

미군의 점령 기간 50여 일 동안 이북 전역에서 자행된 미군의 잔악무도한 학살로 인한 사망자는 약 15만 명을 상회한다. 그 가운데 황해도 신천과 안악, 그리고 강원도 양양의 피해가 가장 컸다. 신천군의 경우, 총 인구의 4분의 1인 35,383명이 학살당했는데, 어린아이와 노인, 부녀자만도 무려 16,234명이나 된다고 한다.

이 밖에 전쟁 동안 평양을 포함한 이북 전역에 가해진 미군 폭격기와 함대의 무차별 폭격으로 인한 민간인 사상자는 수십만 명에 달하는 것으로 알려졌다.[217) 아울러 민간 시설물 등의 피해도 엄청나서, 5천여 개의 학교와 1,168개의 병원 및 휴양소, 260여 개의 극장, 675개의 과학 연구 기관 및 도서관, 수많은 민간 주택, 6개의 박물관이 파괴되고, 문화 유물 6,709점과 수십만 톤의 양곡, 60% 이상의 가축, 안악·용강 등지의 국보급 고분 등이 약탈당했다.

세균 무기 살포와 생체 실험

6·25 전쟁에서 미군이 한반도와 한·중 국경 지역에 세균 무기를 사용했다는 사실은, 캐나다의 스티븐 에디콧과 에드먼드 행그만 박사가 미 국방성으로부터 확인받은 공문서에 근거하여 『미국과 생물 무기』라는 책을 펴냄으로써 세상에 알려지게 되었다. 이 책에 따르면 미군은 페스트균과 탄저균, 천연두, 뇌염, 파라티푸스 등의 병원균을(파리·모기·거미·진드기·벼룩·깃털 등을 담은 용기를 통해) 강원도 철원을 비롯한 한반도 중·북부 지역과 황해도 연안 주변, 평안도 일대와 함경도 원산 주변, 그리고 중국 동·북부 등지에 광범위하게 살포했다.

당시 인민군과 중공군 의무 부대의 조사에 따르면, 1951년 1월 24일부터 2월 14일까지 전장의 기온이 영하 21도~영상 5도를 오르내렸음에도 불구하고 미군 폭격기가 지나간 자리에는 곤충들이 퍼지고 있었으며, 이 가운데 벼룩에서는 페스트 양성 반응이 나왔다. 이러한 사실은 당시 중공군의 포로가 된 미 2사단 38연대 소속 제임스 챔버스 상병(군번123621232)과 국군 2사단 소속 병사가 페스트 예방 주사를 맞았다는 점으로도 뒷받침된다.

미군의 세균 무기 살포로 인한 피해 규모는 정확히 확인되지 않고 있으

---

217) 「디지털 말」, 2001. 7.
　　「한겨레신문」, 1999. 2. 12, 2001. 6. 25, 2002. 1. 19.
　　「세계일보」, 2001. 10. 4.
　　강정구, "한국 전쟁과 양민 학살."

나, 평안도 안주에서만 같은 해 2월 25일부터 3월 11일까지 50명이 페스트에 감염되어 36명이 사망했으며, 그 밖에 호흡기 탄저병이나 뇌염, 그리고 당시로서는 병원균을 판별할 수 없는 각종 급성 전염병에 걸려 불과 2~36시간 이내에 사망하는 사례도 상당한 것으로 보고되었다.[218]

특히 1951년 9~10월에는 게릴라 소탕을 명분으로 광주의 무등산 부근에도 생화학 무기가 살포된 것으로 알려졌다. 미군 비행기에서 살포한 생화학 무기에 감염된 민간인 수백 명이 고열과 함께 피부가 검게 변한 채 사망했다는 것이 현장을 조사한 미국의 시사평론가 브리안William Brian의 주장이다.

1996년에 비밀 해제된 미 국방성 문건에 따르면, 1950년도에 530만 달러에 불과했던 생물전 연구 개발 예산은 1951~1953년에 3억 4천 600만 달러로 폭증했다. 그리고 세균 무기의 연구 개발은 일본인 107명을 포함하여 총 309명의 구성된 미 극동군 산하 406부대와 8023극동 의학 실험부대가 담당했다. 이들 일본인 가운데는 일본의 만주 강점기에 악명을 떨쳤던 731부대원들도 포함되어 있었다.

일본군 731부대는 생화학 무기의 개발을 위해 생체 실험을 자행했던 악명 높은 군부대로, 이들의 생체 실험으로 희생된 사람들은 대부분 항일 투쟁을 하다 붙잡혀 온 조선인과 중국인들이었다. 젊은 나이에 요절한 애국 시인 윤동주도 이들이 자행한 생체 실험에 의해 목숨을 잃은 것으로 알려졌다. 731부대는 단지 실험실 안에서만 극악무도한 범죄 행위를 저지른 것이 아니라, 1941년에는 호북성과 호남성, 산동성 등지에 페스트균을 살포하여 15만 명에 달하는 무고한 민간인을 학살하기도 했다.

이렇듯 잔악한 범죄 행위를 주도한 책임자는 당연히 극형에 처해져야 함에도 불구하고, 2차 대전 승전국인 미국은 이들에게서 세균 무기 관련 자료를 건네받는 조건으로 731부대 사령관 이시이 시로 중장을 비롯한 관

---

218) 스티븐 에디콧·에드워드 행그먼, 안치용·박성휴 옮김, 『한국 전쟁과 미국의 세균전』, 중심, 2003.

런자들을 기소조차 하지 않았다. 그리고 이들에게서 넘겨받은 자료를 토대로 세균 무기를 만들어 한반도 북부와 북·중 국경 지대에 살포했던 것이다.

이에 대해 미국 정부는 "한반도 전쟁 기간 동안 단지 실험용 목적으로 생물 무기를 사용했다"고 말했으나, 사실 단지 실험에만 그친 것은 아니었다. 1950년 10월 미 합참은 다음해 말까지 세균전을 실행할 수 있도록 준비하라고 지시했으며, 이듬해 10월에는 세균전을 시험 단계에서 작전 단계로 확대했다. 또한 군산과 대구를 비롯하여 오키나와 등의 일본 지역에도 생화학 무기 발진 기지가 설치되었다. 포로로 잡힌 인민군과 중국군을 상대로 한 미군의 생화학 무기 생체 실험이 원산 앞바다와 거제 앞바다의 미 함정 및 오키나와 미군기지 등에서 행해진 것으로 알려져 있다.

1992년 12월, 과거 거제 제6 포로수용소가 있던 용산 마을 부근 농지에서 큰 병 속에 담겨 비옷에 쌓여 있는 문서들이 발견되었다. 이 가운데 '불란서 파리 세계 평화 옹호 대회 귀중'이라는 제목의 편지(속옷을 찢어 만든 가로 80cm, 세로 120cm 크기의 광목)에는 "미군이 인민군 포로들을 일렬로 세워 놓고 총기 성능 시험을 하고 있다. 세균 무기 실험 등의 생체 실험을 하고 있다"라는 내용과 더불어, 끝 부분에 "세계 평화를 위해 애쓰는 여러분들의 노고에 경의를 표한다. 피의 섬 거제도에서 제6 수용소 전체 인민군 전쟁 포로 일동"이라고 쓰여 있었다.[219]

또한 이 편지는 "학살 독가스와 세균 무기 실험 중지, 폭행·모욕·고문에 의한 심문과 혈서의 강요 중지 등, 국제법에 의한 전쟁 포로의 인권과 생명을 보장할 것"(이는 1952년 5월 거제도 포로수용소 포로들이 도드 소장을 감금한 상태에서 요구한 4개 조항 가운데 제1조항이다)을 요구하고 있어, 당시 거제도 포로 수용소에서 자행된 미군의 범죄 행위가 어떠했는가를 단적으로 말해준다.

---

219) 「한겨레신문」, 1999. 2. 12, 2001. 6. 25, 2002. 1. 19.

6. 인민군에 의한 남한 주민의 피해

6·25 전쟁에서 인민군이 남한 지역을 점령했을 때도 민간인 학살 사건들이 발생했다. 그 대표적인 사건은 1950년 9월, 인천 상륙 작전으로 퇴각하던 인민군이 좌익 민간인 학살 등에 관련되어 대전 감옥에 수감 중이던 1,300여 명의 수인들을 총살시킨 것이다.

희생자 가운데는 민간인 학살에 가담한 극우 분자들이나 부일 매국노처럼 민중을 괴롭혀온 자들도 상당수 포함되었다. 과거 소작농이나 머슴살이 등을 하던 빈민들이 한때 그들의 지주였거나 부유한 생활을 하던 자들에 대한 개인적인 분풀이로서 이들을 악질 지주로 몰아 살해한 경우도 허다했다.

그러나 이들의 학살 규모는 미군과 국군, 그리고 우익 단체가 저지른 각종 민간인 학살 사건에 비해 상대적으로 미미한 수준(중공군이 남한 양민들을 집단 학살했다는 사례는 공식적으로 제기된 일조차 없다)이었다. 아울러 병원·학교·가옥 등의 민간인 시설과 농작물 파괴 행위도 전혀 비교가 되지 않을 정도로 미미했다. 이는 인민군 지휘부가 민족의 자주 독립을 위해 항일 투쟁을 벌였던 독립군 출신이 다수였던 반면에 국군 지휘부는 민족애라고는 눈 씻고 찾아볼 수 없는 일제의 앞잡이들이 주류를 이루었다는 점에서 그 원인을 찾을 수 있다.

또한 종주국 앞에서는 개처럼 기고, 자기 민족 앞에서는 호랑이처럼 굴던 이 땅의 지배 계층을 잘 알고 있는 미군이 우리 민족을 존중할 리가 없었다. 사실 소련의 강압 통치에 항거하여 일어난 1956년의 헝가리 민주화 의거와 1968년의 체코 민주화 운동 당시, 소련의 통제 하에 있던 헝가리와 체코의 위성 정부도 자국민에 대해서는 어떠한 위해도 가하지 않았으며, 소련군 역시 미군처럼 수많은 민간인을 학살하지는 않았다.

7. 군사 독재의 버팀목, 미국

실로 4·19 혁명은 수천 년 이어온 왕조 사회의 잔재와 일제의 식민 문화, 그리고 반민족적이고 비민주적인 이승만 정부의 유산을 털어내고 시민의 손으로 민주주의를 세워나갈 절호의 기회였다. 그리고 4·19 혁명 후 봇물처럼 터져 나온 다양한 목소리와 사회적 소요는 왜곡된 민족 윤리를 정립하고 진정한 민주 사회를 수립하는 과정에서 마땅히 겪어야 할 산고였다.

그러나 마지막 황군인 다카키 마사오(또는 오카모토 미노루), 즉 박정희와 그 부하들은 5·16 군사 반란을 일으켜 이를 혼란과 무질서로 매도하고는 숭고한 혁명 정신을 무자비한 군화발로 짓밟아 버렸다. 그리고 그 배후에는 그들의 속국이 진정한 민주주의와 민족 통일의 길로 나가는 것을 용납할 수 없다는 미국의 지배 이데올로기가 자리하고 있다.

박정희는 친일파가 아니라 일제 잔당이다

미국의 추인으로 군사 반란을 성공시킨 박정희가 국가 재건 최고 회의 의장 자격으로 제일 먼저 찾아간 곳은 일본이었다. 다음과 같은 그의 언행을 살펴보면 반민족 행위에 앞장섰던 다카키 마사오의 면모가 그대로 드러난다. 그는 "대동아 공영권의 완수를 위하여 사쿠라처럼 지겠다"는 맹세와 함께 만주 신경 군관 학교를 졸업하고 "모든 조선인은 오카모토 소위를 닮아야 한다"는 극찬을 들으며 일본 육사를 졸업했으며 항일 독립군을 토벌하는 간도 특설대에 들어가 "조선 놈들 토벌이라면 내게 맡겨라"면서 일제에 충성했다. 특히 간도 지방은 조선인들이 주류를 이루었으며 항일 투사의 90% 이상이 조선인들이었으므로 박정희가 소속된 간도 특설대는 바로 우리 민족의 항일 투쟁을 말살하기 위해 만들어진 부대인 것이다. 그가 소속했던 간도 특설대는, 6·25 당시 육군 참모총장을 지낸 백선엽이 일본어로 출간한 그의 자서전을 통해 "간도 특설대가 뒷날 한국군의 발전에 크게 기여했다"고 지적했듯이, 국군의 모태가 되었다. 이는 바로 국군이 동족을 말살하던 일제의 앞잡이들에서 비롯했다는 사실을 말해준다.

그 후 일제가 패망하자 국군에 들어와 좌익에 줄을 섰다가 상황이 불리해지자 동료들의 명단을 밀고하고 혼자서 목숨을 부지한 자가 바로 박정희다. 이는 당시 미군 장교들로부터 남의 뒤꿈치를 무는 배신의 명수라는 의미로 '스네이크 박'이라는 별명을 얻었다는 사실로도 확인된다.

그렇다고 박정희가 훌륭한 지휘관이었던 것도 아니다. 제5 사단장으로 있을 때에는 막사로 사용하던 텐트의 눈을 제 때에 치우지 않아 수십 명의 장병이 떼죽음 당하고, 제9 사단장을 할 때는 피복 창고에 불이나 장병들의 옷을 몽땅 태운 사건도 있었다. 짧은 사단장 재임 시절에 한 번도 아니고 두 차례나 대형 사고를 낸 것은 불운이라기보다는 지휘관으로서의 자질이 부족했다고 보아야 할 것이다. 그럼에도 그가 계속해서 군 생활을 계속 할 수 있었던 것을 보면 참으로 신기한 일이 아닐 수 없다.

일본을 방문한 박정희는 "나는 메이지 유신을 시도한 지사들의 기개를 본받아 앞으로의 행동을 결정하겠다"며 마치 이완용이나 송병준이 했음직한 망언을 늘어놓고, 방문 일정을 마치고 하네다 공항으로 향하던 도중에는 일본 왕궁을 보자마자 엄숙한 자세로 거수경례를 했다고 한다. 또 대통령 시절에는 2차 대전의 1급 전범인 기시 노부스케 일본 총리에게 "조선 놈들은 다 믿을 수 없으니 일본인 고문을 두 사람만 추천해 달라"고 부탁하는가 하면, 심지어 "한국은 더러워서 정치를 그만두면 돈이 필요한데, 돈 관리하는 방법을 알고 싶다"는 말까지 했다는 것이다. 그의 최측근에 따르면, 그는 청와대에서조차 수시로 일본군 장교 복장을 하고 가

죽 장화에 말채찍을 들고서 행복해했다고 한다. 한편 1963년 12월 17일, 박정희의 취임식에 초대된 일본 자민당 부총재 오노는 기자들에게 "박정희 대통령과는 부자 같은 사이로서, 아들의 경축일을 보러 가는 것은 무엇보다도 즐겁다"라고 말했다.

아울러 박정희는 구악을 일소하겠다는 공약과 달리, 구악 중의 구악인 부일 매국노들을 정부 요직에 앉혔다. 일제의 관동군 헌병대 장교로서 항일 독립군을 색출·고문·처벌했던 정일권이 국회 의장과 국무총리를 두루 맡은 것을 비롯하여, 대법원장과 국회 의장, 그리고 외무장관 등의 자리도 이러한 부일파에게 돌아갔다. 그리고 이를 통해 박정희는 일제가 써먹던 국민 탄압과 지역 분열을 조장하고, 미국이 만든 남북 대결 구도를 심화시켰다.

5·16은 대미 친위 쿠데타였다

4·19 혁명 직후 가장 시급한 국가적 과제는, 이승만의 부패와 학정으로 파탄에 이른 민생 경제를 안정시키고, 이승만 일파에 의해 억압되어온 평화적이고 자주적인 민족 통일 방안을 찾는 것이었다. 아울러 당시 분위기 역시 "가자 북으로, 오라 남으로!"라는 구호와 함께 자주 평화 통일에 대한 열망이 활화산처럼 끓어오르고 있었다.

이러한 상황에서 박정희의 군사 반란이 성공할 수 있었던 것은, 무엇보다도 이 반란이 미국에 의해 용도가 폐기된 이승만의 자리를 이어받아 그들의 한반도 분단 정책을 충실히 수행할 친위 쿠데타였기 때문이다. 이는 박정희 일파의 공약에서 잘 나타나는데, 제1호는 "반공을 국시의 제일로 삼고 반공 태세를 재정비 강화한다"였고, 제2호는 "미국을 위시한 자유 우방과의 유대를 공고히 한다"였다. 자주 평화 통일을 향한 국민들의 열망이 높아질 경우, 한반도 분단에 원초적인 책임이 있는 미국으로서는 한국에 대한 지배력이 당연히 약화될 수밖에 없는 상황이었다. 더구나 소련과의 첨예한 체제 경쟁을 벌이던 와중에 극동 지역의 미군 기지인 한국에 대한 지배력이 약화된다면 미국의 동북아 전략은 중대한 차질을 빚을 수밖에 없었다. 그런데 바로 이러한 상황에서 이승만의 대를 이어 극단적인 남북 대결 구도를 만들어 줄 박정희 일파의 쿠데타가 미국의 우려를 말끔히 제거한 것이다.

특히 군사 반란 직후 장도영 참모총장의 진압군 출동 승인 요청(후일 장도영은 박정희에 의해 반혁명죄로 처벌됨)이 주한 미군 사령부에 의해 묵살되고, 미국 정보기관에서는 거의 1년 전부터 박정희의 군사 반란 움직임을 탐지했다는 정황들로 미루어 박정희의 군사 반란은 미국의 사전 묵인내지 비호가 있었던 것으로 밖에 달리 해석할 방법이 없다.

그럼에도 미국 정부는 박정희의 군사 반란에 대해 표면적으로는 거부감을 표출하면서 있지도 않은 이북의 침공 위협을 내세워 부득이 하게 박정희 일파의 군사 반란을 승인한다는 식의 거짓 행동을 취했다. 당시 이북이 경제 재건에만 몰두하고 있었다는 점은 관련 통계 자료뿐만이 아니라, 후일 미국 정부도 인정한 사실이다. 아울러 좌익 경력에 대한 의구심을 불식시키기 위해서라도 강력한 반공 정책을 펼 것이라는 계산 역시, 미국 정부가 박정희를 지지한 한 요인으로 작용했을 것이다. 이는 지구촌 곳곳의 우익 군사 반란을 지원하는 과정에서 과거 나치나 일제의 앞잡이였던 군 지휘관을 앞세우고 필요시 이들의 약점을 지렛대로 활용한 미국의 약소국 지배 정책에서 잘 나타난다.

군사 독재의 후견인

앞서 중남미·아시아·아프리카 여러 나라들의 사례에서 살펴보았듯이, 미국은 민족주의와 공산주의에 대해 거부감을 드러낼 뿐 독재나 인권 유린은 전혀 상관하지 않는다. 누구든지 확실한 반공 정책을 펴나가며 그들의 앞잡이 노릇만 충실히 하면 미국의 비호 아래 그들의 독재 권력을 유지할 수 있는 것이다. 따라서 이승만 정권과 마찬가지로 정당성과 정통성을 지니지 못한 박정희 정권에게 반공을 빌미로 한 독재는 미국의 비호아래 권력을 유지해 나가는 데 필수적인 요소였다.

쿠데타 초기 박정희는 미국에 대한 충성을 표시하기 위해 조총련으로부터 공작금을 받았다는 죄목을 씌워 「민족일보」 사장 조용수를 사형시켰다. 남북의 화해를 모색하기 위해 이북에서 보낸 비밀 특사 황태성 역시 남파 간첩이라는 죄목으로 죽였다. 그 후 소위 동백림 간첩단 사건을 날조하여 세계적인 음악가 윤이상 등 100여명의 양심적인 교포 지식인들을 서독에서 불법 납치하여 감옥에 가두고, 민족의 통일을 논하던 해외 유학생을 붙잡아 사형시키는가 하면, 시대의 아픔을 고민하던 사람들을 인민 혁명당을 재건한 공산주의자로 몰아 죽였다. 그것도 상고가 기각된 지 만 하루도 지나지 않아 사형을 시키고는 시신까지 가족들의 동의 없이 화장해 버렸다. 그 악독한 일본 강점기에도 이런 만행은 없었다.

이 사건을 생생히 묘사한 이기형 시인의 추모시 한편을 소개한다.

1974년 3월 초 유신 암흑에서도
매화꽃 개나리꽃 진달래는 방긋방긋
방향芳香 천지에 뿌렸다.

온 겨레가 새 희망을 찾아 부푸는데
무슨 놈 날벼락이냐.
민청학련 사건 배후로 지목
여덟 애국 투사를 줄줄이 옭아갔다.
조작하여 '인혁당 사건'이라고

천하에 둘도 없는 고문 만행.

발길질 주먹질 물과 고추 가루와
전기와 불과 몽둥이와 대바늘과 철사로
생사람을 잡아 죄를 남산만큼 쌓았다.

일심에서도 줄줄이 사형 이심에서도 줄줄이 사형.
일 년쯤 지난 1975년 잔인한 4월 8일
대법원 판결 날 김용원 사형, 도예종 사형, 서도원 사형
송상진 사형, 여정남 사형, 우홍선 사형, 이수병 사형, 하재완 사형
천인공노할 극형! 찰칵 찰칵 수갑을 채운다. 여덟 투사는 할 말을 잃었다. 서로
멍히 쳐다봤다.
한마디씩 분통을 터뜨려 이따윗 법이 어딨노! 생사람을 잡아! 망할 놈의 세상!
나라와 겨레를 사랑한 것 밖에 죄가 없다!'

한 사람 한 사람 독방에 등을 떠밀어 넣는다. 그날 밤 투사들은 잠을 못 이뤘다
목이 바삭바삭 탔다.
아름다운 고향 산천이 눈앞에 선해
부모 형제, 아내와 자식들의 얼굴
정다운 친구들의 얼굴이 선히 보이고
잠시도 눈을 못 부쳤는데 어느새 날이 훤히 밝는구나.
뚜벅 뚜벅 뚜벅 잰 발걸음 소리
앗!
저마다 신경을 곤두세워
집행까지는 꽤 시일이 걸린다던데...
철컥!' 문 따는 소리
서도원 나왓!'
수갑 찬 팔을 오랏줄로 묶는다.
'이놈들 뭔 짓들이냐! 동지들! 비겁하지 말자!
형리는 다급히 입을 틀어막는다.
양쪽에 한 사람씩 붙어 팔을 잡고
뒤에는 총 든 간수가 노려본다.
'민, 민...'

틀어막은 서의 입에서 소리가 새어 나온다
저벅 저벅 멀어지는 발자욱 소리
철컥! 도예종 나왓! 군사독재를 타도하자!
철컥! 하재완 민주주의 승리 만세!
철컥! 송상진 남북통일 만세!
철컥! 우홍선 미군은 물러가라!
철컥! 이수병 망국적 국가보안법을 철폐하라!
철컥! 김용원 야만적 긴급조치법을 파기하라!
철컥! 여정남 자유로운 조국 독립 만세!
애국투사들은
이렇게 형장으로 끌려갔다.
아! 목숨은 하늘인데... 목숨은 하늘인데...
외세를 등에 업고 정권을 찬탈한 독재자
나라와 겨레를 끔찍이 사랑한 투사들의 고문 흔적을 지우려고,
억지로 조작된 죄가 탄로날까봐, 언도 다음날 새벽
전례 없이 부랴부랴 교수형을 집행
가족들의 항의와 애원도 뿌리치고
시신을 화장하는 만행도 서슴지 않았다.
오늘도 산천에 가득 찬 부모님들의 한숨소리
　자식들의 피울음소리 올봄으로 만산의 진달래는 피 꽃으로 피어, 님의 넋을 아
로새겨 준다.
　세상이 운다. 천추의 한을 품고
슬픔을 가누지 못한 채 오랏줄에 묶여 총칼에 내몰린
그 새벽 그 감옥도
지금은 독립공원으로 바뀌어
형장 앞 미루나무 잎 새는 23년 전 그날의 사연을 곡하듯
살랑살랑 슬픈 곡조로 운다.
꽃나이 애국선열의 목숨을 단칼에 앗아간
그날의 난폭자도 진작 비명에 갔거니
조국 분단 반백 년! 아, 잔인한 세월이여!
그대들의 거룩한 길 우리들 가슴마다에 활활 타올라

중음신으로 떠도는 님들의 명예와 영광을
민주화와 통일의 길에서, 오늘 반드시 되찾아 드리오리다.
끝내는 백두산 높이 대통일의 깃발을 올려
님들의 넋도 빛나는 그 이름
남북 온 겨레와 어울려 덩실덩실 춤추려니
아, 남북 대통일의 그날이여!

또한 박정희의 반민족적 과거를 들추어낸 장준하 선생과 학자로서의 양심을 지킨 최종길 교수를 죽였으며, 정적인 김대중을 용공분자로 몰아 수장하려 했다.

이 밖에도 이 땅의 수많은 양심들이 박정희의 반민족 악행과 비민주적 독재, 그리고 반사회적 부패를 언급하다가 빨갱이로 몰려 맞아죽거나 실종되고, 사회에서 도태되었다. 심지어 강원도 산골의 한 농부는 "남북통일을 하려면 박정희의 딸과 김일성의 아들을 혼인시켜야 한다"는 취중 농담 한 마디에 반공법 위반으로 여러 해 동안 징역을 살았다. 옥살이를 마치고 나와 김일성도 이처럼 가혹하지는 않았을 것이라며 불평하다가 또다시 감옥에 갇히기도 했다.

이렇듯 박정희는 재임 기간 내내 극심한 남북 대결을 심화시켜 반공을 빌미로 독재를 자행하고, 권력을 잡자마자 굴욕적인 한일 협정을 체결하는가 하면, 베트남의 독립과 통일을 저지하기 위한 미국의 침략 전쟁에 자원하여 이 땅의 5천여 젊은이들을 희생시켰다.

한편 군사 반란으로 권력을 잡은 박정희가 가장 두려워한 것은 또 다른 군사 반란이었다. 이 때문에 그는 영남 출신의 육사 장교들로 구성된 하나회라는 정치군인 조직의 뒤를 봐주면서 이들을 독재 정권의 친위대로 활용했는데, 이로써 비롯된 것이 바로 전두환 일파의 군사 쿠데타이다.

한국의 경제 발전은 박정희 덕분인가

　우리 사회 일부에서는 박정희의 군사 독재를 군부 통치 19년 동안 이룩한 경제 발전을 거론하며 미화하고 있다. 가시적인 경제 발전이 박정희의 군사 독재 덕분인지에 대해서는 논란이 없지 않으나, 설령 그의 재임 기간 동안 이루어진 경제 발전을 긍정적으로 평가한다 해도, 당시의 경제 개발이 악덕 재벌의 양산과 성장 과실의 불공정 분배, 그리고 사회 윤리의 총체적 파괴를 가져왔음은 분명한 사실이다. 이는 부패의 온상이며 반민족 행위자들의 낙원이었던 군부에서 정권을 탈취한 순간부터 예고된 것이다.

　그럼에도 경제 개발 계획이 나름대로 성공할 수 있었던 것은, 수많은 사상자와 고엽제 피해자를 양산한 대가로 얻은 50억 달러 상당의 베트남전 참전 대가와 근면 성실한 근로자들이 벌어들인 중동 오일 달러 덕분이라고 할 수 있다. 그리고 1960년대 이후 더욱 가열된 미·소간의 체제 경쟁에서, 이념 경쟁의 최전방인 남한과 서독에 대한 집중적 지원을 통해 자본주의 체제의 우위를 과시하려던 미국의 대對 속국 지원 프로그램 때문이라 할 수 있다. 그러므로 그것이 결코 박정희 개인의 탁월한 지도력 덕분이라고는 말할 수 없다.

　박정희는 이러한 호기를 산업의 내실 있는 발전과 삶의 질을 골고루 향상시키는 데 활용하기는커녕, 오히려 국부를 낭비하고[220] 특정 재벌들과의 정경 유착이라는 망국적 풍토를 착근시켰다.

　1962~1971년에 도입된 차관 총액은 24억 5천만 달러이며, 여기에 베트남전 특수와 한일 회담 타결로 유입된 외화를 합치면 100억 달러가 넘었다. 또 1972~1979년에 도입된 차관만 해도 125억 5천만 달러였다. 그러나

---

220) 일례로, 넘쳐나는 외화로 선진국에서 사양화된 중화학 공업 시설을 수입한 결과, 1차, 2차 석유 위기를 거치는 동안 상당수 중화학 산업이 도산 위기에 몰려 통폐합되었다.

박정희 군사 정부는 이 자금과 함께 금융 특혜와 독과점 특혜, 내국세 및 관세 특혜 등을 소수 재벌들에게 집중적으로 제공했고, 그 과정에서 엄청난 액수의 뇌물을 받아 챙겼다.[221] 당시 차관 금리가 연 6~7%대였고 은행 대출 금리가 연 20% 정도였으니, 군사 정권과의 유착은 곧 재벌이 되는 길이었다. 따라서 박정희와의 연줄을 잡기 위한 기업의 행태가 어떠했는가는 굳이 설명할 필요조차 없다.[222]

그리하여 이들 특정 재벌들은 막대한 자금력과 조직력을 통해 한국의 정치판을 정상배의 소굴로 만들고, 검찰 등의 권력 기관을 자신들의 파수꾼으로 사용하는가 하면, 사회의 공기公器인 언론을 자신들의 나팔수로 전락시켰다. 아울러 경쟁력을 갖춘 중소기업을 흡수하거나 붕괴시킴으로써 중소기업의 성장 환경마저 초토화했다. 이로써 오늘날 한국의 경제 구조에서 경제 정의는 사라진 지 이미 오래고, 이제 한국 정부와 국민들은 새우젓에서 첨단 산업까지 장악한 소수 재벌의 일거수일투족에 운명을 내맡기는 신세가 되었다.

미국은 왜 신군부의 쿠데타를 비호했나

1979년 10월 26일 박정희의 피살로 원조 군부가 무너진 후, 국민 절대 다수의 희망은 지긋지긋한 군사 독재를 청산하고 진정한 민주 정부를 세우는 것이었다. 그러나 이러한 국민적 염원은 미국이 신군부의 군사 반란을 비호함으로써 물거품으로 돌아갔다. 10.26 사건으로 박 정권이 무너지자 같은 달 10월 31일 미국의 번스 국무장관은 "박정희의 후계자 선정에 있어서 미국이 상담을 요청 받으면 주저하지 않고 의견을 말하겠다"고 공개적으로 의사를 표명한 데서도 미국의 역할을 알 수 있다.[223] 도대체 누

---

221) 박정희 정권은 심지어 대일 청구권 자금을 깎아 주면서 일본으로부터 뒷돈을 받아 챙기기까지 했다.
222) 경상대 사회 과학 연구소, 『한국의 부패와 반부패 정책』, 한울아카데미, 2000.

가 누구에게 후계자를 상담한단 말인가?

대통령의 유고시에는 헌법과 법률이 정한 절차에 따라 일정 기간은 국무총리가 대통령직을 수행하면 되고, 새로운 대통령은 주권자인 국민의 뜻에 따라 선거를 통해 뽑으면 될 일인데 말이다. 그러나 이는 법전에나 나오는 얘기이다. 이것이 바로 헌법상의 주권은 국민에게 있으나 실질적인 주권은 미국에 있다는 증거이다. 12·12 군사 반란 직후 글라이스틴William Gleysteen 주한 미 대사가 미국 정부에 보고한, "사건의 정확한 실체가 무엇이든, 현 정부 구조를 기술적으로 적절히 존속시켰기 때문에 고전적인 의미의 쿠데타로 발전하지는 않았다"는 전문에서 단적으로 알 수 있듯이, 미국은 원조 군부에서 신군부로의 권력 승계가 종주국에 대한 지속적인 충성으로 이어질 친위 쿠데타임을 확신하고서 12·12 군사 반란을 승인한 것이다.

또한 박정희가 살해된 지 열흘 뒤부터 한국의 정세를 분석하고 대책을 준비한 '체로키'라는 암호명의 한국 관련 문건과 DIA(미 국방성 정보기관)의 문건들, 그리고 글라이스틴 대사가 미 국무성과 주고받은 전문 및 한국 주재 DIA 요원이 미 합참과 주고받은 전문 등을 살펴보면, 신군부의 광주 학살과 미국의 관계가 확연하게 드러난다.

광주 학살이 시작되기 열흘 전인 1980년 5월 7일 미 국무성과 글라이스틴이 주고받은 전문에 따르면, 신군부에서 법과 질서를 지키기 위해 군대를 사용할 경우 미국은 이에 대해 반대하지 않는다는 입장이었다. 아울러 글라이스틴은 "신군부가 시위 진압을 위해 해병 제1사단을 대전이나 부산 지역으로 이동시킬 것을 요청할 경우 미군은 이를 승인할 것"이라고 했다. 또 5월 8일 DIA는 폭동 진압 특수 훈련을 받은 국군 제7공수 여단

---

223) 박정희가 가장 두려워한 것은 미국의 지지 철회였는데, 그의 피살 역시 미국의 개입을 의심케 한다. 당시 카터 대통령은 포악한 박정희에 대해 극도의 반감을 표시했고, 김재규는 "내 뒤에 미국이 있다"는 발언을 한 것으로 알려져 있다. 피살 하루 전, 존 베시 육참 차장(직전 주한 미군 사령관)이 한 모임에서 "만약 한국에서 특별한 사건이 발생해도 한미 관계에는 변화가 없다"라고 말한 것 등이 그 근거다.

을 전주나 광주로 보낼 것이라는 내용의 전문을 미 합참에 보냈는데, 이는 신군부의 민간인 학살 계획을 미국이 내락했음을 보여주는 증거이다.

광주 민중 항쟁을 보고받은 카터 미 대통령은 5월 22일 비상 소집된 국가 안보 회의에서, 인명의 희생이 있더라도 사회 질서와 안정을 저해하는 소요는 반드시 진압되어야 한다며 신군부의 광주 학살 계획을 승인했다. 그리고 이에 따라 비무장 지대를 관할하던 한미 연합 사령부 소속 20사단 병력 17,000여 명이 광주로 파견되었다. 게다가 신군부가 진압에 실패할 경우 미군이 직접 나선다는 작전 계획까지 수립되어 있었다.

또한 1979년 12월 8일자 홀부르크가 글라이스틴에게 보낸 전문에 의하면 "만약 한국의 기독교 단체들이 민주화 시위에 나선다면 그들은 더 이상 미국의 지원을 기대하지 말아야 한다"고 경고했는데. 이는 한국의 기독교 보수 교단들이 미국의 남한 지배에 전위대 역할을 해왔다는 사실을 단적으로 말하는 것이기도 하다.

당시 글라이스틴은 한국의 외무장관에게 "우리는 계엄 당국과 공모하여 광주 지역에서 반미 감정이 고조될 것을 각오했다는 비난을 받고 싶지 않기 때문에, 우리의 행동을 알린 적도 없고 또 알리지도 않았다"라고 말했다. 아울러 미국 정부는 박정희 시절 정권 안보를 위한 폭동 진압 목적으로 창설된 공수부대는 그들의 지휘를 받지 않는다면서, 광주 학살에 대한 개입 사실을 부인했다. 그러나 미국은 남침 예방이라는 미명 아래 부산 앞바다에 함대를 배치함으로써, 민주화를 요구하는 시위 군중에 대한 신군부의 만행을 엄호·지원했다. 그리고 이에 대한 대가로 남한의 핵무기 개발과 장거리 미사일 개발까지 중단시켰던 것이다.

미국의 비호 아래 출범한 신군부 정권은 지식인과 학생들을 고문·살해하는가 하면, 금강산댐 사건을 조작하여 전 국민을 우롱하기도 했다. 또한 전두환을 비롯한 신군부 실세의 부정 축재 규모는 원조 군부 19년의 축재 규모를 훨씬 능가하는 것이었다. 특히 전두환은 소위 만인지상이라는 대통령으로서 수조원의 검은 돈을 직접 주물렀는데도 불구하고, 최근 한 재판에서 자신의 재산은 단돈 29만원이라고 말하며 또다시 국민을 농락하는 추태를 부렸다. 이는 시정잡배와 전혀 다를 바가 없는 사람이 이 나라의 대통령이었다는 사실을 우리에게 보여주고 있다.

이후 미 문화원 방화 사건을 통해 5·18 민주 항쟁에 대한 무력 진압에 미국 정부가 적극 개입했다는 사실이 알려지면서 전 국민적인 반미 감정이 고조되기 시작하자, 이를 우려한 미국 정부는 결국 전두환의 장기 집권에 제동을 걸고 나섰다.

"탁 치니 억하고 죽더라"는 코미디를 회자시킨 고 박종철 씨 물고문 사망 사건은 전두환 정권에 대한 전국적인 시위를 촉발시켰고, 이에 전두환 일파는 제2의 광주 학살을 포함한 무력 진압을 결심했다. 그러자 미국 정부는 전두환에게 다음과 같은 메시지를 전달했다. "1988년 대통령직을 떠나면 부부가 함께 미국에 오시오." 즉 '또 다시 당신을 계속 지지하다가는 한국민의 반미 감정만 자극할 테니, 좋게 타이를 때 말을 듣지 않고 마음대로 총칼을 들고 설친다면 당신의 목숨을 보장할 수 없다.'는 경고였다. 그 결과가 바로 6·29 선언이다.

8. 누가 한반도의 전쟁 위기를 조장하는가?

1994년 미국의 북침 위협이 현실화될 뻔했던 이후, 한반도 전쟁 위기는 2003년부터 다시 불거지기 시작하고, 2004년에 들어 미국의 핵폭격 위기설까지 구체적으로 거론되면서 한반도 전체를 긴장시켰다. 이러한 전쟁 위기의 진원은 이북의 핵시설은 미국 등을 공격하기 위한 핵무기 제조 시설이고 남한을 포함한 동북아 지역에 배치된 미국의 핵무기는 방어용이라는 궤변에서 비롯한다.

그간 반복되어 온 미국의 대북 침공 음모의 실체는, '로동 미사일'의 사거리가 3백 마일이니 '대포동 미사일'의 사거리가 5천 마일이니 하는 문제가 아니며, 이북에서 핵무기를 몇 기나 보유하고 있는가에 관한 문제도 아니다. 그것은 오로지 미국의 동북아 패권에 걸림돌이 되는 이북을 굴복시키겠다는 미국의 의지가 핵심적인 문제이다. 이북이 국가 경제의 여력을 모조리 전쟁에 쏟아 붓는다 해도 미국은커녕 남한과의 전쟁조차 이길 수 없다는 사실은 미국이 더 잘 알고 있다. 그럼에도 미국은 전 세계에 50여 대뿐이라는 스텔스 폭격기 15기와 가히 한반도 전체를 불바다로 만들 수 있는 위력적인 항공모함을 동원하면서 대북 위협을 가해 왔다.

미국의 주장대로 이북에서 미국 본토를 공격할 수 있는 핵탄두 미사일을 보유했다고 가정하자. 또 남한 보수 우익의 주장대로 그들이 남한을 선제공격할 것이라고 가정하자. 이로써 이북은 무엇을 얻을 수 있을까? 남한을 무력 통일할 수 있을까? 세계의 패권국으로 우뚝 설 수 있을까? 해답은 자명하다. 만약 저들이 먼저 전쟁을 일으킨다면 북녘 땅은 풀 한 포기 남지 않은 폐허가 될 것이다. 러시아나 중국이 과거의 혈맹이라고는 하나, 이미 자본주의 시장 경제 정책을 펴나가고 있는 마당에 이북을 도와 남침 전쟁에 나설 수는 없을 것이다.

누가 제네바 협정을 파기했나

1991년 소련의 해체 선언 직후 미국은 한반도에서 핵무기 시설을 철수하겠다고 선언했으며, 이에 따라 그 해 말에는 한반도 비핵화와 팀스피릿 훈련 중지를 주요 내용으로 남북 합의가 이루어졌다. 그러나 1993년 미국과 남한은 이북의 핵 위협 운운하며 팀스피리트 훈련을 재개함으로써, 한반도의 평화 정착이라는 합의 취지를 저버렸다.

사실 미국은 오산과 군산 등의 미군 기지에 배치한 핵무기에 대해서는 함구한 채, 미사일 방어라는 미명 아래 오히려 첨단 핵미사일 시설을 증강해 왔다. 또 5대 강대국에만 핵무기의 개발과 보유를 허용한 확산 금지 조약NPT에도 불구하고, 미국은 이스라엘의 핵무기 개발을 지원했으며, 파키스탄과 인도의 핵무기 제조도 눈감아 주었다. 그럼에도 이북에 대해서는 국제 원자력 기구를 내세워 미신고 핵시설 추가 사찰이라는 미명 아래 특정 군사 시설을 강제로 확인하려 했으며, 1994년에는 북미 합의 사항이었던 경수로 건설마저 중단시켰다.

소련의 해체 이전까지 이북은 에너지 수요의 상당 부분을 소련과의 물물 교환이나 무상 지원을 통해 그럭저럭 충당해 왔다. 그러나 이북은 소련의 해체 이후 종전과 같은 방식의 원유 도입이 거의 불가능해진 상황에서, 부족한 에너지도 확보하고 흡수 통일 운운하는 남한의 체제 위협에 대한 자위 수단도 갖출 수 있는 원자력 발전소 건설의 필요성을 외면할 수는 없었을 것이다. 그리하여 그들은 소련으로부터 도합 10메가와트의 발전 용량을 지닌 실험용 원자로 2기(흑연 감속로)를 들여왔는데, 이것이 바로 소량의 핵무기를 제조한 것으로 알려진 이북의 핵시설이다.

미국은 이 시설조차 용납할 수 없다는 주장이고, 반면 이북은 미국의 적대적인 자세가 바뀌지 않는 한 에너지 자원 및 자위권 확보를 위한 핵시설을 일방적으로 포기할 수는 없다고 일관되게 주장해왔다. 그리하여 상황은 드디어 전쟁이냐 협상이냐의 기로에 서게 되었다. 1994년 6월 초, 다행히 김일성 주석과 미국의 역대 대통령 가운데 보기 드문 비둘기파로 알려진 카터 전 대통령의 회담이 성과를 거둠으로써 그 해 6월 15일을 디데이로 정한 미국의 북침 계획은 유보되었다. 그리고 그 해 10월, 북조선과 미국이 헤이그에서 북미 협정을 맺고 이듬해 12월 북한과 한반도 에너지 개발 기구KEDO가 부속 의정서에 합의함으로써, 한반도의 전쟁 위험은 일단 수면 아래로 가라앉았다.

당시 북미 협정의 주요 내용은 다음과 같다.

첫째, 이북의 원자로를 소련형에서 미국형으로 바꾸기 위해 미국은 2003년까지 약 2천 메가와트 급의 경수로를 이북에 제공하고, 첫 번째 경수로 완공 때까지 매년 50만 톤의 난방 및 발전용 중유를 공급한다. 대신 북조선은 기존에 사용하던 흑연 감속로 및 관련 시설을 동결하고 궁극적으로 이를 해체한다.

둘째, 미국은 이북에 대한 통신·금융 거래·무역·투자에 대한 제한을 풀고, 영사급에서 시작하여 대사급까지 단계적으로 외교 관계를 격상시켜 나간다.

셋째, 미국은 이북에 대한 핵무기 불위협·불사용을 공식 보장하고, 이북은 한반도 비핵화에 참여하며 남북 대화를 지속해 나간다.

넷째, 이북은 핵 확산 금지 조약의 회원국으로 복귀하고, 국제 원자력 기구의 임시 및 일반 사찰은 물론 국제 원자력 기구가 요청하는 의혹 시설에 대한 추가 사찰도 수용한다.

아울러 이북과 KEDO의 부속 합의 사항의 요지는, 경수로에 들어가는 비용(약 46억 달러 중 한국이 70%를 부담)을 KEDO에서 우선 부담하되 이북은 이 비용을 3년 거치 17년 무이자로 상환한다는 것 등이었다. 그러나 미국은 이러한 합의 사항에 대해 처음부터 생트집과 무성의로 일관했다.

즉 합의서 교환 후 3개월 이내에 이행키로 한 영사관 개설이나 금융 제재 완화 등의 약속은 지키지 않은 채, 미신고 핵시설 운운하며 이북의 각종 군사 시설물에 대한 무조건적인 사찰만을 요구했다. 일례로 1997년에는 금창리 지하 동굴에 대해 핵 시설 의혹을 제기하며 이북을 옥죄었는데, 막상 이를 사찰해 보니 어떠한 비밀 시설도 발견되지 않았다.

이후 클린턴 행정부의 대북 화해 정책을 마땅치 않게 여겨온 공화당이 중간 선거에서 상하 양원의 다수 의석을 차지함으로써, 미국의 생트집은 더욱 심해졌다. 그리하여 당초 미국이 약속한 중유 공급이 중단되고, 경수로 공사는 중단과 재개를 반복해 오다가 현재는 완전히 중단된 상태이다. 게다가 뒤이은 부시 공화당 정부는 이북의 핵무기 개발 의혹을 빌미로 북미 제네바 협정을 사실상 파기하고, 악의 축이라는 올가미까지 씌웠다. 그리고 공해상을 항해하던 이북 선박을 불법으로 나포하는 해적 행위까지 자행했다.

당시 이북은 합의대로 국제 원자력 기구IAEA의 핵사찰을 받아들이고 단계적인 핵시설 폐기에 착수했으며, 주권 침해와 다를 바 없는 군사 시설의 사찰까지도 일부 수용했다. 아울러 1995~1996년에 완공 예정이던 50메가와트와 200메가와트 급 원자로 공사도 포기한 상태였다. 그러나 미국이 이렇듯 계속해서 협정을 위반함에 따라, 결국 당사자 합의로 봉인해 두었던 영변 핵시설의 폐연료봉 8천 개를 개봉하고 IAEA 사찰단을 추방하는 등의 강경 조처로 대응하게 된 것이다.

6자 공동 선언문의 실천은 미국의 손에 달렸다

2003년부터 중단과 재개를 거듭하며 2년 이상을 끌어오던 6자 회담은, 2005년 9월 드디어 공동 합의문을 채택함으로써 한반도의 평화 체제 구축이라는 한 줄기 희망을 안겨주었다. 그러나 이로써 한반도의 평화와 안정이 보장된 것은 결코 아니다.

이북이 핵무기 및 기존의 핵 계획을 포기하고 NPT에 복귀하며, IAEA 의 사찰을 수용한다는 내용은, 이미 지난 1994년의 제네바 협정에서도 합 의했던 사항이다. 아울러 대북 불침공은 물론 외교 관계를 정상화하겠다 는 미국의 약속이나 대북 에너지 제공과 경수로 제공 논의 역시, 표현의 차이는 있으나 과거의 합의 내용과 별반 다를 바 없다.

또한 이북은 과거와 마찬가지로, 미국의 적대 행위가 제거되고 관계 정 상화가 된다면 핵무기를 제조하거나 보유하지 않겠다는 입장이다. 그러 나 미국은 이북의 상호 동시 이행 제안을 거부한 채, 핵 관련 시설 일체를 포기한다면 이를 가상히 여겨 경수로 제공도 논의하겠으며, 만약 그러지 않으면 한반도 전체가 쑥대밭이 되더라도 가만 두지 않겠다는 태도를 버 리지 않고 있다.

실제로 미국이 제공하는 것은 문서와 순차적인 경제 지원이다. 문서는 백지화하면 되고, 경제 지원은 중단하면 그만이다. 더욱이 경수로 시설 공 사비 대부분을 남한에서 부담했듯이 전력 지원도 한국의 부담이므로, 과 거 제네바 협정을 일방적으로 파기한 것처럼 6자 공동 합의문을 무력화한 다 해도 미국으로서는 별로 손해볼 것이 없다.

반면 이북의 입장에서는 민족 자주성과 체제 주권을 지키기 위한 핵무 기는 물론 대체 에너지원으로서의 핵시설까지 검증 가능하고 회복 불능 의 상태로 만드는 모험을 감행해야 한다. 더욱이 미국의 압력으로 중단된 경수로 공사에서 알 수 있듯이, 남한의 전력 공급을 대체 에너지의 담보 로 믿을 수도 없는 노릇이다. 설령 핵 문제가 해결된다 하더라도, 남한과 마찬가지로 대미 종속적인 자세를 취하지 않는 한 미국이 언제 또 시빗거 리를 만들어 목을 조를지 모르는 일이다.

이는 최근 들어서 새로운 대북 압박 카드로 등장한 위폐 논란과 미국 의회를 통과한 대북 인권 법안 그리고 그들의 들러리 격인 유엔의 대북 인권 결의안이 말해주고 있다. 그러나 이북의 인권 상황을 개선하려면 체

제 단속과 인권 탄압의 원인이 되는 미국의 대북 침공 위협부터 거두어야 한다.224)

특히 미국이 휘둘러온 인권이라는 무기는 그들에게 고분고분하지 않는 나라들에게만 씌우는 올가미에 불과한 것이지 결코 인류 보편의 가치는 아니다. 그 사례가 바로 과거의 한국을 포함하여 미국의 직·간접적인 지배를 받아온 나라들의 인권 실태다. 아울러 유엔의 대북 인권 결의안이 설득력을 가지려면 지구촌 곳곳에 비밀 수용 시설을 갖춘 후, 불법으로 붙잡아온 민간인 등에 대해 잔혹한 고문과 살상을 벌이는 미국의 인권 유린 실태도 함께 다루어야 하며, 나아가 미란다 원칙조차도 무시하는 애국법을 만들어 인권을 유린하고 있는 미국도 규탄해야 한다.

그리고 이처럼 불공평한 인권 결의안 채택에 가장 적극적인 역할을 하는 단체가 미국의 보수 우익 기독교 집단이며 그들의 아류가 바로 한국의 보수 기독교 집단이다. 일본 강점기에는 천황의 만수무강을 위해 기도를 올리고 이 땅의 젊은이들을 일제의 총알받이로 내보내는 데 앞장섰으며 심지어는 그들의 신앙을 정면으로 부정하는 신사 참배조차 서슴지 않았던 자들이, 이제는 전쟁광 부시를 위해 기도를 올리며 미국의 침략 전쟁을 찬양하는가 하면 심지어는 조선 총독이나 군정청장과 다름없는 미국 대사가 주관하는 집회에 나가 인권 유린 운운하며 이북 정권 타도를 외치고 있다. 물론 미국을 일방적으로 추종하는 그들에게 미국의 인권 유린 실상이 보일 리 없고 민족 통합의 외침이 들릴 리 없을 것이다.

다행히 6자 회담이 구체적인 결실을 거두어 북·미의 긴장이 다소 해소된다 하더라도, 한반도의 항구적인 평화가 보장되는 것은 아니며, 결국 한반도 평화 체제 구축의 열쇠는 미국이 쥐고 있다. 만약 이북에 대한 미국의 무력 공격이 현실화된다면 우리는 어찌 대처할 것인가? 미국의 병장기가 되어 또다시 동족을 죽이는 반민족적 광란에 나설 것인가? 아니면 북

---

224) 이북의 남침 위협을 빌미로 지난 반세기 동안 극우 독재를 유지한 이남의 행태 역시 체제 단속을 빌미로 했다. 그 대표적인 잔재가 바로 국가 보안법이다.

녘의 동족과 손잡고 동족상잔을 부추기는 외세에 맞설 것인가?

전시 작전권 회복은 무슨 의미인가

1994년에 수립된 미국의 작전 계획 5027호는, 최소한 40만 명 이상의 미군 병력을 투입하여 이북을 초토화하는 계획이다. 여기에는 개전 1개월 이내에 최소 3백만 명의 남한 주민 희생자가 발생할 수 있다는 예측까지 덧붙여 있다.

이후 2005년 미국은 이북에 정변 등 비상사태가 일어날 경우 핵무기를 포함한 대량 살상 무기가 테러 세력에 유출되는 것을 막기 위해 작전 계획 5029호를 수립했다고 발표했다. 비록 이북 내부의 급박한 사태가 발생할 경우라는 전제가 달려 있기는 하나, 이 역시 사실상의 북침 계획이다. 의도적으로 비상사태를 조성한 후 이를 빌미로 이북을 무력 침공할 가능성도 있기 때문이다. 또한 한국 정부의 강력한 반대에 부딪쳐 작전 계획 5029호가 한 단계 낮은 개념 계획 5029호로 바뀌었다 한들, 그 실체마저 달라지는 것은 아니다. 표현만 다를 뿐, 필요시 이북을 선제공격하겠다는 점에는 차이가 없기 때문이다.

이러한 미국의 북침 계획이 현실화되는 것을 막고 이 땅이 침략 전쟁의 기지가 되는 것을 예방하기 위해 우리 정부가 내놓은 대안이 바로 한반도 균형자론과 전시 작전 통제권 회복이다. 물론 세계 여러 나라들이 자국의 실리를 챙기기 위해 합종연횡하거나 미국의 우산 속으로 들어가려는 상황에서, 이는 자칫 미국 중심의 국제무대에서 고립을 초래하는 어리석은 행태로 비칠 수도 있다. 그러나 지금처럼 계속해서 한국의 육·해·공군이 한미 연합 사령관의 작전 지휘를 받는다면 국민의 혈세로 운영되는 국군이 미군의 세계 지배를 위한 보충대 역할에서 벗어날 수 없게 되며, 남북 통일은 고사하고 오히려 상호 불신과 군사적 긴장만 고조될 것이다.

더욱이 학자들의 예측대로 머지않은 장래에 중국이 미국과 같은 초강
대국으로 부상할 경우, 동북아시아는 중국과 소련을 한편으로 하고 미국
과 일본을 한편으로 하는 극심한 군사적 긴장에 휘말릴 것이며, 자칫 한
반도는 이들의 전쟁터가 될 수도 있을 것이다. 바로 이러한 위험을 최소
화하고 민족 통일을 촉진하기 위해서라도, 한반도 균형자론과 전시 작전
통제권 회복은 반드시 이루어져야 한다.

이러한 우리 정부의 주장에 대해 미국은 100여 년 전 조선의 정세를
들먹이는가 하면, 심지어 한반도 우범 지대론까지 거론했다. 또한 전 주일
미국 대사 아머 코스트는 방화범과 소방수의 중간에 서려는 것이 한반도
균형자론이라며 한국 정부를 몰아세웠다. 아울러 그는 남한의 자유는 미
국과의 동맹(?) 체제에서만 보장될 수 있다면서, 남한이 결코 미국의 통제
를 벗어날 수 없다는 점을 다시 한 번 강조했다.

그러나 100여 년 전 조선이 러시아와 일본의 조선 반도 침탈을 견제해
줄 수 있는 유일한 나라로 믿고 의지했던 미국은, 일제와 가쓰라-태프트
비밀 조약을 맺은 후 일방적으로 조선을 배신했다. 또한 과거나 현재나
자신들의 이익 추구에 걸림돌이 되는 나라들을 불바다로 만들어 온 나라
가 바로 미국이라는 사실을 볼 때, 과연 누가 방화범인지도 명백해진다.

한반도 균형자론의 실천과 작전 통제권을 회복하기 위해서는 우선 북·
미가 당사자인 정전 협정을 폐기한 다음 남과 북이 당사자가 되고, 미·소·
중·일이 보증하는 한반도 평화 협정부터 체결해야 한다. 아울러 비무장
지대의 평화적 이용은 물론 정전 이후 이승만의 북침을 막기 위해 미군이
일방적으로 정해놓은 서해상의 북방 한계선(NLL)도 합리적으로 조정해야
한다.[225] 만약 미국의 반대로 실현이 어려울 경우에는 NLL 주변만이라도

---

225) NLL은 정전 협정에 의해 정해진 경계선이 아니며, 북측이 공식적으로 동의한 것도 아니
다. 또한 NLL은 이북의 남침에 대비한 남측 방어선도 아니다. 이는 단지 정전 협정에 반
대하여 북진을 주장했던 이승만의 무력 도발을 차단하기 위해 미군이 일방적으로 정한
북방 한계선North Limited Line이다.

남북의 비무장 공동 어로 구역으로 설정해야 한다.

　이것이 바로 남북의 우발적인 충돌을 예방하고 상호 신뢰와 화합을 이루는 방안이며, 나아가 한반도 균형자 역할을 실천하고 군사 주권을 회복하는 길이다. 진정한 균형자 역할과 군사 주권 회복은 미국이나 주변국들이 만들어주는 것이 아니라 우리 스스로 세워나가야 한다.

9. 자주·평화 통일을 위한 새 틀을 짜야 한다

외세를 끌어들여 해양 대국 백제와 중원 강국 고구려를 멸망시킨 신라의 반민족적인 죄악 이후, 지금까지 우리 사회를 주도해온 주류 정서를 정의한다면 화이상하華夷上下, 일조군신日朝君臣, 한미주종韓美主從으로 이어온 이소사대以小事大의 천민 의식이다.

이로 인해 이 땅에서 민족 윤리와 사회 정의는 사라지고, 오로지 종주국의 지배 전략과 제국의 이데올로기를 맹종함으로써 국토는 분단되고 동족 상잔의 참화를 겪게 되었다. 이렇다 보니 우리 사회에서는 "모난 돌이 정 맞는다. 대의나 명분이 밥 먹여주나?"며 원칙과 명분을 찾는 것은 어리석고 미련한 짓이며 좌익들이나 하는 소리로 매도되어왔다. 반면에 개인이나 집단을 불문하고 돈과 권력만을 쫓아 들쥐 떼처럼 줄서고 해바라기처럼 사는 것을 오히려 출세와 성공으로 여기는 천박한 세상이 되었다.

이런 썩고 낡은 틀을 깨고 우리 겨레가 대대로 지켜 나갈 소중한 틀을 다시 짜는 것이 바로 왜곡된 과거사의 청산이다. 기독교의 신약 성서에서는 거듭 태어남(Born Again)이 없이는 천국에 이를 수 없다고 가르치고 있으며, 불교의 경전에서는 악업을 소멸하지 않으면 윤회의 굴레에서 벗어날 수 없다고 가르친다.

따라서 우리 사회의 과거사 청산은 민족을 배신하고 양민을 학살하거가 총검으로 국권을 찬탈하고 차떼기로 뇌물을 챙긴다 해도, 안보와 반공의 호루라기만 불면 자다가도 뛰어나와 마른하늘을 향해 삿대질을 했던 이 땅의 민초들에게 진정한 사회 정의와 민족 윤리를 심어주는 것에서부터 출발해야 한다. 특히 민족이란 같은 지역에서 오랜 세월 동안 혈연을 맺으며 언어와 풍습 등 문화적 동질 의식을 형성해온 인간 집단의 최대 단위이며 또한 지구촌 공동체의 기초 단위이기도 하다. 물론 민족이란 그

개념이 갖는 추상성으로 인해 그 민족이 처한 시대와 환경에 따라 윤리의 기준은 자의적으로 조작될 수도 있다. 세계사가 말하듯이 중세의 봉건적 지배 체제를 붕괴시키고 시민 민주주의를 이루는 동력도 민족주의에서 나왔으며, 아시아·아프리카 등의 제3세계가 서구 제국의 식민지로부터 그들 집단을 해방시킨 것도 이러한 민족주의 정신이다.

반면에 인류의 평화 질서를 파괴한 독일의 나치즘과 대동아 공영의 미명 아래 아·태 지역을 침탈하여 우리 민족을 포함한 약 2천만 명의 인명을 희생시킨 일제의 침략 전쟁 역시 광신적인 민족주의가 동력으로 작용한 것임은 우리 모두가 잘 아는 사실이다. 이는 민족 의식을 선용하면 자기 민족과 인류 공영에 공헌할 수 있으나 이를 자기 민족의 우월성을 조장하는 데 악용하면 자기 민족뿐만이 아니라 온 인류에게 재앙을 가져다주게 된다는 사실을 뜻한다. 즉 같은 물이라도 독사가 마시면 독이 되고 젖소가 마시면 우유가 된다는 진리와 같은 것이다.

그러므로 민족 의식을 어떤 방향으로 발전시키느냐에 따라서 이데올로기 대립조차 흡수하는 순기능을 발휘할 수도 있고, 반면에 타 민족은 물론 자기 민족까지 파괴하는 역기능도 할 수 있는 것이다.

물론 이러한 순기능과 역기능이 민족주의에 의해서만 나타나는 것은 아니다. 이는 대표적인 탈 민족 국가인 미국이 인류 공영을 운운하며 남의 나라를 침탈해온 사례에서 보듯이 광신적 민족주의에 못지않게 위험한 것이 바로 광란과 야만의 동인이 되는 자국 중심주의이다.

이로 미루어 우리 민족과 같이 단일 민족의 전통을 이어오면서도 상극적인 체제를 형성하고 있는 상황에서 민족 윤리가 갖는 의미는 그 어떤 사상이나 이념보다도 중요한 것이다. 이처럼 민족 윤리의 정립이야말로 외세의 이데올로기에 광신적으로 휩쓸린 부끄러운 과거사를 바로 잡는 길이며 나아가 인류 공영에 한 몫을 하는 당당한 민족으로 거듭나는 계기가 될 수 있을 것이다.

보수 우익이 민족 윤리와 사회 정의를 파괴한다

한국 사회에서 보수 우익의 전통은 이 땅을 민족 반역자들의 소굴로 만든 이승만 일파의 자유당, 군사 독재를 자행한 일제 잔당 박정희 일파의 공화당, 자유 민주주의 운운하며 민주 시민을 학살한 전두환 일파의 민정당 등으로 이어져 왔고, 오늘날에는 한나라당이 그 맥을 잇고 있다. 아울러 정치 권력과 함께 언론 권력을 형성하며 주류 언론으로 행세해 온 조선·동아·중앙의 행태 역시 반민족 행위를 자행한 설립자의 행태를 계승하고 있다. 이렇듯 한국의 보수 우익은 부일에서 숭미로 옷을 갈아입은 민족 반역자들에서 비롯했으며, 그 행태는 미국이나 일본의 보수 우익과 달리 자국 중심이 아니라 종주국 중심이다. 이는 일본 강점기에는 동족을 배신하고 이 땅의 젊은이들을 일제의 총알받이와 위안부로 내보내는 데 앞장서고, 미국이 이 땅을 점령하자 그들에 빌붙어 부와 권세와 명예를 독점하며 민족을 분단하고 동족상잔에 앞장섰던 그들의 과거가 말하고 있다.

그간 한국 사회를 지배해온 보수 우익의 주류가 노예적 천민 의식에 기반을 두다보니 정치인과 고위 관료는 물론이고 정책 과제를 연구하는 학자 등 연구원들조차도 그들이 한국을 위해 일을 하고 있는지 아니면 미국을 위해 일을 하고 있는지 헛갈릴 때가 많다.

예를 들어, 2003년 가을 이라크 추가 파병을 주제로 열린 MBC의 심야 토론에 참석한 국방 연구소의 한 여성 연구원은, 침략 전쟁을 부인한 유엔 헌장과 한미 상호 방위 조약, 그리고 헌법 정신 등에 배치되는 이라크 파병의 부당성을 지적하는 상대방 토론자를 무식하다고 몰아붙이고는, 미군의 아이비 작전 및 한·미 동맹과 유엔 결의를 들먹이며 미국의 입장을 대변했다. 그러나 분명한 사실은 한미 상호 방위 조약 제1조에서도 "세계평화를 선언한 유엔 헌장에 위배되는 전쟁에 대해서는 방위 조약 적용을 부인"하고 있다. 특히 미국의 들러리로 전락한 유엔 사무총장조차도 미국의 이라크 침공을 유엔 헌장에 위배되는 불법 침략이라고 규정하고 있으므로, 유엔 헌장과 한미 상호 방위 조약을 주장하려면 당연히 파병의 부당성을 말하는 것이 학자의 태도일 것이다. 바로 이런 부류들이 이 나라의 안보 브레인 역할을 해왔고, 수구 정당의 국회의원 자리에 앉아 국가 안보와 한미 동맹을 강변하고 있다.

미 국방장관 럼스펠드의 말대로 "임무가 동맹을 결정하는 것이지 동맹이 임무를 결정하는 것은 아니다"라는 사실이 말하듯이 종주국에게 동맹이란 그들이 필요할 때 동원하는 수사에 불과한 것이지 결코 대등하고 불변한 것은 아니다. 종주국과 제후국 사이의 관계가 늘 그러하듯이 미국과 한국의 동맹 역시 대등한 것이 아니라 상명하복 관계이며, 이는 과거 미국의 충견이었던 사담 후세인 정부와 미국 정부의 동맹 관계가 말해준다.

설령 미국이 우리의 동맹국이고 우방이라 하더라도, 슈뢰더 전 독일 총리의 말대로 "우정이란 친구가 원하는 대로 다 한다는 것은 아니다"는 점을 확실히 인식해야 한다. 특히 소수를 위한 다수의 희생을 전제로 하는 제국주의와 황금에 눈이 먼 약탈자 콜럼버스를 선조로 기리는 미국식 자본주의 문화란 이기주의를 그 본질로 하는 것이다. 미국은 이익이 있으면 도와주고 이익이 없을 때는 매몰차게 돌아설 것이다.

이러한 사실은 조선이 우리에게 아무런 이익을 줄 수 없다면서 조미 통상 수호 조약 취지를 배반하고 일본의 조선 침탈을 지지하는 데프트-가쓰라 비밀 조약을 맺은 후 이 땅을 떠난 과거 미국의 행태가 말하고 있다. 그럼에도 미국은 지난 반세기 동안 동맹이라는 명분으로 막대한 예산과 인력을 쏟아 부으며 군대를 주둔시키고, 한국의 군 간부와 관료, 학자, 언론인 등 사회적 영향력을 가진 사람들을 선발하여 무상 교육을 하는가 하면 숭미 우익 단체에 대한 재정 지원까지 해왔다.

그 이유는 바로 그들의 국익을 위해 남한이 필요하기 때문이다. 이는 지금의 미국뿐만이 아니라 고대 로마 제국도 마찬가지였는데, 당시 로마 유학을 다녀온 주변국의 엘리트들이 로마 제국의 문화를 자국에 전파하며 제국의 첨병 역할을 담당했던 사실에서도 잘 나타난다.

이 나라를 지배해온 소위 보수 우익이라는 자들의 행태 역시 사대주의적 천민성에 기반하고 있다. 이에 대해 원조 군부에서 신군부로 이어지는 시기에 주한 미군 사령관 위컴은 "들쥐 때처럼 줄을 서는 국민"이라며 강자에 대한 굴종과 아부가 체질화된 한국 사회의 천박성을 경멸했다.

이러한 모독에도 불구하고 미국을 두목이나 스승 또는 부모로까지 받들며 반미를 폐륜이라고 말하는 사람들이 여전히 이 땅의 수구 기득권 세력으로 자리하고 있다. 하기야 두頭·사師·부父 일체라는 대중 영화처럼 국제 사회의 조폭 두목인 미국을 벗어나서는 한순간도 살 수 없는 천민들에게는 폐륜일 수도 있을 것이다. 물론 이는 온 국민을 조폭의 행동 대원으로 몰아넣은 후, 줄반장 자리라도 지켜보려는 저들의 간계에서 비롯한 것임에는 의심의 여지가 없다. 이것이 지난 반세기 동안 종주국 미국과 악어와 악어새의 관계를 유지해온 한국의 기성 정치권, 고위 관료, 보수 교단, 사이비 학자 등 소위 보수 우익 지배 계층과 이들에 세뇌된 백성들의 진면목이다.

이 땅의 지난 역사가 말하듯이, 이 땅의 수구 우익들은 청국이 패배하자 일본에 기생하고 일본이 패망하자 다시 미국에 빌붙은 것과 같이, 언젠가 미국이 지고 새로운 제국이 뜬다면 또다시 새 제국을 섬길 것이다. 바로 이런 자들이 우리 민족을 미국에 기생하는 하등 민족으로 전락시켜 왔고, 7천만 겨레를 파멸로 몰고 갈 수도 있는 한반도의 전쟁 위험을 고조시키고 있다.

제2차 세계 대전이 끝난 지 반세기가 지나도록 이스라엘 등의 피해 당사국들은 잠적한 나치 전범들에 대한 추적과 처벌을 계속해 왔으며, 일본 고위층의 야스쿠니 신사 참배는 지금까지도 국제적인 비난을 받고 있다. 또한 단 4년 동안 나치의 지배를 받았던 프랑스는 제2차 세계 대전이 끝난 후 과거 점령국에 적극 협조한 약 7천 명의 자국민을 반민족 행위자로 극형에 처하고 조선·동아와 같은 자국의 반민족 어용 언론들을 폐쇄했다. 아울러 작은 나라 네덜란드조차 수천 명의 반민족 행위자를 처단했고, 중국 역시 일제가 세운 만주국에 종사한 반역자들을 단죄했으며, 북조선 또한 미처 남한으로 도망치지 못한 부일 매국노들을 붙잡아 단죄했다. 그 이유는 민족 윤리와 사회 정의를 압살하는 반민족적이고 반사회적인 범죄의 재발을 방지하려는 것이다.

그러나 한국 정부는 반민족 행위자에 대한 단죄는 고사하고 오히려 이들에 대한 단죄를 주장한 인사들을 단죄했다. 이것이 바로 대한민국의 원초적 흠결이며, 한국적 보수 우익이 뿌리내리게 된 동기다. 그리고 이를 불패의 가치로 착근시킨 세력이 바로 미국이다.

앞서도 서술했듯이 국토가 분단되고 동족상잔을 겪은 것도, 일제의 잔당과 그 후예들의 군사 독재가 기승을 부리고 부패가 만연했던 원인도, 모두 민족 윤리와 사회 정의를 배반한 채 수립된 한국의 태생적 흠결에서 비롯하는 것이다. 이는 정계·관계·재계·언론계 등, 소위 지배 계층의 추악한 커넥션이 담긴 "엑스 파일이 공개된다면 한국 사회 전체가 붕괴할지도 모른다"는 전 안기부 감찰실장의 발언과 "독재 권력 아래에서 법이 아닌 법에 따라 판결이라는 이름으로 무고한 사람들을 처벌했던 나는 비겁한 기회주의자였다"고 용기 있게 고백한 변정수 전 헌법 재판관의 회고를 통해 그동안 우리 사회의 기득권층으로 군림해온 보수 우익의 추악상을 알 수 있다.

이처럼 공동체의 윤리와 정의를 유린한 채, 종주국의 지배 질서에 기생하며 일신과 일파의 부와 권세를 누려온 이들에 대한 엄정한 과거사 청산 없이 민주주의나 사회 통합을 논해 보았자 이는 모래와 쌀을 썩어 밥을 짓는 헛수고에 불과할 것이다. 나아가 한반도의 평화 통일은 고사하고 민족의 보존조차도 어렵게 될 것임에는 의문의 여지가 없다.

이것이 바로 민족 윤리와 사회 정의를 확립하기 위한 과거사 청산이며, 잘못 끼워진 첫 단추부터 바로 잡는 길이다.

통일을 위한 제언

우리 겨레가 당면한 가장 중요한 과제는 남북통일이다. 전후 반세기 동안 통일을 위한 남북의 간헐적인 접촉이 없었던 것은 아니나, 미국 등 주변 강대국들과 남북 지배 계층의 이해 충돌로 인해 별다른 진전을 보지 못한 것이 사실이다.

2000년의 6·15 공동 선언 역시 원론에 불과할 뿐 구체적인 각론을 도출해낸 것은 아니었다. 물론 지난 반세기 동안 고착되어온 이질적인 체제를 극복하기란 결코 쉬운 일이 아닐 것이며, 특히 미국의 내락을 받아야 하는 처지에서 남북의 합의만으로 각론을 도출한다는 것은 불가능한 일일 수도 있다. 그러나 이에 못지않은 장애물은 바로 이념을 초월한 남북통일을 방해해온 한국 사회의 보수 우익 지배 계층이다.

미국의 속국 체제 유지법과 다름없는 국가 보안법에 대한 철폐 논란에서 보듯이, 지금도 남북의 대결을 통해 반사 이익을 지켜 나가려는 이 땅의 수구 우익들은 동족을 주적으로 규정한 반통일 악법을 폐지하자는 주장을 국가의 정체성 부인이니, 자유 민주주의에 대한 도전이니 하며 민족 통합의 싹을 짓밟고 있다. 실로 진정한 자유 민주주의는 폭압적인 미국의 우익 이데올로기에 대한 맹종이나 공권력이 재단한 사상과 양심에 한정된 자유가 아님에도, 보수 우익들은 자유 민주주의와 상반된 궤변을 내세워 자유 민주주의 수호를 강변하고 있다.

또한 저들은 대중의 영악한 이해타산을 자극하여, 가령 통일이 되면 남한이 부담할 천문학적인 통일 비용으로 인해 나라 전체가 파산할 수도 있다고 주장하며 민족 화합과 통일 논의에 찬물을 끼얹어 왔다. 그러나 적극적인 경제 협력을 통해 남북통일을 준비해 나간다면 855조원이면 족하고, 이 돈도 한꺼번에 부담하는 것이 아니라 이북의 지하자원 개발과 저렴한 인건비, 그리고 양측의 군비 절감을 통해 해결할 수 있다는 것이 세계적인 금융 회사 골드만 삭스의 분석이다.

아울러 남북의 긴장 완화는 쌍방이 군사비를 대폭 절감할 수 있는 환경을 제공한다. 이는 곧바로 이남의 경제 성장과 국민 복지뿐만 아니라 이북의 민생고 해소에 결정적인 도움이 되며, 한반도의 평화 분위기 정착으로 인한 해외 투자 유치 등의 부차적인 효과는 계산하기 힘들 만큼 엄청나다. 반면 분단 상황을 존속시킬 경우, 남한은 지금처럼 매년 200억 달러 이상을 국방비로 쏟아 부어야 한다. 반면에 이북은 전체 인구의 절반 이상을 굶기며 군사비를 지출한다 해도 남한의 군비 증강에 맞대응할 수 없으므로 결국 주민들의 고통만 커질 것이다.

이러한 분석 자료를 보더라도 남북통일이 되면 자칫 국가 경제가 파탄 날 수도 있다며, 배금 사상에 찌든 국민을 속여 온 보수 우익들의 반통일 논리가 얼마나 가증스런 날조인가를 알 수 있다. 그리고 보수 우익 세력들은 감상적인 민족 화합론이나 이데올로기를 초월한 통일 논의가 자칫 남한 사회를 공산화할 수 있으므로 독일의 흡수 통일을 모델로 삼아야 한다고 강변한다. 그러나 독일의 흡수 통일이야 말로 사회 전체를 혼란에 빠뜨릴 수 있는 위험을 안고 있다. 왜냐하면 독일과 전혀 다른 배경에서 분단된 우리의 현실을 생각할 때, 양측의 상극적인 이념을 여과할 공식적인 장치도 없이 남측의 정서와 체제를 일방적으로 강요할 경우 그 부작용으로 인해 자칫 심각한 유혈 내분이 일어날 수도 있기 때문이다.

비록 국토가 분단된 점은 같다 하더라도 동서독의 분단은 패전국으로서 선택의 여지가 없는 상황이었던 반면, 남북의 분단은 미국의 분단 각본에 부화뇌동한 세력과 이에 반대한 세력 사이의 충돌을 거치며 반半자발적으로 이루어진 것이다. 아울러 국토 분단 당시 서독을 이끈 계층은 연합국을 상대로 전쟁을 치를 만큼 민족적 자긍심을 지닌 인사들이었던 반면, 남한의 지배 계층은 일제에 기생하여 반민족 행위를 자행하거나 미국의 비호 아래 민족 분단과 동족 살상을 자행한 부일 매국노와 숭미 지식인 등이었다. 특히 이러한 사대주의와 기회주의 정서는 분단 반세기가 지난 오늘에 와서 더욱 확고해 졌으며, 그 중심에는 민족 윤리라고는 찾아보기 힘든 이 땅의 보수 우익이 자리 잡고 있다. 이는 잔칫상에 오를 돼지처럼 종주국에 빌붙어 잘 먹고 잘 사는 것이 한국의 정통성이라며 그들이 저지른 반민족적인 과오를 호도하기 위해 탈민족 운운하는 보수 우익의 궁색한 변명으로도 쉽게 알 수 있다.

따라서 만약 흡수 통일에 대비한다면, 그간 민족 윤리와 사회 정의를 유린한 채 남한 사회의 지배 계층으로 군림해 온 보수 우익의 일그러진 과거사를 청산하고, 이를 보편 정서로 수용해 온 국민 의식도 함께 개혁해야 한다.

제8장

영원한 제국은 없다

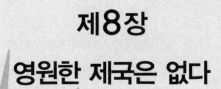

1. 왜 미국은 개척자 정신을 강조할까?

미국은 건국 직후인 1803년, 프랑스의 식민지 루이지애나를 반강제로 차지하며 제국주의의 길로 들어섰다. 이어서 미국은 1812년에는 캐나다를 빼앗기 위해 영국과 전쟁을 벌였고, 1846~1848년에는 멕시코에 시비를 걸어 지금의 캘리포니아 등 멕시코 영토의 절반을 빼앗았으며, 1867년에는 러시아령 알라스카도 헐값에 인수했다.

그리고 1896년에는 하와이를 강점했고, 이어서 1898년에는 스페인으로부터 쿠바와 필리핀 등을 빼앗아 식민지로 만들었다. 이처럼 끊임없이 영토를 확장해온 미국은 1991년 소비에트 연방의 해체와 동시에 유일한 세계 제국의 자리에 섰다.

오늘날 미국은 누구도 막을 수 없는 창과 누구도 뚫지 못하는 방패로 무장한 채, 전 세계 134개 국가에 약 800개에 달하는 크고 작은 규모의 군대나 군사 고문단을 파견하여 전 지구적인 무력 지배권을 행사하고 있다. 그리고 지금껏 지구상에 존재했던 그 어느 제국도 오늘날의 미국만큼 강한 힘과 넓은 지배 범위를 획득하지는 못했다.

그러나 유사 이래 영원한 제국은 없었다. 바그다드 폭격 장면을 TV로 생중계하며 온 인류를 전율시키고, 지구촌 곳곳을 일시에 공격할 수 있는 미사일 방위Missile Defence체제를 강제하는 등, 제아무리 영원한 제국의 자리를 지키기 위해 전 세계를 휘젓는다 해도, 이는 마치 진시황제가 영원한 권좌를 지키려고 불로장생의 명약을 찾아 천하를 헤매는 것과 다를 바 없는 것이다.

누가 악의 축인가

　과거에는 악의 제국으로 불린 소련이 미국의 패권 질서에 도전했다. 소련이 해체되자 미국이 새로운 전복 목표로 삼은 것이 이라크·이란·북조선이다. 악이란 성서에서 유래하는데, 유일신의 권위에 도전하는 존재를 일컫는 말이다. 레이건이 즐겨 사용한 악이란 미국의 유일신적 권위에 도전하는 공산주의 종주국 소련을 가리켰다.

　그리고 부시가 말한 악이란 미국식의 기독교 패권 문화를 거부하는 이슬람권이며 아울러 그들과 반제국주의 정서를 공유해온 북조선이다. 그러나 이라크는 이미 그들의 수중에 들어갔고 이제 남은 나라는 이란과 북조선이다. 그런데 미국과 이슬람권은 야훼와 알라로 이름은 다르나 시나이 반도에서 출현한 똑같은 유일신을 섬기며 똑같은 예수와 똑같은 아브라함을 믿는 형제라고 할 수 있다. 그럼에도 미국은 상호간의 정신적인 유대감을 찾는 일에는 전혀 관심이 없다. 왜냐하면 저들이 말하는 신앙이란 창조주와 피조물간의 수직적인 상명하복 관계처럼 제국의 우월적인 지위를 전제로 한 오만과 독선이기 때문이다.

　창세기 제11장에 나오는 바벨탑의 이야기처럼 미국은 민족과 민족이 뭉치고 국가와 국가가 단합하는 것을 결코 용납하지 않는다. 그 이유는 바로 그들의 독선과 폭압에 맞설 힘을 가진 집단을 용납할 수 없기 때문이다. 이것이 바로 신의 자리에 올라 인류를 다스리려는 미 제국의 탐욕이다. 이는 소비에트 연방이 해체된 이후 이란과 이라크의 전쟁을 부추겨 서로를 죽이게 만들며, 한반도나 베트남처럼 동족을 상잔케 하고, 남미의 여러 나라들처럼 민족주의 정부를 전복시키고, 이에 저항하는 민중을 학살케 한 그들의 공작들이 바벨탑을 무너뜨린 유일신의 행태와 크게 다르지 않은 것이다.

　따라서 태어나서 성장하며 세계 유일의 초강대국이 되기까지 천문학적인 숫자의 인명을 살상하고 남의 나라를 속국으로 만든 그들은 선이고, 평화적 질서 확립과 군축을 제안한 구소련과 미 제국의 횡포에 무릎을 꿇지 않겠다는 나라들은 모두 악이 되는 것이다.

만약 우리도 그들의 말에 고분고분 하지 않는다면 수단이나 시리아처럼 악의 4촌 정도로 분류될 수도 있을 것이다. 특히 악의 축으로 분류된 이북을 동족으로 둔 처지에서야 더욱더 그러하다.

미국의 선조들은 원주민이 흘린 피가 강을 이루고 흑인 노예들의 원성이 땅을 진동시키던 그곳에서 약탈과 착취로 모은 재물로써 재단을 만들어 추수(?) 감사제를 지냈다. 오늘날에는 신을 찬양하는 문구를 써넣은 달러와 지구촌 전체를 파멸시킬 수 있는 무기를 앞세워 온 인류를 겁박하는 것을 보면, 미국식 신앙과 그들이 추구해온 가치가 무엇인가를 분명히 알 수 있다.

팍스 아메리카나의 실체

로마 제국 시대에 모든 길은 로마로 통했다. 동양의 문물을 서양에 전해 준 비단길의 종착지가 로마였고, 서양의 문물을 동양으로 전파시킨 출발지도 로마였다. 마찬가지로 미국 역시 오늘날 하늘과 땅과 바다를 통한 오프라인과 정보의 고속도로인 온라인을 지배하고 있다. 이것이 바로 과거 팍스 로마나를 대신한 오늘날의 팍스 아메리카나다.

그러나 과거의 팍스 로마나와 지금의 팍스 아메리카나는 질과 양이 전혀 다르다. 과거의 팍스 로마나는 인접국들을 지배하고 비단길을 통한 상품 교류 정도의 초보적인 오프라인 수준이었으나, 지금의 팍스 아메리카나는 지구촌의 물질은 물론 정신까지 미국에 종속시키는 온·오프라인을 모두 지배하고 있으며 나아가 우주까지 지배하기 위해 분주하다.

이는 어떤 나라의 문물도 팍스 아메리카나의 이해와 충돌해서는 온전히 생존할 수 없다는 것을 뜻한다. 현재 미국의 점령 아래 있는 이라크 및 아프가니스탄과 미국으로부터 압박을 당하고 있는 북조선 등이 그 예다.

팍스 아메리카나는 문화적인 측면에서도 그대로 나타나는데, 그 대표적인 것이 바로 양력陽曆과 영어다. 이는 예수 탄생 이전의 역사를 한갓 신화나 야만의 시대 정도로 폄하하면서 그들이 신봉하는 예수의 탄생 시기 이후에야 인류 문화가 발달한 것처럼 BC(before Christ)와 AD(Anno Domini: 라틴어로 '그리스도의 해'라는 뜻)로 구분한 오늘날의 양력과 지구촌 사회의 공용 언어가 영어라는 사실이 말해준다.

그렇다고 예수 이전의 시대가 인류 암흑기는 결코 아니었으며 또한 영어가 대단히 과학적이거나 체계적인 언어여서가 아니다. 때로는 단어 하나가 가지는 의미가 수십, 수백 가지이며 경우에 따라서는 상반된 의미까지 갖고 있는 것이 영어이다. 이는 언어가 갖는 가장 기초적인 기능조차도 제대로 갖추지 못하고 있다는 뜻이기도 하다. 더욱이 자신의 고조부도 You, 제 증손자도 You라고 부르는 것을 보면 그들의 언어가 얼마나 단조롭고 천박한가를 알 수 있다.

그럼에도 비영어권 사회에서는 영어를 배우기 위해 막대한 시간과 경비를 쏟아 붓고 있으며, 또한 이를 배우는 대다수의 사람들은 자신도 의식하지 못하는 사이에 문화적 식민이 되고 있다. 특히 외국의 말과 글이란 의사 교류를 할 수 있으면 족한 것이지 굳이 원어민 언어를 흉내 낼 필요는 없다. 오히려 언어가 갖는 속성으로 보아 원어민처럼 외국어를 사용한다는 것은 자신이 속한 집단의 고유한 문화를 상실하는 것을 뜻하는 것이기도 하다.

이러한 역기능에도 불구하고 한국의 대표적인 보수 우익 언론에서는 어릴 때부터 혀 수술을 해야 영어를 잘 할 수 있다며 국민들을 선동하고 있고, 제나라 말과 글은 잘 몰라도 영어 문법과 미국식 구어만 앵무새처럼 지껄이면 이를 능력으로 인정해 주는 것이 한국 사회이다.

아울러 할리우드 오락 영화와 대중음악 역시 미국 문화에 대한 대중적 종속을 유도하는 수단이 되고 있다. 2005년 10월 20일 유네스코가 '문화 다양성에 관한 협약'을 통과시키자, 미국은 이 협약이 무역 장벽을 철폐하려는 세계 무역 기구WTO의 설립 취지에 위배된다면서 28개의 수정안을 제출하며 필사적인 저지를 시도했다. 그러나 미국의 속뜻이 각 나라의 다양한 문화 주권을 말살하여 팍스 아메리카나를 완성하려는 제국주의적 탐욕에 있다는 사실에는 의문의 여지가 없다.

미국의 국교나 다름없는 개신교 역시 미국적 가치를 전 세계에 전파하는 데 중요한 역할을 해왔다. 이는 양의 가죽을 쓰고 늑대 짓을 해온 대다수 미국 선교사들의 행태가 말하고 있다. 17세기 중반 영국의 식민지 매사추세츠주에서 주지사를 지낸 개신교계 지도자 윈드롭John Winthrop의 말대로, 백인 개신교도들은 신으로부터 선택받았으므로 그들이 정착한 뉴잉글랜드를 언덕 위의 도시City On The Hill로 하여 그 아래 있는 지구촌 전체를 다스려야 한다면서 원주민들을 학살했다. 또한 19세기 중반 이후에는 인디언과 숲을 베는 것은 신이 그들에게 부여한 숙명Manifest Destiny이라며 그들의 죄악을 합리화했다.

즉 인도 철학과 궤를 함께하는 불교나 힌두교의 심오한 우주관이나 인간관 그리고 중국 등 동아시아 문화를 배태한 유교의 인본주의 사상과는 달리, 단순히 창조주와 피조물 사이의 지배·복종 관계를 규정한 기독교 문화를 바탕으로 하여 강압적인 방법으로 인류를 그들의 지배 아래 복종시키려는 것이다.

또한 "선교사들이란 기독교 문명을 동양에 전파하는 개척자들입니다. 여러분들은 단지 신부나 목사일 뿐만 아니라 정치가들입니다. 아니, 정치가여야 합니다"라고 강조한 미국 제27대 대통령 윌리엄 태프트의 연설과 "배가 무르익어 수확을 기다리고 있다"며 하와이 왕국을 전복할 때가 왔음을 본국 정부에 보고한 파송 선교사들의 전문 내용이 바로 미국 선교사들의 정체성을 말하고 있다. 이러한 사실은 간계와 무력으로 하와이 왕국을 전복한 선교사들의 과오를 공식 사과한 1993년 11월 클린턴 대통령의 성명과 미 공법 제 103~150호로 의결·공포한 미 의회의 결의문이 증거하고 있다.

아울러 3.1 운동 직후 미 선교사 단체에서는 "우리는 3.1 독립 운동과 무관하다"는 성명까지 발표했다. 당시 브라운 선교사라는 자는 "만일 선교사들이 체제 순종 교육을 하지 않았다면, 한일 합방 이후 거국적인 혁명이 발생했을 것이다"며 선교사들의 친일 역할을 강조했다. 또한 천주교 신자였던 안중근 의사가 평양 성당에 마지막 미사를 요청하자, 살인자를 위해서는 미사를 올릴 수 없다고 평양 지역 대주교가 거절한 행태를 통해서도 당시의 상황을 알 수 있다.

그리고 1979년 전두환 일파의 12.12 군사 반란에 항거하여 일부 개신교 단체에서 목소리를 높이자, 미국 정부는 주한 미 대사관에 내린 훈령을 통해 "한줌도 안 되는 극소수의 기독교인들이 반정부 시위에 앞장섬으로써 한국 사회를 혼란시키고 있으니, 앞으로는 이들에 대한 모든 지원을 중단하겠다"고 경고했다. 이를 통해 미국 선교사들이나 이들의 영향권 아래에 있는 한국의 기독교계가 미국과 어떠한 관계를 맺어 왔는가를 쉽게 알 수 있다.

레이건 대통령 시절, 빌리 그래함 목사는 이른바 네오콘이라는 신보수주의 정책을 제창하며 중남미 국가들에 대한 미국의 추악한 비밀 전쟁을 옹호했을 뿐만 아니라, 무시로 한국을 방문하여 보수 교단은 물론 신군부 독재 정권과도 상당한 유대를 맺어 왔다. 최근에는 빌리 그래함의 아들인 프랭클린 그래함이 그 아비의 뒤를 이어 미국의 이라크 침략에 첨병으로 나서고 있다. 그는 기독교 근본주의를 앞세워 이슬람 국가들을 악의 온상으로 매도하면서 부시의 침략 전쟁을 옹호했다.[226] 아울러 미국 개신교계의 대표적 인물인 팻 로버트슨 목사 역시 미국 특수 부대를 파견하여 반미를 주장하는 베네수엘라의 차베스 대통령을 암살해야 한다고 공공연히 떠벌리고 있다.

따라서 미국이 말하는 기독교 정신은 비천한 마구간에서 태어나 십자가에 못 박힌 예수의 비폭력 혁명 정신을 계승하거나 인류의 암흑과 부패를 막는 빛과 소금의 역할을 하는 것이 아니라, 11세기 후반 로마 가톨릭의 십자군 전쟁과 마찬가지로 폭력적인 수단을 통해 지배권을 확보하려는 강자의 탐욕에서 비롯된 것이다. 이것이 바로 달러에 "In God We Trust"라는 문구를 인쇄해 놓고 신정 일치를 실천해 나가는 미국식 배금주의mammonism의 실체다.

날조된 신화

미국은 자신들의 야만성을 은폐하고 자국의 우월성을 지구촌 전역에 부각시키기 위해 수많은 신화를 날조했다. 황금을 약탈하기 위해 아메리카 대륙에 침입한 콜럼버스를 위대한 탐험가로 윤색하여 그들의 시조로 기리고 있으며, 음식과 황금을 찾아 인디언 원주민의 땅에 침입한 불한당과 알코올 중독자들을 '순례자의 아버지Philgrims' Father'로 묘사하고 있다.

또한 마치 강도들이 남의 물건을 노략질하기 전에 서로의 규율과 분배 방식을 정하듯이 메이플라워호를 타고 온 사람들이 정한 나름의 분배 방식과 공동체 질서를 '메이플라워호의 언약'으로 칭하면서 유일신과 그 백성 간에 맺은 거룩한 언약처럼 미화하고, 원주민들의 옷과 텐트와 양식으로 쓰이던 들소 떼를 붙잡아 사육하며 돈벌이를 하던 난폭한 목부들을 낭만적인 카우보이로 묘사하는 등, 그들의 신화 날조는 끝이 없다.

---

226) *Arab News*, 2004. 4. 20.

언론 자유의 상징처럼 알려진 세계적인 퓰리처상의 유래가 된 조지프 퓰리처(1847~1911)의 경우도 마찬가지다. 사실 그는 남북 전쟁 당시 전쟁의 참상을 마치 스포츠 게임처럼 흥미 위주로 보도하여 인기를 모았으며, 미국·스페인 전쟁 당시에는 아예 스페인 본토까지 점령하자며 여론을 선동했던 호전주의자였다. 바로 이런 자를 미국을 대표하는 유명 언론인으로 기리는 것만 보아도 미국 정신의 뿌리를 알 수 있다.

아울러 미국의 자본주의 발전에 지대한 공헌을 한 철강 왕 카네기와 금융가의 황제라 일컬어지는 모건 스탠리 역시 잔혹하고 부정직하기 이를 데 없는 인물들이었다. 이들은 정부의 비호 아래 신흥 산업국 미국의 철강과 금융을 독점했는데, 이들이 부설한 대륙 철도는 수많은 인디언 원주민을 학살하고 그들의 삶의 터전을 파괴한 결과다.

어디 그뿐인가. 자동차 왕으로 명성을 얻은 포드(1864~1947) 역시 미국 정부의 비호 아래 폭력배와 해결사를 동원하여 근로자들을 무자비하게 탄압했으며, 그것도 부족하여 1941년에는 정부로 하여금 노조 금지령까지 발동케 했다. 이는 자본주의의 상징인 미국의 부가 그들이 자랑하는 근면 성실한 청교도 정신에서 나온 것이 아니라 약탈과 착취에서 나온 것임을 보여준다.

또한 저들은 약탈과 착취에서 출발한 자본주의가 마치 민주주의의 상징인양 진실을 호도해 왔다. 그러나 물질을 본위로 하는 자본주의야 말로 가장 비인간적인 자본 독재를 뜻하며, 인간을 본위로 하는 민주주의와는 상극인 것이다.

2. 신자유주의의 정체

신자유주의는 한마디로 자본·노동·상품 등 기업 활동에 필수적인 유무형의 재산을 자유롭게 이동시킬 수 있도록 교역 장벽을 철폐하자는 것이다. 말하자면 19세기 후반부터 20세기 초반까지 대영 제국이 그들의 우월적인 경쟁 조건을 무기로 미국 등의 후발 산업 국가에 강권했던 자유방임적 시장 원리와 같은 것이다. 다만 과거의 교역 장벽 철폐 주장이 영국우위의 유형 상품을 무기로 삼은 반면, 현대의 신자유주의는 미국 우위의 금융 자본을 무기로 삼고 있다. 즉 G7 경제 대국 GDP 총액의 49.3%(2005년 기준)를 차지하는 막강한 힘을 가진 주식회사 미국을 통해 세계 경제를 장악하겠다는 의도이다.227)

전 지구촌을 미국의 핵미사일 사정권에 두는 미사일 방어 체제가 무력제국의 완성이라면, 신자유주의는 경제 제국의 완성을 의미한다. 신자유주의를 강제하는 것이 바로 1994년 4월 모로코에서 최종 합의된 우루과이라운드며, 이를 시행하도록 강제하는 국제 조직이 바로 1995년 1월 유엔기구로 발족한 WTO이다.

미 제국의 첨병, 국제 통화 기금(IMF)

세계의 기축 통화로 자리한 미국 달러는 지구촌 경제를 쥐락펴락할 만큼 강력한 위력을 발휘하고 있다. 이로 인해 미국 경제가 기침을 하면 많은 나라들은 감기에 걸리거나 심지어는 중태에 빠지는 것이 현실이다. 이처럼 달러의 위력이 막강하다보니 그들에게 미운 털이 박힌 이른바 악의축이라 불리는 국가나 불량 국가에 대해 경제 제재 등을 가하여 그 나라

227) *World Fact Book 2005*, CIA

의 경제를 마비시키고, 이로써 민중 폭동을 유도하거나 힘없는 민중을 굶주림으로 내몰고 있다. 이는 세계 2위의 산유국임에도 대다수 국민이 빈곤으로 신음할 수밖에 없는 이라크의 경우나 수백만 명이 아사한 것으로 알려진 북조선의 경우에서 잘 나타난다.

또한 세계적인 네트워크를 갖춘 미국의 투기 자본은 개도국뿐만 아니라 경제 선진국들까지 파산시킬 수 있는 막강한 위력을 행사하는데, 1976년 국가 부도 사태를 겪으며 IMF로부터 긴급 금융 지원을 받았던 영국이 그 대표적인 사례다. 그 후 영국은 경제적인 면뿐만 아니라 정치적인 면에서도 미국에 종속되었다.

아울러 중남미의 자원 부국인 브라질과 아르헨티나, 멕시코 등도 같은 운명을 겪으면서 후진 개도국 신세로 전락한 채, 대미 종속적인 경제 구조에서 벗어나지 못하고 있다.

1997년 7월 외환 파동을 겪은 인도네시아와 태국, 필리핀 등도 마찬가지며, 그 해 12월에는 우리나라 역시 같은 신세로 전락하여 이른바 IMF 신탁 통치 아래에 들어갔다. 외면적으로 볼 때, IMF는 184개국이 참가하여 1,920억 달러의 기금을 보유한 국제기구다. 그러나 대부분의 국제기구가 그렇듯이 이 또한 미국의 세계 지배를 위한 도구에 불과하다.228) 사실 IMF 자금은 달러를 기축 통화로 사용하기 때문에, 이 자금의 운용은 달러의 국제 유동성을 증대시키게 되고 이는 결과적으로 달러의 국제적 신인도 하락이라는 역효과로 이어질 수도 있다. 그럼에도 미국이 이러한 불이익을 감수하면서까지 IMF를 주관하는 것은 바로 전략적인 필요성 때문이다.

IMF가 미국 투기 자본의 무차별 공격을 받아 파산 상태에 처한 개도국에 긴급 구제 자금을 대출해주면서 제시하는 조건은, 자본 시장을 개방하

---

228) 개도국에 대한 지원을 빙자해 자금을 대출하거나, 계획적으로 외환 파동을 일으켜 긴급 구조 자금을 사용케 한 후, 이를 빌미로 자원을 수탈하거나 그들의 속국으로 만든다. 이러한 회유와 압력에 불응할 때는 정권을 전복하거나 지도자를 제거하는 것이 조폭이나 악질 고리 대금업자와 같은 미국의 수법이다. 이는 아시아·아프리카·중남미 등 자원 부국들이 후진 개도국에 머물고 있는 실태가 증명한다.

여 외자 유치를 촉진하고 기업 회계 처리의 투명성을 높이며 부채 비율을 줄이라는 것이다. 물론 기업의 회계는 투명해야 하고 부채 비율은 낮아야 한다. 그러나 그 속뜻은 두 번 다시 자주 경제 운운하며 미 제국 앞에서 고개를 세우지 못하도록 목줄을 채우려는 것이자, 제국의 투기 자본이 싱싱한 먹잇감을 쉽게 사냥할 수 있도록 빗장을 열고 장애물을 치우려는 것이다.

그 결과는 어떠한가? IMF 관리 이후 한국 돈이 급격히 평가 절하된 상황에서 외국 자본은 알짜배기 한국 기업들을 헐값에 사들일 수 있었다. 전문가들의 분석에 따르면, 1998년부터 1999년 중반까지 외국 자본의 주식 매매와 기업 매매를 통해 유출된 국부는 약 100조 원에 달한다고 한다.

부실기업이 가장 많은 곳이 미국이다

미국은 투기 자본의 본고장이라 할 수 있는데, 미국의 기업들이 IMF가 제시하는 선진 회계 기법에 충실하여 투명성과 낮은 부채 비율을 자랑하는 것은 결코 아니다. 노벨 경제학상을 받은 전 세계은행 부총재 조지프 스티글리츠 박사의 지적대로, "미국의 자본 시장이라는 사과 상자 안에는 썩은 사과가 한두 개 있는 것이 아니라 거의가 다 썩었다." 이는 미국의 대다수 회계 법인과 투자 은행, 그리고 증권 시장이나 뮤추얼 펀드 등이 명백하게 부도덕한 행위를 저지르고 있다는 이야기다.[229]

그 대표적인 사건이 바로 부시 진영과 정경 유착 관계를 형성하며 급성장한 것으로 보도된 텍사스 마피아 엔론의 회계 부정과 주가 조작 사건이다.[230] 이로 인해 수백 달러짜리 주식이 하루 만에 휴지 조각이 되어 수많은 투자자가 손해를 보았다. 엔론의 회계 부정 사건을 심리한 미 연방 법

---

229) 「한겨레신문」, 2004. 5. 24.
230) 엔론사는 신생 에너지 개발 회사로서 부시 진영 실세들과의 결탁을 통해 급성장한 것으로 현지 언론 등에 보도되었다.

원은 버나드 에버스Bernard Ebbers 엔론 회장이 110억 달러에 달하는 회사 돈을 빼돌린 것을 확인하고 그에게 중형을 선고했다. 이 밖에도 세계적인 통신 장비 업체 월드컴 등 미국 대기업의 회계 부정과 주가 조작 사건은 부지기수다.[231] 그럼에도 불구하고 미국은 상대방 국가들에만 시장 개방과 회계 투명성을 강요하고 있다.

우리나라 역시 1997년 11월, IMF의 가혹한 요구 조건을 무조건 수용하며 대출받은 긴급 자금으로 국가 부도 사태를 모면했다. 그러나 이로 인해 그들이 원하면 언제라도 한국의 자본 시장을 초토화할 수 있는 여건을 제공할 수밖에 없었으며, 아울러 대미 종속적인 경제 체제를 고착화시키게 되었다. 투기 자본의 공격에 대비한 방어 수단도 없이 미국의 요구에 무릎 꿇으며 1992년부터 앞 다투어 자본 시장 개방을 시작한 고위 경제 관료들, 그리고 미국 지식의 수입 판매상 역할을 해온 한국 개발 연구원 KDI을 비롯한 두뇌 집단의 함량 미달 정책이 화근이었음은 부인할 수 없다. 특히 이들은 한국보다 4개월이나 앞서 닥친 미국 투기 자본의 동남아 시장 공격을 보면서도, 환율 변동 폭을 확대하는 등의 적절한 대책은 세우지 않고 한국의 경제 동향에는 이상이 없다면서 헛소리로 일관했다. 또한 외환 위기가 임박한 상황에서도 무사안일로 일관한 김영삼 정부의 무능한 행태에도 중요한 책임이 있다.

그러나 우리 정부의 책임 못지않게 중요한 것은, 그동안 죽으라면 죽는 시늉까지 해 온 한국에 대해서조차도 경제 신탁 통치를 실행에 옮긴 미국의 음모라고 할 수 있다.

외환 파동의 본질

당시 GDP 대비 국가 부채 비율은 오히려 미국이나 독일보다도 낮은

---

231) *New York Times*, 2005. 3. 16.

상태였다는 사실로 미루어 보아 미국 정부의 금융 지원 없이 헤지 펀드의 힘만으로 한국 시장을 정복하기란 쉽지 않았다는 것이 국제 경제 석학들의 대체적인 분석이다. 다시 말해, 한국의 외환 파동은 경제력을 바탕으로 대미 종속적인 사회 구조에서 벗어나려 했던 한국 정부에 쐐기를 박으려는 미국의 음모가 숨어 있었다는 것이다.

이러한 주장은, 당시 위기에 처했던 우리 정부가 일본으로부터 차입한 단기 금융의 지급 기일을 연장받기 위해 재경부 고위 관리를 일본에 파견해서 교섭을 벌였고 일본도 한국 정부의 협조 요청을 호의적으로 수용하려 했으나, 이러한 사실이 알려진 직후 일본의 증권 시장 역시 투기 자본의 집중 공격을 받고 주가가 폭락하는 등 금융 시장이 요동쳤다는 점으로도 뒷받침된다. 심지어 당시 클린턴 대통령은 일본 수상에게 전화를 걸어 한국에 협조 융자를 해주지 말라고 말한 것으로 알려졌다. 또한 당시 재경부 차관의 회고록에 따르면, 클린턴은 1997년 11월 말 김영삼 대통령에게 전화를 걸어 "일주일 후면 한국이 부도 상태에 직면할 것이니 이를 해결하려면 국제 통화 기금의 신탁 통치를 받아야 할 것"이라고 말했다고 한다.

즉 헤지 펀드의 동남아 자본 시장 공격은 단순한 머니 게임이 아니라 미국의 세계 지배 전략의 일환으로 동남아 개도국에 대한 미국 정부의 길들이기였던 것이다. 그리하여 한국 정부는 1998년 5월 25일자로 자본 시장을 전면 개방하고, 이로 인해 외환 파동 직전인 1997년 5월, 20%(개인6%, 법인23%) 이하로 제한되었던 외국인 주식 보유 한도가 전면 철폐됨으로써, 이후 시가 총액 대비 외국인 주식 보유 비율은 2000년 26%(58조 2천 619억 원)에서 2002년 32%(97조 898억 원), 2003년 37%(147조 9천 263억 원)로 증가했으며, 2004년부터는 40%를 넘게 되었다.[232]

그리고 이 가운데 약 90% 이상이 단기 차익을 노리는 투기 자본이라는

---

232) 「2004년 말 현재 외국인 투자 동향」, 금융감독원.

점을 감안할 때, 한국의 자본 시장이 이미 이들 투기 자본의 영향을 받기 시작했다는 사실을 알 수 있다. 이는 또한 개인 투자자뿐만 아니라 공공 자금을 운용하는 기관 투자가 등도 외국 투기 자본가들에게 영향을 받을 수밖에 없다는 사실을 뜻하는 것이며, 우리 근로자들과 경영자들이 아무리 열심히 일해도 그 과실은 이들 투기 자본가들의 지갑 속으로 들어간다는 사실을 확인시켜 주는 것이다. 일례로, 1,700억 원을 SK(주)에 투자한 국제적 투기 자본인 소버린은 불과 27개월 만에 이를 매도하면서 투자 금액의 약 5배에 달하는 8,200억 원의 매매 차익을 올렸다.

2004년 말 현재, 투기 자본의 보유 주식 총액은 같은 해 국가 예산(일반 회계 111조 5천 140억 원)의 160%에 해당하는 거금으로, 만약 이들이 단시일 내에 자금을 회수한다면 한국 경제 전체가 마비될 수도 있다. 이러한 우려로 인해 2천억 달러를 상회하는 국가 보유 외환은 제대로 사용하지도 못하고 정부의 금고에 묶어둔 채 막대한 손해를 보고 있으며, 반면 투기 자본들은 한국 정부의 넉넉한 외환 덕분에 마음대로 증권 시장을 주무르고 있다.

이는 국내 증권 시장 규모에 비해 해외 단기 투기 자본이 과도하게 유입되었다는 증거이며, 동시에 한국의 경제 구조가 이미 외국 투기 자본의 손에서 벗어날 수 없는 처지임을 의미한다. 아울러 외환 자유화 정책은 부정한 방법으로 번 돈을 미국 등지로 빼돌리는 데도 한몫하고 있다. 한국인들을 상대하는 미국 금융권 관계자들의 추산에 따르면, 연간 100억 달러를 상회하는 검은 돈이 미국으로 빼돌려지고 있으며, 뉴욕 맨해튼의 초호화 콘도미니엄 서너 채 가운데 한 채는 한국인 소유라고 한다. 실정이 이런데도 마치 미국 돈에 걸신이라도 들린 것처럼 정부 기관이나 기업 가릴 것 없이 외국 자본 유치라면 옥석을 묻지 않고 유치하려고 야단법석이다. 옥석의 구분은 고사하고 오히려 국내 기업보다 우대하는 조건으로 외자 유치를 위해 애쓰고 있다. 이는 미국의 것이라면 쓰레기조차도 귀하게 여겨온 우리 사회의 저급한 정서를 반영하는 것이기도 하다.

이것이 미국에 대한 개도국의 경제 종속을 영속화하여 안으로는 미국의 경제를 성장시키고, 밖으로는 제국의 자리를 반석 위에 올려놓겠다는 세계화와 신자유주의의 실체이며, 이를 맹종하는 우리 사회의 경망스런 진면목이다.

세계 무역 기구WTO

WTO는 농수산물 등의 1차 산업과 공산품 등의 2차 산업은 물론이고 금융·서비스, 지적 재산권 등의 3차 산업을 망라한 모든 유·무형 산업에 대해 국가 및 지역의 보호 장벽을 철폐함으로써, 지구촌 시장을 하나로 묶고 경제 선진국과 후진국 사이의 격차를 줄여 인류의 공동 번영을 이루어 나간다는 그럴듯한 명분을 내걸고 있다. 이러한 제도의 필요성을 강변해온 미국과 그들의 가치를 금과옥조처럼 받들어온 이 땅의 고위 관료와 미국 지식을 수입 판매해온 사이비 학자들의 장광설을 듣노라면 그럴듯하게 들린다. 그러나 조금만 주의를 기울여 이해득실을 따져 보면, 이것이 얼마나 황당한 사기극인가를 쉽게 알 수 있다. 왜냐하면 세계 최대의 농산물 수출국이 미국이며, 공산품 시장을 좌우할 수 있는 것도 미국이고, 또한 지적 재산과 금융 산업의 메카도 미국이기 때문이다.

우선 국산 농산물에 대한 보호 장치가 철폐되면 한국과 같이 농토가 협소하여 농업을 기계화하기 어려운 나라는 물론, 2차 산업 기반이 부족한 농업 국가들은 국제 경쟁에서 도태되고, 미국과 같이 대단위 기계 영농 조건을 갖춘 나라만이 살아남게 된다. 그렇게 되면 국내 농가 수와 농산물 생산량은 급격히 감소하고, 그로 인해 농산물에 대한 해외 시장 의존도는 높아지게 마련이다. 그리고 농업 기반이 붕괴되어 주곡마저 해외 시장에 의존하게 되면 미국의 농산물 메이저들은 농산물 가격을 대폭 올릴 것이다. 그때에는 그들이 정하는 가격에 모든 농산물을 수입할 수밖에 없게 된다. 이것이 바로 미사일과 원자탄보다 더 두려운 식량 무기다.

그렇다고 정부에서 항상 농가의 가격 손실을 보전할 수도 없다. 왜냐하면 단지 정부의 과도한 재정 부담 때문만이 아니라, 이는 농산물에 대한 보조금 철폐를 골자로 하는 도하 아젠다Doha agenda에 위배된다. 이미 2005년 부산 아세아·태평양 경제 협력 기구(APEC)에서는 부진한 도하 아젠다를 강력히 실행하기로 합의한 상태다. 아직은 쌀 시장에 대한 완전 개방이 유예되고 있어서 쌀 자급 비율이 99.9% 수준을 유지하고 있으나, 정부의 쌀 수매 가격이 하락하고 외국산 쌀이 본격적으로 수입되는 시점에 이르면 주곡 등을 생산하는 국내 농가의 초토화를 충분히 예견할 수 있다.

다음으로 공산품의 경우, 수출에 의존하고 있는 한국의 경제 구조로 보아 얼핏 생각하면 큰 이득이 될 것처럼 보이나 이 또한 착각이다. 물론 관세 장벽 등의 각종 무역 규제가 철폐되면 당장은 공산품의 수출 증대 효과가 나타날 것이며, 특히 이로 인해 미국의 경제가 발전함으로써 당분간은 반사 이익도 얻을 수 있을 것이다. 이는 신자유주의 정책을 시행한 후 장기간의 불황을 지나 지속적인 회복 추세를 보이는 미국 경제를 보아도 알 수 있다.

그러나 장기적으로 보면, 기술 경쟁력과 부존자원이 빈약한 우리나라의 산업은 중국 같은 저임금 개도국들과 미국이나 일본처럼 기술과 자본이 앞선 나라들에 의해 앞뒤로 봉쇄당할 수밖에 없게 된다. 결국 한국을 포함한 개도국의 중소기업은 도산하게 되며, 국제적인 경쟁력을 갖춘 극소수의 대기업만이 생존하는 결과를 낳을 것이다.

그 단적인 현상이 바로 수출은 대폭적으로 증가해도 내수 경기는 별로 나아지지 않고, 거시 경제 지표는 양호하나 미시적인 민생 경제는 계속 침체에서 벗어나지 못하고 있는 지금의 상황이다. 이러한 증거는 국내 경기가 대기업과 일부 업종에만 편중되는 양극화 현상에서도 찾을 수 있다. 이 것이 바로 신자유주의와 세계화의 후유증이 현실화되고 있다는 증거다.

2005년 현재 삼성을 비롯한 소수의 재벌 기업들은 전체 수출액의 약 70%(2003년 이전까지는 50%대), 그리고 상장 기업 경상 이익의 3분의 2 이상을 점하고 있는데, 이들 대기업 주식 지분의 절반 이상은 미국의 투기 자본이 차지하고 있다. 여기에 서민 은행을 자처해온 국민 은행조차도 발행 주식의 85.8%(2005년 11월 10일 기준)를 외국 자본이 소유하고 있으며, 시중 은행 전체 주식의 60%이상을 이들이 소유하고 있다. 따라서 시중 은행들은 금융 기관이 아니라 거대한 전당포가 되었고, 증권 회사의 주식 역시 40% 이상을 이들이 보유함으로서 이들 증권 회사들도 이제 기업에 대한 자금 조달 창구이라는 본래의 기능보다는 적대적 인수·합병 등, 자본 투기를 조장하는 카지노 회사로 변하고 있다.

더욱 우려되는 점은, 재벌 기업들이 비록 현재는 국제 경쟁력을 갖추어 약진하고 있으나, 이들 기업 역시 10~20년 후를 장담하지 못한다는 점이다. 왜냐하면 핵심 기술이 빈약하여 중요한 부품은 수입에 의존하고 있기 때문이다. 가령 현대나 기아차는 미쓰비시와 마쓰다 엔진을 복사해 왔고, 대우차나 쌍용차 역시 지엠·오펠·벤츠 같은 미국·유럽 자동차의 핵심 부분을 복사해 왔으며, 삼성의 전자 부문 또한 핵심 소재의 상당 부분을 해외에서 수입해 오고 있는 실정이다. 만약 이런 주력 기업들조차도 지속적인 우위를 지켜내지 못한다면, 10~20년 후의 우리 경제는 신자유주의의 대표적인 희생양이 될 것임에 틀림이 없다. 이는 국제 경제의 호황 속에서도 한국 경제가 불황의 늪에서 헤어나지 못하고 있는 현실과도 밀접한 관계가 있다.

미국의 선전대로 세계화와 신자유주의가 그렇게 훌륭한 제도라면, 미국은 19세기 초부터 20세기 초반까지 한 세기가 넘는 기간 동안 구미 산업국 가운데 가장 철저한 보호주의 정책을 견지하지는 않았을 것이다. 당시 영국·프랑스·독일을 비롯한 경쟁 상대국의 평균 관세가 10% 내외였던 반면, 미국의 평균 관세는 50%대에 육박할 정도였다. 이러한 사실은 앞서 서술한 모릴 법안 등과 조선 말기인 1889년 8월, 초대 주미 특명 전권 공사로 미국에 머물다 돌아온 박정양의 출장 복명서에도 상세히 기록되어 있다. "그들의 재정은 항세(관세)가 으뜸이요, 그 다음이 담배와 술에 대한 세금 (…) 그래서 입구세(관세)를 감할하자는 논의가 일고 있다. 만약 감할할 경우 타국의 값싼 화물이 급증하게 되면 국민은 사 쓰는 것이 늘게 되고, 제조업이 부진해져 궁극적으로는 재정이 빈곤해지니 이를 시행치 않는다." 미국의 산업은 바로 이렇듯 가장 철저한 보호주의 경제 체제가 유지되던 시기에 눈부신 성장을 이룩했다.

이처럼 불공정하고 불평등한 기만극을 마치 금과옥조인양 선전하는 이 땅의 숭미 어릿광대들은 지난 19세기 무렵 자유 무역을 제창하며 자본주의를 발전시켰던 영국과 같은 나라들의 번영을 논거로 제시한다. 그러나 영국 역시 아시아와 아프리카 식민지로부터 자원을 수탈한 후 이를 가공 수출하여 이미 경쟁력을 확보한 상태였으며, 그 이전까지는 주변 유럽 국가들에 대해 철저한 보호주의 정책을 펴왔다. 아울러 1960년대 들어 경제 성장이 멈추었던 미국이 신자유주의를 실시한 후 서서히 원기를 회복하고 있다는 사실도 간과해서는 안 될 것이다.

셋째, 노동 시장에 관한 문제를 살펴보면, 비록 단기적으로는 저임금을 찾는 해외 자본을 유치하여 일자리를 늘리고 기술 전수와 함께 노동의 질을 높일 수 있는 긍정적인 효과가 있다 하더라도, 장기적으로는 개도국들의 저임 경쟁을 촉발하여 오히려 노동자의 생존 여건을 악화시키고 아울러 투기 자본이 보다 쉽게 치고 빠질 수 있는 풍토만 생길 것이다. 그렇다고 선진 기술이 전수되어 개도국들의 기술력이 크게 향상되는 것은 결코 아니다.233) 왜냐하면 핵심 기술은 그들이 거의 모두 갖고 있으며, 이는 또

---

233) 국내에서 사업을 하는 209개의 다국적 기업을 대상으로 실시한 과학 기술 정책 연구원의 최근 조사에 의하면, 이들 중 85%에 해당하는 기업들은 한국에 기술 이전을 하지 않았다

한 철저한 지적 재산권으로 보호되기 때문이다.

신자유주의라는 미명 아래 노동 시장의 유연화를 여과 없이 수용한 이후, 전체 노동자의 절반 이상이 비정규직 신분으로 내몰린 채 저임에 허덕이고 있는 한국의 현실에서 잘 나타난다. 더욱이 이들은 정규직 평균 임금의 절반에도 미치지 못하는 저임금에 혹사당하고 있으며, 이로 인해 이들의 삶의 질은 점차 황폐화되어 가고 있다.

소위 무한 경쟁이라는 미명 아래 도입된 노동 시장의 유연화는 노동자에 대한 사용자의 임금 착취, 저임 노동자의 양산, 고용 시장의 불안, 사용자에 대한 노동자의 노예화, 비정규직에 대한 정규직의 노동 착취 등 계층과 계급 사이의 대립을 심화시킴으로써 결국 공동체 윤리와 사회 정의는 고사될 수밖에 없다. 물론 이는 한국만의 현상이 아니다. 노동자의 권익이 가장 잘 보장된 독일과 프랑스에서도 임금 하향 현상은 계속되고 있다. 독일에 본사를 둔 세계적인 기업 지멘스가 임금이 저렴한 이웃 헝가리로 사업장을 옮기겠다고 하자 독일 근로자들도 마지못해 임금 삭감에 동의하고 노동 시간을 늘리라는 사용자의 요구 조건을 수용했다. 최근 프랑스 역시 종래의 주당 36시간이던 노동시간을 48시간으로 늘린다는 계획이다. 그러나 경제 협력 개발 기구(OECD) 회원국 가운데 비정규직 근로자가 전체 근로자의 절반을 넘고, 주당 노동 시간이 제일 긴 나라는 한국뿐이다.

넷째, 생태계 파괴에 관한 문제를 살펴보면, 신자유주의 체제 하에서 살아남기 위해서는 생산 원가에 포함되는 환경 보존 비용도 낮추어야 하므로, 지구촌의 환경 파괴를 가속화시키는 결과를 초래하게 된다. 자칫 인류의 파멸을 불러올 수도 있는 지구촌 환경을 보호하기 위해 1997년 12월에 교토에서 개최된 국제 환경 협약에 대해, 미 상원은 95대 0으로 비준을 거부했다. 전 세계에서 가장 많은 이산화탄소를 배출하고 있는 나라가 바

고 발표한 바 있다.

로 미국이기 때문이다. 실제로 2002년도 미국의 CO_2 배출량은 중국과 유럽 연합 25개국의 배출량을 합한 것과 거의 비슷한 5,410만 톤이다. 따라서 만약 이를 규제하게 되면 미국 기업들이 심각한 타격을 받을 수밖에 없는 것이다.[234] 그러나 이로 인해 인류가 당면할 대재앙은 2004년 12월의 쓰나미 해일과, 2005년 9월의 허리케인 카트리나를 통해 이미 그 서막을 알리고 있다.

마지막으로, 교육·법률·의료 등의 각종 서비스 분야와 지적 재산권, 그리고 금융 분야에 대한 규제 철폐 역시 개도국에게는 빛 좋은 개살구에 불과하다. 왜냐하면 이 분야에서 미국이 그야말로 압도적인 우위를 점유하고 있기 때문이다. 특히 양질의 서비스 운운하는 선전은 이를 이용할 수 있는 소수에게만 해당되는 것이므로, 오히려 더불어 사는 공동 사회를 양극화시키는 폐단만 가져오게 된다.

물론 이 분야에 대한 보호 장벽 철폐로 그간 대표적인 철 밥통 집단으로 지탄받아 온 교육계, 법조계, 의료계 등의 질적인 향상도 어느 정도는 기대할 수는 있겠으나, 결국 국민의 교육은 천박한 미국 문화에 종속되고, 또 사회 윤리와 도덕 역시 뿌리 없는 미국적인 가치에 종속됨으로써, 궁극적으로는 미 제국의 변두리에서 기생하는 하등 민족을 양산하는 결과를 가져올 수밖에 없다. 아울러 국민의 건강권 역시 유전무병有錢無病,무전유병無錢有病이 될 수밖에 없을 것이다.

그리고 이른바 지적 재산권이라는 특허 관련 시장 역시 세계의 물질문명과 선진 과학 기술을 거의 독식하고 있는 미국을 위한 것임에 의심의 여지가 없다. 이는 마이크로소프트가 전 세계의 신경망이라고 불리는 컴퓨터 산업을 독점하다시피 하며 횡포를 자행하고 있는 점과 조류 인플루엔자 예방 백신(타미플루) 등 치명적인 질병들에 대한 치료제 역시 제조 회사의 지적 재산권 주장으로 인해 저가 공급이 차단되고 있는 사실로도

---

234) *ABC News*, 2004. 10. 22.
   CBC News(Canada), 2005. 4. 13.

확인할 수 있다. 그러나 사실 과거 20세기 초반까지도 미국은 주변 유럽 국가들의 특허권을 존중하지 않았으며, 오히려 남의 기술 베끼기에 몰두하여 건국한 지 불과 200여 년 만에 세계 최고의 기술 대국이 되었던 것이다.[235]

보호 무역의 대표적 국가가 미국이다

신자유주의가 인류 공영에 기여한다는 미국의 선전이 얼마나 황당한 사기극인가는 앞서 서술한 사례들을 통해 확인했다.

이처럼 신자유주의를 선전하는 미국의 의도가 백일하에 들어났음에도 앵무새 같은 친미 경제학자와 보수 우익 언론 등, 미국의 것이라면 검정 숯도 희다고 우겨대는 영악한 바보들은 신자유주의의 시장 경제가 결국 상품의 가격의 인하를 유도하고 고용을 창출하게 됨으로 궁극적으로는 세계 경제를 발전시킨다며 신자유주의적 시장 경제를 예찬하고 있다. 이러한 궤변은 자본가의 이윤 추구만을 전제로 한 미국식 자본주의의 속성조차도 모르는 무식한 소리가 아니면, 의도적으로 이를 왜곡하려는 대對 국민 기만극에 불과한 것이다.

특히 신자유주의의 핵심은 자본 시장의 지배를 통한 소수 자본가의 이윤 추구에 있기 때문에 기업의 이윤이 커지게 되면 투자자의 이익이 커지는 것이지 상품 가격이 하락하지는 않는다는 점이다. 오히려 무자비한 경쟁에서 살아남는 소수의 기업은 독과점적인 지위를 이용하여 상품 가격을 상승시킬 것이므로 궁극적으로는 소비자의 부담만 가중시키는 결과를 가져오게 된다. 이는 농가를 황폐화시킨 후 농산물 값을 올린다는 전략과 별로 다르지 않다. 그리고 만일 이들의 계산대로 수익이 발생하지 않으면 언제라도 이들 투기 자본은 기업의 주요 자산을 매각한 후 껍데기만 남겨

---

235) 장하준, 형성백 옮김, 『사다리 걷어차기』, 부키, 2004.

둔 채 철수할 것이다.

따라서 최종적인 피해자는 그 기업을 배태시킨 개도국과 그 국민이 될 것임에는 의문의 여지가 없다. 또한 이는 미국 자본이 지배하는 기업은 오로지 주주에 대한 배당에만 몰두하고, 유럽 자본이 지배하는 기업은 노동자와 지역 사회의 발전에도 상당한 기여를 하고 있다는 평범한 사실로도 이해할 수 있는 것이다. 이러한 신자유주의는 궁극적으로 노동자·농민뿐만이 아니라 일반 대중의 소득을 감소시키게 됨으로써, 국민의 복지는 줄게 되고 공동체의 윤리는 파괴될 수밖에 없다.

이로 인한 부의 양극화 현상은 2005년 8월 25일자 유엔 보고서에서도 분명히 나타난다. 지난 40년간 경제 부국 20개국의 GDP는 약 3배로 증가했는데 반해 빈곤한 20개국의 소득은 제자리걸음을 하고 있으며, 1960년대 전 세계 인구 중 상위 20%와 하위 20%의 소득 격차는 약 30배였으나 신자유주의가 전세계를 휩쓴 20세기 말에는 그 격차가 약 80배에 달하게 되었다. 국내 역시 2%의 자산가가 56%의 금융 예금을 갖고 있다는 2004년의 통계와, 2005년도 종합 토지세 부과 대상 토지의 51%를 소수 1%가 소유하고 있으며, 91.4%의 토지를 10%의 소수가 보유하고 있다는 정부의 통계가 증거하고 있다.

아울러 국민의 기본적인 주거 생활까지 위협하는 최근의 주택과 토지 가격 폭등 역시 신자유주의와 시장 경제를 맹종해온 우리 정부의 한심한 정책이 화근이었음은 의문의 여지가 없다. 즉 국토의 효율적인 관리와 국민의 주거 안정을 위해 설립된 토지 공사와 주택 공사 등 공기업에게까지 시장 경제 원칙과 이윤 창출을 강요해온 냄비 행정의 결과인 것이다. 특히 2005년도 국민 총생산은 4% 이상의 성장을 기록했으나 국민 총소득은 제자리걸음이라는 정부의 통계를 보아도 미국의 신자유주의가 지구촌 공영을 위한 것인지 지구촌 공멸을 위한 것인지를 분명히 알 수 있다.

이처럼 미국이 제창한 신자유주의는 지구촌의 경제 정의를 파괴하고 나아가서 계층 및 계급의 양극화를 심화시킴으로서 궁극적으로는 인류를 파멸 상황으로 몰아가고 있다. 이것이 바로 카지노 자본주의로 불리는 미국식 신자유주의 사회가 당면할 위기이며, 마르크스의 예언대로 자본주의의 정점인 동시에 몰락의 시발인 것이다.

자본주의란 인간의 본능인 이기심에서 비롯한 것이며, 각각의 이기심은 상호간 충돌하기 마련이다. 이러한 충돌을 조정하는 것이 국가나 사회의 기능인데, 이러한 인위적인 규제와 조정조차도 없애자는 것이 바로 신자유주의의 핵심이다. 쉽게 말해 전지구촌을 거대한 노름판으로 만들자는 것이다. 도박에서는 속임수에 능하고 보유 자본이 넉넉한 사람만이 항상 이길 수밖에 없다는 불변의 법칙을 안다면 신자유주의가 추구하는 카지노 자본주의가 어떤 것인지도 쉽게 알 수 있다.

특히 달러가 전 세계의 기축 통화로 자리한 마당에 미국은 두려울 것이 없다. 돈이 모자라거나 넘치면 수급을 조절하면 되고, 달러 과다 보유국에 대해서는 당사국 화폐의 평가 절상을 강제하거나 이를 금고에 넣어두도록 압박하면 된다. 이는 현재까지 국제적으로 달러에 대적할 만한 수단과 이를 감시할 공정한 국제기구가 없는 상황에서 여러 나라들이 수출을 증대시키기 위해 높은 달러 가치를 스스로 유지하려고 노력하고 있고, 외환 파동을 예방하기 위해 막대한 달러를 금고 속에 보관해두는 한, 이러한 방법을 사용하는 데는 별 어려움이 없을 것이다.

신자유주의와 세계화에서 미국은 예외다

신자유주의와 세계화를 앞세워 가장 기승을 부리는 것이 바로 투기 금융 자본에 의한 개도국 경제의 종속이다. 앞서 서술한 바와 같이 1998년도에는 불과 17%대에 머물던 한국 증시의 외국인 지분율이 2004년 이후 전체 상장 주식 시가 총액의 40% 이상을 점유하고 있는 상황에서 그들이 마음만 먹으면 언제라도 한국 경제를 뒤흔들 수 있는 것이다.

반면에 그들은 이러한 신자유주의로 인해 미국이 불리하거나 손해를 볼 우려가 있을 때에는 예외 없이 소위 '수퍼 301조'라는 자국법을 펴놓고 자국 산업의 피해 운운하며 상대 국가의 수출을 봉쇄하고 있다. 즉 상대국에 대해서는 인적·물적 교류를 가로막는 장벽을 거두라고 강요하면서도 정작 그들은 폐쇄적이다.

또한 신자유주의와 세계화를 말하면서도 외국인의 미국 입국은 금지를 원칙으로 하고 있으며 단지 예외적인 경우만 입국을 허용하고 있는 것이 미국의 입국자 관리 정책이다.

특히 최근에 와서는 처음 미국에 들어오는 외국인에게 열 손가락의 지문을 찍도록 강제했는데 이는 모든 입국자를 잠재적인 우범자로 본다는 뜻이다. 아울러 미국의 영공을 통과하는 모든 민항기의 탑승자 명단까지 미리 제출하라는 억지까지 서슴지 않고 있는 것이 현실이다.

이러한 억지는 미국이 기피하는 반미 성향의 인물에 대해서는 해외여행조차 못하게 하려는 의도에서 비롯한 것이며, 필요시는 기피 인물이 탄 민항기를 격추시킬 수도 있다는 끔찍한 가능성을 상정하지 않을 수 없는 것이다. 자국을 위해서 상대방의 문은 무조건 열어야 하고, 반대로 내 문은 필요할 때만 열겠다는 것이 미국의 속뜻이다. 이것이 바로 제국帝國과 후국侯國간의 차이이며 미국과 한국의 차이다.

한편 미국은 자신들이 인류 사회의 윤리와 정의를 파괴함으로서 테러가 발생하는 원인은 무시하고 각종 법규를 제정하고 있다. 미국을 본 딴 한국 역시 테러 방지법 제정이니 테러 방지 기구 신설이니 하며 테러의 원인은 외면한 채, 인권 유린과 혈세 낭비를 초래할 제도 수립을 구상하고 있다.

그러나 우리가 취해야할 테러 예방책은 미국을 쫓아 대對테러 기구를 만드는 것이 아니라 사회 윤리를 정립하고, 그들의 약탈 전쟁에 불려나가 병장기 노릇이나 하는 우를 범하지 않는 것이다. 차라리 그곳에 쓸 예산 으로 테러의 동기가 되는 불공정하고 불공평한 사회 제도를 개선하고, 만 인에 대한 만인의 투쟁을 부추기는 천민자본주의 정서를 치유하는 데 사 용한다면 보다 효과적인 테러 예방 대책이 될 것이다.

베스와 자리공이 이 땅의 생태계를 파괴한다

지난 2000년 1월, 스위스에서 개최된 다보스 포럼에서 빌 클린턴은 WTO는 "인류의 공영을 위한 제도"라며 신자유주의와 세계화를 선전했 다. 당시 김대중 대통령도 디제이노믹스DJNOMICS를 주창하며 맞장구를 쳤고, 그를 이은 노무현 대통령 역시 시장 경제와 경쟁력 강화를 주장하 며 한치 앞을 내다보지 못하고 미국의 주장을 일방적으로 수용하는 경박 함을 보여 주었다. 경제 문제에 대한 두 대통령의 자신감이 상고에서 배 운 주산과 부기 정도의 실무 능력에서 나온 것인지는 알 수 없으나, 이로 인해 국가의 주요 산업은 해외 투기 자본의 수중에 들어갔으며, 또한 사 회 정의를 파괴하고 양극화를 심화시켜온 불평등 구조에 대한 개혁은 고 사하고 민생 경제조차도 얼어붙게 만들었다.

이는 마치 토종 잉어·붕어·송사리 등을 싹쓸이하며 하천 생태계를 파 괴시키는 미국산 베스(일명 민물 농어)와 황소개구리 등을 국민의 영양 섭 취용으로 미국에서 수입했던 과거의 한심한 작태와 별로 다를 바가 없다. 그렇다보니 요즈음은 미국 산 베스와 블루길 등의 포식으로 인해 토종 송 사리는 천연 기념물이 되었으며, 다년생 미국산 자리공으로 인해 들판의 생태계는 파괴되고 토양은 산성화되어가고 있다.

특히 북미산 돼지 풀은 식물 생태계 파괴뿐만이 아니라 알레르기성 비 염과 눈병을 일으키며 인간의 건강마저 위협하고 있다. 이것이 바로 미국 이 선전하는 세계화와 신자유주의를 맹종하는 우리 모두가 겪게 될 황폐한 삶의 예고편이다.

물론 보호주의가 반드시 옳다거나 반세계화가 절대 선善이라는 것은 아니며, 경쟁력을 높이는 것이 나쁘다는 뜻은 결코 아니다. 또한 보호주의만 강조해서는 국제 사회에서 생존해 나가기가 어려우며, 경쟁 없는 사회는 퇴보할 수밖에 없다는 것도 엄연한 사실이다.

그러나 때와 장소를 가리지 않고 부추기는 맹목적인 시장 경제 논리는 오히려 사회 전체를 난장판으로 만들고 더 나아가 공동체 사회를 파탄시키는 지름길이라는 사실도 깨달아야 한다. 즉 경쟁 논리에는 공정한 규칙이 있어야 하며 경쟁 여건이 미비한 상대에게는 이를 보완할 제도적인 장치도 마련해주어야 하는 것이 공정 경쟁의 필수 조건이다. 이는 대형 할인 매장과 동네 구멍가게를 한 곳에 몰아넣고 자유 경쟁을 시킨다면 그 결과를 지켜볼 필요도 없는 것과 같다.

이처럼 상대적 약자에 대한 보호 장치도 없이 무한 경쟁만 강조하는 것은 마치 헤비급과 플라이급 선수를 같은 링 위에 올려놓고 둘 중 하나가 쓰러질 때까지 싸우게 하는 폭거와 다를 바가 없는 것이다.

망국의 지름길, 무분별한 시장 논리

사회 전체가 시장판이 되면 그때부터 공동체 윤리는 사라지게 되고, 사회는 무자비한 난장판이 되고 만다. 우리가 눈으로 보고 있는 미국의 신자유주의의 본질이 바로 난장판을 촉진하는 시장 논리이다. 이렇게 되면 은행 금고를 터는 것도 생존 경쟁에서 살아남기 위한 수단이 될 것이며, 위조지폐를 찍어내는 것도 난장판에서 생존해 나가는 한 방법이 될 수 있을 것이다.

왜냐하면 사회 제도가 가진 자의 편이고, 결과만을 중시하는 난장판인데 수단과 방법을 가릴 이유가 없기 때문이다. 이는 2005년 9월 미국의 뉴올리언스에서 허리케인 재해가 발생했을 때 보여준 미국인들의 약탈 등 무질서와, 같은 해 가을 파키스탄의 카슈미르 인근에서 발생한 대지진 참사 때 피해 지역 주민들이 보여준 성숙한 시민 의식을 비교해 보아도 쉽게 알 수 있다. 이러한 사회적 불안 현상은 신자유주의를 주도해온 미국 사회에서 이미 나타나고 있다.

인권 보장과 민주주의를 최우선 가치로 내세우는 미국임에도 2004년 6월 말 현재 연방 및 주 교도소 등지에 수감된 미국인의 수는 210만여 명에 달하고 있으며, 이는 미국인 138명 중 1명(한국은 약 820명 당 1명)이 교정 시설에 수감되어 있다는 의미이다. 특히 이 비율은 세계 인구 5%에 불과한 미국이 전 세계 수감자 수의 25%이상을 차지한다는 것을 말하며, 또한 1990년 이후 수감자의 수가 연 평균 6%씩 가파르게 증가한다는 사실은 난장판으로 변한 미국 사회를 단적으로 증거하고 있다.[236]

반면에 이러한 난장판에 적응하지 못하는 사람들이 마지막 택하는 수단은 자살이다. 이는 신자유주의와 세계화에 걸신이라도 들린 것처럼 온 국민을 난장판으로 내몰고 있는 한국이 OECD 국가들 가운데 자살률이 가장 높다는 사실로도 확인할 수 있다. 이러한 파멸적인 사회를 예방하는 것이 시장 경제를 적절히 조정하고, 개입하는 국가의 기능이다.

신자유주의는 국가 등의 간섭과 개입을 최소화하자는 것이다. 따라서 이를 효율적으로 관리할 국제적인 장치가 있을 리 없고, 또 한 나라의 힘으로 국경을 초월하는 신자유주의의 괴력을 전부 막을 수는 없으나 그 피해를 최소화할 수는 있을 것이다.

그러나 진정한 민주 사회를 실현하기 위해서는 상충되는 자유와 평등에 대한 조화가 필요하듯이 공정한 경쟁을 위해서는 맹목적인 시장경제에 대한 국가의 개입이 필요한 것이다. 물론 부정과 비리의 온상 역할을

236) *BBC News*, 2000. 2. 15.
US Bureau of Justice Statistics Bulletin, 2003. 7.
AP, 2005. 4. 25.

해온 과거 정부의 행태에 비추어 자칫 국가 권력의 시장 개입은 득보다 실이 클 수도 있다. 그러나 지금의 국가 기관은 과거에 비해 투명해졌고, 이를 감시할 제도도 보완되고 있다. 따라서 신자유주의로 인한 경제 파탄과 양극화 심화를 막기 위해서는 해외 투기 자본에 맞서고 나아가 공정분배 실현을 위한 국가의 적극적인 시장 개입이 필요한 것이다.[237]

특히 인류의 모든 분쟁이 불공정과 불평등에서 유래한다는 사실로 볼 때, 인간을 나태하게 만드는 평등주의보다 더 무서운 것이 바로 인류를 멸망으로 만들 수도 있는 신자유주의이다.

비록 분배의 평등을 우선시한 공산주의가 쇠퇴하고 자유방임을 강조한 자본주의 체제가 이 시대의 키 워드로 자리하고 있다 해도 이 역시 완벽하고 지속 가능한 것은 아니다.

그러나 미국식 신자유주의를 맹종하는 이 땅의 보수 우익 계층과 숭미 경제학자들은 예나 지금이나 파이를 키워서 나누자며 한국 사람들이 별로 좋아하지도 않는 파이 부풀리기 타령만 늘어놓고 있다. 그렇다면 오늘날 한국의 당면한 경제 난국이 파이의 절대적 결핍 때문인가, 아니면 상대적 박탈감 때문인가? 이는 파이의 소수 집중으로 인한 상대적 박탈감 때문이며, 또한 파이가 커질수록 가진 소수의 몫만 커지기 때문이다. 또한 국가의 경제를 쥐락펴락하는 국내의 대기업들은 투자할 돈이 없어서가 아니라 투자할 곳을 찾지 못해서 투자를 늘리지 않고 있으며, 대다수의 대중은 소비할 여력이 없으므로 불황의 골이 깊어지고 있다.

이처럼 공정한 분배가 이루어지지 않다보니 계층·계급의 양극화는 심화되는 것이다. 그 대표적인 사례가 바로 사회 복지 분야에 대한 정부의 재정 지출은 OECD 평균의 3분의 1에도 미치지 못하고 있다는 점이다. 그럼에도 보수 우익들과 사이비 개혁 세력들은 경제 난국의 원인이 마치 분

---

237) 해외 투기 자본이 최대 주주로 있는 유망 대기업 등에 정부의 연기금을 적정 규모로 투자하여 토종 기업이 창출한 막대한 이윤이 해외로 유출되는 것을 막고, 투자와 분배를 촉진하여 국가 경제를 부양할 수 있다.

배에 대한 과도한 요구 때문인 것처럼 사실을 호도하고 있으며, 이러한 문제점을 지적하거나 이에 대한 정부의 적극적인 개입을 강조하면 시장 경제를 부정하는 좌파로 몰아 색깔 공세까지 퍼붓고 있다.

그러나 미국식 자본주의든 북유럽식 자본주의든, 시장 경제든 계획 경제든 국민의 생활을 골고루 향상시키는 것이 가장 중요한 것이지 좌·우 색깔 논쟁이 중요한 것이 아님은 물론이다. 중국의 개혁·개방을 선도한 덩샤오핑의 지론대로 검은 고양이든 흰 고양이든 쥐만 잘 잡으면 되는 것이지 고양이의 색깔을 따질 이유가 없는 것이다.

한국의 자본주의는 출발에서부터 현재까지 'Money Talks'로 대변되는 미국식 자본주의 논리를 지상 명령으로 받들어 왔다. 또한 무분별한 경쟁력 강화는 계층 사이의 대립뿐만이 아니라 지역 간에도 대립과 갈등을 부추겨 님비(Not In My Back Yard)와 핌피(Please In My Front Yard) 현상으로 나타나고 있다.

신자유주의의 대부 조지 소로스의 말대로 "성공적인 자본가가 되려면 도덕에 눈을 감으라, 만약 내 투자가 도덕에 미칠 영향을 고려했다면 나는 투자에 실패했을 것이다"라는 고백대로 비윤리적인 방법으로라도 축재를 하는 것이 신자유주의 시대의 선이 되며 미국식 자본주의의 정의가 되는 그런 사회를 만들어서는 결코 안 된다는 것이다.

미국은 신자유주의로 망한다

이렇듯 인류의 경제를 약육강식의 법칙대로 내버려두자는 정글의 논리가 바로 신자유주의이고 세계화다. 한 우리 속에 모든 동물을 함께 가두고 서로 싸우게 만드는 것과 같은 신자유주의 사회에서, 다른 동물을 해코지할 줄 모르는 초식 동물들은 물론이고 힘없는 육식 동물들조차도 맹수의 밥이 될 것이다. 지금 헤비급의 무법자가 미국이요, 피 묻은 이빨을 드러내며 먹이 감 사냥에 열중하고 있는 맹수가 바로 미국이니 누가 일차적으로 희생될 것인가는 자명한 이치이다. 따라서 저들이 말하는 신자유주의와 세계화는 바로 미국의, 미국에 의한, 미국을 위한 것이며, 무력으로 잡은 세계 지배권을 금력으로 이어가겠다는 책략에서 비롯한 것이다.

그렇다고 신자유주의가 제국의 영속성을 담보하는 것은 결코 아니다. 그 이유는 앞서 설명했듯이 국가적으로는 미국을 위한 것이고 국내적으로는 소수의 백인 지배 계층(WASP)이 그 과실을 독차지하는 신자유주의가 언젠가는 미국조차 황폐화시킬 것이기 때문이다.

이는 사회 복지 예산의 축소로 인해 미국의 수도 워싱턴의 유아 사망 비율은 이웃나라 자메이카의 유아 사망 비율을 능가하고, 미국 노동자의 시간당 실질 임금은 오히려 20~30년 전보다 10% 이상 하락했다는 사실로도 확인할 수 있다. 또한 노벨 경제학상 수상자 스티글리츠 박사 등 여러 석학들은 미국인 가운데 4분의 1은 태어나면서부터 죽을 때까지 빈곤에서 벗어나지 못하고 있음을 진단하고 있다.

이로 인해 지금 미국 사회는 극심한 부의 편중 현상을 보이고 있으며, 이러한 미국의 신자유주의를 맹종하는 한국 역시 양극화 현상이 날로 심화되고 있다. 세계가 한마당이 되면 세계 시장 속의 재화도 한마당에서 돌게 된다. 또한 인류가 열심히 노력한다고 해서 일정한 시공 속에 있는 부가 무한대로 창출되는 것도 아니다. 금융 자본주의에서는 더욱더 그러하다.

따라서 특정 국가와 소수 자본가에게 부가 편중되는 것은 다른 개도국과 저임 근로자의 빈곤을 심화시키게 되는 것이고, 궁극적으로는 부유한 나라와 가진 자도 편안히 살 수 없는 투쟁의 사회가 되는 것이다.

인구 비례 수감자 수가 가장 많은 나라가 미국이라는 사실이 말하듯이, 미국의 식민 지배를 받으며 미국식 자본주의가 정착된 이웃 필리핀에는 상인들이 작은 구멍가게에도 쇠창살을 치고, 소규모 편의점에는 자동 소총으로 무장한 경비원을 두고 있다. 이는 일반 주거 시설보다 죄인을 가둘 감옥을 더 많이 지어야 할 세상이 올 수도 있다는 예고인 것이다.

이것이 무엇을 말하는가?

인류의 종말은 하늘에서 유황비가 내리는 날이 아니라, 제국주의자들과 이를 맹종하는 천민들의 끝없는 탐욕으로 인해 인류 공동체가 종말을 맞이할 날이다.

비밀 해제 참고 문건

다음은 지은이가 이 책을 쓰면서 참고한 비밀 해제 문건이다. 자료가 방대하여 아주 간략한 개요만 싣는다. 이 자료가 필요한 독자는 지은이에게 연락하면 자료를 제공받을 수도 있다. 연락처는 myway564@naver.com이다.

1. 쿠바

문서 이름

노드우드 작전에 관한 미 합참 문건 등(1962. 3. 13 외).

문서 요약

쿠바에 대한 침공 명분을 만들기 위해 악성 루머를 퍼뜨린다. 쿠바인 첩자를 이용하여 관타나모 기지에서 관제 무장 소요를 일으키게 하며, 소련제 미그기 모형의 비행기를 만들어 관타나모 기지에 있는 군용기를 폭격하고, 쿠바 영해에 정박 중인 미 군함을 격침시킨 후, 이를 쿠바의 소행으로 조작하는 음모를 꾸민 내용 등.

2. 칠레

문서 이름

아옌데 민선 정부 전복에 관한 CIA 문건 등(1970. 10. 16 외).

문서 요약

"아옌데 정부를 쿠데타로 전복시켜야 한다는 것이 미국의 확고한 목표이다"라며 군부 쿠데타를 지원하여 성공시킨 후, FBI, CIA는 칠레 군부가 민간인 고문, 학살 등을 주도하도록 유도한다는 내용 등.

3. 니카라과

문서 이름

반군 지원을 위한 NSC 문건(1981. 12. 1).

문서 요약

미국의 이익을 위해 비밀리에 반군을 지원한다는 내용이 기록되어 있음.

4. 과테말라

문서 이름

아르밴스 대통령 암살과 정부 전복 계획에 관한 CIA문건 등(1954. 3. 31 외).

문건 요약

중요 산업에 대한 국유화 정책을 공산주의로 규정한 후, 아르밴스 정부의 전복과 아르밴스 대통령의 암살을 공작한 PB FORTUNE, PB SUCCESS 작전에 관한 사항. 아르밴스 정부 전복 후 양민 학살 등에 관여한 정황 등이 기록되어 있음.

5. 아르헨티나

문서 이름

미 국무장관 키신저와 아르헨티나 외무장관 구제티 사이의 대화를 녹취한 미 국무부 문건 등(1977. 3. 7 외).

문서 요약

아르헨티나 군부의 인권 유린(고문, 학살 등)에 대한 구제티의 양해 요청에 대해 키신저는 "성공을 빈다. 가급적 빨리 끝내라. 최대한 돕겠다"고 화답하며 양민 살육을 조장한 내용 등.

6. 콜롬비아

문서 이름

콜롬비아 정부의 인권 유린에 관여한 CIA의 공식문건 (1997. 1. 13).

문서 요약

미국의 지원 아래 콜롬비아 군에 의해 희생된 민간인의 대다수는 비무장 양민이라는 내용.

7. 브라질

문서 이름

군부 쿠데타 지원에 관한 CIA의 보고서 등(1964. 3. 30 외).

문서 요약

존슨 대통령 주재로 쿠데타 음모에 관한 미국 정부의 지원 계획에 대한 국가 안보 회의 내용.

8. 이란

문서 이름

모사데크 정부의 전복을 위한 쿠데타 공작을 협의한 미 국무부 회의록 등 (1953. 3. 20).

문서 요약

미국과 영국 등이 착취해온 석유 산업을 국유화한 모사데크 정부를 공산주의로 규정하고, 이를 전복시키기 위해 CIA가 개입하고 있다는 사실이 나타나 있음.

9. 인도네시아의 동티모르 침공

문서 이름

인도네시아의 동티모르 침공에 대해 수하르토, 포드, 키신저의 대화 녹취 자료(1975. 12. 6).

문서 요약

75년 12월 5일, 베이징 방문을 마치고 귀국길에 인도네시아를 방문한 포드 대통령과 키신저는 동티모르 침공과 주민 학살에 대해 수하르토의 양해 요청이 있자 포드는 인도네시아의 동티모르 침공에 압력을 행사할 뜻이 없다면서 양해 의사를 표명했다. 같은 자리에서 키신저는 주민 학살에 미군 무기를 사용하는 것이 국제적인 비난을 야기할 수도 있겠으나 포드 일행이 다음날 귀국길에 오르니 그들 일행이 이곳을 떠난 후 작전을 개시하라며 주민 학살 날짜까지도 알려주었다. 아울러 키신저는 최선을 다해 인도네시아의 티모르 침공과 주민 학살을 돕겠다는 언질까지 준 것이다.

10. 서파푸아

문서 이름

닉슨-수하르토 공식 회담에 대한 키신저의 메모(1969. 7. 18).

문서 요약

공식 회담에서 다루어질 인도네시아의 서파푸아 강제 병합에 대해 닉슨이 절대로 이의를 달아서는 안 되며, 인도네시아의 입장을 양해한다는 의사를 표시해야 한다는 내용.

11. 베트남

문서 이름

고 딘 디엠 제거에 관한 CIA 문건(1963. 7. 9).

문서 요약

불교도의 분신 등으로 남부 베트남의 소요 사태가 극심해지자 미국 정부는 그들이 세운 고 딘 디엠 정부를 전복시키기 위해 군부 쿠데타를 공작한 사실을 담고 있음.